KB160797

태평한 변방

고려의 對거란 외교와 그 소산

이미지

고려대학교 역사교육과 졸업, 동 대학원 문학박사
현 국사편찬위원회 편사연구관

공역서

『譯註 元高麗紀事』
『破閑集 역주』
『책중일록』

태평한 변방
고려의 對거란 외교와 그 소산

초판 1쇄 발행   2018년 10월 25일
초판 2쇄 발행   2019년 07월 25일

지 은 이   이미지

발 행 인   한정희
발 행 처   경인문화사
편   집   한명진 김지선 유지혜
마 케 팅   전병관 하재일 유인순
출 판 번 호   406-1973-000003호
주   소   파주시 회동길 445-1 경인빌딩 B동 4층
전   화   031-955-9300 팩   스 031-955-9310
홈 페 이 지   www.kyunginp.co.kr
이 메 일   kyungin@kyunginp.co.kr

ISBN 978-89-499-4770-9 93910
값 28,000원

태평한 변방

고려의 對거란 외교와 그 소산

이미지 지음

景仁文化社

머리말

왕조의 외교 관계와 개인의 일상은 어떻게 교차할까?

　이 책은 10세기에서 12세기까지, 태조에서 인종대에 이르는 고려의 외교를 당시 최대 강국이었던 거란과의 관계를 중심으로 살펴보았다. 고려를 둘러싼 국제 정세 변화와 고려의 외교 전략을 균형감 있게 조망하는 동시에 고려-거란 양국 간에 합의된 외교 질서가 고려 내부에서는 어떻게 수용되었는지에 대해서도 밝혀 보겠다는 욕심은 위의 질문에 대한 수많은 답안을 작성하는 과정에서 염치없는 목표가 되었다.
　본래 이 책의 원고는 「고려시기 對거란 외교의 전개와 특징」이라는 제목으로 제출된 박사학위논문이었으나, 고려 왕조가 외교를 통해 달성한 성과와 그 실제적 영향력을 좀 더 직접적으로 드러내기 위해 『태평한 변방』이라는 제목으로 고쳐보았다.
　고려와 거란의 전쟁은 고려 현종대에 종식되었다. 1020년, 고려는 거란에 사신을 보내어 전쟁을 끝내고 예전처럼 평화로운 조공책봉질서를 이어갈 것을 요청했고, 2년 뒤인 1022년에 거란은 현종을 고려국왕으로 책봉하였다. 이러한 일련의 행위는 고려와 거란이 서로를 외교 상대로 공식 인정하였음을 의미한다. 이후 고려는 거란의 연호를 사용하며 거란이 멸망할 때까지 거란의 책봉을 받는 번병을 자처하였다[稱藩].
　고려는 거란이 우위에 서는 외교 질서를 수용하고 피책봉국으로서의 역할을 충실히 수행함으로써 최강국인 거란과의 충돌을 막을 수 있었다. 고려의 서북 경계가 평안해 진 것이다. 거란의 입장에서도 고려와의 관계가 안정되면서 동쪽 변경이 안정되었다. 이후 고려는 양국 간에 합의된 외교적 질서에 따른 쌍방의 책무를 거란과의 관계에서 활용하는 방법을 서서히 익혀 나갔다. 책봉국인 거란의 입장에서 고려는 변방의 나라에 불과했지만, 당당하고도 태평한 태도로 거란을 대하였다.

이런 점에서 1022년은 양국 관계에 있어 중요한 분기점이 될 것이다. 마침 이 해는 거란 성종이 太平 연호를 채택한지 2년째 되는 해였다. 거란 성종은 자신의 치세가 크게 평안하기를 바랐을 텐데 결과적으로 고려와 거란 모두 평화로운 변방을 얻었고, 특히 고려는 태평한 세상을 굳건히 지켜낼 수 있었다.

지금 이 글을 읽고 계신 독자분들은 아마도 여러 이유에서 이 책을 펼쳐 보고 계실 것이다. 이 두껍고 무거운 책을 펼쳐 주신 여러분께 감사를 드리며, 이 책의 활용법을 소개해 본다.

고려가 거란과 소통하지 않던 시기의 상황에 대해서는 Ⅱ장을 참고하기 바란다. 양국 간에 외교 관계가 수립되고 압록강이 양국의 地界가 되는 과정을 이해하는 데에는 Ⅲ장이 도움이 될 것이며, 고려가 거란과의 조공·책봉 관계를 받아들여가는 과정은 Ⅳ장에, 고려의 對거란 외교 전략은 Ⅴ장에 정리되어 있다. 거란과의 외교 질서가 고려 조정에서 어떠한 의미를 가졌는가 하는 점에 대해서는 Ⅵ장과 보론이 참고가 될 것이다. 他왕조와의 외교 관계가 고려 내부에서는 어떻게 받아들여졌는지 구체적인 실상을 확인하고 싶다면 각 장의 '기년 사례' 혹은 '지칭 표현'에 대한 부분이 간간하리라 생각된다. '기년호'와 '지칭 표현'이라는 단어는 박사학위논문을 작성하는 과정에서 고안해 본 개념인데, 이에 대해서는 Ⅰ장 2절에서 설명해 보았다. 이 책의 내용을 짧은 시간 안에 훑어보고 싶다면 역시 결론(Ⅶ장)만한 것이 없겠지만, 보론의 고민이 조금 더 깊다는 점도 말씀드린다. 참고문헌에는 학위논문 제출 이후의 관련 연구 성과도 추가하였으니 선행 연구를 확인할 때 도움이 되었으면 한다.

　모쪼록 이 책이 독자 여러분의 시간과 지구의 자원을 낭비하지 않기를 바란다.

2018. 10.

　　연구자로서의 소양을 길러주신 박용운 선생님과 이진한 선생님, 더 나은 학위논문이 되도록 다듬어주신 이정신 선생님, 채웅석 선생님, 강제훈 선생님, 그리고 영광스럽게도 출판을 허락해주신 고려사학회와 경인문화사의 여러 선생님께 다시 한 번 진심으로 감사드립니다.

　마음의 고향인 고려시대팀에서는 소중한 인연을 많이 만났습니다. 보잘 것 없는 후배를 넓은 아량으로 품어주시고 응원해주시는 선배님 한 분 한 분께 말로 다하지 못하는 감사를 드립니다. 연구자로서 흔들림 없이 걸어갈 수 있도록 끊임없이 용기와 동기를 불어넣어 주는 동학 여러분은 제 자부심의 근원입니다.

　끝으로 이 모든 것이 가능하도록 제게 세상을 선물해 주신 사랑하는 부모님과 가장 오랜 친구인 동생에게, 오랫동안 태평한 시간을 함께 하고 싶은 마음을 담아 감사 인사를 드립니다.

목 차

- 인용한 사료 원문 속에 사용된 중괄호({ })의 내용은 사료의 세주이다.
- 사료 국역문 중 대괄호([ ])와 그 안의 내용은 인용자가 이해를 돕기 위해 첨가한 설명이다.
- 사료 국역문 중의 소괄호(( ))와 그 안의 내용은 사료의 국역을 매끄럽게 하기 위해 인용자가 첨가한 부분이다.

I
서 론

고려시대는 매우 독특한 외교 관계가 실행되었던 시기이다. 동아시아에서 唐이 일원적 중심이 되었던 전 시대와 달리 漢族 국가인 宋이 당시 동북아시아 사회의 중심을 차지하지 못하면서, 북방의 여러 민족들이 왕조를 세워 새로운 覇者로 자리 잡았다. 그 속에서 고려는 주로 북방 유목 민족 왕조와 조공·책봉 관계를 맺으면서도 송과의 관계에서는 事大하는 소국의 위치를 자처하며 복수의 왕조에 대해 사대를 표방하는 형식의 외교 관계를 유지하였다.

고려 왕조가 존속했던 시기의 동북아시아 정세를 잠시 살펴보자. 10세기 초 한반도는 견훤의 후백제·신라·왕건의 고려 등으로 분립되어 있었다가 고려에 의해 통일되었다. 중국 대륙 쪽에서는 後梁, 後唐, 後晉, 後漢, 後周 등이 차례로 명멸한 뒤 최종적으로 宋이 들어섰고 북중국에는 契丹이 강성한 제국을 건립한 상태였으며, 요동 지역에는 渤海가, 만주 일부와 한반도 북부에는 아직 통합된 정치체를 형성하지 못한 여진이 각각 자리하고 있었다. 이백여 년 뒤 거란이 차지했던 북중국의 패권은 여진족에 의해 세워진 金이 차지하였고, 다시 백여 년이 지난 뒤에는 몽골고원에서 발흥한 몽고제국이 유라시아 대륙에 걸친 대제국을 세웠다. 이 과정에서 여진족의 金이 멸망하였으며 금에 밀려 남중국으로 옮겨갔던 南宋 역시 몽고족의 元에 흡수되었다. 그러나 고려는 세계적 대제국을 건설한 몽고 제국이 요구하는 질서를 40여 년 동안 회피하면서 새로운 이웃인 몽고와의 위계 질서에 합의하는 과정을 거쳤고 결국 독자적인 정부조직과 國事 결정권을 대체로 유지하였

다. 이렇듯 고려는 존속 기간 내내 거란·여진·몽고·송 등 각기 다른
사회·문화적 전통과 배경을 가진 여러 주변 세력들과 사신을 교환하고
공식·비공식 통로를 통해 인적·물적 교류를 유지 하였다.

　한 가지 주목할 것은, 10세기에서 14세기에 이르는 기간에 존재했던
동북아시아의 여러 크고 작은 왕조들 중 가장 끝까지 정부로서의 조직
과 독자적인 권력을 유지한 것은 고려 왕조가 유일했다는 점이다.
Thomas BARFIELD 같은 인류학자와[1] 그의 학설을 지지하는 여러 역
사학자들은 원 제국의 등장에 매우 큰 의미를 부여해왔다. 중국 대륙
의 역사를 거시적인 관점에서 조망할 때, 북중국의 異民族과 남쪽의 華
夏族[漢族]의 대결이 종식되고 지리적 전체로서의 중국이 성립된 것은
몽고족이 세운 몽고(元)이라는 왕조가 시초라는 것이다. 실제로, 漢·唐
의 정통성을 계승했다고 자처한 宋 왕조 역시 끊임없이 異民族 정권과
대결하며 동북아시아 사회에서 헤게모니를 장악하기 위해 사투를 벌
였다.[2] 그러나 힘의 대결에서 이들을 제압하기란 송으로서는 역부족이
었다. 끝내 송은 元에 의해 멸망됨으로써 이민족의 침입으로 멸망한 최
초의 華夏族 왕조로 기록되었다.

　이와 달리, 한반도의 고려는 몽고족이 북중국과 남중국을 하나의 통
일된 정치체로 통합하고 더 나아가 중앙아시아와 동부 유럽을 포괄하
는 광대한 대제국을 건설하였을 때에도 여전히 독자적인 통치 기구와

---

1) Thomas J. BARFIELD, 1991, "Inner Asia and Cycles of Power in China's Imperial
　Dynastic History" *RULERS FROM THE STEPPE: State Formation on the Eurasian
　Periphery* Volume II, edited by Gary SEAMAN and Daniel MARKS, Los Angeles:
　University of Southern California Press.
2) 金渭顯은 송과 거란, 송과 금과의 교섭을 분석하여 송이 이들 왕조에 대해 조공
　을 바치며 藩으로써 거란 혹은 금과 宗藩 관계를 유지했다고 보기도 했다(金渭
　顯, 2004, 「中原王朝의 朝貢事例研究」『高句麗研究』 18).

권력을 유지하였으며, 심지어 몽고 제국이 와해된 이후에도 살아남았다.

본고는 고려 왕조가 급변하는 국제 정세 속에서도 다른 주변 왕조 및 제 세력과 달리 500여 년 동안 왕조를 유지할 수 있었던 여러 배경 중 대외 관계에 주목하였고, 특히 고려가 조우한 첫 번째 유목왕조인 거란과의 관계에서 고려가 수행한 외교의 특성을 찾아보고자 하였다.

1. 연구사 검토와 문제제기

고려 왕조가 군사·규모 면에서 강대한 이민족 국가들과의 관계를 유지하며 500여 년 간 왕조 체제를 보존할 수 있었던 원인과 관련하여 많은 先學들이 고려의 대외 관계에 주목해 왔다.

旗田巍는 몽고의 고려 침략과 왜구 문제를 고찰하면서 고려와 송·거란·금의 관계를 前史로 간략히 정리하였다.[3] 김상기 역시 일찍이 북방 민족과의 교섭에 주목하였고 고려 왕조의 대외관계를 일련의 연구로 정리한 바 있다.[4] 李丙燾는 고려시대의 특징을 정리하면서 海外諸國과의 交通 및 외국 상인과 귀화인을 포함하는 外人의 출입 등을 들어 폐쇄적인 조선에 비해 관용성을 가진 시대였다는 점을 강조하였고,[5] 金

---

3) 旗田巍, 1951, 「蒙古の侵略と倭寇」『朝鮮史』, 岩波書店.
4) 김상기, 1959, 「고려 시대 총설」『국사상의 제 문제』 1, 국사편찬위원회.
   김상기, 1959, 「단구와의 항쟁」『국사상의 제 문제』 2, 국사편찬위원회.
   김상기, 1959, 「여진관계의 시말과 윤관(尹瓘)의 북정」『국사상의 제 문제』 4, 국사편찬위원회.
   김상기, 1959, 「고려와 금(金)·송(宋)과의 관계」「금(金)의 시조(始祖)에 대하여」『국사상의 제 문제』 5, 국사편찬위원회.
5) 李丙燾, 1961, 「總說」『韓國史』中世篇, 乙酉文化社.

庫基와 李基白은 고려시대를 이해하는 키워드의 하나로 고려의 대외관
계를 선정하였으며6) 고려시대 내내 북방민족에게 끊임없이 시달렸지
만 이를 슬기롭게 극복하여 국위를 빛냈다고 평가하였다.7) 박용운은
고려시대사의 4가지 주요한 성격을 꼽으면서 외부로부터의 충격이 고
려의 역사 전개에 깊이 관련되어 있다는 점을 지적하였다.8) 이와 같은
연구 시각은 이후의 연구에도 지대한 영향을 주어 고려의 대외 관계를
이해하는데 기본적인 틀을 제공하였다.9)

　이러한 고려 대외 정책의 특징은 흔히 '實利外交'라고 요약되고 있
다.10) 그런데 외교의 기본적인 지향이 國益을 최우선으로 한다는 점을

6) 金庠基, 1961, 『高麗時代史』, 東國文化社 : 1999, 「머리말」 및 「高麗時代의 總
　說」 『新編 高麗時代史』, 서울대학교출판부.
　李基白, 1981, 「槪要」 『한국사』 4 高麗貴族社會의 成立, 국사편찬위원회.
7) 金庠基, 1961, 『高麗時代史』, 東國文化社, 13~14쪽.
8) 박용운, 1985, 『高麗時代史』 上, 一志社 : 2008, 「고려시대사의 성격」 『고려시
　대사』 (수정·증보판), 一志社.
9) 이외에도 고려의 대외 정책적 특성을 거시적인 관점에서 설명한 선학들의 연구
　가 많지만, 간략히 추려 제시하면 다음과 같다.
　朴漢男, 1995, 「10~12세기 동아시아 정세」 『한국사』 15 고려 전기의 사회와 대
　외관계, 국사편찬위원회.
　崔圭成, 1995, 「고려의 북진정책」 『한국사』 15 고려 전기의 사회와 대외관계, 국
　사편찬위원회.
　민현구, 2004, 『高麗政治史論 -統一國家의 확립과 獨立王國의 시련』, 고려대학
　교출판부.
　이정신, 2004, 『고려시대의 정치변동과 대외정책』, 경인문화사.
10) 실리외교라는 용어 자체를 고려의 외교사에 직접 적용한 것은 박종기가 처음이
　라고 생각된다. 그는 고려가 송과 거란의 긴장 관계를 이용하여 외교적인 실리
　를 얻어낸 것을 현대의 '等距離 實利外交' 노선에 가깝다고 보았고 이후 고려
　의 對宋·對遼 외교를 전형적인 실리외교의 대외정책이라 정리하였다.
　朴宗基, 1994, 「高麗中期 對外政策의 變化에 대하여 ─ 宣宗代를 중심으로
　─」 『韓國學論叢』 16, 國民大 韓國學硏究所, 57~58쪽.
　박종기, 1998, 「11세기 고려의 대외관계와 정국운영론의 추이」 『역사와 현실』

상기한다면, 역사상 존재한 어떤 정치체도 국가의 존속에 위배되지 않는 한 實利를 추구하지 않는 왕조는 없었다. 고려 왕조의 실리 외교라는 것이 다른 왕조의 그것과 다른 구체적인 특징은 무엇인가 하는 의문이 생기는 부분이다. 또한 후대인의 입장에서는 고려 왕조가 500년 가까이 유지되었던 사실을 잘 알고 있으므로 단순히 결과에 입각하여 고려의 외교를 긍정적으로 평가했다는 오해를 받을 수도 있다. 그러나 고려가 다양한 정치 세력들과 복잡다단한 관계를 맺으며 전쟁과 화친을 적절히 운용했던 것은 분명하다. 그렇다면 극단적인 국제적 정세 변화를 함께 겪으면서도 동시기의 다른 왕조들과 달리 고려가 왕조 체제를 지속해 갈 수 있는 기반이 되었던 고려 외교의 특성은 무엇이었으며, 고려는 어떻게 해서 전쟁과 화친이라는 양면적인 요소를 시의적절하게 운용할 수 있는 외교적 특성을 습득하게 되었는가 하는 의문이 생긴다. 본고는 이에 대한 대답을 찾아보는 과정에서 작성되었으며, 고려가 만난 첫 번째 유목 왕조이자 '오랑캐'인 거란과의 외교 관계에서 그 실마리를 찾아보려 한다.

여기서 잠시 契丹이라는 국호에 대해 정리해 보겠다. 주지하다시피 거란은 흩어져 있던 여러 세력을 통일하여 왕조를 세운 뒤 여러 차례 국호를 변경하였다. 그들은 본래 부족명이었던 契丹을 왕조 개창 이후에도 계속해서 사용하다가[11] 947년(定宗 2, 거란 太宗 大同 1)에 遼로 바

30, 165쪽.

11) 『遼史』 太祖紀에는 왕조 개창시의 국호에 대해 별도의 기록이 없고, 宋에 의해 편찬된 『契丹國志』에서만 확인된다.

『契丹國志』 卷1 太祖大聖皇帝 {丙子}神册 元年(916) {梁均王 貞明 二年} 是年 阿保機始自稱皇帝 國人謂之天皇王 以妻述律氏爲皇后 置百官 建元曰 神册 國號契丹.

중괄호({ })의 내용은 사료의 세주임. 이하 같음.

꾸었고[12] 983년(成宗 2, 거란 聖宗 統和 1)에 다시 契丹으로 환원하였다
가[13] 1066년(文宗 20, 거란 道宗 咸雍 2)에 재차 遼로 국호를 바꾸었
다.[14]

　『高麗史』에서는 이에 따라 거란 왕조명이 바뀌어 기록되었고 연구자
들 역시 대체로 거란의 국호 개정 시기에 맞추어 契丹 혹은 遼를 적절
히 혼용해왔다. 契丹史에 대한 이해가 진척되면서 거란 왕조를 지칭하
는 명칭에 대해 뚜렷한 견해를 제시하는 논자도 생겼다. 金渭顯은 시기
에 따라서 국호를 맞추어 쓰는 것이 맞다고 보았다.[15] 金在滿은 契丹이
라는 국명이 사용된 기간이 124년이고 遼는 94년 동안만 사용되었으므
로 두 국호 중에서는 거란 쪽이 훨씬 폭넓은 표현이라고 하였다. 아울

---

12)『遼史』卷4 本紀4 太宗下 大同 元年(947) 二月 丁巳 朔 建國號大遼大赦 改
　　元大同.
　　단,『거란지』는 국호를 遼로 바꾼 시기를 938년으로 기록하였다.
　　『契丹國志』卷2 太宗嗣聖皇帝上 {丁酉}會同 元年(938) {晉 天福 二年} 是
　　年 改元會同 國號大遼.
　　참고로,『거란국지』는 송 葉隆禮가 편찬한 요의 역사서이다. 중국측 기록을 토
　　대로 작성 되었는데『資治通鑑』,『新五代史』등의 사료의 내용과도 대조해 볼
　　수 있는 동시에, 현재 전해지지 않는『燕北雜記』등의 기록을 요약하여 인용하
　　고 있다는 점에서 가치를 인정받고 있다. 저작 연대에 대해서는 이설이 있는데
　　淳祐 7년(1247) 이후 성립되었을 것으로 추정되며 원대에 만들어진 뒤 초간되었
　　을 가능성이 있다(李春植 編, 2003,『中國學資料解題』, 신서원, 18~19쪽).
13)『契丹國志』卷7 聖宗天輔皇帝 {癸未}統和 元年(983) {宋 太平興國 八年} 帝
　　卽位 復號大契丹.
　　『거란국지』의 契丹九主年譜에는 위의 내용이 통화 원년이 아니라 31년으로 되
　　어 있지만 校勘記에 따르면『契丹國志』聖宗紀와 王偁의『東都事略』卷123
　　附錄1에는 통화 원년으로 기록되어 있다고 한다.
14)『契丹國志』卷9 道宗天福皇帝 (咸雍 2年(1066)) 是歲 契丹復改號大遼.
　　『高麗史』卷8 世家8 文宗 20年(1066) 3月 (丁丑) 契丹復國號曰大遼.
15) 金渭顯, 1995,「高麗와 契丹과의 關係」『한민족과 북방과의 관계사 연구』, 한
　　국정신문화연구원, 128쪽. 그러나 편의에 따라 거란으로 통칭하기도 했다.

러 阿骨打가 스스로 "女眞金國皇帝"라 칭한 예에 비추어 거란 왕조도 契丹遼라고 부르는 것이 가장 적절하다고 제의한 바 있다.[16] 김재만의 견해를 지지하는 김순자는 시기에 따라 거란과 요를 구분하여 쓰기도 하고[17] 국가를 지칭하는 경우에만 거란[遼]로 구분하여[18] 표기하기도 했다.

한편 외국 학계에서는 契丹大字 및 小字로 작성된 금석문자료를 중심으로 거란 사람들이 자신들의 왕조를 어떻게 지칭하였는가에 대한 논의가 진행되어 왔다. 劉鳳翥는 契丹文 墓誌에 나타나는 胡里只가 遼의 번역이라는 전제하에, 거란이라는 漢文 국호가 사용된 시기에 契丹文 국호는 契丹遼[胡里只]國이었고 遼라는 한문 국호가 사용된 시기에는 遼[胡里只]契丹國이라는 거란문 국호가 사용되었다고 주장하였다.[19] 이 주장에 따른다면 한문 국호가 契丹이건 遼이건 관계없이 거란인들은 契丹·遼를 병용하였다고 하겠다. 그런데 愛新覺羅烏拉熙春에 따르면 胡里只는 어떠한 형태로든 遼의 契丹文譯이 아니며, 몽고어의 ulus와 유사한 의미를 지닌다고 한다. 아울러 愛新覺羅는 그동안 발굴된 契丹文 墓誌를 종합 분석하여, 劉鳳翥의 주장과 달리 거란문 국호는 胡里只契丹國·契丹胡里只國·胡里只國·大契丹·契丹國·契丹 등이 시기와 상관없이 혼용되고 있음을 밝혔다.[20] 그렇다면 거란의 한문 국호는 契丹 혹은 遼로 변동이 있었지만 거란인들은 자신들의 왕조를 지칭할 때 대체로 契丹으로 표

---

16) 金在滿, 1999, 「總說」『契丹·高麗關係史研究』, 國學資料院, 22~23쪽.

17) 김순자, 2006, 「10~11세기 高麗와 遼의 영토 정책 — 압록강선 확보 문제를 중심으로 —」『北方史論叢』11, 240쪽.

18) 김순자, 2009, 「고려전기의 거란[遼], 여진[金]에 대한 인식」『한국중세사연구』26, 110쪽.

19) 劉鳳翥, 2006, 「從契丹文字的解讀談遼代漢語中的雙國號 —兼論「哈喇契丹」」『東北史研究』2006年 第2期.

20) 愛新覺羅烏拉熙春, 2009, 「遼朝國號非「哈喇契丹(遼契丹)」考」『女眞契丹學研究』, 松香堂書店.

현했다고 정리할 수 있겠다.

　이상의 논의를 토대로, 본고에서는 집단적인 거란인들 또는 거란 왕조 등의 의미로 契丹을 범용하겠다. 아울러 한문 국호가 遼로 바뀐 시기의 사료를 분석하는 경우나 혹은 서술의 편의를 위해 遼라는 지칭도 사용하도록 하겠다.

　다음으로, 그간 학계에 제출된 고려-거란 외교 관계와 관한 연구 경향을 개략적으로 정리해보자. 양국 간의 관계를 다룬 연구 성과는 적지 않다. 이르게는 1910년대부터 일본학자들이 만주 지역에 대한 연구를 수행하면서 고려와 거란의 관계에 대해서도 연구 성과를 냈으며,[21] Karl WITTFOGEL과 馮家昇의 공저인 History of Chinese Society: Liao (907~1125)는 1946년에 초간된 이후 거란의 역사를 연구하는 데 있어 빠트릴 수 없는 고전으로 평가되고 있다.[22]

　국내 학자들에 의한 연구는 이보다는 조금 늦게 성과물이 나오기 시작했다. 1948년의 연구 성과들을 필두로 하여 거란과 고려의 관계에 대한 실마리가 밝혀졌다.[23] 姜大良이 1948년에 발표한 「高麗初期의 對契

---

21) 津田左右吉, 1913, 『朝鮮歷史地理』 2, 南滿洲鐵道株式會社.
　　池內宏, 1918, 「高麗成宗に於ける女眞及び契丹との關係」 『滿鮮地理歷史報告』 5 : 1937, 『滿鮮史研究』 中世第二冊, 吉川弘文館.
　　池內宏, 1920, 「高麗顯宗朝に於ける契丹の侵入」 『滿鮮地理歷史研究報告』 7, 東京帝大 文學部 : 1937, 『滿鮮史研究』 中世第二冊, 吉川弘文館.
　　池內宏, 1920, 「契丹聖宗の高麗征伐」 『滿鮮地理歷史研究報告』 7, 東京帝大 文學部 : 1937, 『滿鮮史研究』 中世第二冊, 吉川弘文館.
　　丸龜金作, 1935, 「高麗と契丹·女眞との貿易關係」 『歷史研究』 5-2.
　　日野開三郎, 1961, 「統和初期に於ける契丹聖宗の東方經略と9年の鴨綠江口築城」 『朝鮮學報』 21·22, 朝鮮學會 : 1990, 『日野開三郎 東洋史學論集』 16 東北アジア民族史 (下), 三一書房.
22) Karl WITTFOGEL·馮家昇, 1946, *History of Chinese Society : Liao(907~1125)*, American Philosophical Society.

丹關係」(上)은 한국사학의 비교적 초창기에 해당하는 글이지만『遼史』
本紀·列傳·屬國表 등의 기사와 고려 측 기록의 차이를 세밀히 검토하여
개별 사건들을 분석하는 한편 이를 거시적인 국제 정세 변화의 흐름과
국제 정치라는 맥락을 종합적으로 고려하여 설명함으로써 후대 연구
자들에게 귀감이 되고 있다.

이후 金渭顯은 본격적으로『遼史』기록들을 교차 분석하는 일련의
연구 성과를 통해 핵심 사료이면서도 평가 절하되고 있던『요사』의 활
용성을 높였고[24] 盧啓鉉은 정치외교학의 입장에서『고려사』및『고려
사절요』에 나타나는 고려와 거란의 전쟁과 직접 교섭 사료들을 중심으
로 양국 외교의 흐름을 개설적으로 정리하였다.[25] 金在滿은 거란 내부
사회에 대한 연구를 진행하는 한편 중국측 자료와 고려측 자료를 폭넓
게 섭렵하며 고려와 거란의 관계사를 정리하였다.[26]

한편 1984년 陶晉生은 본격적으로 송-고려-요의 관계를 삼각외교로
표현하며 동북아시아 구성원들의 역할을 강조하였다.[27] 1990년대 중반

23) 姜大良, 1948,「高麗初期의 對契丹關係」『史海』1, 朝鮮史研究會.
　　金錫亨, 1948,「거란(요)의 침입과 그 격퇴」『력사제문제』3, 조선력사편찬위원회.
24) 金渭顯, 1985,『遼金史研究』, 裕豊出版社.
25) 盧啓鉉, 1988,「高麗外交史 序說 ― 高麗初期(光宗~成宗初)의 北方外交政策
　　과 領土擴張 ―」『論文集』9, 放送通信大 : 1993,『高麗領土史』, 甲寅出版社.
　　盧啓鉉, 1990,「高麗의 自主外交路線과 領土政策 ― 특히 第2次 麗遼戰爭을
　　中心으로 ―」『論文集』11, 放送通信大 : 1993,『高麗領土史』, 甲寅出版社.
　　盧啓鉉, 1994,『高麗外交史』, 甲寅出版社.
26) 金在滿, 1975,『契丹民族發達史의 研究』, 讀書新聞社.
　　金在滿, 1986,「契丹·高麗 國交前史」『人文科學』, 성균관대학교 : 1999,『契
　　丹·高麗關係史研究』, 國學資料院.
　　金在滿, 1992,「契丹 聖宗의 高麗侵略과 東北亞細亞 國際情勢의 變趨(上)」
　　『大東文化研究』27, 成均館大 大東文化研究院 : 1999,『契丹·高麗關係史研
　　究』, 國學資料院.
27) 陶晉生, 1984,「宋、高麗與遼三角外交關係」『宋遼關係史研究』, 聯經出版事

에 들어 박종기가 외교사를 연구할 때 一國 對 一國의 관계만을 바라보는 시각에서 벗어나야 한다는 점을 강조하였고,[28] 유사한 문제의식에서 비롯된 연구들이 제출되기 시작하였다. 金渭顯은 서하와 함께 고려가 송·거란이라는 양대 세력에 대하여 견제와 균형 작용을 하며 세력 균형을 이루었다고 보았고[29] 윤영인(Peter YUN)은 고려가 북중국의 왕조들(요·금)과 송 사이에서 삼각 균형의 한 축을 형성하였다고 보았으며[30] 閔賢九 역시 유사한 시각을 견지하고 있다.[31] 이후 동북아시아 국제 정세 변화 속에서 고려의 대외관계를 다루는 것이 일반화된 방법론이 되었으며, 특히 급변했던 동북아시아 사회에서 고려가 강대 세력들을 견제하며 균형을 유지하는 역할을 했다고 평가하는 연구 성과들이 다수 제출되었다.

   최근 BREUKER는 고려 사회를 이해하는 주요 키워드로 다원성 [plurality]에 주목하여 고려 외교의 다원성을 다음과 같이 정리하였다. 고려는 당시의 세계를 華夷[China-Barbarian]라는 이분법적 기준에 의해서가 아니라 송, 요, 다른 이민족 그리고 고려를 각각의 범주로 인식했다. 아울러 고려는 이들 각각과 동시적으로 관계를 유지하였지만 주요

業公司.

28) 朴宗基, 1994,「고려중기 對外政策의 變化에 대하여 -宣宗代를 중심으로-」『韓國學論叢』 16, 39~40쪽.

29) 金渭顯, 1995,「高麗와 契丹과의 關係」『한민족과 북방과의 관계사 연구』, 한국정신문화연구원, 126쪽.

30) Peter I. YUN, 1998, "Rethinking the Tribute System : Korean States and Northeast Asian Interstate Relations, 600―1600", Ph.D. diss. University of California Los Angeles, p.111.
   Peter YUN, 2005,「몽골 이전 동아시아의 다원적 국제관계」『만주연구』 3.

31) 閔賢九, 1998,「高麗前期의 對外關係와 國防政策 - 文宗代를 중심으로」『亞細亞研究』 41 : 2004,『高麗政治史論』, 고려대학교출판부.

외교 상대는 가변적이었다. 또, 한 나라와의 교류 역시 정치·외교면에 국한되지 않고 문화·경제 등 다방면에 걸쳐 있었다는 점 역시 그가 지목한 다원적 특성이라고 하겠는데, 이 때문에 고려가 맺은 '관계'의 성격은 규정하기가 어려울 정도로 모호하였으며 "불확실성의 원칙(uncertainty principle)"이 존재했다. 결과적으로 BREUKER는 위와 같은 고려의 외교 정책을 매우 "유연한(flexible)" 것으로 평가하였다.[32)

한편 고려시대 對遼 관계를 다룬 적지 않은 선행 연구들은 契丹과의 전쟁에 초점을 맞추고 있다. 이는 전쟁 이외의 교섭에 관한 사료의 양이 그리 많지 않기 때문이다. 따라서 거란과의 전쟁의 원인과 경과를 다루거나 혹은 北進政策 및 自主性 수호를 부각하고 영웅적 인물을 조명하는 시각의 연구 성과도 많이 축적되었다.[33)] 근래 들어 거란과의

---

32) Remco E. BREUKER, 2010, "Koryŏ diplomacy" in *Establishing a Plural Society in Medieval Korea, 918~1170 : History, Ideology and Identity in the Koryŏ Dynasty*, Leiden: Brill, pp.195~256.
화이론적 시각을 고려의 대외인식에 무비판적으로 적용하여 이해하는 시각에 대한 BREUKER의 비판은 본고의 문제의식과 맥을 같이 한다. 그러나 그의 연구는 관계[relation 혹은 exchange]와 외교 관계[foreign relations 또는 diplomatic relation]를 세밀하게 구분하지 않은 채 모든 대외 관계를 검토 대상으로 하였기 때문에 고려 외교의 특성이 명확히 규정되지 못한 것이 아닌가 한다. 또한 고려 외교 정책의 유연성을 강조하는 것은, 그가 비판한 고려 외교를 실용적으로 평가하는 견해와(BREUKER, 위의 책, 198~199쪽) 본질적으로 크게 다르지 않다. 더 근원적으로는 고려 왕조의 사회상을 다원성이라는 키워드 하나로 관통하여 설명하려는 그의 방법론 역시 쉽게 동조하기 어려운 부분이다.
33) 李鍾澤, 1957,「徐熙와 그의 外交」『法政論叢』 4, 중앙대 법정대학 학생회.
김상기, 1959,「단구와의 항쟁」『국사상의 제문제』 2, 국사편찬위원회.
김재홍, 1961,「1216~1219년 거란족의 침입과 그의 격멸」『력사과학』 1961. 1, 사회과학원 력사연구소.
력사과학 편집부, 1962,「강좌 ― 서희장군의 외교활동 」『력사과학』 1962. 4, 사회과학원 력사연구소.
김재홍, 1966,「강감찬 장군의 전략전술(1)」『력사과학』 1966. 6., 사회과학원 력

갈등이 부각되었던 시기에 고려 내부에서 진행된 세력 변동을 주목하
거나 거란과의 전쟁이 고려에 미친 영향들을 고려의 왕조 체제 정비라
는 시각에서 바라본 연구 등이[34] 제시되었다. 또한 전쟁관련 사료에
비해 절대적 양은 적지만 이를 토대로 거란과의 교역 문제를 살핀 연
구 성과들이 있고[35] 거란과의 인적·물적 교류에 대한 연구도 꾸준히

사연구소.

박영해, 1966, 「거란 침입 이전 시기 고려의 대외 정책」 『력사과학』 1966-1(누계 63).

김재홍, 1967, 「강감찬 장군의 전략전술(2)」 『력사과학』 1967. 1, 사회과학원 력
사연구소.

姜性文, 1983, 「高麗初期의 北界開拓에 대한 硏究」 『白山學報』 27.

方東仁, 1985, 「高麗前期 北進政策의 推移」 『領土問題硏究』 2, 高大民族文
化硏究所 : 1997, 『韓國의 國境劃定硏究』, 一潮閣.

金渭顯, 1999, 「徐熙의 外交」 『徐熙와 高麗의 高句麗 繼承意識』, 학연문화사.

李在範, 1999, 「麗遼戰爭과 高麗의 防禦體系」 『韓國軍事史硏究』, 國防軍史
硏究所.

안주섭, 2003, 『고려 거란 전쟁』, 경인문화사.

이정신, 2004, 「江東 6州와 尹瓘의 9城을 통해 본 고려의 대외정책」 『고려시대
의 정치변동과 대외정책』, 경인문화사.

이홍두, 2005, 「高麗 契丹戰爭과 騎兵戰術」 『史學硏究』 80.

김만호, 2011, 「강감찬과 귀주대첩」 『한국중세사연구』 31.

34) 具山祐, 1994, 「高麗 顯宗代 鄕村支配體制 개편의 배경과 성격」 『한국중세사
연구』 1.

崔順權, 1998, 「高麗前期 五廟制의 運營」 『歷史敎育』 66.

金塘澤, 1999, 「徐熙와 成宗代의 정치적 지배세력」 『徐熙와 高麗의 高句麗 繼
承意識』, 학연문화사.

구산우, 2003, 「高麗 成宗代 정치세력의 성격과 동향」 『한국중세사연구』 14.

金斗香, 2005, 「고려 현종대 정치와 이계(吏系) 관료」 『역사와 현실』 55.

김당택, 2007, 「高麗 顯宗·德宗代 對契丹(遼) 관계를 둘러싼 관리들 간의 갈등」
『역사학연구』 29.

李貞薰, 2010, 「고려 현종대 거란과의 전쟁과 지배체제 개편」 『한국중세사연구』 29.

35) 李龍範, 1955, 「麗丹貿易考」 『東國史學』 3, 東國大 史學會 : 1989, 『韓滿交流
史 硏究』, 동화출판공사.

수행되어 왔다.36)

　고려와 거란의 외교 관계를 중심 주제로 한 연구들을 살펴보면, 고려 군주의 지향과 정세 변화에 따라 다르게 나타나는 양국 외교 관계를 왕대별로 분석한 연구들이 상당수 나왔으며37) 또 하나의 주요한 연

　　徐炳國, 1973, 「高麗 宋·遼의 三角貿易考」 『白山學報』 15.
　　이정희, 1997, 「고려전기 對遼무역의 성격」 『지역과 역사』 4 : 2000, 『고려시대 세제의 연구』, 국학자료원.
　　이미지, 2003, 「高麗 宣宗代 権場 문제와 對遼관계」 『韓國史學報』 14.
36) 金渭顯, 1982, 「高麗對宋遼金人投歸的收容策」 『史學志』 16, 단국대학교.
　　朴玉杰, 1996, 「고려 전기의 귀화인」 『高麗時代의 歸化人 研究』, 國學資料院.
　　金渭顯, 1998, 「契丹·高麗間의 女眞問題」 『明知史論』 9.
　　김동욱, 2002, <고려시대 木造建築의 대외교섭 -대외교섭 측면에서 본 고려시대 목조건축의 성격>, 전국미술사학대회 발표문 : 2004, 『高麗 美術의 對外交涉』, 예경.
　　김영미, 2002, 「11세기 후반~12세기 초 고려·요 외교관계와 불경 교류」 『역사와 현실』 43.
　　朴玉杰, 2002, 「高麗의 歸化人 同化策」 『江原史學』 17·18.
　　안귀숙, 2002, <高麗時代 金屬工藝의 對中 交涉>, 전국미술사학대회 발표문 : 2004, 『高麗 美術의 對外交涉』, 예경.
37) 具山祐, 1992, 「高麗 成宗代 對外關係의 展開와 그 政治的 性格」 『韓國史研究』 78.
　　朴宗基, 1994, 「高麗中期 對外政策의 變化에 대하여 ― 宣宗代를 중심으로 ―」 『韓國學論叢』 16, 國民大學校 韓國學研究所.
　　金仁圭, 1996, 「高麗 太祖代의 對外政策」 『高麗 太祖의 國家經營』, 서울대학교출판부.
　　서성호, 1999, 「고려 태조대 대(對)거란 정책의 추이와 성격」 『역사와 현실』 34.
　　김소영, 2001, 「고려 태조대 대거란 정책의 전개와 그 성격」 『白山學報』 58.
　　金周妍, 2002, 「高麗 文宗代 宋·遼關係에 대한 研究」, 誠信女子大學 석사학위 논문.
　　이정신, 2002, 「고려 태조의 건국이념의 형성과 국내외 정세」 『韓國史研究』 118 : 2004, 『고려시대의 정치변동과 대외정책』, 경인문화사.
　　이미지, 2003, 「高麗 宣宗代 権場 문제와 對遼관계」 『韓國史學報』 14.
　　유채영, 2005, 「고려 선종대의 대외정책 연구」 『한국문화연구』 9.

구 흐름으로 다소 장기적인 시기를 염두에 두고 고려의 거란에 대한
외교 정책의 특징을 모색하는 시도들이 있다. 이러한 흐름은 거시적인
시각으로 양국 관계의 추이를 검토하고 그 속에서 특징을 찾아내고자
한 연구들과[38] 개별적인 거란과의 영토 분쟁들을 연결지어 이해함으
로써 양국 관계를 조망해 보려는 시도로[39] 대별된다. 양국 간의 조공·

김당택, 2007, 「高麗 顯宗·德宗代 對契丹(遼) 관계를 둘러싼 관리들 간의 갈등」
『역사학연구』 29.

李美智, 2008, 「고려 성종대 地界劃定의 성립과 그 외교적 의미」 『한국중세사
연구』 24.

허인욱, 2008, 「고려 성종대 거란의 1차 침입과 경계 설정」 『전북사학』 33.

허인욱, 2010, 「高麗 德宗·靖宗代 契丹과의 鴨綠江 城橋·城堡問題」 『歷史學
研究』 38.

38) 李龍範, 1977, 「高麗와 契丹과의 關係(東洋學學術會議 講演鈔)」 『東洋學』 7.

박종기, 1998, 「11세기 고려의 대외관계와 정국운영론의 추이」 『역사와 현실』 30.

추명엽, 2002, 「고려전기 '번(蕃)' 인식과 '동·서번'의 형성」 『역사와 현실』 43.

Peter YUN, 2005, 「몽골 이전 동아시아의 다원적 국제관계」 『만주연구』 3.

김순자, 2006, 「10~11세기 고려와 요의 영토 정책」 『북방사논총』 11.

李孝珩, 2006, 「高麗前期의 北方認識」 『지역과 역사』 19.

채웅석, 2006, 「11세기 후반~12세기 전반 동북아시아 국제정세와 고려」 『전쟁과
동북아의 국제질서』, 일조각.

윤영인, 2007, 「10-13세기 동북아시아 多元的 國際秩序에서의 冊封과 盟約」 『東
洋史學研究』 101.

김순자, 2009, 「고려전기의 거란[遼], 여진[金]에 대한 인식」 『한국중세사연구』 26.

39) 이미지, 2003, 「高麗 宣宗代 榷場 문제와 對遼 관계」 『한국사학보』 14.

김순자, 2006, 「10~11세기 고려와 요의 영토 정책」 『북방사논총』 11.

李美智, 2008, 「고려 성종대 地界劃定의 성립과 그 외교적 의미」 『한국중세사
연구』 24.

趙永春·玄花, 2008, 「遼-金與高麗的"保州"交涉」 『中國邊疆史地研究』 2008-18.

허인욱, 2008, 「고려 성종대 거란의 1차 침입과 경계 설정」 『전북사학』 33.

허인욱, 2008, 「高麗의 歷史繼承에 대한 契丹의 認識變化와 領土問題」 『한국
중세사연구』 24.

金佑澤, 2009, 「11세기 對契丹 영역 분쟁과 高麗의 대응책」 『韓國史論』 55.

책봉 관계에 초점을 맞추어, 고려가 거란과 이러한 관계를 맺음으로써 조공·책봉 관계가 동아시아 외교의 전형으로 자리 잡았다고 본 연구도 있다.[40]

이처럼 방대한 선행 연구의 축적으로 고려와 거란의 외교 관계 및 그를 둘러싼 당시 동아시아 정세의 변화상이 상당 부분 해명되었다는 점은 분명한 사실이다. 그러나 다양한 연구 시각을 통한 접근에도 불구하고 근래 고려와 거란의 관계를 바라보는 시각은 송과의 관계 등 국제 정세와의 관련성이 다소 지나치게 강조되는 경향이 있다. 거란과 고려의 외교 관계에서 송과의 관계를 비롯하여 당시 양국을 둘러싼 동북아시아 사회의 정세 변화가 지나치게 강조되면 양국의 외교 관계에서 당사국인 거란과 고려의 세부적 합의 내용이라든가 외교적 갈등의 구체적 경과 및 해결 과정 등은 충분히 검토되지 못한 채 거란과 송의 세력 대결, 송과 고려의 연합, 서하와 거란의 반목 등 외부 요인의 작용이 거란-고려간 외교의 흐름에 핵심적인 변수가 되었던 것으로 설명이 이루어진다. 국제 정세의 변화에 어느 정도 영향을 받아 고려의 대외 정책의 방향이 변화하였을 것임은 분명한 사실이나, 그것이 고려 내부적으로 어떻게 수용되어 대외 정책의 선회나 철회에 어떠한 영향을 미쳤는지에 대해서는 사실상 구체적으로 검증하기 매우 어려우며, 국제 정세의 변화만으로는 고려와 거란 간의 외교 관계의 변화를 설명할 수 있는 범위 역시 제한적이다.

아울러 국제 정치 관계가 중시되다보니 고려가 거란과 맺은 외교 관

허인욱, 2010, 「高麗 德宗·靖宗代 契丹과의 鴨綠江 城橋·城堡問題」 『歷史學研究』 38.

40) 이석현, 2005, 「高麗와 遼金의 外交관계 -朝貢冊封關係를 중심으로」 『한중 외교관계와 조공책봉』, 고구려연구재단.

계는 언제나 송과의 외교 관계와 비교되며, 고려-거란 관계는 어디까지
나 정치적 이해관계를 고려한 형식적인 관계 일 뿐 고려 내부에서는
송과의 외교에 중점을 두고 이를 추진했다고 보는 시각이 주도적으로
자리하게 되었다. 이러한 시각이 지나치게 강조되면 고려-거란 관계에
서 고려의 위상을 과도하게 상정하는 분석이 나타나기도 하고,[41] 거란
과의 통교에 대한 당대인의 평가가 왜곡되어 해석되기도 한다.[42]

한편 고려와 거란의 관계에서 송이 차지하는 역할 혹은 위상은 종종
다음과 같이 설명된다. 고려는 송과의 관계를 적절히 활용하여 거란과
의 관계에서 외교적 이익을 추구하였으며, 이러한 고려의 대외 정책
운영의 기저에는 거란을 책봉국으로 받아들이면서도 그 내면에서는
끝까지 송을 문명적 대국으로서 흠모하고 섬기는 의식이 자리했다는
것이다. 그렇다면 그로 인해 발생했을 고려의 對外觀과 실제 외교 질서
간의 괴리가 어떻게 해소되었는지, 혹은 그 인식과 실제 간의 모순이

---

41) 예를 들어 거란과의 3차 전쟁 막바지에 있었던 귀주대첩을 바라보는 시각이 그
러하다. 귀주대첩으로 고려의 국제적 위상이 급속히 상승했다고 보는 시각이 있
으나(김한규, 1999, 「契丹과 女眞이 遼東과 中國을 統合한 시기의 韓中關係」
『韓中關係史』 I, 도서출판 아르케, 386쪽 ; 박경안, 2005, 「고려전기 다원적 국
제관계와 국가·문화 귀속감」 『東方學志』 129, 211쪽 각주 67)), 귀주대첩 이후
고려가 먼저 거란에 稱藩納貢 할 것을 제의한 사실과는 모순되는 평가이다.
42) 박경안은 현종이 거란과의 국교를 회복한 것에 대한 이제현의 평가를, "(현종이)
그들(거란)을 감동시켰으며 이것은 진심으로 그렇게 한 것이 아니라 어떤 기묘
한 책략이 있었던 것이다."라고(괄호 안은 인용자가 이해를 돕기 위해 삽입한 내
용임) 풀이하면서 당시 거란과의 외교관계는 진정한 사대가 아니었다고 보았다
(박경안, 2005, 「고려전기 다원적 국제관계와 국가·문화 귀속감」 『東方學志』
129, 199쪽).
그러나 이는 "(거란과의 국교 회복은) 지극한 정성으로 말미암아 이루어낸 것이
아니라면 반드시 기묘한 책략이 있었을 것이다(匪由至誠致之 必有奇策)"로 해
석되어야 하며, 이제현 역시 현종대 거란과의 국교 회복을 상당히 긍정적으로 평
가하고 있는 부분이다.

어떻게 거란과의 조공·책봉 관계가 유지된 130여 년에 걸쳐 지속될 수 있었는지에 대한 해명은 시도되지 않았다.

고려의 송에 대한 태도와 거란에 대한 태도가 각각 이렇게 달랐다고 보는 시각과 관련하여서는, 제도와 문물이 발달한 송에 비해 유목부족에서 출발한 거란을 고려가 오랑캐로 인식하였다는 입장이 지배적이다.43) 이러한 '금수론적 거란관'의44) 입장은 사료에서 확인되는 禽獸之國·寇賊 또는 左衽과 같은 거란에 대한 부정적인 어구를 입론의 근거로 하여 고려 내부에 거란을 폄하고 미개한 민족으로 여기는 인식이 뿌리 박혀 있었다고 본다. 다만 정황상, 전쟁을 종결하거나 위기를 면하기 위해 거란 우위의 질서에 순응하는 모습을 보여줄 필요가 있을 때에만 고려가 상황에 맞게 적절한 외교적 수사를 선택하였을 뿐이라 설명한다. 이러한 견지에서 보면 거란에 대해 폄칭과 존칭이 동시에 사용되고 있는 상황은 어느 정도 해명이 되지만, 보다 근본적으로 고려가 거란을 오랑캐로 받아들이게 된 이유는 여전히 해명되지 않았다. 이제 막 왕조를 세운 고려 조정의 입장에서 이미 건실하게 지역의 종주국으로서의 지위를 점유하고 있었던 거란을 오랑캐로 받아들이고, 중원의 여러 단명 왕조들을 앞세운 이후에야 등장한 송이 거란에 우위를 점해야 했던 이유를 거란이 유목 왕조라는 점에서 찾는 것은 석연

43) BREUKER 역시, 현대의 역사학자들이 고려가 바라본 세계를 華夷論에 입각하여 이분론적으로 이해하고 있다는 점을 비판한 바 있다.
Remco E. BREUKER, 2010, *Establishing a Plural Society in Medieval Korea, 918~1170 : History, Ideology and Identity in the Koryŏ Dynasty*, Leiden: Brill, p.208.
44) 禽獸論的 契丹觀이라는 용어는 김순자에 의해 정리되었다.
김순자, 2009, 「고려전기의 거란[遼], 여진[金]에 대한 인식」『한국중세사연구』 26, 114~115쪽.

치 않다. 이러한 부분들이 명확히 밝혀지지 않은 상황에서 고려인이 거란을 오랑캐로 보았다는 시각에 선험적으로 동조하는 것은 고려 당시의 대외관을 왜곡할 가능성이 크다.

이에 더하여 고려가 실제 조공·책봉 관계를 맺었던 거란과의 구체적인 외교 실상에 대해서는 아직 설명이 필요한 부분이 많다. 예를 들어 고려가 거란으로부터 책봉을 받게 된 이후에는 여러 사행을 거란에 보내게 되는데, 이 사행들이 언제부터 어떤 근거에 입각하여 보내지고 있었는가에 대한 본격적인 설명은 아직 시도되지 않았다. 또한 거란 황제가 고려의 군주를 책봉하는 외교 관계가 성립된 것이 고려 사회에는 어떻게 받아들여졌으며 고려 내부에 어떠한 영향을 주었는가에 대한 구체적인 분석도 이루어지지 못했다. 좀 더 거시적인 시각으로는 통교 이후 양국 간에 외교적 갈등이 생겼을 경우 이를 어떻게 해소하였는가 하는 점도 여전히 의문의 대상이며, 궁극적으로 고려의 외교가 어떠한 점에서 한반도의 他 왕조보다 실리적이라 할 수 있는가에 대한 답도 과제로 남아 있다.

이러한 부분에 관해서는 전근대 동아시아 사회의 외교형태와 관련한 연구성과들을 참조할 수 있다. 주지하다시피 전근대시대 동아시아 여러 국가들 간의 교류 형태에 대해서는 韓·中·日을 막론하고 많은 연구가 진행되어 왔는데,45) 그 중 본고의 문제의식과 관련하여 구체적인

---

45) 前田直典, 1948,「東アジアに於ける古代の終末」『歷史』1-4 : 1957,『中國史の時代區分』, 東京大學出版會 : 1973,『元朝史の研究』, 東京大學出版會.
　　李春植, 1952,「儒家政治思想의 理念的 帝國主義」『人文論集』27.
　　西島定生, 1962,「六-八世紀の東アジア」『岩波講座日本歷史』2, 岩波書店.
　　堀敏一, 1963,「近代以前の東アジア世界」『歷史學研究』281.
　　李春植, 1969,「朝貢의 起源과 그 意味 -先秦時代를 中心으로-」『中國學報』10.
　　李春植, 1969,「左傳中에 보이는 事大의 意味」『史叢』14.

외교 수행 과정 및 의례에 해당하는 부분을 고찰한 연구 성과를 간략히 요약하면 다음과 같다.

여러 동아시아 왕조들이 수행해왔던 조공-책봉의 외교 관계는 西周 시대에 시작되었으며 본래 周 天子에게만 행해지던 朝覲·入貢·朝聘 등의 의례는 춘추전국시대를 거치면서 권력 구조의 변모에 따라 적절히 변화하면서 제도적으로도 정비되어 갔다. 이춘식에 따르면 춘추시대 열국의 제후들이 세력을 다투게 되면서 周 천자는 제후들 간의 질서를 유지하기 위한 禮治로 交隣의 예를 강조하게 되는데, 제후들은 자국의 형세에 따라 교린의 구체적인 방법으로써 事大와 字小를 선택하였다. 아울러 소국이 대국을 예방하는 조빙의 횟수도 대국의 제후가 선택하여 지시할 수 있었다. 전국시대에 들어서면서 강력한 패자들이 등장하

李春植, 1970, 「漢代의 羈縻政策과 事大朝貢」『史學志』 4.

全海宗, 1970, 『韓中關係史研究』, 一潮閣.

全海宗, 1973, 「漢代의 朝貢制度에 대한 一考察」『東洋史學研究』 6.

谷川道雄, 1979, 「東アジア世界形成期の史的構造」『隋唐帝國と東アジア世界』, 汲古書院.

堀敏一, 1979, 「隋代東アジアの國際關係」『隋唐帝國と東アジア世界』, 汲古書院.

金翰奎, 1980, 『漢代의 中國的 世界秩序에 대한 研究』, 서강대학교 박사학위논문 : 1982, 『古代 中國的 世界秩序研究』, 一潮閣.

李春植, 1987, 「中國古代 朝貢의 實體와 性格」『古代韓中關係史의 研究』, 三知院.

이춘식, 1997, 『事大主義』, 고려대학교 출판부.

黎虎, 1998, 『漢唐外交制度史』, 蘭州大學出版社.

김한규, 2005, 『天下國家』, 소나무.

방향숙, 2005, 「古代 동아시아 册封朝貢體制의 원형과 변용 -韓中관계를 중심으로-」『한중 외교관계와 조공책봉』, 동북아역사재단.

吉本道雅, 2007, 「中國古代에 於ける 華夷思想의 成立」『中國東アジア外交交流史の研究』, 京都大學學術出版會.

였고, 하나의 패자가 주변 지역을 좌우하게 되면서 소국의 대국에 대한 禮가 훨씬 중요해졌다. 이에 따라 事大와 字小로 구성된 交隣이라는 외교 형태에도 변화가 생기면서 교린의 한 방법이었던 事大가 강조되었다고 한다.

세부적인 측면에 대한 고증과 해석은 연구자마다 각기 다르겠지만, 전근대 동아시아 외교의 원형이라 할 수 있는 중국 고대의 조공·책봉 관계에 처음부터 정해진 원칙이 있었던 것이 아니라 시대의 변화에 따라 다양하게 변모하면서 계속해서 발전했다는 점은 거의 모든 연구자들이 동의하는 바이다. 고려가 수행한 거란과의 외교 관계의 구체적 실상 역시 이와 크게 다르지 않았다고 생각된다. 고려는 건립된 지 그리 오래되지 않은 신흥국에 속했으므로 외교 관계에 대한 경험이 많지 않았으며, 또한 중원의 漢族 왕조와는 역사적 배경과 경험이 전혀 다른 거란족의 왕조를 상대로 외교 관계를 수행하는 일은 고려 왕조의 입장에서 볼 때 수월한 과제는 아니었을 것이다. 고려의 對거란 외교 관계 역시 처음부터 일정한 원칙이 확고하게 성립된 것이 아니라 형세에 따라 적절한 적응과 변용을 통해 일정한 형태로 정리되었다고 생각된다. 따라서 외교 사안이 발생하였을 때 양국이 보다 자유롭게 의견을 제시할 수 있었으며 문제의 해결은 기본적으로 양국의 합의에 근거하였다고 본다.

이와 관련하여 김한규는 전통적인 한중 관계에서의 조공·책봉 관계는 쌍방의 필요에 의해 자의적으로 성립되었지만, 요·금이 존재했던 시기에 한중 양국 국가들의 조공·책봉 관계는 일방의 물리적 힘에 의해 강요된 강압적 성격의 관계였다고 보았다. 같은 논지에서 고려와 거란의 관계 역시 고려측의 수요보다는 거란의 정치·군사·경제·문화적 필요에 의해 강요된 관계라 보았다.46) 고려-거란의 외교 관계가 거란의 강요에 의해 시작된 면이 있는 것은 분명하다고 하겠으나, 고려측의 동의와 요구가 없었다면 양국 관계가 유지되지 못했을 것이다. 본론에서 상세히 언급하겠지만 고려는 成宗代 거란으로부터 책봉을 받은 이후 거란이 멸망할 때까지 대체로 거란과의 조공·책봉 관계를 유지하였으며, 숙종대와 예종대에는 송으로부터의 책봉 대신 거란의 책봉을 선택하였다. 또한 선종과 숙종의 경우처럼 예정된 왕위 계승자가 아니었다가 즉위하게 된 고려 군주들은 거란의 책봉을 받기 위해 갑절의 노력을 기울였다.

2. 연구방법

지금까지 간략히 살펴본 바와 같이, 그동안 축적된 양질의 연구 성과들은 고려의 대외 관계에 대한 거시적인 조감도를 충분히 제공한다. 이와 같은 선행 연구 성과를 토대로 앞서의 문제의식을 발전시켜, 본고에서는 고려인들이 수행한 對거란 외교의 추이를 검토하고 양국 관계가 초기의 갈등 관계에서 안정적으로 변화해 가는 과정을 당시인의 시각에서 살펴보려 한다. 특히 양국 관계가 정착되는 과정에서 제기되었던 영역 구분을 둘러싼 분쟁과 여러 외교적 갈등들을 고려 조정이 어떠한 방법으로 조정 및 해소하여 갔는지에 초점을 맞추어 논의를 진행하겠다.

---

46) 김한규, 1999, 「契丹과 女眞이 遼東과 中國을 統合한 시기의 韓中關係」『韓中關係史』I, 도서출판 아르케, 377~390쪽.

　고려인들이 거란을 보는 실제 시각과 외교 자세는 지극히 현실적이며 가변적이었다. 선행 연구 성과에서는 고려가 실제로는 거란을 저급한 오랑캐로 바라보았으나 그들과의 외교를 수행함에 있어서는 거란의 피책봉국으로서의 자세를 엄수했다는 시각이 지배적이다. 본고는 고려 조정의 동향을 살필 수 있는 정사류와 거란에 대한 당시인의 시각을 보다 직접 드러내어 주는 고문서·금석문 등의 자료에 나타나는 거란 지칭 표현과 紀年號 용례를 검토하여 실제와 외교적 측면에서 거란에 대한 고려의 시각에 큰 괴리가 있었는지 확인해 보고, 나아가 고려-거란 간의 외교 질서가 고려 내부에는 어떠한 영향을 주었는지 확인해 보고자 한다.

　고려는 거란을 지칭할 때 직접적인 국호만을 사용한 것이 아니라 상황에 따라 皇朝·上國·大朝·北朝·隣國·彼國·左衽·强惡之國·禽獸 등 다양한 층위의 표현을 사용하였다. 언어철학자인 KRIPKE에 따르면 일상적인 사물의 이름은 고정 지시어(rigid designator)로써 지칭만 할 뿐 그 자체로 의미를 갖지는 않는다고 한다. 지칭된 대상의 특성이 기술(description)되었을 때에야 비로소 고유 명사들이 의미를 갖게 되며, 특정 대상에 대한 이름은 동일하게 유지될 수 있지만 시대별로 그 이름이 갖는 의미는 다를 수 있다고 하였다.[47) KRIPKE의 이론은 사물의 이름에 대한 성찰이지만, 이를 고려가 거란을 지칭하며 사용한 위와 같이 다양한 표현들을 분석할 때 적용해 볼 수 있다. 즉 고려가 동일한 거란이라는 대상을 가리키기 위해 사용한 皇朝에서 禽獸에 이르는 표현들은 각각 그 표현이 사용된 당시 고려가 인식한 거란, 혹은 고려가

---

47) Saul A. KRIPKE, 1972, *Naming and Necessity*, Cambridge, Massachusetts: Harvard University Press : 솔 크립키, 1983, 『이름과 필연』, 정대현·김영주 옮김, 서광사.

부각시키고자 했던 거란의 면모를 잘 드러내어 준다. 아울러 고려는 거란과 (爲)隣·與交·修好·朝聘·以下事上 하는 관계라 기록하기도 했고 거란이 入寇·來聘했다고 기록하기도 했다.

흥미로운 부분은 거란 지칭어와 거란과의 관계를 지칭하는 표현들이 대체로 고려와 거란 관계의 화평 정도에 조응하지만 그렇지 않은 사례들도 확인된다는 점이다. 이와 관련하여 언어학계의 연구성과를 참고하면 인간은 대화 상대와 상황에 따라 다양한 언어 책략(language strategy)을 선택한다고 한다.[48] 한편, 대화 중에 사용되는 지칭어 또는 호칭어는 듣는 사람과 말하는 사람 간의 권력 관계에 따라 적절하게 선택된다고 한다.[49] 이러한 언어학적 분석을 고려와 거란 관계에 적용하여, 고려-거란 관계에 역행하는 듯이 보이는 사례들을 고려와 거란의 외교 관계 뿐 아니라 해당 지칭 표현이 사용된 맥락 속에서 분석하고자 한다. 즉 특정 지칭 표현이 누구에[發話者] 의해 선택되어 어떤 대상[聽者]과의 대화 속에서 사용되었으며, 그 發話 상황은 대외 질서가 반영되는 외교적 순간인지 혹은 고려 내부의 공간인지 종합적으로 검토해 보겠다. 이를 통해 거란 및 거란과의 외교 관계가 고려인들에게 어떤 의미를 갖고 있었는지 보다 구체적으로 조명할 수 있을 것이다. 아울러 고려가 거란과의 관계를 지칭한 事(大)·交(隣) 등의 표현들을 '對거란 관계 지칭어(지칭 표현)'으로 묶어 같은 방법으로 분석해 보았다. 對거란 관계 지칭 표현은 '관계 지칭어'로 약칭하기도 하였음을 밝혀 둔다.

---

48) Peter FARB, 1974, *Word Play: what happens when people talk* : 1979, Bantam Edition, reprinted.
49) 유송영, 1994, 「국어 청자 대우법에서의 힘(power)과 유대(solidarity) (I) - 불특정 청자 대우를 중심으로 -」, 『국어학』 24.
유송영, 1998, 「국어 호칭·지칭어와 청자 대우 어미의 독립성 - '담화 상황'과 관련된 사용을 중심으로 -」 『국어학』 32.

같은 맥락에서 고려가 사용한 紀年號를 분석해 보고자 한다. 紀年은 해(歲)를 기록한다는 의미인데, 西曆紀元을 채택한 현대와 달리 전근대 사회에서의 기년 방식은 帝王의 연호나 干支·古甲子, 혹은 王曆을 이용 하는 방법 등 다양했다. 본고에서는 이러한 각각의 기년 방식에 사용 된 개별 연호나 干支 등을 紀年號라 통칭하겠다. 다양한 기년 사례에서 확인되는 기년호를 검토하여 거란과의 외교 관계가 단순히 외교 면에 서만 구속력을 갖는 것이 아니라 실제 고려인들의 생활에 영향을 주었 다는 점을 확인해 보고자 한다.

全海宗에 따르면 연호 및 曆의 채용은 宗屬關係를 象徵的으로 表示하 는 것이라 하였다.[50] 漢의 正朔이 적용되는 곳은 漢帝에 의해 지배됨을 의미한다고 한 김한규와[51] 曆의 반포가 천자를 중심으로 한 세계관의 표상이라 본 奧村周司의 설명[52] 역시 전해종의 논지를 지지한다. 전근 대 사회에서 연호 사용과 개인의 세계관이 어떠한 상관 관계를 갖는지 실증적으로 보여주는 사례가 있다. 다음은 朝鮮 仁祖代의 기록이다.

> I-가. 金光炫은 考 相臣 金尙容의 아들이며 前 判書 金尙憲의 조카이다. 그 부친이 오랑캐[청나라 사람]에게 죽었기 때문에 청나라 사람 들과 서로 접하기를 싫어하였으며 벼슬이 제수되어도 자주 병을 칭탁하여 사양하였다. 外職에 있으면서 사용하던 문서에는 六十 甲子만을 쓰고 崇德·順治 연호를 사용하지 않았다. 상소문과 箚子 에도 그렇게 하였으나 上께서도 힐문하지 않았다.[53]

50) 全海宗, 1967, 「韓中朝貢關係考 -韓中關係史의 鳥瞰을 위한 導論-」『韓中關 係史研究』, 東洋史學研究 1輯, 4~7쪽.
51) 金翰奎, 1982, 『古代 中國的 世界秩序研究』, 一潮閣, 130쪽.
52) 奧村周司, 1997, 「高麗の圜丘祀天禮と世界觀」『朝鮮社會の史的展開と東ア ジア』, 山川出版社, 314쪽.
53) 『仁祖實錄』 卷4 23年(1645) 閏6月 辛巳 金光炫故相臣尙容之子 前判書尙憲

위 사료에서 볼 수 있듯이, 조선 인조대 김광현은 부친이 청나라 사람에게 피살된 뒤 청나라를 기피하여 공문서에도 청나라의 崇德(太宗의 연호)·順治(世祖의 연호) 연호를 사용하지 않고 간지만으로 기년하였다. 김광현은 私的 원한 관계로 인해 조정이 받아들인 청나라를 중심으로 하는 국제 질서를 거부하였고, 그러한 자신의 입장을 청나라 연호 사용을 거부하는 것으로 드러내었다. 이를 인조가 잘못으로 지적하지 않았다는 것은 김광현의 입장을 이해하여 특별히 사정을 봐준 것이며, 당시 기본적으로 사용되던 기년호는 역시 청나라 연호였다.54) 곧 청나라에 대한 事大가 조선 내부에서는 청의 연호 사용으로 이어졌던 것이다.

김광현의 사례는 본고에서 다루는 10~12세기보다는 훨씬 후대의 기록이기는 하나, 국제 질서의 수용과 특정 연호 사용이 일정한 관계를 갖고 있다는 점은 고려 시기에도 적용 가능하다. 고려가 특정 군왕의 연호를 채택한 것 역시 그 군왕의 지배 질서를 수용했음을 보여준다고 생각한다. 金仁圭는 특히 고려 태조가 독자 연호인 天授를 버리고 후당의 연호를 채택한 것이 중국과 고려의 관계가 제왕국과 제후국의 관계로 변화하였음을 대내외에 알리는 일이었다고 보았다.55) 윤영인은 연

之從子也 以其父死於虜 不欲與淸人相接 拜官多以疾辭 其在外職所用文書 只書六甲 不用崇德·順治年號 雖疏箚亦然 上亦不之詰也.

54) 같은 기사에서 인조는 김광현처럼 청나라를 섬기는 것을 부끄러워 하는 신하들 (群臣之恥事淸國者)에 대한 태도를 바꾸어, 청나라 연호[大年號]를 사용하지 않은 疏章을 들이지 말도록 지시하였다. 기사의 전문은 다음과 같다.
『仁祖實錄』 卷4 23年(1645) 閏6月 辛巳 上下敎于政院曰 疏章之不書大年號者 乃敢捧入 難免不察之失也 金光炫故相臣尙容之子 前判書尙憲之從子也 以其父死於虜 不欲與淸人相接 拜官多以疾辭 其在外職所用文書 只書六甲 不用崇德·順治年號 雖疏箚亦然 上亦不之詰也 及昭顯世子卒 光炫以大司憲力論李馨益等侍疾無狀之罪 上以爲姜家所指嗾 甚怒 蓋姜嬪之兄文明 卽光炫之壻也 上由是惡光炫 又常惡群臣之恥事淸國者 故有此敎.

55) 金仁圭, 1996, 「高麗 太祖代의 對外政策」『高麗 太祖의 國家經營』, 서울대학

호 시행이 조공 체제의 중요한 요소라는 점에 대해서는 동의하면서도 거란 연호 채택에 있어서 고려의 주체성을 훨씬 강조하였다. 즉 고려가 거란의 연호를 사용한 것은 조공국으로서의 의무 수행이 아니라 거란으로부터 정통성을 인정받고 안정을 보장받기 위한 외교적 수단이었다는 것이다.[56] 여기에서 더 나아가, 본고에서는 거란 연호가 고려 내부에서 사용된 것이 외교 정책적 의미만 갖지는 않는다는 점을 고려 내부인을 聽者로 상정한 금석문 및 고문서 자료의 기년 사례를 통해 밝혀보고자 한다. 분석 내용을 일반화 하는 과정에서 고려가 외국 연호를 사용한 시기가 구분될 것이며, 과거의 사건을 기록할 때 적용한 기년 기준도 추출될 것이다.

이상의 논점들을 염두에 두면서, 본론에서는 고려와 거란의 외교 관계의 추이를 왕대별로 검토하겠다. 양국 관계의 흐름을 짚어 볼 때, 고려 군왕과 거란 황제간의 책봉 관계가 양 왕조의 외교 관계를 좌우하는 핵심적 요인이라고 생각되기 때문이다. 다만 서술의 편의를 위해

교 출판부, 96쪽.

그런데 최근의 연구에 따르면 고려 초의 연호 기년에서는 일관된 원칙이 찾아지지 않고, 국제관계보다는 내부 사정 즉 연호 기년을 사용한 기록 주체의 성향이 우선적인 영향을 미쳤으며 고려 자체의 책력 역시 영향을 주었다는 주장이 제기되었다(韓政洙, 2010, 「고려 초의 국제관계와 年號紀年에 대한 재검토」 『歷史學報』 208).

본고 역시 고려의 기록 속에 특정한 기년호가 사용된 데에는 기록을 남긴 주체의 의도가 작용하였을 것이라는 점에 동의한다. 그러나 본고는 국제 관계, 특히 책봉 여부가 고려에서 사용된 기년호를 결정하는 주요한 기준이었다고 생각한다. 이러한 원칙은 당시 자료를 통해서도 확인되는데, 태조대에서 고려의 책봉관계가 鼎立되는 현종대까지의 추이를 총괄적으로 검토해야하므로 II~IV장에서 나누어 분석하도록 하겠다.

56) 윤영인, 2007, 「10~13세기 동북아시아 多元的 國際秩序에서의 冊封과 盟約」 『東洋史學硏究』 101, 128~129쪽.

다음과 같이 다섯 시기로 구분하여 구성하고자 한다.57)

고려가 거란이라는 외부 왕조의 실체를 직접 대면하게 되는 것은 거란과의 전쟁이 발발한 993년(成宗 12)이다. 그 이전에는 太祖代에 거란 측의 교섭 요구가 있었지만 일정한 외교 관계가 성립하는데 이르지는 못했고, 994년이 되어서야 양국이 정식 외교 관계를 시작하게 되었다. 따라서 태조대에서 993년에 이르는 기간을 국교 성립 이전시기로 분류하여 Ⅱ장을 구성하고자 한다. 이 장에서는 먼저 고려 초 거란의 통교 의사 전달과 이에 대한 고려의 반응을 검토하겠다. 태조대 만부교 사건 이후 양국 관계는 완전히 단절되는데, 이후의 기록에서 나타나는

---

57) 이와 관련하여, 金渭顯은 정치적인 면의 특성을 고려하여 거란과의 관계를 初期 交涉期(922~986), 和戰時期(993~1020), 和平時期(1021~1125) 등 세 시기로 구분하였다(金渭顯, 1983, 『高麗史中中韓關係史料彙編』, 食貨出版社 ; 金渭顯, 1995, 「高麗와 契丹과의 關係」『한민족과 북방과의 관계사 연구』, 한국정신문화연구원, 126~128쪽.)

한편 박한남은 1020년(현종 11) 이후에 여요 간의 외교 관계가 본격적으로 발전한다고 언급한 바 있다(朴漢男, 1993, 『高麗의 對金外交政策 硏究』, 성균관대학교 박사학위 논문, 108쪽).

선학들의 시기 구분은 본고의 기준과 크게 다르지 않다. 단 본고에서는 고려-거란의 외교 관계에 초점이 맞추어져 있으므로 전쟁이 끝난 1021년이 아니라 현종이 처음으로 거란의 책봉을 받은 1022년이 양국 외교사에서 분기점이 된다고 본다. 『高麗圖經』 卷41 同文 正朔 편에서도 1022년 이후 고려가 거란의 연호를 사용하게 된 점을 지적하고 있어, 송 역시 1022년을 고려-거란 관계의 중요한 분기점으로 파악하였음을 알 수 있다. Michael ROGERS도 고려가 1022년에 거란의 책력을 수용한 이후 양국이 "宗屬 관계(soverign-vassal relationship)"가 되었다고 보았다(Michael C. ROGERS, 1959, "SUKCHŎNG OF KORYŎ: HIS ACCESSION AND HIS RELATIONS WITH LIAO" in T'oung Pao 47, BRILL, p.33).

아울러 거란과의 전쟁이 종결된 이후의 시기를 두 시기로 구분하여 압록강 유역의 거란 거점에 대한 갈등이 제기되던 시기와 그것이 해소된 이후를 나누었다는 점도 이전 연구 성과와 다르다.

기년호와 거란 지칭 표현을 분석하여 태조대의 거란 정책이 유지되고 있는지의 여부와 함께 고려의 對거란 인식에 대해 살펴보겠다.

다음으로 成宗代에 고려와 거란 간에 국교가 성립되는 과정과, 고려가 이 생소한 외교 상대에 적응하기 위해 보인 여러 노력들을 하나로 묶어 설명해 보려 한다. 따라서 Ⅲ장에서는 성종대 거란의 통교 요구와 전쟁, 그리고 종전 협약으로 체결된 地界劃定에 대해 살펴본 뒤 거란과의 외교 질서에 적응하여가는 고려의 여러 모습들을 정리할 것이다.

성종대 전쟁이 끝나고 양국 간에 조공·책봉 관계라는 일정한 양식의 외교 관계가 성립하였지만 재삼차 전쟁이 일어났다. 이 시기에는 양국의 견해 차이를 논의할 수 있는 외교의 장이 아직 완전하게 갖추어지지 않았기 때문에 갈등이 직접적인 무력으로 표출되어 해소되었다. 그러나 어떤 형태로든 거란과의 관계가 지속되면서 고려는 앞선 시기의 경험을 토대로 다음 차례의 전쟁을 마무리하는 등 거란을 대하는 방식을 조금씩 익혀갔다고 생각된다. 또한 이 과정에서 각국은 상대국이 원하는 외교 질서와 자국이 원하는 질서가 충돌하는 부분을 좀 더 구체적으로 알게 되었다. 이러한 내용에 유의하여 Ⅳ장에서는 거란과의 2·3차 전쟁의 원인과 종전 과정을 외교사의 측면에서 검토해 보겠다. 아울러 1022년에는 顯宗이 거란으로부터 처음으로 책봉을 받게 되고 또한 사절 파견과 관련된 구체적인 지침이 거란으로부터 전달되었는데, 그 지침의 내용과 이것이 양국 외교사에서 가지는 의미에 대해서 살펴 보고자 한다.

Ⅴ장은 德宗代에서 宣宗代에 이르는 시기를 다루도록 하겠다. 이 시기에 고려는 압록강 동쪽에 위치한 거란의 거점 문제를 두고 그들과 갈등을 겪게 되는데, 고려가 이 문제를 다루는 방식 역시 시간이 지나며

갈등이 거듭될수록 발전되어 갔다. 고려가 거란에 전달한 외교 문서들을 중심으로 고려의 갈등 해결 전략을 조명해 보겠다. 아울러 이 기간 동안에는 양국 간에 성립된 책봉관계 역시 상당히 안정적으로 유지되면서 고려와 거란이 명실상부한 책봉국-피책봉국 관계를 유지하였다는 점을 지칭 표현과 기년호를 통해 정리하려 한다.

肅宗代 이후에는 여진 세력이 흥기하면서 고려와 거란 모두 상대국보다는 여진 문제에 집중하게 되었다. 그러나 이 시기 양국 외교 관계와 관련된 기록은 전에 없이 풍부하여 양국 관계는 물론 이를 포함한 당시 동북아시아 국제 관계의 특성을 짐작하게 하는 기록들이 적지 않다. Ⅵ장에서는 이러한 기록들을 함께 묶어 거란 쇠퇴기 동북아시아 정세 변화 속에서 분석하고, 아울러 거란의 쇠퇴로 인해 고려의 기년 방식이 변화하는 양상을 금석문 자료를 통해 살펴보겠다.

결론에서는 태조대에서 인종대에 이르는 긴 기간에 걸친 고려와 거란의 외교 관계를 검토하면서 추출해 낸 고려의 對거란 외교의 특징들을 요약해 보겠다. 가장 큰 특징은 양국 외교 관계에서 수행되었던 여러 규정들이 단번에 수립되거나 혹은 典範으로 삼아 참고할만한 구체적인 선례가 있었던 것이 아니라, 국교가 성립된 초기에 미처 예상할 수 없던 문제와 갈등이 외교 관계가 지속됨에 따라 제기되었고 이를 해소해가는 과정에서 고려가 對거란 외교를 수행하는 일정한 관례가 성립되어갔다는 점이라고 생각한다. 이 과정을 거쳐 고려는 외부 왕조와의 갈등을 외교적인 방법을 통해 해소하거나 조정하는 여러 가지 실무적인 방법을 익혀갔으며 그 중 가장 주요하게 활용된 것은 1차 전쟁 후에 체결된 지계획정이었다는 점이 재확인 될 것이다. 아울러 세부적인 외교 실무에 해당하는 몇몇 관행도 새롭게 조명되리라 예상한다.

지칭 표현과 기년호 분석을 통해서는 고려와 거란 간의 외교 질서가 외교에 그치지 않고 고려 내부로 수용되었던 점도 확인될 것이다. 또한 고려-거란의 외교 관계를 통해 고려가 외부 세계와 외교 관계를 맺는 방식에 대한 이해의 폭이 조금이나마 넓혀지고, 나아가 거란 쇠퇴기 고려-거란-송의 관계를 통해 당시 동북아시아 사회에서 통용되던 외교 질서의 단면이 드러날 수 있기를 기대한다.

II
국교 성립 이전의 거란과의 관계

1. 태조대 거란과의 단교

고려와 거란의 교섭을 보여주는 가장 이른 시기의 기록은 922년의 기사이다.

> II-가. (太祖 5年 2月) 거란(의 사신이) 와서 낙타와 말, 氈을 선물하였다.[1]

위의 거란 사행은 고려 태조 王建이 즉위한 후 나타나는 최초의 기록이므로 낙타 등은 왕건의 즉위와 高麗國의 성립을 뒤늦게나마 축하하는 일종의 禮物이었다고 생각된다.[2]

그런데 『遼史』에는 이보다 훨씬 앞선 915년과 918년 2월에 고려 사행이 거란을 방문한 것처럼 보이는 기록이 있다.[3] 고려 태조의 즉위는 918년 6월의 일이므로, 그 이전의 고려 사행 기록은 시기상 泰封의 사행을 가리키는 것이라 생각된다.[4] 외부의 강대국과의 관계를 통해 내

---

1) 『高麗史』卷1 世家1 太祖 5年(922) 春二月 契丹來遺橐駝馬及氈 ;『高麗史節要』卷1 太祖 5年(922) 春二月 契丹來歸橐駝馬及氈.

2) 姜大良 역시 고려와 거란의 交聘 관계가 성립한 상한은 922년 이전으로는 볼 수 없다고 하였다(姜大良, 1948,「高麗初期의 對契丹關係」『史海』1, 朝鮮史研究會, 52쪽).

3) 『遼史』卷1 本紀1 太祖上 9年(915) 10月 戊申 新羅遺使貢方物 高麗遺使進寶劍 吳越王錢鏐遺滕彦休來貢.
『遼史』卷1 本紀1 太祖上 神册 3年(918) 2月 (癸亥) 城皇都 … 梁遺使來聘 晉·吳越·渤海·高麗·回鶻·阻卜·党項及幽·鎭·定·魏·潞等州 各遺使來貢.

부 집권자의 위상을 높이고, 한편으로 강대국에 의해 재편되어 가는
국제 정세에 빠르게 적응하고자 했던 것은 신생국인 태봉의 입장에서
는 당연한 것이라 할 수 있다.5)

　이와 같은 태봉의 대외 정책은 왕건이 즉위한 뒤 高麗에서도 계속되

---

4) 이 시기 『遼史』에 나타나는 高麗의 해석과 관련하여서는 이를 허구로 보는 견
　해(姜大良·津田左右吉), 후백제로 보는 견해(池內宏), 고구려 寶藏王의 아들인
　高德武의 소고구려국으로 상정하는 견해(日野開三郞), 궁예의 泰封으로 보는
　견해(김위현·한규철·박한설·김재만·송기호) 등이 있다. 본고에서는 김위현 등의
　견해를 따르기로 한다.
　姜大良, 1948, 「高麗初期의 對契丹關係」『史海』 1, 朝鮮史硏究會, 42~50쪽.
　金渭顯, 1985, 「遼史高麗外記考檢」『遼金史硏究』, 裕豊出版社.
　宋基豪, 1987, 「발해 멸망기의 대외관계 ―거란·후삼국과의 관계를 중심으로」『韓
　國史論』 17, 서울대 국사학과, 53~56쪽.
　『遼史』의 신빙성에 대해서는 異論이 있어 왔다. 이용범은 『遼史』의 기록을 杜
　撰이라 보았고, 강대량은 二國外記의 기록만을 인정하였다. 근래들어 한규철·김
　재만·송기호·서성호·김위현 등 많은 연구자들이 本紀의 기록을 인정하고 이국
　외기나 屬國表의 내용을 착오라고 보고 있으며 金仁圭·朴貞柱 등은 본기와 이
　국외기의 기록을 모두 인정했다.
　『遼史』本紀와 이국외기·속국표를 비교해 볼 때 일치하지 않는 기록들이 있는
　것은 사실이다. 그러나 대부분은 사절의 입공이 2월에 있었는가 3월에 있었는가
　하는 종류의 문제이지 사절의 입공 자체를 부정하게 될 만한 정도의 불일치는
　아니다. 동일한 내용의 사실들은 대부분 비슷한 시기에 기록되어 있다. 다만, 本
　紀에 나타나지 않는데 이국외기나 속국표에만 나타나는 기록들을 어떻게 보아야
　할 것인가가 문제라고 할 수 있다. 『遼史』 기록을 무턱대고 부인할 수 없듯이
　『遼史』本紀의 기록과 다른 기록들을 구분하여 취신할 수는 없을 것이라 생각
　된다. 이는 매우 조심스러운 문제인만큼 당시의 상황에 따라 판단하도록 하겠다.
5) 서성호, 1999, 「고려 태조대 대(對)거란 정책의 추이와 성격」『역사와 현실』 34,
　한국역사연구회, 22~23쪽.
　한규철은 태봉 국내 정치에 보다 초점을 맞추어, 궁예는 국내의 숙청작업으로 인
　한 정치적 모순을 외교적 관심 移轉으로 극복하기 위해 거란에 대해 우호 정책
　을 폈다고 보았다(韓圭哲, 1985, 「後三國時代 高麗와 契丹關係」『富山史叢』
　1 : 1994, 『渤海의 對外關係史』, 新書苑).

었을 것이다. 즉위 직후 여러 반역 사건에 직면하게 된 고려 태조는 새
로운 지배세력의 기반을 다지기 위해 대외적인 환경을 안정적으로 유
지하는데 노력을 기울였다. 吳越과의 관계에 많은 힘을 기울였고, 거란
과도 우호적인 관계를 지속하고자 하였다.6) 이 후 약 5년 간 고려가
매년 거란에 入貢한 기록이 확인되지만,7) 928년 이후 『고려사』와 『요
사』 모두에서 양국 교섭과 관련된 기사는 나타나지 않는다.

　이와 관련하여 당시 동북아시아 지역의 정세를 잠시 살펴보자. 926
년(太祖 9, 거란 太祖 天顯 1)에 거란과 고려의 사이에 위치했던 발해가
거란의 공격으로 멸망하였다.8) 고려의 입장에서 거란과의 직접적인 대
면으로부터 완충 역할을 해 주던 발해가 멸망하자,9) 후백제와 대결 중
이던 고려는 북쪽과 남쪽에서 동시에 위협을 받게 되었다. 당장은 후

---

6) 서성호, 1999,「고려 태조대 대(對)거란 정책의 추이와 성격」『역사와 현실』 34,
　　한국역사연구회, 23쪽.
　　고려 초기 南中國에 위치했던 十國과의 교류에 대해서는 다음을 참조.
　　金在滿, 1983,「五代와 後三國·高麗初期의 關係史」『大東文化硏究』 17.
　　李基東, 1997,「羅末麗初 南中國 여러 나라와의 交涉」『歷史學報』 155..
7) 다음의 기록 참조.
　　『遼史』 卷115 列傳45 二國外記 天贊 3年(924) (高麗)來貢.
　　『遼史』 卷2 本紀2 太祖下 天贊 4年(925) 10月 辛巳 高麗國來貢.
　　『遼史』 卷2 本紀2 太祖下 天顯 元年(926) 2月 丁未 高麗·濊貊·鐵驪·靺鞨來貢.
　　『遼史』 卷115 列傳45 二國外記 太宗 天顯 2年(927) (高麗)來貢.
8)『高麗史』 卷1 世家1 太祖 8年(925) 9月 庚子 渤海禮部卿大和鈞均老司政大
　　元鈞工部卿大福謨左右衛將軍大審理等 率民一百戶來附 … 至是契丹主謂左
　　右曰 世讎未雪 豈宜安處 乃大擧攻渤海大諲譔 圍忽汗城 大諲譔戰敗 乞降
　　遂滅渤海.
　　『遼史』 卷2 本紀2 太祖下 天顯 元年(926) 正月 丁丑 諲譔複叛 攻其城破之
　　駕幸城中 諲譔請罪馬前 詔以兵衛諲譔及族屬以出 祭告天地 複還軍中.
9) 姜大良, 1948,「高麗初期의 對契丹關係」『史海』 1, 朝鮮史硏究會, 27쪽.
　　나아가 강대량은 발해가 거란의 東方 經略을 위한 전진기지로 전환되었다고 보
　　았다.

백제와의 전쟁에 더욱 신경을 써야 할 테지만, 이미 북중국의 強國으로
자리한 거란의 위협이 언제 들이닥칠 지 알 수 없는 일이었다. 신생국
인 고려로서는 매우 어려운 상황이었을 것이라 생각된다.

그런데, 926년 7월에 거란 太祖가 세상을 떠난 뒤 거란 황실에서도
비정상적인 움직임이 나타났다. 황태자 倍가 장성하여 생존해 있는데
도[10] 황후가 섭정을 하였고, 이로부터 1년 쯤 지난 후 東丹國의 왕으로
있던 人皇王 倍가 황제 자리를 同母弟인 光德[太宗]에게 넘기는 일이 발
생하였다.[11] 太宗 즉위 초년에는 인황왕과의 사이에 별다른 문제가 보
이지 않지만, 인황왕의 私第에 행차한다던가[12] 인황왕이 태종과 황태
후를 뵙거나[13] 또는 人皇王의 僚屬들에게 便殿에서 연회를 베풀어 준다
든가[14] 하는 특별 조처들이 자주 눈에 띈다. 930년 5월에 人皇王이 東丹

---

10) 거란 太祖의 皇太子 倍[圖欲・突欲]는 899년에 태어난 것으로 추정되며 916년
　　에 황태자로 정식 책봉되었다(『遼史』 卷1 本紀1 太祖上 神册 元年(916) 3月
　　丙辰).
　　倍의 생애와 그를 둘러싼 사건들에 관련하여서는 다음을 참조.
　　崔益柱, 1981, 「遼初의 支配勢力의 性格」 『大丘史學』 19.
　　島田正郎, 1993, 「悲劇의 王、倍」 『契丹國 ―遊牧の民キタイの王朝』, 東方
　　書店.
　　金渭顯, 2000, 「東丹國考」 『宋遼金元史硏究』 4 : 2004, 『契丹社會文化史論』,
　　景仁文化社.
11) 『遼史』 卷3 本紀3 太宗上 天顯 元年(926) 7月 太祖崩 皇后攝軍國事 … 明年
　　[天顯 2年, 927] 10月 壬戌 人皇王倍率群臣 請于后曰 皇子大元帥勳望 中外
　　收屬 宜承大統 后從之 是日卽皇帝位.
12) 『遼史』 卷3 本紀3 太宗上 天顯 3年(928) 9月 己丑 幸人皇王第 ; 辛卯 再行人
　　皇王第.
　　『遼史』 卷3 本紀3 太宗上 天顯 4年(929) 8月 癸亥 幸人皇王第 ; 10月 壬寅
　　幸人皇王第 宴群臣.
13) 『遼史』 卷3 本紀3 太宗上 天顯 4年(929) 4月 辛酉 人皇王倍來朝 ; 天顯 5年
　　(930) 2月 上與人皇王 朝皇太后 太后以皆工書 命書于前以觀之.
14) 『遼史』 卷3 本紀3 太宗上 天顯 5年(930) 3月 乙酉 宴人皇王僚屬便殿.

國으로 돌아간 뒤에도 그러한 조처들은 계속되지만[15] 결국 11월에 인황왕은 거란의 적대국이라 할 수 있는 後唐으로 망명하였다.[16]

東丹國의 왕이자 거란의 황태자였던 倍의 양위와 太宗의 즉위를 둘러싼 일련의 기록들을 통하여 거란 황실 내의 분열 조짐과 중원 세력과의 경쟁을 짐작할 수 있는데, 이 때문에 928년 이후 양국 간의 교섭이 잠시 중단되었던 것이 아닌가 생각된다. 이 시기에 고려는 후백제와의 전쟁에 총력을 기울여, 936년 9월에 후백제를 멸망시키고 드디어 한반도의 覇者가 되었다. 같은 해 10월, 거란은 後唐의 節度使였던 石敬瑭을 왕으로 삼아 後晉을 건국하게 하고 後唐을 공격하기 시작하였다. 전쟁은 거란과 後晉의 승리로 끝나게 되었고 그 결과 거란은 중원을 공략하는 요충지인 燕雲 16州를 차지하게 되었다.[17] 때에 맞추어 鼻骨德·尤不姑·女眞·回鶻의 사신이 거란에 入貢하였고 거란에서도 高麗와 鐵驪에 사신을 파견하였다.[18] 기록이 워낙 소략하여 전후 사정을 자세히 알 수 없지만, 중원 국가들 간의 경쟁에서 거란의 지지를 받은 石敬瑭의 後晉

---

15) 930년 5월 이후 人皇王에 대한 특별 관리는 다음을 통해 짐작할 수 있다.
    『遼史』卷3 本紀3 太宗上 天顯 5年(930) 9月 己卯 詔舍利普寧撫慰人皇王 ; 庚辰 詔置人皇王儀衛 ; 10月 戊戌 遣使賜人皇王胙.
    人皇王 倍 역시 태종에게 좋은 인상을 주려고 노력했던 것 같다.
    『遼史』卷3 本紀3 太宗上 天顯 5年(930) 3月 辛未 人皇王獻白紵 ; 10月 甲辰 人皇王進玉笛.
16) 『遼史』卷3 本紀3 太宗上 天顯 5年(930) 11月 戊寅 東丹奏 人皇王浮海適唐.
    後唐은 거란의 지원 속에서 건국된 後晉에게 멸망하게 되고(936) 人皇王은 결국 피살되었다.
17) 『遼史』卷3 本紀3 太宗上 天顯 12年(937) 6月 甲申 晉遣戶部尙書聶延祚等請上尊號 及歸雁門以北 與幽薊之地 仍歲賮帛三十萬足 詔不許.
18) 『遼史』卷3 本紀3 太宗上 天顯 12年(937) 9月 壬子 鼻骨德來貢 ; 庚申 遣直里古使晉及南唐 ; 癸亥 尤不姑·女眞來貢 ; 辛未 遣使高麗·鐵驪 ; 癸酉 回鶻來貢.

이 승리함으로써 거란은 명실공히 帝國의 면모를 갖추게 되었고 동서
아시아의 여러 군소 정치 세력들도 이를 인정한 것으로 생각된다.

그러나 고려는 937년 거란 사행에 대해 報聘하지 않았고, 이어 939년
에도 거란이 後晉이 존호를 올린 일을 알려 왔지만[19] 이에 대해서도
사행 기록이 확인되지 않는다.[20] 당시 고려는 중원 국가들과의 교류에
힘쓰고 있었다. 925년부터 고려는 後唐에 사신을 파견하였으며[21] 933
년에는 책봉을 받고 後唐의 연호를 사용하였다.[22] 후당이 망한 뒤에는
後晉에 사신을 파견하였으며 939년에는 그로부터 책봉을 받았다.[23]

객관적 사실만으로 보면 後晉의 高祖 석경당은 거란 太宗에 의해 황
제로 책봉을 되어 그를 父皇帝로 섬겼으므로,[24] 고려가 거란과 교류하

---

19) 『遼史』卷4 本紀4 太宗下 會同 2年(939) 正月 乙巳 以受晉册 遣使報南唐·高
麗 ; 卷115 列傳45 二國外記 會同 2年(939) 受晉上尊號册 遣使往報.

20) 강대량 역시 936년 즈음부터 고려가 거란에 보빙 사행을 중단했을 것이라 추정
하였다.
姜大良, 1948,「高麗初期의 對契丹關係」『史海』1, 朝鮮史研究會, 52~53쪽.

21) 『册府元龜』卷972 外臣部 朝貢5 後唐 莊宗 3年(925) 10月 高麗國遣使韋伸貢
方物.

22) 『高麗史』卷2 世家2 太祖 16年(933) 3月 辛巳 唐遣王瓊楊昭業來 册王.

23) 『高麗史』卷2 世家2 太祖 20年(937) (5月) 遣王規·邢順如晉 賀登極.
『高麗史』卷2 世家2 太祖 22年(939) 是歲 晉遣國子博士謝攀來 册王爲開府
儀同三司檢校太師餘如故.

24) 『資治通鑑』卷280 後晉紀1 高祖上 天福 元年(936) 11月 丁酉 契丹主謂石敬
瑭曰 吾三千里赴難 必有成功 觀汝氣貌識量 眞中原之主也 吾欲立汝爲天子
敬瑭辭讓數四 將吏復勸進 乃許之 契丹主作册書 命敬瑭爲大晉皇帝 自解衣
冠授之 築壇於柳林 是日 卽皇帝位 割幽·薊·瀛·莫·涿·檀·順·新·嬀·儒·武·
雲·應·寰·朔·蔚十六州 以與契丹 仍許歲輸帛三十萬匹.
『契丹國志』卷2 太宗上 會同 二年(939) 8月 晉上尊號於遼帝及太后 以同平
章事馮道·左僕射劉昫爲册禮使 遼帝大悅 晉帝事遼甚謹 奉表稱臣 謂遼帝爲
父皇帝 每遼使至 卽於別殿 拜受詔勅 每歲輸金帛三十萬之外 吉凶慶弔 歲時
贈遺 相繼於道 乃至太后·元帥太子·諸王·大臣皆有賂遺 然所輸金帛 不過數

기보다 後晉과의 교섭에 주력한 것은 그다지 적절한 상황 판단은 아니
었던 듯하다. 그런데 중원의 五代 국가들은 淮水 이남의 吳國이나 吳越
國 등을 책봉하면서 명의상이나마 漢族의 대제국이었던 唐을 계승하였
음을 내세워왔다. 후삼국을 평정한 고려였지만 한반도를 통일하는 과
정에서 豪族 세력에 의지한 부분이 있었으며, 또 각지에서 독자적인 경
제 기반을 토대로 세력을 키워왔던 호족들을 국가 질서 속에 포함시키
는 일은 쉽지 않은 과업이었다.[25] 이렇듯 대내적으로 다소 위축된 王權
에 힘을 실어 줄 수 있는 것은 대외적인 信認일 것이다. 당시 동북아시
아 사회의 强者였던 거란은 역사적으로 교섭 경험이 없어 다소 생소한
대상이었고, 여러 차례 사행이 왕래했다고는 해도 고려와는 구체적인
형태의 질서 관계에 합의한 적이 없었다. 이에 비해 五代의 왕조들이

縣租賦 其後 <u>遼帝屢止晉帝上表稱臣 但令爲書稱兒皇帝 如家人禮</u>.
25) 이로 인해 태조대 정권의 성격 규정과 관련하여 많은 연구가 진행되었다.
　　李基白, 1967,「豪族聯合政策」『韓國史新論』, 一潮閣.
　　李基白, 1974,「高麗貴族社會의 成立 槪要」『한국사』4, 국사편찬위원회 :
　　1990,『高麗貴族社會의 形成』, 一潮閣.
　　河炫綱, 1974,「高麗王朝의 成立과 豪族聯合政權」『한국사』4, 국사편찬위원
　　회 : 1988,『한국중세사연구』, 一潮閣.
　　朴菖熙, 1984,「高麗初期 '豪族聯合政權'說에 대한 검토 —'歸附'豪族의 政治
　　的 성격을 중심으로—」『韓國史의 視角』, 영언문화사.
　　嚴成鎔, 1986,「高麗初期 王權과 地方 호족의 身分變化 —豪族聯合政權說에
　　대한 검토—」『高麗史의 諸問題』, 삼영사.
　　金甲童, 1990,「豪族聯合政權說의 檢討」『羅末麗初의 豪族과 社會變動硏究』,
　　고려대학교 민족문화연구소.
　　鄭景鉉, 1992,「高麗太祖의 王權 —특히 그의 權威의 측면을 중심으로—」『許
　　善道停年紀念 韓國史學論叢』, 一潮閣.
　　申虎澈, 1993,「後三國時代의 豪族聯合政治」『韓國史上의 政治形態』, 一潮閣.
　　鄭智泳, 1996,「高麗 太祖의 豪族政策 —歸附·投降勢力의 검토를 중심으로—」
　　『高麗 太祖의 國家經營』, 서울대학교출판부.

다른 나라의 군주를 책봉하는 행위는 漢·唐代 중원의 漢族 왕조를 중심
으로 하는 전통적인 질서 체계를 형식적으로나마 되살리는 것이었고,
따라서 고려 태조가 그들에게 책봉을 받는 것은 동북아시아의 국제 질
서 속에 고려가 포함되었으며 태조 王建이 고려를 대표함을 대내외적
으로 선언하는 효과를 갖는다. 아울러 대외적 인신이 고려 내부에서
왕으로서 태조의 권위를 정립하는데 활용되었다는 사실은 933년에 後
唐이 태조를 책봉하면서 보낸 三軍將吏에 대한 조서에서도[26] 잘 드러난
다. 후당은 고려왕을 책봉하면서 왕비 역시 河東郡夫人으로 책봉하였고,
유례없이 고려의 신하들에게 조서를 내려 왕으로서 왕건의 자질을 칭
찬하며 책봉 사실을 알렸다. 이러한 조처는 왕건이 고려 조정을 장악
하는데 어느 정도 도움을 주었으리라[27] 생각된다.

또한, 발해가 멸망한 뒤 거란의 잠재적 위협에 직접 노출된 고려의
입장에서는 이들 중원 왕조와의 관계를 돈독히 하여 거란과의 대결에
대비하려는 의도가 있었을 가능성도 있다.[28] 어쨌든 936년 이후 중단

---

26) 『高麗史』 卷2 世家2 太祖 16年(933) 3月 辛巳 唐遣王瓊楊昭業來 册王 … 又
   詔曰 … 卿妻柳氏 今封河東郡夫人 又賜三軍將吏等 詔曰 朕以王建 星雲禀
   秀 金石輸誠 信義着於睦隣 忠孝彰於事大 領三韓之樂土 每奉周正 越萬里之
   洪波 常陳禹貢 動名已顯 爵秩未崇 宜寵錫以桐圭 俾眞封於桃野 今封授高麗
   國王 差使往彼 備禮册命 便令慰諭 想宜知悉.
27) 김인규는 三軍의 將吏가 통일 전쟁 중에 성장한 평양을 중심으로 한 武人 세력
   일 것이라 추측하였고, 왕건이 중국의 권위에 힘입어 이들을 억제하려 하였다고
   보았다(金仁圭, 1996, 「高麗 太祖代의 對外政策」『高麗 太祖의 國家經營』,
   서울대학교출판부, 106~107쪽).
28) 姜大良, 1948, 「高麗初期의 對契丹關係」『史海』1, 朝鮮史研究會, 52쪽.
   강대량은 더 나아가 거란이 발해를 멸망시킨 것에 대하여 고려가 증오를 느끼게
   되었다고 보았는데, 본고에서는 이에 동의하지 않는다.
   北村秀人은 발해와 신라의 來投者를 고려가 각각 어떻게 대우하였는가를 비교
   하였다. 그에 따르면 고려는 발해의 내투자들에 대해 舊王族 혹은 遺民으로서

되었던 고려의 對거란 교섭은 다음과 같은 태조의 단교 선언으로 완전
히 종결되었다.

> Ⅱ-나. (太祖 25年 10月) 왕이 '거란은 일찍이 발해와 화호를 맺었다가
> 홀연히 의심이 생겨 맹약을 저버리고 (발해를) 멸망시켰다. 이는
> 매우 무도한 일이니 멀리 있는 (거란과) 연결하여 交隣할 수 없
> 다.'라고 여기고 곧 교빙을 중단하였다.29)

위는 942년 10월에 거란 사신이 방문했을 때 그에 대한 태조의 대응
이다. 거란은 그간 親契丹 성향을 띠었던 後晉의 高祖가 죽고 出帝가 즉
위하여 거란에 대한 君臣 관계를 부정하자, 그를 정벌하기 위한 준비
작업으로 후진과 가까우면서 거란에 대해서는 냉담하였던 고려와의
관계를 개선하기 위해 사행을 보냈다.30) 그러나 태조는 거란과의 단교
를 선언하면서 거란 사신을 유배 보내고 선물로 보내온 낙타들은 만부
교 밑에 묶어 두어 굶어 죽게 하였다.31) 이 단교에 대해서는 선학들의

그에 상응하는 敬意를 표시하였을 뿐 그들에 대한 대우는 기본적으로 외래망명
자에 대한 처우에 지나지 않았다고 한다(北村秀人, 1985, 「高麗時代の渤海系
民大氏について」『三上次男博士喜壽記念論文集·歷史編』, 271~272쪽).
서성호는 발해와 거란이 적대적인 관계를 유지하는 동안에도 고려에서 거란에
사신을 파견하였던 것을 증거로 들어, 선행 연구에서 언급된 고려의 발해에 대
한 同族意識의 개념과 현실 정치와의 관계를 좀 더 정밀히 검토해야 할 것이라
지적하였다(서성호, 1999, 「고려 태조대 대(對)거란 정책의 추이와 성격」『역사
와 현실』 34). 본고에서는 이들의 의견을 따른다.
29) 『高麗史』 卷2 世家2 太祖 25年(942) 10月 王以契丹 嘗與渤海連和 忽生疑貳
背盟殄滅 此甚無道 不足遠結爲隣 遂絶交聘.
30) 서성호, 1999, 「고려 태조대 대(對)거란 정책의 추이와 성격」『역사와 현실』 34,
39~41쪽.
31) 『高麗史』 卷2 世家2 太祖 25年(942) 10月 契丹遣使來 遣橐駝五十匹 王以契
丹 嘗與渤海連和 忽生疑貳 背盟殄滅 此甚無道 不足遠結爲隣 遂絶交聘 流

많은 연구가 축적되어 있는데, 대외·대내적 상황을 두루 고려한 정책
적인 단교였다고 보는 것이 대체적인 경향이다.[32] 後晉과 거란 사이에
서 고심하던 고려는 만부교 사건을 통해 보다 분명하게 거란과의 단교
를 천명하고 後晉의 편에 섰을 것이라 생각된다.

그런데 유의할 부분은 태조가 거란을 신의없는 무도한 나라로 판단
한 근거가 다름아닌 발해와 거란의 관계였다는 점이다. 발해가 멸망한
지 16년이나 지난 뒤에 이런 판단을 내린 이유는 무엇인지 궁금해진
다. 925년에 발해가 멸망한 이후로 많은 발해인이 고려에 내투하였음
이 『高麗史』와 『高麗史節要』를 통해 확인되며,[33] 이와 관련하여 거란이

其使三十人于海島 繫槖駝萬夫橋下 皆餓死.

32) 池內宏, 1920, 「高麗太祖の經略」, 『滿鮮地理歷史硏究報告』 7, 東京帝大 文學
    部 : 1937, 『滿鮮史硏究』 中世第二册, 吉川弘文館.
    姜大良, 1948, 「高麗初期의 對契丹關係」, 『史海』 1, 朝鮮史硏究會, 59쪽.
    金庠基, 1948, 『東方文化交流史論攷』, 乙酉文化社.
    李丙燾, 1961, 『韓國史』 中世篇, 乙酉文化社, 64~70쪽.
    朴賢緖, 1981, 「北方民族과의 抗爭」, 『한국사』 4, 국사편찬위원회, 257~258쪽.
    金仁圭, 1996, 「고려 태조대의 대외정책」, 『고려태조의 국가경영』, 서울대학교출
    판부.
    서성호, 1999, 「고려 태조대 대거란 정책의 추이와 성격」, 『역사와 현실』 34.
    김소영, 2001, 「고려 태조대 대거란 정책의 전개와 그 성격」, 『白山學報』 58.
    이정신, 2002, 「고려 태조의 건국이념의 형성과 국내외 정세」, 『韓國史硏究』
    118 : 2004, 『고려시대의 정치변동과 대외정책』, 경인문화사.
    이에 더하여 거란이 무도한 나라라는 판단이 단교에 직접적으로 작용하였다는
    시각도 있다.
    박경안, 2005, 「고려전기 다원적 국제관계와 국가·문화 귀속감」, 『東方學志』
    129.
33) 이와 관련한 내용은 韓圭哲, 1984, 「高麗來投·來往 契丹人 -渤海遺民과 관련
    하여-」, 『韓國史硏究』 47 : 1994, 『渤海의 對外關係史 -南北國의 形成과 展開』,
    新書苑에 자세히 정리되어 있으며, 한규철 역시 발해 멸망 이전에 고려와 거란
    은 적대적이지 않았으며 발해 멸망 직후에도 큰 변화가 없었다고 보았다.

발해에 원한을 갖고 있었다거나,[34] 고려가 내투한 발해 세자를 받아들
여 제사를 잇게 해 주었다는 내용도 확인되지만[35] 이로 인해 고려 내
부적으로 거란을 비난 또는 원망하게 되었다는 사실은 확인되지 않는
다. 따라서 발해 멸망 직후가 아니라 16년이나 지난 후인 942년에 갑자
기 발해 멸망을 거란의 탓으로 돌리며 거란과 단교하였다는 점은 어딘
가 석연치 않은 부분이 있다.[36]

　한편 당시 고려가 거란에 대해 뚜렷한 적대감을 형성할 만한 계기도
확인되지 않는다. 국가 간에 적대감이 형성되는 가장 분명한 계기는
군사적 충돌이라 생각되는데,[37] 당시 고려와 거란 간에는 뚜렷한 적대

---

34) 『高麗史』卷1 世家1 太祖 8年(925) 9月 庚子 唐武后時高勾麗人大祚榮 走保
遼東 睿宗封爲渤海郡王 因自稱渤海國并有扶餘肅愼等十餘國 有文字禮樂官
府制度 五京十五府六十二州 地方五千餘里 衆數十萬 隣于我境而與契丹世
讎 至是契丹主謂左右曰 世讎未雪 豈宜安處 乃大擧攻渤海大諲譔 圍忽汗城
大諲譔戰敗乞降 遂滅渤海.

35) 『高麗史節要』卷1 太祖 8年(925) 12月 其世子大光顯 及將軍申德 禮部卿大
和鈞 均老 司政大元鈞 工部卿大福譽 左右衛將軍大審理 小將冒豆干 檢校開
國男朴漁 工部卿吳興等 率其餘衆 前後來奔者 數萬戶 王待之甚厚 賜光顯姓
名王繼 附之宗籍 使奉其祀 僚佐 皆賜爵.

36) 한규철도 고려 태조가 만부교 사건 때에 발해를 내세운 것은 부자연스럽다고 보
았고(韓圭哲, 1984, 「高麗來投・來往 契丹人 -渤海遺民과 관련하여-」『韓國史
研究』47 : 1994, 『渤海의 對外關係史 -南北國의 形成과 展開』, 新書苑, 235
쪽) 김소영 역시 태조가 내세운 단교 이유는 명분에 불과하다는 점을 지적하였
다(김소영, 2001, 「고려 태조대 대거란 정책의 전개와 그 성격」『白山學報』58,
94~95쪽). 이용범은 李瀷의 견해를 적극적으로 인용하면서 당시의 단교 선언은
발해 멸망으로 인한 것이 아니라 다른 목적(고구려 강역 회복)이 있었음을 지적
하였다(李龍範, 1977, 「高麗와 契丹과의 關係(東洋學學術會議 講演鈔)」『東
洋學』7, 269~270쪽).

37) 발해 멸망을 즈음하여, 거란과 발해는 자주 물리적으로 충돌하였는데(『遼史』卷
2 本紀2 太祖下 天贊 3年(924) (5月) 是月 渤海殺其刺史張秀實 而掠其民),
거란이 발해를 世讎로 여겼던 것도(『遼史』卷2 本紀2 太祖下 天贊 4年(925)
12月 乙亥 詔曰 所謂兩事 一事已畢 惟渤海世讎未雪 豈宜安駐 乃擧兵親征

감도 없었고 양측이 물리적으로 충돌한 적도 없었다.

이러한 상황이었으므로 많은 연구자들이 태조의 갑작스러운 단교 선언의 배경을 집중적으로 천착하였다. 그 결과 942년에 태조가 만부 교 사건을 일으킨 것은 후진과의 관계를 고려하여,[38] 혹은 발해인을 포섭하거나 북진정책을 천명하기 위해,[39] 아울러 내부정치를 안정시키 기 위해[40] 정책적으로 계산된 선언이었음이 밝혀졌다. 발해가 멸망하

渤海大譴謀) 이러한 군사적 충돌에서 기인한다고 생각된다. 고려 문종대에 여진 부족들이 서로 원수가 되었던 상황 역시 직접적인 충돌로 인하여 상대방에게 강 한 적대감을 갖게 된 사례에 해당한다.

38) 김재만은 태조가 이미 939년에 후진으로부터 책봉을 받았으므로 후진과 거란간 의 미묘한 관계를 고려하여 거란의 접근을 거부한 것이라고 보았다(金在滿, 1999, 「契丹·高麗 國交前史」, 『契丹·高麗關係史研究』, 國學資料院, 191쪽). 김소영은 후진의 出帝 즉위 이후 거란과 후진의 관계가 악화되자 고려가 후진과 의 관계를 선택한 것으로 보았다(김소영, 2001, 「고려 태조대 대거란 정책의 전 개와 그 성격」, 『白山學報』 58, 96~98쪽).

39) 姜大良, 1948, 「高麗初期의 對契丹關係」, 『史海』 1, 朝鮮史研究會, 53~56쪽. 朴賢緒, 1981, 「北方民族과의 抗爭」, 『한국사』 4, 국사편찬위원회. 한규철, 1994, 『渤海의 對外關係史 -南北國의 形成과 展開』, 新書苑, 223쪽. 서성호, 1999, 「고려 태조대 대거란 정책의 추이와 성격」, 『역사와 현실』 34. 김소영, 2001, 「고려 태조대 대거란 정책의 전개와 그 성격」, 『白山學報』 58, 94~95쪽. 이정신, 2002, 「고려 태조의 건국이념의 형성과 국내외 정세」, 『韓國史研究』 118 : 2004, 『고려시대의 정치변동과 대외정책』, 경인문화사. 발해 유민들 역시 자신들의 국가를 멸망시킨 거란에 대해 부정적 인식을 갖고 있었을 것이며, 고려 집정층은 유용한 인력 자원이 될 발해 유민들을 수용하고 내부 세력으로 통합하기 위한 정책적 고려에서 거란에 대한 부정적 지칭 표현을 선택하였을 가능성이 있음은 강대량에 의해 지적된 바 있다. 북진정책을 실제로 추진하기 위해 거란보다 후진과의 관계에 집중했다는 견해도 있다(강대량·박현 서·한규철·서성호 등).

40) 적대적인 거란 정책의 대내적 효과에 대해서는 김소영과 노명호가 지적한 바 있다. 김소영, 2001, 「고려 태조대 대거란 정책의 전개와 그 성격」, 『白山學報』 58, 99쪽. 노명호, 2009, 「해동천자의 '천하'와 번(藩)」, 『고려국가와 집단의식: 자위공동

면서 고려는 서북지역으로 세력을 확장할 기회가 생겼으나 한편으로
는 거란과 직접적으로 대면하게 되어 외적의 방어라는 부담을 동시에
감당하게 되었다.[41] 이러한 상황에서 고려는 그간 거란과 비정기적으
로 사신을 교환하는 정도의 관계를 유지해 왔었다. 즉 5대의 여러 나라
로부터 책봉을 받고 조공하던 형식과는 달리 사신만 교환하였다. 사신
교환도 자주 있지는 않았지만 이때 거란 사신의 방문을 기록한 사서에
서는 사신이 와서 물품을 증여한 사실을 "來遺",[42] 혹은 "來歸"[43]라 표
현하였다. 한편 거란과의 관계에 대해서는 "交聘"[44]이라고 하여, 5대
여러 나라와는 달리 특정한 외교 형태가 합의된 관계는 아니었음을 짐
작할 수 있다.

　그런데 고려는 이미 939년에 後晉 高祖로부터 책봉을 받아 후진과 우
호적인 관계를 유지하고 있었고,[45] 942년 6월에 고조를 이어 出帝가 즉
위한 뒤 거란과 대립하게 되자 고려는 후진과 거란 중 어느 한 쪽을
선택해야하는 상황에 놓이게 되었다. 이로부터 약 4개월 뒤에 일어난
만부교 사건은 이러한 후진과 거란의 관계 변화에 영향을 받았을 가능

체·삼국유민·삼한일통·해동천자의 천하』, 서울대학교출판문화원, 164쪽.
41) 姜大良, 1948, 「高麗初期의 對契丹關係」『史海』1, 朝鮮史硏究會, 26~32쪽.
42) 『高麗史』卷1 世家1 太祖 5年(922) 春二月 契丹來遺橐駝馬及氈.
43) 『高麗史節要』卷1 太祖 5年(922) 春二月 契丹來歸橐駝馬及氈.
44) 『高麗史』卷2 世家2 太祖 25年(942) 10月 契丹遣使來遺橐駝五十匹 王以契
　丹 嘗與渤海連和 忽生疑貳 背盟殄滅 此甚無道 不足遠結爲隣 遂絶交聘;『高
　麗史節要』卷2 成宗 元年(982) 6月.
45) 『高麗史』卷2 世家2 太祖 22年(939) 是歲 晉遣國子博士謝攀來 册王爲開府
　儀同三司檢校太師餘如故.
　김재만과 김소영은『舊五代史』의 내용에 따라 941년에 책봉을 받았다고 보았다.
　金在滿, 1999, 「契丹·高麗 國交前史」『契丹·高麗關係史硏究』, 國學資料院,
　67쪽.
　김소영, 2001, 「고려 태조대 대거란 정책의 전개와 그 성격」『白山學報』58, 98쪽.

성이 크다. 즉 후진과의 관계를 유지·강화하고 거란과는 긴장을 유지하는 쪽으로 대외정책의 방향을 잡게 된 것이 942년의 만부교 사건으로 연결된 것이다.

그렇다면 위에서 인용한 942년 10월의 사료에서 나타나는 '무도하다'라는 표현 역시 이러한 당시의 정세를 고려하여 검토되어야 할 것이다.[46) 거란에 대한 인식을 복원하려했던 기존 연구에서는 이 표현의 일차적인 어의에 근거하여 당시 고려가 실제로 거란을 무도한 나라로 인식했다고 보았다.[47) 그런데 위에서 확인한 선행 연구 결과를 종합해볼 때 이 '무도하다'라는 표현이 사용된 맥락은 거란의 문명 수준에 대해 판단을 내리려는 데에 목적이 있지 않고, 오히려 태조 말년의 대외정책의 지향에 설득력을 더하기 위해 거란의 부정적인 면을 부각한 정치적 수사라 생각된다. 태조가 거란을 무도한 나라로 선언한 것은 기존에 큰 갈등없이 유지해오던 거란과의 관계를 중단하고 親後晉 정책을 보다 적극적으로 추진하기 위한 명분을 제공하기 위해서였다. 아울러 그들의 '무도함'을 강조한 것은 실제 거란의 성정에 대한 판단과는 별개로, 통일 이후 다양한 세력과 발해유민을 포섭하여 내부적 통합을 꾀하기 위해 외부 세력인 거란에 대한 긴장을 고양하는 효과를 노린 것이다. 이렇게 볼 때 만부교 사건 당시 거란에 대한 태조의 언술은 거

---

46) 태조대에 사용된 거란에 대한 부정적 지칭 표현에 대한 분석과 관련하여서는 李美智, 2010, 「고려 초기 지칭 표현을 통해 본 對거란 관계」 『史學硏究』 99, 韓國史學會 참조.

47) 박경안, 2005, 「고려전기 다원적 국제관계와 국가·문화 귀속감」 『東方學志』 129, 191~192쪽.
   김순자의 경우, 태조 당시 거란에 적대 정책을 유지하였기 때문에 금수론적 거란관이 유지되다가 993년에 양국간 국교가 수립한 이후로는 거란이라는 국가의 실체를 인정했다고 정리했다(김순자, 2009, 「고려전기의 거란[遼], 여진[金]에 대한 인식」 『한국중세사연구』 26, 115·124쪽).

란에 대한 폄하를 직접 드러내는데 주요한 목적이 있었던 것이 아니라,[48] 태조의 대외 정책을 분명하게 제시하기 위한 하나의 장치로써 선택된 것이라 하겠다.

거란과의 단교를 선언한 다음 해인 943년에 태조는 후대 왕들에게 訓要를 남겼다.[49] 훈요의 내용 중에도 거란이 두 차례 언급되었다.

> Ⅱ-다-1. 4조에 이르기를, '우리 東方은 오랫동안 唐風을 흠모하여 문물과 예악은 모두 그 제도를 준수하였으나 지역이 다르고 인성도 별개이니 반드시 같을 필요는 없다. 거란은 禽獸의 나라로 풍속이 같지 않고 말도 다르니 의관제도를 삼가 본받지 말도록 하라.'라고 하였다.[50]
>
> Ⅱ-다-2. 9조에 이르기를, '모든 제후와 뭇 관료들의 녹은 나라의 크기에 따라 이미 제도가 정해져 있으니 늘이거나 줄여서는 안 된다. 또 고전에, '공적에 따라 녹을 제정하고, 관작은 사사로운 정으로 주지 않는다.'라고 하였으니, 만약 공이 없는 사람이거나 친척·사사로이 친한 사람들이 헛되이 국록을 받게 되면 백

---

48) 그렇다고 해서 당시인들이 거란을 부정적으로 인식했을 개연성을 부정하는 것은 아니다. 태조가 이러한 표현을 채택한 것은 '무도한 거란'에 대한 공감대가 어느 정도 형성되어 있었기에 가능한 일이었을 것이다.

49) 태조가 죽기 한 달 전에 전수한 訓要는 後嗣의 방종이나 기강의 문란을 경계하기 위해 내린 유훈으로, 태조의 정치와 사상을 집약한 것이다(金成俊, 1985, 「「十訓要」와 高麗太祖의 政治思想」『韓國中世政治法制史硏究』, 一潮閣, 3·23쪽). 훈요의 위작 가능성에 대한 今西龍의 문제제기는 이미 1980년에 이병도에 의해 반박되었는데, 다만 특정 지역 출신 인물에 대한 기피 내용과 관련하여서는 90년대 중반에 정치학계에서 문제가 제기된 바 있다. 이에 대해서는 김석근, 1999, 「「훈요십조」와 「시무 28조」: 고려 전기(前期) 정치사상에 관한 소묘(素描)」『亞細亞硏究』101, 12~14쪽 참조.

50)『高麗史』卷2 世家2 太祖 26年(943) 4月 御內殿 召大匡朴述希 親授訓要曰 … 其四曰 惟我東方 舊慕唐風 文物禮樂 悉遵其制 殊方異土 人性各異 不必苟同 契丹是禽獸之國 風俗不同 言語亦異 衣冠制度 愼勿效焉.

성이 원망하고 비방할 뿐만 아니라 그 본인들 역시 복록을 길이 누리지 못할 것이니 꼭 이를 경계해야 한다. 또 **강하고 악한 나라**[거란]가 이웃하고 있으니 편안한 때에도 위태로움을 잊지 말아야 한다. (따라서) 병졸은 살펴 구휼하며 요역을 헤아려 면제해 주어야 하며, 해마다 가을에는 용맹하고 출중한 자를 가려 알맞게 계급을 올려 주어야 한다.'라고 하였다.[51]

위의 사료는 훈요 중 네 번째 항목과 아홉 번째 항목의 내용이다. 거란의 성정을 비하하는 논조는 만부교 사건 당시의 언급(사료 나)과 크게 다르지 않지만, 태조의 훈요에서는 판단의 근거를 별도로 제시하지 않고 곧바로 거란을 '금수의 나라' 또는 '강악한 나라'로 지목하였다는 점에서 차이가 있다. 한 해 전에 이미 거란의 '무도함'을 대대적으로 선언하였으므로 거란을 비하할 또 다른 근거를 굳이 제시할 필요가 없어졌기 때문일 것이다.

거란과의 관계를 다룬 많은 연구들에서는 942년 10월의 태조의 언술과 훈요 4조·9조를 주요 근거로 하여, 태조 말년에 거란에 대한 경멸감이 격화되었으며 이들에 대해 의식적 편견이 존재했다고 설명하였다.[52] 더 나아가 고려가 거란을 '禽獸의 나라'로 지칭한 것은 그들을 미

---

51) 『高麗史』 卷2 世家2 太祖 26年(943) 4月 御內殿 召大匡朴述希 親授訓要曰 … 其九曰 百辟群僚之祿 視國大小 以爲定制 不可增減 且古典云 以庸制祿 官不以私 若以無功人 及親戚私昵 虛受天祿 則不止下民怨謗 其人亦不得長享福祿 切宜戒之 又以强惡之國爲隣 安不可忘危 兵卒宜加護恤 量除徭役 每年秋 閱勇銳出衆者 隨宜加授.

52) 姜大良, 1948, 「高麗初期의 對契丹關係」 『史海』 1, 朝鮮史硏究會, 59쪽.
李丙燾, 1961, 『韓國史』 中世篇, 乙酉文化社.
김순자, 2009, 「고려전기의 거란[遼], 여진[金]에 대한 인식」 『한국중세사연구』 26, 114~115쪽.
김순자는 특히, 중화 문명을 흠모하던 고려의 입장에서는 거란과 우호관계를 유

개한 야만국으로 인식한 것이며, 이 시기 고려가 대외관계를 결정함에
있어서 문명의 수준을 감안하고 있었음을 보여주는 근거로 해석하는
시각도 있다.[53]

위에서 인용한 사료에서 볼 수 있듯이 훈요에서는 분명히 거란에 대
한 부정적인 지칭 표현들이 사용되었다. 그런데 훈요의 맥락은 거란에
대한 정책을 선언했던 만부교 사건 때와는 조금 다르다. 만부교 사건
당시 태조는 거란과 교린 관계를 맺을 수 없음을 분명히 선언하였지만
(사료 II-나 참조), 훈요에서는 거란에 대한 부정적인 지칭 표현이 확인될
뿐 거란과의 관계 설정 및 유지에 대한 지시 사항은 확인되지 않는다.

훈요 4조에서 태조는 외국의 제도를 모방하지 말고 고려 고유의 제
도를 준수할 것을 지시하고 있다. 계속해서 중국 왕조의 제도를 반드
시 따를 필요는 없다고 언급하였고, 뒤이어 거란의 풍속을 본받는 것
역시 경계하였다. 우선 모방 가능한 대상에 중국 왕조 뿐 아니라 거란
도 포함되어 있다는 점에 유의할 필요가 있다.[54] 또한 거란에 대한 폄
칭이 다른 곳이 아닌 이 부분에서 나타난다는 점도 주목된다. 훈요 4조
를 남긴 목적을 태조의 입장에서 생각해 보자. 훈요 4조의 목표는 거란

지할 이유가 없었고 이러한 점이 훈요를 통해 천명된 것이라 보았으며 이를 '禽
獸論的 거란관'이라 정리하였다.
53) 박경안, 2005, 「고려전기 다원적 국제관계와 국가·문화 귀속감」『東方學志』
129, 191~192쪽.
54) 李美智, 2010, 「고려 초기 지칭 표현을 통해 본 對거란 관계」『史學研究』 99,
韓國史學會, 46쪽.
BREUKER, 2010, *Establishing a Plural Society in Medieval Korea, 918~1170 :
History, Ideology and Identity in the Koryŏ Dynasty*, Leiden: Brill, p.219.
한편 김순자도 당시 거란 문화에 대한 동경과 수요 등을 고려할 때 당시 고려가
거란을 미개한 문명으로 보았다거나 야만시하였다고 판단하기 어렵다고 하였다
(김순자, 2009, 「고려전기의 거란[遼], 여진[金]에 대한 인식」『한국중세사연구』
26, 125쪽).

이 금수의 나라라는 주장을 하는데 있는 것이 아니었다. 후대 왕들이 거란은 물론 중국을 포함한 외국의 제도를 무분별하게 모방하지 않도록 하는 것이 태조의 목표였다. 자신의 주장을 뒷받침하는 근거로써 태조는 중국에 대해서는 지역과 인성이 다르다는 이유를 제시하였다. 같은 설득 형식이 거란의 경우에 대해서도 적용되었는데, 바로 이 부분에서 거란에 대한 '금수의 나라'라는 지칭이 등장한다. 거란의 습속을 본받지 말아야 하는 이유로 제시된 것이 그들이 금수의 나라라는 점이다. 따라서 여기에 사용된 거란에 대한 폄칭 역시, 태조의 당부가 효과적으로 준수되도록 돕는 수사적 기능을 담당했다고 볼 수 있다. 또 한 가지 주목되는 것은 중국과 거란에 대한 설득 방식에 차이가 있다는 점이다. 태조는 중국에 대해서는 지역과 인성이 다르다는 이유를 제시하였고, 거란에 대해서는 그들이 '금수의 나라'라는 점을 강조하였다. 이는 당시 고려사회 내부에서 부정적인 거란像에 대한 공감대가 어느 정도 형성되어 있었음을 추론하게 한다. 이러한 거란에 대한 부정적인 인식은 직접적인 경험을 근거로 한다기보다, 거란과 대치하던 중원 왕조와의 교류 속에서 유입되었거나 혹은 고려로 흡수된 발해 유민들에게 영향을 받아 형성되었을 가능성이 있다. 더구나 942년의 만부교 사건 때에 이미 거란은 무도한 나라로 규정되었기 때문에 훈요에서도 자연스럽게 '금수의 나라'라는 지칭 표현이 선택될 수 있었다고 생각된다.

어떻든, 4조에서 태조의 당부를 효과적으로 전달하기 위해 채택된 논리 형식은 9조에서도 되풀이 된다. 훈요 9조의 내용은 크게 둘로 나뉜다. 관료들에 대한 보수 지급에 공정을 기하라는 내용에 이어 병졸들에 대한 護恤을 잊지 말라는 당부가 이어진다. 전체적으로 볼 때 왕조 체제의 운영 및 유지를 위해 실무를 담당한 개개인들에 대한 적절한 처우 방향을 지시하는 내용이다. 그런데 이러한 내용 중에 '강악한 나라'라는 표현이 등장하고 있다. 고려가 '강악한 나라'와 이웃하게 되었다고 하였으므로 이는 거란을 가리킨다.[55] 선행 연구에서는 4조에서 거란에 대해 '금수같은 나라[禽獸之國]'라는 지칭이 사용된 것과 이 표현을 연관지어 '금수론적 거란관'을 형성하는 주요한 근거로 활용하였다.

그런데, 9조의 지향은 고려 내부 통치 체제를 유지하기 위한 지침을 당부한 것이라 할 수 있는 반면, 거란을 강악한 나라로 규정한 것은 굳이 분류한다면 대외 정책에 해당한다. 대내 정책을 지시하면서 굳이 거란을 강악한 나라로 표현한 이유는 무엇일까. 태조의 당부는 병사들의 처우를 개선해 주고 능력이 뛰어난 자에게 적절한 포상을 하라는 내용이며, 이렇듯 병사 관리에 힘써야 하는 이유로써 제시된 것이 바로 강하고 악한 나라[거란]와의 이웃관계이다. 즉 훈요 9조 후반부에서는 병사들이 담당하고 있는 임무의 중요성을 강조하기 위한 일종의 배경 장치로써 이웃하고 있는 나라인 거란의 부정적인 면이 극단적으로 기술된 것이다.

한편 태조가 금수로 묘사한 집단은 거란뿐이 아니었다. 태조는 여진에 대해서도 '人面獸心'이라 한 적이 있고 그들이 '向背無常'하다고 비난한 적이 있는데,[56] 이 역시 그들에 대한 방비를 지시하면서 그 전제로

---

55) 고려와 경역을 마주하고 있는 외부 세력은 거란 뿐 아니라 여진도 있었다. 그러나 당시 여진은 나라[國]를 형성한 적이 없었고 당시 기록에서도 여진을 '나라'로 표현한 것은 확인되지 않는다. 鐵利國이나 黑水諸國 등이 등장하는 것은 현종대의 일이므로, 훈요 9조에서 언급된 '강악한 나라'는 거란을 가리킨다고 판단된다.

56) 『高麗史』 卷2 世家2 太祖 14年(931) 是歲 詔有司曰 北蕃之人 人面獸心 飢來飽去 見利忘恥 今雖服事 向背無常 宜令所過州鎭 築館城外 待之.

서 제시되었으므로 앞서 훈요에 나타난 거란 지칭 표현처럼 수사적 기
능을 담당했음을 부정할 수 없다. 흥미로운 점은 고려가 '금수'로 묘사
한 집단은 모두 고려와 지리적으로 연결되어 있었다는 것이다.57) 따라
서 이들은 유사시에는 고려에 실질적인 위협이 될 수 있었으며 항상
방비해야 할 대상이었다. 이러한 이유로 고려는 거란과 여진에 대한
경각심을 고취하기 위해 의도적으로 폄칭을 선택하였을 가능성이 크
다. 이에 더하여 태조대 고려로 흡수·유입된 발해 유민들의 거란에 대
한 극단적 두려움과 부정적인 인식이 고려인들에게 전달되었을 가능
성도 충분하다. 유사시 고려를 실제로 공격해 올 수 있는 거란과의 지
리적 인접성에 더하여 실제 거란에 의해 멸망한 발해의 유민들이 전파

---

57) 거란을 禽獸之國으로 표현한 것은 태조대에 한정되는 반면, 여진의 특성을 人
面獸心이라 규정한 것은 고려 전기(金 건국 이전 시기) 내내 국왕 뿐 아니라 여러
신하들의 발화 속에서 여러 차례 반복적으로 확인된다는 점에서 차이를 보인다.
『高麗史節要』卷3 顯宗 20年(1029) 5月 王謂宰相曰 女眞屢犯邊陲 爲害滋甚
宜招諭渠帥 厚加賞賜 此所謂以德懷人也 參知政事郭元奏曰 女眞人面獸心
與其懷之以惠 曷若震之以威 王然之.
『高麗史節要』卷4 靖宗 4年(1038) 5月 東界兵馬使報 威雞州女眞仇屯高刁化
二人 與其都領將軍開老爭財 乘開老醉 歐殺之事 下輔臣議 門下侍中徐訥等
議曰 女眞 雖是異類 然旣歸化 名載版籍 與編氓同 固當遵率邦憲 今因爭財
歐殺其長 罪不可原 請論如法 內史侍郎黃周亮等議曰 此輩雖歸化 爲我藩籬
然人面獸心 不識事理 不慣風教 不可加刑 且律文云 諸化外人 同類自相犯者
各依本俗法 況其隣里老長 已依本俗法 出犯人二家財物 輸開老家 以贖其罪
何更論斷 王從周亮等議.
『高麗史』卷6 世家6 靖宗 9年(1043) 4月 戊戌 東北路兵馬使奏 女眞柔遠將
軍沙伊羅 誘致水陸賊首羅弗等四百九十四人 詣和州館請朝 有司議奏 此類
人面獸心 宜令兵馬使 量減人數 分次赴朝 從之.
『高麗史』卷9 世家9 文宗 33年(1079) 4月 己酉 東北面兵馬使奏 女眞耶邑幹
自定州弘化戍來 款云 父阿羅弗 母吳曩 兄齊主那等六人 曾於丁巳年 向化來
投 願隨居之 王曰 夷狄雖同禽獸 尚有孝心 宜令隨父母親屬 徙置嶺南 ;『高
麗史節要』卷4 文宗 4年(1050) 12月.

한 거란에 대한 두려움과 원망으로 인해 고려 내부에서 차츰 거란에 대한 폄하와 멸시가 확대되었을 것이며 태조는 후대 왕들을 경계하는 데 이를 활용한 것이라 추측된다.

이상에서 태조대 거란과의 관계에 대해 살펴보았다. 국초부터 간헐적인 사행 왕래가 이루어지다가 942년에 거란으로부터의 통교 요구가 있었지만 고려 조정은 내정 안정을 위해 거란과 단교를 결정하였다. 흥미로운 점은 단교를 전후하여 양국간에 군사적 충돌이나 별다른 갈등이 없었음에도 불구하고 고려측 기록에서 거란에 대한 부정적인 표현들이 다수 확인된다는 점이다. 선행 연구들에서는 이에 주목하여 태조대에는 거란을 미개한 야만국으로 보는 '금수론적 거란관'이 성립되어 있었다고 정리하였으나, 당시 고려의 對거란인식을 추출해 낸 사료들을 전체적인 문맥 속에서 다시 검토해 본 결과 거란에 대한 부정적인 표현은 단교에 명분을 제공하기 위해 사용되었을 가능성이 크다는 점을 확인하였다. 특히 훈요 4조에 등장했던 '금수의 나라'라는 표현과 9조의 '강악한 나라'라는 표현은 태조의 당부를 효율적으로 전달하기 위한 장치로써 사용되었다. 한편, 태조대 기록에 나타나는 거란에 대한 폄칭들이 발화자인 태조의 목적을 보다 효과적으로 달성하는데 도움을 주는 修辭로써 활용되었다는 것은 거란에 대한 부정적인 인상이 고려 내부에서 어느 정도 공유되고 있었음을 보여주기도 한다. 거란에 대한 부정적 인상의 기저에는 지리적으로 인접한 거란에 대한 두려움과 거란에 의해 멸망당한 발해 유민들로부터 유입된 부정적 인식이 자리했을 것으로 추정해 보았다.

2. 국초 지칭 표현 및 기년 사례를 통해 본 고려의 對거란 인식

태조 말년에 거란과 단교한 이후 성종 초까지의 사료에는 거란과의 관계를 짐작하게 하는 직접적인 기록이 나타나지 않는다. 따라서 이 시기의 거란에 대한 인식이나 정책 지향은 타국과 고려의 외교 관계 및 그로 인해 형성된 세계관을 보다 직접적으로 확인하여주는 紀年號 용례를 통해 간략히 살펴보겠다.

다음의 12세기 사료는 고려를 둘러 싼 국제 관계와 연호 사용이 어떠한 상관 관계에 있었는가 하는 점을 잘 보여준다.

> II-라. (睿宗 11年 4月) 辛未. 중서문하성에서 아뢰기를, "遼는 여진의 침략을 받아 위태로운 형세가 있으니 (요로부터) 받은 정삭을 행할 수 없습니다. 이제부터는 공·사의 서류[文字]에서 마땅히 (요의) 天慶 연호를 제거하고 다만 甲子를 사용하여야 할 것입니다."라고 하니 따랐다.[58]

1116년 즈음 遼가 신흥 金에 의해 공격을 당하는 등 쇠퇴일로에 처하자 고려 조정은 모든 문서에서 요의 연호를 사용하지 말 것을 결정하였다. 중서문하성의 건의를 뒤집어 생각해보면 이 조처가 내려지기 전까지 고려는 공·사 문서에서 시간을 기록하는 수단으로 요의 정삭과 연호를 사용하고 있었음을 유추할 수 있다. 예종이 재위했던 때 고려에서는 책봉국인 요의 연호를 사용하여 시간을 표시하는 일이 일상이었던 것이다. 그렇다면 거란과 단교를 선언한 태조대 직후 고려가 거

---

58) 『高麗史』卷14 世家14 睿宗 11年(1116) 4月 辛未 中書門下奏 遼爲女眞所侵 有危亡之勢 所稟正朔 不可行 自今公私文字 宜除去天慶年號 但用甲子 從之.

란과의 관계에서 어떠한 지향을 갖고 있었는지 당시 고려가 사용한 다양한 기년 사례를 통해 살펴 보자.

혜종은 태조대의 거란 정책을 계승하여, 즉위 후 後晉에 사신을 보내어 嗣位를 알리고 거란과의 전투에서 승리한 것을 축하하며[59] 거란에 대한 敵意를 후진과 공유하였고, 945년에는 책봉을 받았다.[60] 이때 후진 出帝는 거란을 '桀虜'라 비하하였으며,[61]『資治通鑑』의 기록에 따르면 태조와 혜종이 후진과 연합하여 거란에 대한 공격을 꾀하기도 했다.[62] 이 계획은 비록 실현되지 않았으나 이를 통해 942년 만부교 사건 때 선언되었던 태조대의 거란 정책이 혜종대에도 유지되었으며 거란과의 대결 의식이 좀 더 구체화되고 있었음을 짐작할 수 있다.

혜종을 이은 定宗이 후진을 이은 後漢으로부터 책봉을 받은 기록은 확인되지 않지만 정종대 고려는 후한의 연호를 사용하였다.[63] 고려는

---

59) 『高麗史』 卷2 世家2 惠宗 元年(944) 遣廣評侍郎韓玄珪·禮賓卿金廉如晉 告嗣位 遂賀破契丹.

60) 『高麗史』 卷2 世家2 惠宗 2年(945) 晉遣范匡政·張季凝來 冊王.

61) 『高麗史』 卷2 世家2 惠宗 2年(945) 又勑高麗國王 省所上表賀去年三月一日親幸澶州殺敗契丹事具悉 朕以契丹顯違信義 輒肆侵陵 親御戎車 往平桀虜靈旗一擧 狂寇四犇.

62) 姜大良, 1948, 「高麗初期의 對契丹關係」 『史海』 1, 朝鮮史研究會, 60~61쪽.
李龍範, 1977, 「胡僧 襪囉의 高麗往復」 『歷史學報』 75·76.
서성호, 1999, 「고려 태조대 대거란 정책의 추이와 성격」 『역사와 현실』 34, 32~45쪽.
이와 관련하여 『資治通鑑』 卷285 後晉 齊王 開運 2年(945)조에는 발해-고려 왕실간 통혼 관계에 대해 언급이 있다. 김육불과 송기호는 921년 혹은 925년에 실제로 통혼이 이루어졌다고 보며, 한규철과 김광석은 실질적 통혼이라기보다 동족의식의 다른 표현으로 이해하고 있다. 이러한 논의에 대해서는 송기호, 1987, 「발해 멸망기의 대외관계 ―거란·후삼국과의 관계를 중심으로」 『韓國史論』 17, 56~62쪽에 잘 정리되어 있다.

63) 『高麗史』 卷2 世家2 定宗 3年(948) 9月 始行後漢年號.

이미 태조대에도 독자 연호를 사용했던 경험이 있으므로,64) 책봉을 받
지도 않으면서 외부 국가의 연호를 도입하여 사용했을 것으로 판단되
지는 않는다. 사료 상 확인되지는 않지만 정종 역시 후한의 연호를 사
용하기 시작한 즈음에 후한으로부터 책봉을 받았거나, 혹은 책봉을 받
기 위한 교섭이 진행되었을 것이라 생각되며 따라서 이전과 마찬가지
로 여전히 중원 국가와의 친밀한 관계를 유지하였을 것으로 짐작된다.
한편 정종 2년에는 거란의 침략 가능성이 제기되어 光軍司가 설치된 사
례도 있으므로,65) 당시 고려에게 있어 거란은 상당히 위협적이고 두려

---

64) 다만 태조가 채택한 天授 연호의 사용례가 금석문 등의 실물에서 확인되지는 않
고, 태조 원년에 해당하는 918년을 이미 死去된 唐의 天祐 연호로 기록한 사례
가 原州 靈鳳山 興法寺 王師眞空之塔의 명문에서 확인된다. 이에 대해 한정수
는 고려가 唐에 대한 의리를 생각하여 天授 대신 당의 天祐 연호를 썼을 가능
성이 있다고 보았다(韓政洙, 2010, 「고려 초의 국제관계와 年號紀年에 대한 재
검토」, 『歷史學報』 208, 211쪽).

　　그러나 승려의 덕을 기리는 비문의 성격상 이 비문에서 당과의 의리를 확인해야
할 필요는 크지 않았다고 생각된다. 오히려 한정수가 논문의 후반부에서 지적하
였듯이 비문을 작성하며 참조했을 승려의 일대기와 관련된 기록에 당의 연호가
사용되었기 때문에 비문에서도 그것이 그대로 나타난 것이라 생각된다. 비문의
참고 자료가 되었던 원 기록에서 이미 없어진 천우 연호가 사용되었던 까닭은
한정수가 지적하였듯이 고려 내부의 책력 사용 여부·기록 주체 혹은 기록 대상
인 승려와 당의 관계 등 여러 가지로 설명될 가능성이 있을 것이나, 실물 자료가
확인되지 않는 이상 논의를 확대하기는 어렵다고 생각된다.

65) 『高麗史』 卷77 志31 百官2 諸司都監各色 光軍司{定宗二年置之 後改光軍都
監 顯宗二年復改光軍司}.

　　『高麗史』 卷81 志35 兵1 兵制 定宗 2年(947) 以契丹將侵 選軍三十萬 號光軍
置光軍司.

　　『高麗史節要』 卷2 定宗 2年(947) (秋) 置光軍司 先是 崔彦撝子光胤 以賓貢
進士 遊學入晉 爲契丹所虜 以才見用 受官爵 奉使龜城 知契丹將侵我 爲書
以報 於是 命有司 選軍三十萬 號光軍.

　　단, 光軍의 직접적인 설치 배경은 위 사료에서 나타나듯이 대외적인 위협 때문
이었다고 할 수 있지만 이들이 조직된 후 바로 전쟁 대비에 투입된 것은 아니었

운 존재였음을 알 수 있다.

949년 3월에 즉위한 광종은 즉위 직후에는 외부 왕조로부터 책봉을 받지 않은 상황이었으므로 光德이라는 독자 연호를 사용하였다.[66] 951년 12월부터는 後周 太祖의 연호인 廣順을 채택했고 953년에 책봉을 받았다.[67] 후주 태조는 954년 정월에 廣順을 顯德으로 개원한 뒤 곧이어 薨하였고 세종이 그 뒤를 이었다. 고려의 정사류의 기록에서는 후주의 왕위 변동에 따른 改元 사실에 대한 언급이 없지만 금석문 자료에서는 이러한 후주의 정세 변화가 신속히 반영되고 있었음을 확인할 수 있다. 太子寺 郎空大師碑에서는 954년을 "顯德元年歲在甲寅"으로 기록하였고,[68] 鳳巖寺 靜眞大師圓悟塔碑와 退火郡 大寺鐘에서는 956년을 현덕 3년

고, 실제 운영 면에서는 지방 호족들의 사병을 국가의 병사로 편제하여 운영하는 지방군 조직으로서의 성격이 보다 강하게 나타난다. 당시 豪族 세력 및 호족 출신 귀족 세력을 국가 통치 질서 속에서 제어하려는 정책들이 추진되고 있었는데, 광군의 설치도 그 중 하나라고 볼 수 있다. 이에 대해서는 李基白, 1965, 「高麗 光軍考」『歷史學報』27 ; 1968, 『高麗兵制史研究』, 一潮閣 참조.

66) 950년(광종 1)에 제작된 大安寺 廣慈大師碑에서는 즉위년칭원법을 따라 950년을 "光德二年歲次庚戌"이라 기록하였다.
비문은 http://gsm.nricp.go.kr/_third/user/frame.jsp?View=search&No=4&ksmno= 3105 한국금석문 종합영상정보시스템 참조.
한편 965년(광종 16)에 제작된 鳳巖寺 靜眞大師圓悟塔碑에도 "聖朝光德二年"이라는 기년이 확인된다.
비문은 http://gsm.nricp.go.kr/_third/user/frame.jsp?View=search&No=4&ksmno=3112 한국금석문 종합영상정보시스템 참조.

67)『高麗史』卷2 世家2 光宗 2年(951) 12月 始行後周年號 ; 光宗 4年(953) 周遣 衛尉卿王演·將作少監呂繼贇來 册王爲特進·檢校太保·使持節·玄菟州都督· 充大義軍使兼御史大夫·高麗國王.
965년(광종 16)에 제작된 鳳巖寺 靜眞大師圓悟塔碑에서도 953년을 廣順 3년으로 기록하였다.
비문은 http://gsm.nricp.go.kr/_third/user/frame.jsp?View=search&No=4&ksmno=3112 한국금석문 종합영상정보시스템 참조.

으로 표기하였다.[69] 『고려사』의 내용을 토대로 하면 광종이 세종으로
부터 책봉을 받은 것은 956년(광종 7)의 일인데 이때의 책봉이 加冊으
로 기록된 것으로 보아 955년에 세종의 즉위를 축하하는 사절을 보낸
이후 956년 가책을 받는 사이에 한 차례 책봉이 이루어진 것으로 볼
여지가 있다. 이렇게 본다면 후주의 왕위에 변동이 생겼으나 광종은
계속해서 후주 국왕으로부터 책봉을 받았고, 그로 인해 새로운 황제인
후주 세종의 현덕 연호를 사용하게 되었으며 그러한 사정이 자연스럽
게 금석문 자료에 반영되었던 것이라 설명될 수 있을 것이다.

그런데 962년에 조성된 청주 용두사지의 철당간과 963년 9월에 조성
된 것으로 보이는 '古弥縣 西院 종'에는 峻豊이라는 연호를 통해 시간이
표시되고 있다.[70] 962년은 광종 13년에 해당하며, 준풍이라는 연호는

---

68) 太子寺 郎空大師碑(954 제작).
  비문은 http://gsm.nricp.go.kr/_third/user/frame.jsp?View=search&No=4&ksmno=3106
  한국금석문 종합영상정보시스템 참조.
69) 965년에 제작된 鳳巖寺 靜眞大師圓悟塔碑에서는 956년을 "顯德三年"이라 기
  록하였고 退火郡大寺鐘의 명문에는 956년을 "維顯德參季太歲丙辰"으로 기록
  하였다.
  鳳巖寺 靜眞大師圓悟塔碑의 비문은 한국금석문 종합영상정보시스템 참조.
  http://gsm.nricp.go.kr/_third/user/frame.jsp?View=search&No=4&ksmno=3112
  퇴화군 대사종은 경북 흥해 지역의 사찰에 봉안되어다가 일본 오키나와 那覇市
  의 波上宮으로 옮겨진 뒤 '흥해 고려종'으로 불렸으나 2차 대전 중 폭격으로 소
  실되어 현재는 용두 부분만 남아 있다. 이와 관련하여서는 다음을 참조.
  http://gsm.nricp.go.kr/_third/user/frame.jsp?View=search&No=4&ksmno=3108 한국
  금석문 종합영상정보시스템
  黃壽永 編, 1976, 『韓國金石遺文』, 一志社, 291~293쪽.
  김용선 편저, 2010, 「高麗 退火郡 大寺鐘」『일본에 있는 한국금석문 자료』, 한
  림대학교 출판부, 83쪽.
  윤용혁, 2014, 「흥해 고려종에 대한 역사적 연구 ―한 '천년 종'(956~1944)의 流
  傳」『한국중세사연구』 38.
70) 黃壽永 編, 1976, 『韓國金石遺文』, 一志社, 293~294쪽.

중국 왕조에서 사용된 적이 없으므로 광종의 연호로 추정된다.[71] 960
년에 후주가 멸망하고 송이 섰지만 당시 고려와 송은 아무런 공식적인
외교 관계를 맺지 않은 상황이었으므로 독자적인 준풍 연호가 사용된
것이 아닐까 짐작된다. 그러나 이 독자 연호 역시 오래 사용되지 않았
다. 963년에 광종이 책봉을 받으면서 고려는 송의 乾德 연호를 사용하
였다.[72] 따라서 광종대에는 중원 국가와의 교류가 중단되어 거란과의
교류를 모색해 볼 시간이 있었지만 금석문 상에서 나타나는 기년호를
볼 때 거란은 교섭 대상에 전혀 포함되지 않았음을 알 수 있다.

  경종대에도 역시 송의 연호가 사용되었다. 경종은 975년 5월에 즉위
했는데 그해 10월에 발급된 金傅의 告身을 보면 경종이 아직 송으로부
터 책봉을 받기 전이지만 송 태조의 開寶 연호가 사용되었다.[73] 즉위한
다음 해인 976년과 978년·979년에 경종은 연이어 송의 책봉을 받았는
데 978년(경종 3)에 조성된 普願寺 法印國師 寶乘塔碑에도 開寶와 太平興
國 등 송의 연호가 사용되었으며,[74] 특히 智谷寺 眞觀禪師碑의 첫머리는

김용선 편저, 2010, 「高麗 古彌縣 西院鐘」『일본에 있는 한국금석문 자료』, 한
  림대학교 출판부, 84쪽.

71) 수西龍 등은 광종대에 확인되는 峻豊이 송 태조의 연호 '건륭'을 피휘한 것이라
  보았고 한정수 역시 이 주장에 동조하였다(한정수, 2010, 「고려 초의 국제관계와
  年號紀年에 대한 재검토」『歷史學報』 208, 219쪽).
  이와 달리 秋浦秀雄·李丙燾·朴星來는 광종을 책봉한 후주가 멸망한 시점에 광
  종의 개혁의지가 더하여져서 광종이 새롭게 준풍으로 開元한 것으로 보았다(朴
  星來, 1978, 「高麗初의 曆과 年號」『韓國學報』 10, 150~152쪽). 고려의 입장에
  서 볼 때 아무런 외교 관계를 형성하지 않은 신왕조였던 송의 연호를 피휘까지
  하면서 채택했을까 하는 의문이 강하게 드는 것은 사실이다. 따라서 본고에서도
  박성래의 주장에 동의하여 준풍을 광종의 독자 연호로 보며, 송으로부터 책봉을
  받는 963년 12월까지는 준풍이 기년호로 사용되었다고 본다.
72) 『高麗史』 卷2 世家2 光宗 14年(963) 12月 行宋年號.
73) 盧明鎬 외, 2000, 『韓國古代中世古文書硏究』 (上), 서울대학교출판부, 50쪽.
74) http://gsm.nricp.go.kr/_third/user/frame.jsp?View=search&No=4&ksmno=3118   한국

"大宋 高麗國 康州 智谷寺 故眞觀禪師[悟空之塔]碑"로 되어 있다.[75] 이로 미루어 보아 경종대에는 송으로부터 책봉 받고 그들의 연호를 사용하는 형태의 외교 관계가 안정적으로 진행되었던 것으로 보인다. 연호 사용례에서 뿐 아니라 고려인의 송 유학 사례가 확인되는 등[76] 경종대에는 송과의 교류가 활발했다.

이렇듯 혜종에서 경종대에 이르는 40여 년 동안 고려가 사용한 기년호를 보면 이 시기 고려 조정은 태조의 정책을 유지하여 교섭 대상에서 거란을 완전히 배제하였고, 따라서 거란에 대한 부정적인 인식은 점진적으로 증대되었던 것으로 정리할 수 있다.

한동안 거론되지 않던 거란에 대해 다시 논의가 시작된 것은 981년 최승로의 시무책에서[77]이다.

금석문 종합영상정보시스템.

한국역사연구회 중세1분과 나말여초연구반 편, 1996, 「25. 普願寺法印國師寶乘塔碑」『譯註羅末麗初金石文』下, 혜안, 302~317쪽.

보승탑비에서는 송이 건립되기 이전 시기를 紀年할 때에는 唐 昭帝의 乾寧 연호·古甲子·後梁 末帝의 龍德 연호·後唐 莊宗의 同光 연호·後唐 廢帝의 淸泰 연호·後晉 高祖의 天福 연호·後周 世宗의 顯德 연호 등이 사용되었다.

75) 대괄호 안의 내용은 추정된 내용이다. 진관선사비의 내용 중, 송이 건립되기 이전 시기를 기록할 때에는 干支를 단독 사용하거나 당시 고려와 책봉관계가 성립되어 있었던 後晉의 연호를 이용하였다. 이와 관련하여서는 다음을 참조.
http://gsm.nricp.go.kr/_third/user/frame.jsp?View=search&No=4&ksmno=3120   한국 금석문 종합영상정보시스템 참조
한국역사연구회 중세1분과 나말여초연구반 편, 「28. 智谷寺眞觀禪師悟空塔碑」『譯註羅末麗初金石文』下, 혜안, 326쪽.

76) 『高麗史』卷2 世家2 景宗 元年(976) 是歲 遣金行成如宋 入學國子監.
『高麗史』卷74 志28 選擧2 科目2 制科 景宗元年(976) 遣金行成如宋 入學國子監. 二年(977) 行成在宋登第.

77) 최승로의 시무책과 관련해서는 다음과 같은 연구들이 참조된다.
金哲埈, 1965, 「崔承老의 時務二十八條」『趙明基博士華甲紀念佛敎史學論叢』 : 1975, 『韓國古代社會研究』, 知識産業社.

II-마-1. 거란은 우리와 경역이 잇닿아 있어 마땅히 먼저 修好하여야 하고 저들[彼]이 또 사신을 보내어 화친을 구했으나 우리가 그와의 交聘을 끊은 것은 저 나라[彼國]가 일찍이 발해와 화호를 맺었다가 홀연히 의심이 생겨 옛 맹약을 돌아보지 않고 하루아침에 모두 멸망시켜 버렸기 때문입니다. 태조께서는 (거란이) 무도함이 심하여 더불어 교류할 수 없다고 여기셨습니다.[78]

II-마-2. 우리나라가 삼국을 통일한 지 47년이 되었는데도 사졸이 편안히 잠을 자지 못하고 군량이 허비됨을 면치 못하는 것은 서북지방이 오랑캐[戎狄]와 닿아 있어 방비해 지키는 곳이 많기 때문입니다. 성상께서는 이것을 염두에 두시기 바랍니다. 마헐탄을 경계로 삼은 것은 태조의 뜻이요, 압록강가의 석성을 경계로 삼은 것은 大朝가 정한 것입니다. 바라건대 요해지를 가려 국경을 정하고 활쏘기와 말타기를 잘하는 土人을 뽑아 방어하고 지키는 데 충당하고 또 그 가운데 2, 3명의 偏將을 뽑아서 이를 통솔하게 한다면, 경군은 번갈아 수자리하는 노고를 면하게 되고 마초와 군량의 운반 비용을 덜게 될 것입니다.[79]

李基白, 1974,「高麗 貴族社會의 形成」『한국사』4, 국사편찬위원회.

河炫綱, 1975,「高麗初期 崔承老의 政治思想硏究」『梨大史苑』12 : 1988,『韓國中世史硏究』, 一潮閣.

具山祐, 1992,「高麗 成宗代 對外關係의 展開와 그 政治的 性格」『韓國史硏究』78.

李基白 외, 1993,『崔承老上書文 硏究』, 一潮閣.

김석근, 1999,「『훈요십조』와『시무 28조』」『亞細亞硏究』42-1, 고려대학교.

한편, 시무책에 사용된 거란에 대한 부정적 표현에 대한 분석은 李美智, 2010,「고려 초기 지칭 표현을 통해 본 對거란 관계」『史學硏究』99 참조.

78)『高麗史節要』卷2 成宗 元年(982) 6月 正匡行選官御事上柱國崔承老上書 略曰 … 若契丹者 與我連境 宜先修好 而彼又遣使求和 我乃絶其交聘者 以彼國嘗與渤海連和 忽生疑貳 不顧舊盟 一朝殄滅 故太祖以爲無道之甚 不足與交 ;『高麗史』卷93 列傳6 崔承老.

79)『高麗史節要』卷2 成宗 元年(982) 6月 一 我國家 統三以來四十七年 士卒未得安枕 糧餉未免糜費者 以西北隣於戎狄 而防戍之所多也 願聖上以此爲念 以馬歇灘爲界 太祖之志也 鴨江邊石城爲界 大朝之所定也 乞擇要害 以定疆

　마-1 사료는 최승로가 태조의 정적을 평가한 내용이다. 거란과 단교를 감행한 태조의 대외 정책을 긍정적으로 평가하고 있으므로 거란에 대한 인식이 크게 달라지지 않았다고 하겠다. 그런데 태조의 행적을 인용한 부분과 최승로의 의견을 엄밀히 구분해보면, 거란에 대한 폄칭이 그다지 강조되지 않았음을 볼 수 있다. 최승로 자신의 생각을 밝힌 부분에서는 거란을 국호 그대로 '거란'이라 하였고, 재차 언급할 때에는 '彼' 또는 '彼國'이라는 다소 중립적인 3인칭으로 지칭하였다. '거란'은 그들의 민족명이자 국호이므로 특정한 가치 판단이 내재되어 있다고 단정하기 어렵다. 그렇다면 거란을 彼로 지칭한 것은 어떨까 궁금해진다.

　11세기 이후 고려는 거란을 가리킬 때 주로 上朝・大國 등의 지칭어를 선택했다. 이와 비교하면 彼는 폄칭으로 분류될 수도 있다. 아울러 최승로의 시무책에 나타나는 中國・西朝・中華・華夏 등의 표현과,80) 성종이 송으로부터 책봉을 받은 뒤 반포한 조서나 敕에 사용된 皇華81)・大朝82),

---

域 選土人 能射御者 充其防戍 又選其中二三偏將 以統領之 則京軍免更戍之 勞 芻粟省飛輓之費 ;『高麗史』卷93 列傳6 崔承老.

80) 이외에도 시무책에는 大朝라는 지칭이 등장한다. 이 大朝가 가리키는 대상에 대해서는 五代의 왕조 혹은 宋으로 보는 입장과 成宗 이전의 先代 高麗王으로 보는 견해가 있다. 시무책에 언급된 大朝의 해석에 대한 그 간의 논의는 李美智, 2008,「고려 성종대 地界劃定의 성립과 그 외교적 의미」『한국중세사연구』 24, 9~10쪽에 정리되어 있다.

81)『高麗史』卷3 世家3 成宗 2年(983) 3月 王受册 詔文武官僚・將校・僧・道・三軍・萬姓等曰 上天以雨露均霈 滋成萬物 王者以仁恩 普及撫養群生 況欲令人 改過自新 須得棄瑕舍垢 不穀謬將虛薄獲嗣宗祧 旰食宵衣 每積憂勤之念 踞天蹐地 尤增兢愼之心 道貴守常 情專事大 所以差馳使价 特申述職之誠 俾執幣圭 代表朝宗之懇 今者 果蒙鵁艦 涉鯨溟之浪 便到國城 皇華臨苑郡之鄕 遽宣帝命.

82)『高麗史』卷3 世家3 成宗 4年(985) 5月 王受册 敕曰 … 今者 龍綸鳳綍之書

985년에 성종과 宋使 한국화와의 대화에 사용된 中朝[83] 등의 송 지칭어
와 비교할 때에도 거란을 彼國으로 언급한 것은 상대적인 폄칭이 될 수
있다. 뿐만 아니라 당시 통합된 정치체제를 갖추지 못했던 여진 역시
송에 의해 彼라고 표현되기도 하였다.[84]

그러나 거란을 彼·彼國으로 지칭한 최승로의 시무책은 982년에 작성
된 문서이다. 당시 고려와 거란 간에는 공식적으로 어떠한 위계 질서
도 성립되지 않았으므로 고려를 책봉하던 후대의 거란이나 동시기 宋
에 대한 지칭 표현과 비교할 때, 시무책에 나타난 거란에 대한 표현의
격이 다른 것은 당연한 일이라 생각된다. 반면, 앞서 태조대에는 거란
을 '금수'로도 지칭한 경험이 있으며 이미 거란과의 관계가 단절된 지
오래였고 거란과 대립하고 있던 송으로부터 책봉을 받는 입장이었으

光揚震域 馴騎星輅之命 禮重仁邦 授一品 以居高陟三師 而寄重旣致邦家之
慶幸 合旃黎庶之忻懽 美覃作解之恩 用慰含靈之望 可大赦境內 准大朝南郊
赦旨 改太平興國十年爲雍熙二年.

83) 『高麗史』卷3 世家3 成宗 4年(985) (5月) 王聞之憂懼 及國華至王語曰 … 於
是 女眞來奔者二千餘人 皆資給遣還 不意反潛師奄至 殺掠吾吏民 驅虜丁壯
沒爲奴隸 以其世事中朝 不敢報怨.
   이에 앞서 성종에게 전달된 송 태종의 조서를 보면 송 역시 中朝·皇(華) 등의
   표현으로 자칭하였다.
   『高麗史』卷3 世家3 成宗 4년(985) 5月 宋遣太常卿王著·秘書監呂文仲來 加
   册王 詔曰 … 是宜均灑澤以疇庸 遣皇華而錫命 尊爲漢傳 進彼侯封 常安百
   濟之民 永茂長淮之族.
   『高麗史節要』卷2 成宗 4年(985) 5月 宋將伐契丹 收復燕薊 以我與契丹接壤
   數爲所侵 遣監察御史韓國華 齎詔來諭曰 朕誕膺丕構 奄宅萬邦 草木虫魚 罔
   不被澤 華夏蠻夷 罔不率從 蠢玆北虜 侵敗王略 幽薊之地 中朝土彊 晉漢多
   故 戎醜盜據.
84) 『宋史』卷487 列傳246 高麗 遣監察御史韓國華 詔諭之 … [治]令人言於國華
   曰 … 當道與女眞 雖爲鄰國 異路途遐遠 彼之情僞 素知之矣 貪而多詐 未之
   信也.

므로, 거란에 대해 彼보다 훨씬 부정적인 지칭어를 사용해도 무방한 상황에서 오히려 중립적인 3인칭 대명사가 사용되었다는 것에 중점을 두어 이해해야 한다.

이와 같은 상황을 총합적으로 고려한다면 彼라는 지칭 표현은 폄칭이라기보다는 거란에 대해 별도의 가치 판단을 내리지 않는 중립에 가까운 태도를 보여주는 지칭이라 할 수 있다. 시무책의 구성상 이 부분은 태조대의 정치를 평가하는 항목이었으므로 태조의 訓要와는 달리 거란에 대한 적대감을 강조할 필요가 없었고, 이 때문에 중립적이라 할 수 있는 彼·彼國 등의 표현이 선택되었던 것이라 하겠다. 아울러 최승로의 태조 정적평 중, 거란을 '심히 무도하다'라고 한 것은 성종 당대 고려 조정의 거란인식을 드러내기 위해 선택된 것이 아니라 태조대의 행적을 인용하는 중에 등장한 표현이다. 태조대 거란에 대한 언급을 곧바로 성종대의 인식으로 받아들이는 것은 적절하지 않다.

그런데 같은 시무책에서 최승로는 거란을 '戎狄'이라고도 지칭하였다(마-2 사료). 최승로는 시무 1조에서 고려의 서북쪽을 경계할 것을 요청하면서 戎狄이라는 표현을 사용하였다. 고려의 서북 경계에는 여진도 散居하고 있었으므로 戎狄이 거란만을 가리킨다고 볼 수 없으나, 거란이 이에 포함되는 것은 분명하다. 앞서 사용된 彼·彼國이 중립적인 표현이라고 한다면 戎狄은 지칭 대상에 대한 강한 적대감이 드러나는 표현이다. 그런데 이는 모두 최승로가 올린 시무책에서 사용되었다. 같은 話者[최승로]가 동일한 聽者[성종]를 대상으로 한 발화상황에서 동일한 지칭대상[거란]에 대해 부정적인 표현과 중립적인 지칭 표현이 나타나고 있는 점은 쉽게 이해되지 않는 부분이다.

앞서 훈요 4조와 9조를 검토했던 방식을 여기에서도 적용하여 시무

1조의 전체적인 내용 속에서 지칭 표현을 분석해 보자. '융적'이 등장
하는 시무 1조는 거란의 야만성을 고발하기 위한 내용이 아니라, 防守
에 드는 경비를 절감하고 효율적인 국방 정책을 세울 것을 건의하는
데에 초점이 맞추어져 있다.85) 따라서 최승로가 시무 1조에서 거란을
융적에 포함한 보다 직접적인 이유는 거란을 오랑캐로 규정함으로써
청자인 성종에게 경계심을 불러 일으켜 자신의 조언에 현실성을 배가
하기 위해서였다고 보는 것이 적합하다. 외교 상황에서 흔히 사용되는
외교적 수사처럼 '戎狄'이라는 지칭 표현 역시 건의자인 최승로의 목적
을 달성하기 위해 선택된 내부적 수사였던 것이다.86)

시무책의 사례에서 보이듯이 고려가 사용한 거란 지칭어들은 고정
되지 않고 상황에 따라 다양하게 나타났다.87) 985년에 고려를 방문한
宋使와 성종과의 대화 속에서도 이를 확인할 수 있다. 당시 거란과 대
치하고 있던 송이 韓國華를 보내 고려에 援兵을 요청한 일이 있었다. 성

---

85) 최승로가 건의한 정책에 대한 평가는 조금 다르지만, 具山祐 역시 이 내용은 지
   역의 방어를 누구에게 맡기는 것인가와 관련된 내용이라 보았다(具山祐, 1992,
   「高麗 成宗代 對外關係의 展開와 그 政治的 性格」,『韓國史研究』78, 38쪽).
86) 융적이라는 거란 지칭어가 내부적 수사로 활용될 수 있었던 데에는 당시 고려인
   들의 거란인식이 배경으로 작용하였으리라 생각된다. 즉 고려 내부적으로 거란
   을 오랑캐로 판단하는 것에 대해 반감이 없을 정도로 거란에 대한 부정적인 인
   식이 자리하고 있었을 것이다. 앞서 서술한 바와 같이, 거란에 대한 부정적 인식
   이 형석·확산되는 데에는 지리적 인접성으로 인한 두려움과 태조대 고려로 흡수
   된 발해 유민의 원망, 거란의 위협을 받았던 五代 및 宋으로부터 유입된 인식
   등이 크게 작용하였을 것이다.
87) 거란을 가리키는 표현이 고정되지 않고 가변적인 이유를 이해하는 데에는 언어
   논리학자인 KRIPKE의 견해가 도움이 된다. 그는 사물의 명칭은 사물의 속성과
   상관없이 사회·문화적 배경에 의해 정해진다는 점을 역설하였다(Saul A.
   KRIPKE, 1972, *Naming and Necessity*, Cambridge, Massachusetts: Harvard Univer-
   sity Press : 정대현·김영주 옮김, 1983,『이름과 필연』, 서광사).

종은 宋使와의 대화 중에 거란을 外國이라 지칭하였다.

> II-바. (成宗 4年 5月) 송이 거란을 공격하여 연운 지역을 수복하고자
> 하였는데, 우리가 거란과 경역이 잇닿아 있어 자주 침입을 받으
> 니 감찰어사 한국화를 보내어 조서를 가지고 와서 회유하게 하
> 였다. … 왕[성종]이 시간을 끌며 병사를 내지 않자 국화가 위덕
> 으로 회유하였다. 왕이 비로소 병사를 내어 서쪽에서 만날 것을
> 허락하자 국화가 돌아갔다. 이보다 앞서 거란이 여진을 공격한
> 일이 있었는데, (공격한) 길이 우리 경역을 거쳤으므로 여진은
> 우리가 적[거란]을 인도하였다고 여기고 죄를 얽어 송에 말을
> 바치며 무고하였다. … 왕[성종]이 듣고는 근심하며 두려워하였
> 다. 국화가 이르자 왕이 말하기를, "… 본국은 대대로 (송의) 정
> 삭을 받아 삼가 직공을 닦았으며 (송의) 총애를 깊이 받아 왔으
> 니 감히 두 마음을 품고 **외국**[거란]과 교통하겠습니까. 하물며
> 거란은 요해의 밖에 있으며 또 두 강으로 막혀 있어 (거란과) 연
> 결될 길이 없습니다. …"라고 하였다.[88]

　이 상황을 조금 더 자세하게 살펴보자. 당시 송은 연운 16주 수복을
위해 거란과의 일전을 준비하고 있었고, 고려는 942년 이후 거란과 국
교가 단절된 상태에서 송으로부터 꾸준히 책봉받고 있었다. 송은 한국
화를 보내 고려에 援軍을 요청하였는데, 한국화가 전달한 조서에서 송
태종은 거란을 蠢玆北虜·戎醜·彼犬戎·垂亡之虜 등 일관된 폄칭으로 지칭
하였다.[89] 송이 거란에 대해 폄칭으로 일관한 것은 거란과의 전쟁을

---

88) 『高麗史』卷3 世家3 成宗 4年(985) 5月 宋將伐契丹 收復燕薊 以我與契丹接
　　壤 數爲所侵 遣監察御史韓國華 齎詔來諭 … 王遷延不發兵 國華諭以威德
　　王始許發兵西會 國華乃還 先是契丹伐女眞 路由我境 女眞謂我導敵 構禍貢
　　馬于宋 因誣譖 … 王聞之憂懼 及國華至 王語曰 … 本國世禀正朔 謹修職貢
　　深荷寵靈 敢有二心 交通外國 況契丹介居遼海之外 復有二河之阻 無路可從.
89) 『高麗史』卷3 世家3 成宗 4年(985) 5月 宋將伐契丹 收復燕薊 以我與契丹接

앞둔 자신들의 명분을 전달하고 고려를 설득하여 원군을 얻기 위한 당
연한 선택이라 볼 수 있다. 그런데 이를 전해들은 고려 성종은 원군 파
견에 대한 확실한 대답을 피하면서, 오히려 지원병 파견 문제와는 별
개의 사안과 관련한 고려의 입장을 알리는데 더 공을 들였다. 위 사료
에서 언급되었듯이 당시 거란의 공격을 받은 여진이 송 황제에게 거란
과 고려의 연합에 대해 고발한 일이 있었다.[90] 성종은 한국화에게 고
려는 그간 송에 충심으로 조공해왔고, 여진의 고발처럼 두 마음을 품
고 '외국', 즉 거란과 교통하여 여진을 공격하거나 하는 일은 없었음을
강변하였다.

壤 數爲所侵 遣監察御史韓國華 齎詔來論曰 朕誕膺丕構 奄宅萬邦 草木虫魚
罔不被澤 華夏蠻夷 罔不率從 **蠢玆北虜** 侵敗王略 幽薊之地 中朝土疆 晉漢
多故 **戎醜**盜據 今國家照臨所及 書軌大同 豈使齊民 陷諸獷俗 今已董齊師
旅 殄滅妖氛 元戎啓行 分道間出 卽期誅剪 以慶渾同 惟王久慕華風 素懷明
略 效忠純之節 撫禮義之邦 而接**彼犬戎** 罹於蠱毒 舒泄積忿 其在玆乎 可申
戒師徒 迭相掎角 恊比隣國 同力盪平 奮其一鼓之雄 戡此**垂亡之虜** 良時不
再 王其圖之 應虜獲生口牛羊財物器械 並給賜本國將士 用申勸賞.
참고로, 거란과 관계가 좋지 못했던 後晉의 出帝 역시 거란을 桀虜라고 칭했다.
『高麗史』卷2 世家2 惠宗 2年(945) 晉遣范匡政·張季凝來 冊王敕曰 … 又勅
高麗國王 … 朕以契丹 顯違信義 輒肆侵陵 親御戎車 往平**桀虜** 靈旗一擧 狂
寇四犇.

90) 송에 파견된 고려 사신 韓遂齡이 이 일에 대해 들은 것은 그가 송을 방문했던
984년11월로 추정된다(『宋史』卷4 本紀4 太宗 雍熙 元年(984) 11月 壬子 高
麗國王 王遣使來貢). 따라서 거란의 여진 공격은 적어도 그 이전에 일어났던 사건
이다(李美智, 2010, 「고려 초기 지칭 표현을 통해 본 對거란 관계」『史學研究』
99, 57쪽.)
983년에 거란이 '東討'를 준비하였고(『遼史』卷10 本紀10 聖宗1 統和 元年
(983) 10月 丙午 命宣徽使兼侍中蒲領·林牙肯德等 將兵東討 賜旗鼓及銀符)
같은 해 거란이 고려 경내로 도망해 온 여진인들을 追捕한 것을 보면(이 사건의
시기 비정은 III장 각주 4) 참조) 여진이 고려를 고발한 내용의 사건은 983년에
일어난 것이 아닌가 한다.

고려가 송-거란 양국 문제에 개입하지 않기 위해 의도적으로 선택한[91] '외국'이라는 표현은 고려가 바라보고 있던 송과 거란에 대해, 그리고 고려가 당면한 외부 세계에 어떻게 대응하고 있었는가 하는 부분에 대해 예상보다 많은 것을 알려준다.

우선, 고려가 '외국'이라는 표현을 의도적으로 선택한 것 자체는 지칭어의 수사적 기능을 다시 한 번 확인해 준다. 앞서 태조의 훈요나 최승로의 시무책 등에 나타난 거란 지칭어 용례를 검토하며 확인하였듯이, 당시 고려가 사용한 거란 지칭 표현은 실제 거란 인식을 어느 정도 반영하면서도 話者가 상황을 유리하게 끌어갈 수 있도록 화자의 發話 목적에 알맞게 적절히 선택될 수 있었다. 성종과 宋使 한국화와의 대화는 거란을 '오랑캐'로 폄하한 송 태종의 조서를 전해들은 직후에 이루어졌다. 聽者인 한국화는 거란을 공격하기 위한 지원군을 요청하러 왔으므로, 그는 고려와 거란에 대한 적대감을 공유하기를 바랐을 것이다. 게다가 話者인 성종은 송에 대한 지속적인 충정을 강조하면서 고려와 거란의 연합 가능성을 의심하고 있는 송에게 이를 해명하려 애쓰는 상황이었다. 이러한 상황이라면 거란에 대해 폄칭을 사용하는 것이 현명한 선택일 수 있었지만 성종은 '외국'이라는 상당히 중립적인 표현을[92] 선택하였다. 이를 통해 거란에 대한 적대감을 숨기고 송-거란 관

---

91) 김순자는 이 '외국'이라는 표현은 양국 문제에 개입하지 않기 위해 고려가 의도적으로 선택한 것이므로 고려의 거란관을 읽어내는 자료로는 부적합하다고 보았으나(김순자, 2009, 「고려전기의 거란[遼], 여진[金]에 대한 인식」『한국중세사연구』26, 122~123쪽) 본고에서는 유용한 자료로 판단하였다.

92) 외국과 유사한 표현으로는 他國이 있다. 고려는 宋 역시 他國이라고 표현한 적이 있다.

『高麗史節要』卷2 成宗 元年(982) 6月 正匡行選官御事上柱國崔承老上書 略曰 … 我朝自太祖以來 勿論貴賤 任意服著 官雖高而家貧 則不能備公襴 雖無職而家富 則用綾羅錦繡 我國土宜 好物少而麤物多 文彩之物 皆非土産 而

계에서 중립을 유지하려 했을 가능성이 있다고 보여진다.[93]

아울러 성종은 송의 원군 파병 요청에 대해서도 즉답하지 않고 시일을 미루었으며, 마지못해 허락은 했지만 실제로 그들이 원하는 대로 파병이 이루어졌는지에 대해서는 확인되지 않는다.[94] 당시 고려의 입장에서 책봉-피책봉의 형식을 통해 성립된 타국과의 외교 관계는 제3의 세력에 의해 실제적 위협이 대두될 때에는 얼마든지 약화될 수 있었다는 점이 확인되는 부분이다.[95]

외부 세력과의 관계에 대한 고려의 유연한 사고는 앞서 살펴 본 거란 지칭 표현 사례와 연관지어 이해해 보면 좀 더 명확해진다. 앞서 인용한 사료에서 보았듯이 최승로의 시무책 중에서도 거란에 대한 지칭은 화자의 의도에 따라 다양한 층위에서 선택되었다. 그 이후 한국화가 방문했던 985년까지 고려와 거란 간에는 별도의 긴장이 감지되지 않는다. 985년에 거란과의 일전을 앞둔 송사와의 대화 중에서도 고려는 조심스럽지만 분명히 중립적인 거란 지칭어를 선택하였다.

이를 태조대의 인식과 연결해 보자. 942년 단교 당시, 거란에 대한 멸시가 정책적으로 선언되었다. 다음 해 태조가 남긴 훈요에서도 거란에 대한 비하가 나타나지만 이는 발화자의 의도를 효과적으로 성취하

人人得服 則恐於**他國**使臣迎接之時 百官禮服 不得如法 以取恥焉.

93) 김순자, 2009, 「고려전기의 거란[遼], 여진[金]에 대한 인식」 『한국중세사연구』 26, 122~123쪽.

94) 이때 고려가 송에 援兵을 지원했다고 생각되지는 않는다. 당시 고려의 출병 여부에 대해서는 III장 1절 각주 8)에서 詳論하였다.

95) 이석현은 이러한 점을 고려가 거란과 맺은 조공·책봉 관계를 통해 설명하였다 (이석현, 2005, 「高麗와 遼金의 外交관계 -朝貢冊封關係를 중심으로」 『한중 외교관계와 조공책봉』, 고구려연구재단). 따라서 책봉국이 어떤 왕조였는가를 막론하고 고려의 조공·책봉 관계는 그 자체로서 영속적인 구속력을 가지기보다 고려가 타국과 맺은 외교의 다양한 형태 중 하나였다고 하겠다.

기 위한 일종의 내부적 수사로 사용되었음을 보았다. 즉 태조대에서 성종대까지 고려가 사용한 거란에 대한 지칭 표현과 기년호에 대한 분석은 다음과 같이 정리된다. 고려는 태조대의 정책을 준수하여 거란을 멀리하였고, 고려에서 사용된 기년호의 용례를 볼 때 중원 五代의 왕조와 조공·책봉 관계를 유지하였으며 때로는 독자 연호를 사용하기도 하였다. 지칭 표현의 측면에서는 내외부적인 이유로 인하여 거란의 야만성이 의도적으로 선언된 뒤 정세의 변화에 따라서 또는 발화자의 의도에 따라서 이러한 인식이 강화 혹은 다소 中和되는 모습을 관찰할 수 있었다. 그러나 국초 고려의 대외관계에서 거란이 우선 교섭 대상이 아니었던 점은 분명하다.

Ⅲ
거란과의 조공·책봉 관계 수립과
契丹觀의 변화

1. 성종대 거란의 통교 요구와 종전 협약의 성립

1) 對거란 1차 전쟁의 배경과 종전 유도 과정

993년(성종 12, 거란 聖宗 統和 11) 윤10월에 거란의 공격으로 1차 여요 전쟁이 시작되었다. 전쟁이 일어나기 전까지 당시 동북아시아 지역의 정세를 간략히 살펴보면 다음과 같다.

주지하다시피 962년(광종 13, 거란 穆宗 應歷 12, 宋 太祖 建隆 3)에 고려에서 사신을 보낸 이래 宋과 고려는 국교를 맺고 친선 관계를 유지하였다. 宋은 건국 이후 계속해서 거란으로부터 물리적인 압박을 받아왔으므로 유사시 거란의 배후 견제세력이 될 수 있는 고려와 우호적 관계를 유지하려 하였으며, 고려는 송과 교류하면서 외교적 측면에서 유리한 지위를 차지함과 동시에 송의 선진문화를 수입할 수 있는 기회를 얻으려 하였다.[1]

---

[1] 고려·송 양국의 통교 목적에 대해서는 많은 연구가 있다. 대체로 송이 정치·군사적 목적에서 고려를 이용하고자 했던 점은 널리 받아들여지고 있다. 고려의 경우에 있어서는 송으로부터의 문물 수입에 초점을 두는 견해(김상기·이병도·구산우)와 고려 역시 북방 민족을 견제하기 위해 송과 교류하였다고 보는 시각(정기돈·김용완)이 있고, 고려의 對宋 정책에는 두 가지의 목적이 시기별로 다르게 나타났다고 보는 연구도 있다(박용운·전해종).
이상의 연구 경향은 다음을 참조.
具山祐, 1992, 「高麗 成宗代 對外關係의 展開와 그 政治的 性格」 『韓國史研究』 78, 45~48쪽.
朴龍雲, 1995·1996, 「高麗·宋 交聘의 목적과 使節에 대한 考察」 『韓國學報』

　이와 달리 고려와 거란의 국교는 태조대 만부교 사건 이후 단절되어
있었다. 더욱이 982년(성종 1) 거란 聖宗이 즉위하였을 때에는 모후인
承天皇太后가 섭정하면서 거란 조정은 황위 계승과 관련하여 혼란을 겪
으며 대외 공략에 소홀해지게 되었다. 宋 太宗은 이 틈을 타 거란이 점
유하고 있던 전략적 요충지인 燕雲 16州를 차지하기 위한 대규모 군사
작전을 계획하였고 그 결과 양국간에 크고 작은 전투가 끊이지 않았
다.2) 이러한 상황에서 거란 조정은 송에 응전하는 한편 동북아시아 지
역에서 우세를 유지하기 위해 배후의 위협이 될 수 있는 여진 및 고려
와의 전선을 안정시키려 하였다. 이 점은 983년 거란 조정에서 동쪽을
토벌한다든가[東討] 고려를 정벌하는 계획에 대해 논의가 계속되었다
는 기록을 통해서도 확인된다.3) 또 거란은 여진의 侵寇를 단죄한다는
핑계로 고려의 경내에 들어오기도 하였다.4) 이때 군이 고려 경내까지
여진족을 쫓아 들어왔던 데에는 아마도 고려 공격을 염두에 두고 필요
한 정보를 수집하려는 목적도 있었던 듯하다.5)

　81·82 : 2002,『高麗社會의 여러 歷史像』신서원, 148~150쪽.

2)『宋史』卷4 本紀4 太宗1 太平興國 7年(982) 및『遼史』卷9 本紀9 景宗下 乾
　亨 4年(982) 참조.

3)『遼史』卷10 本紀10 聖宗1 統和 元年(983) 10月 (丁酉) 上將征高麗 親閱東京
　留守耶律末只所總兵馬 ; 丙午 命宣徽使兼侍中蒲領·林牙肯德等 將兵東討
　賜旗鼓及銀符.

4) 이러한 내용은 985년 5월에 고려를 방문한 宋使 韓國華와 성종의 대화 속에 언
　급되어 있다(『高麗史』卷3 世家3 成宗 4年(985) 5月).
　방동인은 이 사건이 983년(성종 2) 겨울의 일을 가리키는 것으로 보았다(方東仁,
　1985,「高麗前期 北進政策의 推移」『領土問題研究』2, 高大民族文化研究所 :
　1997,『韓國의 國境劃定研究』, 一潮閣, 64~65쪽). 본고에서도 방동인의 견해를
　따른다.

5) 방동인은 거란이 女眞과 고려의 결합 가능성에 대해 불안하게 여겼으며 한편으
　로 고려의 환심을 사려고 노력했다고 보았다(方東仁, 1997,『韓國의 國境劃定
　研究』, 一潮閣, 64~65쪽). 그러나 거란은 이미 고려 정벌을 위한 준비에 착수한

한편, 이러한 거란의 움직임에 대항이라도 하듯 984년에 고려는 압
록강 언덕에 關城을 쌓아 그 지역에서 고려의 영향력을 실체화하려 하
였다.6) 이 계획은 실패하였으나, 송과의 결전을 앞두고 여진 및 고려와
의 경계 지역을 안정시키려 했던 거란에게 압록강 유역에서 지배 거점
을 마련하려는 고려의 시도가 작지 않은 자극이 되었을 것임을 쉽게
이해할 수 있다.

더구나 985년에는 송이 거란과의 전쟁을 염두에 두고 고려 측에 援
兵을 요청하였다.7) 고려 조정은 出兵할 것을 응낙하기는 하였으나 실
행하지는 않았고8) 이 해에 벌어진 여러 전투에서 宋은 거란에 패배하

상태였다(『遼史』卷10 本紀10 聖宗1 統和 元年(983) 10月 丁酉 上將征高麗
親閱東京留守耶律末只所總兵馬). 이러한 상황에서 거란이 굳이 조심스러운 태
도로 고려의 환심을 사려고 노력했을 필요는 없었을 듯하다. 그들이 고려에서 별
도의 군사행동을 개시하지 않고 곧 돌아간 것 역시 추후의 본격적인 공격을 염
두에 두고 있는 상황에서 굳이 그러한 기미를 드러낼 필요가 없었기 때문일 것
이다.

6)『高麗史』卷3 世家3 成宗 3年(984) (5月) 命刑官御事李謙宜 城鴨綠江岸 以
爲關城.

7)『高麗史』卷3 世家3 成宗 4年(985) 5月 宋將伐契丹 收復燕薊 以我與契丹接
壤 數爲所侵 遣監察御史韓國華 齎詔來諭曰 … 惟王久慕華風 素懷明略 效
忠純之節 撫禮義之邦 而接彼犬戎 罹於蠱毒 舒泄積忿 其在玆乎 可申戒師徒
迭相掎角 恊比隣國 同力盪平 奮其一鼓之雄 戡此垂亡之虜 良時不再 王其圖
之 應虜獲生口牛羊財物器械 並給賜本國將士 用申勸賞.

8) 이때 성종이 실제로 병사를 파견하였는지에 대해서는 고려측 기록에서 확인되지
않는다. 송의 援兵 요청을 전달하고자 고려를 방문한 宋使 韓國華의 신도비에
는 고려가 浿江을 건너 거란을 공격한 것처럼 나타나기도 하는데(『金石萃編』
卷135「韓國華神道碑」및『宋代石刻文獻全編』3「韓國華神道碑」),『高麗史』
세가의 내용에 따르면 성종이 약속한 것은 병사를 보내어 西會하겠다는 내용이
므로 북쪽으로 진격했다는 신도비의 기록과는 일치하지 않는다. 고려가 거란을
공격했다기보다는 아마도 서북변의 방비를 강화한 것이 아닐까 생각된다.
구산우의 경우 당시 고려 성종이 원군을 파견하였다고 추론하였지만(具山祐,
1992,「高麗 成宗代 對外關係의 展開와 그 政治的 性格」『韓國史研究』78,

였다. 한편 거란은 985년 8월 대대적인 여진 정벌을 수행하였고, 요동 지역에 있던 定安國을 멸망시키면서9) 압록강 유역에서 자국 중심의 동북아시아 질서에 위협이 될 만한 요소들을 하나하나 제거해 나갔다.

비록 실현되지는 않았으나 고려가 宋의 援兵 요청을 수락하였던 사실은 거란의 입장에서 볼 때 위협으로 인식되기에 충분했다. 이미 983년 이래 고려에 대한 군사 행동을 준비해 오던 거란은 985년(성종 4, 거란 聖宗 統和 3) 가을에도 고려에 대한 정벌을 기획한 적이 있었다.10) 다음 해(986)에 거란은 厥烈을 고려에 보냈다.11) 당시 거란은 송과 지속적으로 크고 작은 전투를 치르고 있었으므로12) 거란의 배후 위협이 될 수도 있는 고려의 동향을 살피고 화친의 가능성을 타진하기 위해 사신을 파견했던 것으로 생각된다. 그러나 『고려사』나 『요사』에서 이에 대한 고려의 반응을 알려주는 기사를 찾아볼 수 없다. 아마도 거란 측의 화의 요청에 대해 고려는 달리 대응을 하지 않았던 것으로 생각된다.

47쪽), 당시 고려가 단교의 구실을 만들기 위해 그 가능성이 희박함에도 불구하고 송측에 일부러 원병을 요구한 것으로 推察한 이병도의 견해에서도 드러나듯이(李丙燾, 1961, 『韓國史』 中世篇 乙酉文化社, 178쪽), 고려나 송 모두 상대국의 戰役에 자국 군사를 지원하는 일은 하지 않았던 것으로 보인다.

9) 和田淸, 1955, 「定安國に就いて」 『東亞史硏究』 東洋文庫, 161~189쪽.
　金渭顯, 1998, 「契丹·高麗間的女眞問題」 『明知史論』 9, 153쪽.
　안주섭, 2003, 『고려 거란 전쟁』, 경인문화사, 44쪽 및 189쪽 미주 81).
　한편 日野開三郎의 연구에 따르면 1018년까지도 정안국의 이름이 사료에서 확인된다고 한다.
　日野開三郎, 1950·1951, 「定安國考」 『東洋史學』 1·2·3 : 1990, 『日野開三郎 東洋史學論集』 16 東北アジア民族史 (下), 三一書房, 235쪽.
10) 『遼史』 卷10 本紀10 聖宗1 統和 3年(985) 8月 癸酉 朔 以遼澤沮洳 罷征高麗.
11) 『高麗史』 卷3 世家3 成宗 5年(986) 正月 契丹遣厥烈來請和.
12) 『遼史』 卷10·11 本紀10·11 聖宗1·2 統和 연간 및 『宋史』 卷4·5 本紀4·5 太宗1·2 太平興國·雍熙 연간 참조.

이후 약 4년 동안 거란과 고려 간에는 별다른 긴장 상황이 발생하지 않았으나, 991년 2월에 거란은 압록강 북안 내원 등지에 성을 쌓고 군대를 주둔시키면서 압록강 일대에서 자국의 영향력을 과시하였다.13) 앞 장에서 살펴보았듯이, 태조대 이후 압록강 유역에서 꾸준히 영향력을 확대해 왔던 고려로서는 거란의 이러한 움직임을 좌시할 수 없었다. 같은 해 10월, 고려는 압록강 밖(鴨綠江外) 여진을 백두산 밖(白頭山外)으로 축출하는 조처를 시행함으로써14) '압록강 내'에 포괄될 압록강 이남 지역에서는 고려 조정의 영향력이 다른 어느 세력보다 크다는 사실을 분명히 하였다. 이로써 고려와 거란 양국은 누가 압록강 지역에서의 우위를 차지하는 가를 두고 팽팽히 맞서게 되었고, 연운 16주를 두고 송과 대치하고 있었던 거란은 이러한 고려의 움직임을 묵과할 수 없게 되었다.

더욱이 당시 고려는 송과 끊임없이 사절을 교환하고 있었다. 988년과 992년에는 송으로부터 加册을 받았으며15) 992년 7월에는 6년 전 송에 유학하였다가 빈공과에 합격하고 비서랑을 제수받은 고려인 崔罕 등이 귀국하는 일이 있었다.16) 압록강 지역에서 고려의 움직임을 위협으로 받아들이던 거란으로서는 고려와 송 간의 밀접한 교류에 더욱 큰 위기를 느꼈을 것이다. 결국 993년(성종 12, 거란 聖宗 統和 11) 거란은

---

13) 『遼史』 卷13 本紀13 聖宗4 統和 9年(991) 2月 甲子 建威寇·振化·來遠三城 屯戌卒. 이정신 역시 당시 압록강 유역을 중심으로 고려와 거란의 힘겨루기가 진행되고 있었다고 보았다(이정신, 2004, 『고려시대의 정치변동과 대외정책』, 경인문화사, 56쪽).
14) 『高麗史』 卷3 世家3 成宗 10年(991) (10月) 逐鴨綠江外女眞 於白頭山外 居之.
15) 『高麗史』 卷3 世家3 成宗 7年(988) 10月 및 11年(992) 6月.
16) 『高麗史』 卷74 志2 選擧2 制科 (成宗) 11年(992) 및 『高麗史』 卷3 世家3 成宗 11年(992) 7月.

고려에 대한 공격을 개시하였고, 고려 역시 전쟁에 대처할 방안을 급히 모색하였다.[17]

993년 윤10월에 일어났던 고려와 거란의 첫 번째 전투에서는 고려가 패배하였다.[18] 거란군을 이끌던 소손녕은 고구려의 옛 땅을 반환할 것을 요구하며 고려를 공격하였으나, 정작 그가 고려 조정에 보낸 문서에서는 고려가 거란에 귀부하지 않은 사실만이 지적되어 있다.[19] 거란이 제시한 전쟁의 명분이 이처럼 분명하지 않았고, 따라서 양국의 입장이 첨예하게 대립할 만한 쟁점 역시 확인되지 않았기 때문에[20] 서희는 고려 조정에 거란과의 화친 가능성을 보고할 수 있었다. 고려의 李蒙戩이 소손녕에게 來侵의 까닭을 물었을 때에는 고려가 백성들을 잘 돌보지 않아서 天罰을 행한다는 다소 비현실적인 이유를 제시하였다.[21] 이러한 거란의 동향 속에서 일관되게 파악되는 전쟁 목표는 고려에게서 항복을 받아내는 것뿐이었다. 이를 통해 압록강 지역에서 자신들의 상대적 우위를 확인하고 그것을 책봉국-피책봉국의 형태로 안정시키는 것이 거란이 고려를 공격한 궁극적인 목적이었다고 할 수 있다. 거란에 힘으로 맞서기 보다는 협상을 통해 종전을 이끌어 낼 여지가 있음을 파악한 고려 조정은 거란의 요구를 충족하면서도 압록강 유역에서 고려가 구축해 온 지배력을 상실하지 않기 위한 방법을 모색

---

17) 이상『高麗史』卷3 世家3 成宗 12年(993) 5月 西北界女眞報 契丹謀擧兵來侵 朝議謂其紿我 不以爲備 ; (8月) 是月 女眞復報契丹兵至 始知事急 分遣諸道 兵馬齊正使.
18)『高麗史』卷3 世家3 成宗 12年(993) 閏10月 丁亥.
19)『高麗史節要』卷2 成宗 12年(993) 閏10月 ;『高麗史』卷94 列傳7 徐熙.
20) 申安湜 역시 거란의 고려 침공은 심각한 국제관계의 이유로 해서 이루어진 것은 아니라고 이해했다(申安湜, 2004,「高麗前期의 北方政策과 城郭體制」『歷史教育』89, 71쪽).
21)『高麗史節要』卷2 成宗 12年(993) 閏10月 ;『高麗史』卷94 列傳7 徐熙.

하였다.

993년에 시작된 1차 전쟁은 994년(성종 13, 거란 聖宗 統和 12)에 양
국이 합의함으로써 종결되었다. 이때 성립된 고려와 거란의 지계획정
은 당장의 갈등을 해결하기 위해 소집된 일회적 회담이 아니라, 공식
적인 종전 협약으로서[22] 성립되었다고 파악된다.[23]

앞서 언급하였듯이 고려 조정은 전쟁을 조기에 끝낼 수 있는 가능성
을 파악했다. 그러나 고려 지배층은 어떤 방법이 가장 신속히 전쟁을
끝낼 수 있을 지 결정하는 데에서 혼란을 겪었다. 당시 고려 조정의 논
의는 크게 降服論과 割地論의 두 입장으로 나뉘었는데,[24] 항복론자들은

---

22) 국제정치학의 관점에서 볼 때 회담과 협약의 위상은 다르다. 일반적인 의견 조율
을 위해 이루어지는 회담(Talks)과 달리, 협약(Treaty)은 국가 간에 체결된 협정
(agreement)으로, 문서로 작성되어야 하며 국제법의 지배를 받는다.
협약에 대해서는 G. R. BERRIDGE, 2005, *Diplomacy: Theory and Practice*, New
York: Palgrave Macmillan, p.73를 참조하였다.

23) BERRIDGE는 협상이 이루어지는 단계를 ① 협상 전단계(협상의 필요성을 인식
한 뒤 협상 절차(형식, 장소, 사절단, 기간 등)에 동의하는 단계), ② 본격 협상
(원칙 결정 단계와 세부 사항 결정 단계), ③ 협상의 결정적 순간(지연되는 회담
에 고위당국자를 참여시켜 협상 체결 가속화), ④ 협약에 수반된 기타 조항들에
대한 동의 및 사후 조처 등으로 나누어 분석하였다(G. R. BERRIDGE, 2005, 위
의 책).
이미지는 지계획정의 위상을 구체적으로 파악하기 위해 위의 협상단계이론을 원
용하였고, 그 결과 종전 협상 과정 중 고려와 거란 간에 빚어졌던 여러 갈등 사
례는 양국간의 종전 협상이 현대 국제 협약의 기준에 의거하여 검토될 수 있을
만큼 체계적이었다고 하였다(이미지, 2008, 「고려 성종대 地界劃定의 성립과 그
외교적 의미」 『한국중세사연구』 24, 17~19쪽).

24) 당시 고려 조정의 논의와 관련하여, 박종기는 유화론과 강경론으로 대별하였고
(박종기, 1998, 「11세기 고려의 대외관계와 정국운영론의 추이」 『역사와 현실』
30, 166쪽), 안주섭은 항복론·할지론·강화모색 등으로 구분했으며(안주섭, 2003,
『고려 거란 전쟁』, 경인문화사, 104쪽), 申安湜과 김당택은 降服論과 割地論,
抗戰論으로 나누었고(申安湜, 2004, 「高麗前期의 北方政策과 城郭體制」 『歷
史敎育』 89, 79쪽 ; 김당택, 2007, 「高麗 顯宗·德宗代 對契丹(遼) 관계를 둘러

일단 왕이 개경으로 돌아가 더 이상 戰意가 없음을 알리고 重臣이 군사를 이끌고 항복하는 방식을 제안했다.[25] 할지론자들은 고려가 거란의 疆界를 침탈하였다는 소손녕의 지적에 초점을 맞추어 거란이 바라는 것은 西京 북쪽의 땅이라는 결론을 내렸다. 성종은 할지론측의 입장을 좇으려 하였으나 中軍使 徐熙와 前 民官御事 李知白의 강력한 반대에 부딪혔다.

고려 조정의 논의가 쉽게 결정되지 않자, 소손녕은 安戎鎭을 공격하며 결정을 재촉하였다. 이에 고려는 和好를 위한 대표를 파견하였는데 거란측은 고려의 閤門舍人 張瑩이 大臣이 아니라는 이유로 협상을 거절하였다. 고려측 대표가 重臣이어야 함을 천명함으로써 거란은 협상 자체의 공신력을 높이고, 더 나아가 이에 참여하는 자신들의 위신 역시 높이고자 했다고 생각된다. 결국 고려측 대표로는 內史侍郎(정2품)이었던 서희가 나서게 되었다. 서희가 거란의 군영을 방문하였을 때에도 儀禮 문제를 두고 양국은 한 차례 갈등을 겪었다. 이때 소손녕은 서희를

싼 관리들 간의 갈등」, 『역사학연구』 29, 89쪽), 김순자는 ① 請和論과 ② 割地論, 그리고 ③ 전쟁과 협상론 등으로 파악했다(김순자, 2006, 「10~11세기 고려와 요의 영토 정책」, 『북방사논총』 11, 254·255쪽 각주 41)).

본고에서는 고려 조정의 논의 방향이 전쟁을 가능한 빠른 시간 안에 종결짓는 것이었다고 보며, 다만 그 방법론에 있어 둘로 나뉘었던 것으로 정리한다. 서경 이북 지역을 할양하여 전쟁을 종결하자던 할지론자들과 달리 항복론자들은 물질적인 손실을 최소화하며 일단 항복 의사를 전달함으로써 거란과의 관계를 개선하여 당장의 전쟁을 종식하는 데 주안점을 두었던 것으로 생각된다.

이와는 조금 다른 맥락이기는 하나, 具山祐는 정책 지향에 초점을 두어 성종대 정치세력을 구분하였다. 華風 추구세력과 土風 고수세력이 그것인데, 서희와 이지백은 토풍 고수세력에 속했다고 한다(具山祐, 1992, 「高麗 成宗代 對外關係의 展開와 그 政治的 性格」, 『韓國史研究』 78, 57쪽 각주 118) 및 64쪽).

25) 『高麗史節要』 卷2 成宗 12年(993) 閏10月 및 『高麗史』 卷94 列傳7 徐熙. 이하 협상 준비과정은 모두 이 사료에 근거하여 분석하였다.

하대하는 의례 절차를 제시하면서 자신이 대표하는 거란이 서희가 대표하는 고려보다 상대적으로 우월함을 드러내고자 하였다. 이에 서희가 강하게 반발하자 소손녕은 양측이 대등한 입장에서 협상을 진행하는 데 동의하였다.

거란이 제기한 大臣 파견 요구와 고려측에서 제기한 대표자간의 동등한 대우 요청은 본격적인 협상을 앞두고 양측에서 벌인 일종의 신경전처럼 보이기도 한다. 그러나 두 경우 모두, 각국은 다른 한 쪽에서 제기한 불만사항을 검토한 뒤 이를 긍정적으로 수용하며 협상을 진행시키는 데 전력하였다. 비록 거란이 고려에 항복을 종용하고 고려가 이를 수용하는 상황이기는 했지만, 어느 한 쪽이 다른 한 쪽에게 자신들의 절대적인 우위를 강요하지는 않았다. 양국이 다소 대등한 입장에서 불만을 제기할 수 있었던 까닭은 이 시기 이전에는 양국 간에 어떠한 위계 질서도 합의된 적이 없었다가 이때 처음으로 양국 간의 외교 질서가 구체적으로 논의되기 시작했기 때문이라 생각된다. 이러한 점은 양국 간의 종전 협상이 타결되는 과정에서 계속적으로 확인된다.

2) 종전 협상과 地界劃定의 성립[26]

앞서 간략히 언급하였듯이 거란은 전쟁 초기에는 고구려 舊地에 대한 뚜렷한 수복 의지를 보이지 않았다. 그러나 양국 대표의 자격으로 소손녕과 서희가 협상 석상에서 마주하였을 때에는 고려가 차지하고 있는 옛 고구려 영토를 거란에 내어 주고, 거란에 朝聘하라는 두 가지

---

26) 994년의 지계획정을 공식적인 종전 협약으로 분석한 연구로는 이미지, 2008, 「고려 성종대 地界劃定의 성립과 그 외교적 의미」 『한국중세사연구』 24가 있다.

사항을 요구하였다.[27] 이에 대해 고려는 이미 할지론을 택하지 않는 쪽으로 의론을 결정한 상태였으므로 고구려 계승을 주장하면서 거란의 요구를 반박하고, 거란의 東京 역시 고려의 경내에 있는 것과 마찬가지라는 주장을 폈다. 계속해서 서희는 두 번째 쟁점에 대한 고려측의 견해를 밝혔다. 교빙이 중단된 것은 고려 때문이 아니라 여진이 중간에서 길을 가로막고 있기 때문이라는 것이다. 서희의 반박을 통해 고려는 교빙 단절의 책임을 지지 않을 수 있게 되었고, 나아가 거란이 교빙 중단 문제로 고려를 압박할 수 있는 구실을 제거할 수 있었다. 동시에 상대국인 거란을 비난하지도 않으면서 제3세력, 즉 여진을 언급하여 여요 간 불화의 책임을 그들에게 돌렸다. 고려는 양국 간의 대립이 불필요하며 현안을 해결하기 위해서는 오히려 양국이 협력하여 여진을 제거하는 편이 가장 바람직한 방법임을 주장한 것이다. 이와 같은 고려의 해명을 들은 소손녕은 자신들이 제기한 쟁점만으로 고려의 무조건적 항복을 받아낼 수 없음을 인지하였다. 그 대신 고려와 손을 잡고 여진 세력을 정리함으로써 압록강 유역에서 大國으로서의 자신들

---

27) 거란이 고려에 요구한 내용에 대해서는 대부분의 연구자들이 두 가지로 정리하였는데, 이와 달리 거란의 요구를 세 가지로(① 宋과 단교하고 거란에 歸附하여 朝聘할 것, ② 백성을 돌보지 않기 때문에 정벌하는 것이니 항복할 것, ③ 고구려 땅은 거란 소유이므로 西京 이북을 할양할 것) 정리한 논자도 있다(김순자, 2006, 「10~11세기 고려와 요의 영토 정책」『북방사논총』11, 251쪽).
아울러 선행 연구에서는 거란에 조빙하는 동시에 송과의 단교가 요구되었다고 보고 있다. 그러나 소손녕의 발언에서는 가까운 거란과는 통교하지 않으면서 먼 곳의 송을 섬기는[事] 것이 지적되었을 뿐 송과의 단교를 명시적으로 요구한 내용은 확인되지 않는다.
『高麗史節要』卷2 成宗 12年(993) 閏10月 熙奉國書如丹營 與遜寧抗禮不小屈 遜寧心異之 語熙曰 高句麗之地我所有也 而汝侵蝕之 又與我連壤 而越海事宋 大國是以來討 今割地以獻 而修朝聘 可無事矣 ;『高麗史』卷94 列傳7 徐熙.

의 위치를 새롭게 정립할 수 있는 가능성을 탐지하였다. 소손녕은 협
상의 내용을 황제에게 보고하였고, 거란 조정은 이를 긍정적으로 받아
들이고 군사를 파할 것을 명하였다. 종전 의사를 분명히 하기 위한 후
속 조치로써 고려는 협상이 끝나자마자 侍中(종1품)이었던 박양유를 禮
幣使로 삼아 거란에 파견하였다.[28]

　양측 모두 상대방의 영토에 대한 소유권을 고수하기만 했다면 협상
은 결렬되었을 것이다. 그러나 양국 간의 협상은 어느 한쪽을 전적으
로 단죄하거나 어느 한 쪽이 시종일관 强者의 위치를 점하지도 않았다.
양측이 바라는 요구 사항이 공개되고 의견이 합치되지 않는 쟁점에 대
해 서로의 입장을 들은 고려와 거란의 대표들은 양국이 타협할 수 있
는 방법을 모색하여 이를 본국에 보고하는 수순을 밟았다. 이듬해 2월,
소손녕은 거란 황제의 命을 고려에 전달했다. 사신왕래를 지속할 것을
강조하며 그 실행 방안으로 축성을 통한 교통로를 확보할 것을 제안하
는 내용이었다.[29] 994년의 기록에서는 소손녕이 보낸 글만 확인되는

---

28) 이상 본격적인 협상 진행 과정과 예폐사를 파견한 사실에 대해서는 『高麗史』
　　卷94 列傳7 徐熙 참조.
　　한편 예폐사로는 朴良柔가 임명되었는데, 具山祐에 따르면 上軍使로서 전쟁을
　　총지휘했던 박양유가 거란에 외교사절로 파견되는 것의 의미는 상당히 크다고
　　한다(具山祐, 1992, 「高麗 成宗代 對外關係의 展開와 그 政治的 性格」『韓國
　　史硏究』78, 50쪽). 이에 더하여 박양유가 당시 시중(종1품)이었다는 점도 큰 의
　　미를 갖는다고 생각된다. 이후 거란에 파견된 고려 사신은 대체로 종3품 이하의
　　관원이었다.
29) 『高麗史』卷3 世家3 成宗 13年(994) 春2月 蕭遜寧致書曰 近奉宣命 但以彼
　　國 信好早通 境土相接 雖以小事大 固有規儀 而原始要終 須存悠久 若不設
　　於預備 慮中阻於使人 遂與彼國相議 便於要衝路陌 創築城池者 尋准宣命 自
　　便斟酌 擬於鴨江西里 創築五城 取三月初 擬到築城處 下手修築 伏請大王
　　預先指揮 從安北府至鴨江東 計二百八十里 踏行穩便田地 酌量地里遠近 幷
　　令築城 發遣役夫 同時下手 其合築城數 早與回報 所貴交通車馬 長開貢覲之

데, 1088년(선종 5)에 당시 거란이 설치하려던 権場을 철훼할 것을 요
청하기 위해 보내진 고려의 표문 중에 994년 당시에 거란 天輔皇帝, 즉
聖宗이 고려에 보낸 詔書가 확인된다.30) 1088년의 표문의 내용에 따르
면 이 칙서는 '統和十二甲午年' 즉, 994년에 正位 高良이 거란에 입조했
다가 받아 왔다고 되어 있다. 正位 高良이 거란에 입조한 사실은 이 표
문 외에 다른 기록에서 확인되지는 않지만, 그가 받아 온 칙서에 따르
면 3월 초에 축성에 착수할 것을 종용한 소손녕과 달리, 聖宗은 고려가
9월에서 10월 사이에 축성한 것에 대해 별다른 불만을 제기하지 않았
다. 어떻든 993년에 시작된 1차 전쟁은 994년(성종 13)에 양국이 종전
을 위해 대표를 파견하여 각각의 입장을 전달하고 양국 대표간에 일차
합의된 사항들이 양국의 최고집정자들에게 보고된 뒤 그들의 최종적
인 결재를 받으면서 마무리되었다.

거란 최고 집권자의 命에 따라 성지 축성 권한을 위임받은 소손녕은
압록강을 기준으로 서쪽과 동쪽 지역을 구분하고, 각 지역에서 교통로
를 확보하여 양국의 교류가 끊이지 않도록 할 책임이 각국에 있다는

途 永奉朝廷 自恊安康之計.
30) 『高麗史』卷10 世家10 宣宗 5年(1088) 9月 遣太僕少卿金先錫 如遼乞罷権場
表曰 … 統和十二甲午年入朝正位高良齋到天輔皇帝詔書 勅高麗國王王治
省東京留守遜寧奏 卿欲取九月初發丁夫修築城砦 至十月上旬已畢 卿才惟天
縱 智達時機 樂輸事大之誠 遠奉來庭之禮 適因農隙 遠集丁夫 用防曠野之寇
攘 先築要津之城壘 雅符朝旨 深叶時情 況彼女眞 早歸皇化 服我威信 不敢
非違 但速務於完修 固永期於通泰 其於眷注 豈捨寐興.
위 사료에서 994년에 高良이 가져온 거란 황제의 조서는 '天輔皇帝詔書'라고
표현되어 있다. 천보황제는 거란 聖宗이 즉위하였을 때 群臣들에게 받은 尊號
이다.
『遼史』卷10 本紀10 聖宗1 統和 元年(983) 6月 甲午 上率群臣 上皇太后尊號
曰承天皇太后 群臣上皇帝尊號曰天輔皇帝 大赦 改元統和.

내용을 명시한 문서를 고려에 전달하였다. 압록강 서쪽 지역에서 거란이 배타적 지배력을 실현하는 것과 마찬가지로, 압록강 동쪽 지역에 대한 교통로 확보 책임을 고려에 귀속함으로써 압록강 이남 영역에 대한 고려의 우선권을 인정해 준 것이다. 그 대신 고려는 거란에 臣屬하는 관계가 되었다. 고려 역시 이에 동의하였다는 점은[31] 유의할 필요가 있다. 협상을 시작할 때만 해도 양국은 고구려의 옛 땅에 대한 우선권을 주장했으나 압록강을 경계로 양국의 관할권역을 조정하는 과정에서는 별다른 문제를 제기하지 않았다. 즉 1차 전쟁을 끝내기 위한 양국 간의 종전 협상은 양국의 합의를 원칙으로 하여 진행되었고, 그 결과 양국 간에는 지계획정이 성립되어 고려는 압록강 동쪽 지역에 대한 우선권을 거란으로부터 인정받는 대신 거란에 조공하는 외교 관계에 합의한 것이다.

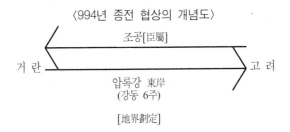

〈994년 종전 협상의 개념도〉

조공[臣屬]

거 란   고 려

압록강 東岸
(강동 6주)

[地界劃定]

---

31) 이와 달리 김순자는 압록강 내외가 모두 고려의 영토라는 서희의 주장 역시 강화를 위한 고려측의 조건이었다고 보고, 전쟁의 사후 조치는 소손녕의 제안대로만 시행되었다고 했다(김순자, 2006, 「10~11세기 고려와 요의 영토 정책」『북방사논총』11, 251~254쪽). 그러나 고려나 거란 모두 실제로 고구려 舊地를 영유하려는 의지가 강했다고는 생각되지 않는다. 서희 개인은 압록강 이북의 영역까지 차지하려 했다고 할 수 있겠지만, 전후 상황 상 그것이 고려 조정 전체의 정책으로 채택되지는 않았던 것으로 보인다. 따라서 이 글에서는 994년의 지계획정이 양국의 합의 하에 원만하게 진행된 것으로 파악한다.

지계획정이 마무리된 994년에 고려는 李承乾을 최초의 鴨江渡勾當使
로 파견하였다.[32] 압강도구당사가 머물렀던 곳이 정확히 어디인지 알
수 없지만, 거란이 991년 내원 등지에 축성했던 사실을 상기하면 아마
도 거란 내원성의 동향을 살필 수 있는 지점이었을 것이라 생각된다.
앞서 언급하였던 1088년의 표문을 참조하면, 고려가 거란 성종의 조서
를 받은 뒤에 실제로 압록강 동쪽에 성채를 완성하고 이를 중심으로
경비 업무를 수행했음이 확인된다.[33] 지계가 획정된 뒤 압록강 서쪽을
거란이 관할하게 되면서 압록강안의 내원성이 그 기점이 되었을 것이
고, 고려 역시 압강도구당사를 파견하고 성채를 마련하는 등 거란 내
원성과 유사한 역할을 수행하도록 한 것으로 추정된다. 아울러 압록강
나루터를 담당하는 사신을 파견한 사실은 이 지역이 공식적으로 고려
왕의 관할을 받게 되었음을 의미한다.[34] 즉 서희와 소손녕을 양국의
대표로 하여 이루어진 종전 협상의 결과로 압록강을 경계로 하여 고려
와 거란의 영토가 구분되었고, 고려는 구당사를 설치함으로써 해당 지
역에 대한 통치의사를 분명히 하고 지계획정을 최종적으로 공식화하
였다. 이 지계획정은 이후 거란 前 太后聖[皇]帝의 册命[詔] 또는 承天皇
太后의 賜履劃封 등으로[35] 지칭되며 양국 간에 압록강 유역을 둘러싼

---

32) 『高麗史』 卷3 世家3 成宗 13年(994) 以李承乾爲鴨江渡勾當使 尋遣河拱辰代之.
33) 『高麗史』 卷10 世家10 宣宗 5年(1088) 9月 遣太僕少卿金先錫 如遼乞罷榷場
　　表曰 … 于時 陪臣徐熙 掌界而管臨 留守遜寧 奉宣而商議 各當兩境 分築諸
　　城 是故遣河拱辰於鴈門 爲勾當使於鴨綠 畫則出監於東淒 夜則入宿於內城.
34) 압록강 지역에 구당사가 설치되었던 것은 고려가 渡를 제도화하며 영역질서를
　　재조정하는 과정이기도 했다.
　　추명엽, 2004, 「高麗前期 關·津·渡의 기능과 商稅」 『國史館論叢』 104, 5쪽 및
　　19·20쪽.
35) 『高麗史』 卷6 世家6 靖宗 3年(1037) 12月 丁亥 遣殿中少監崔延嘏 如契丹 奏
　　云 當國伏 自前皇太后聖帝 降册命以頒宣 疏土封而定分 ; 『高麗史』 卷7 世

분쟁이 일어날 때마다 언급되었다.

　지금까지 고려와 거란 간의 1차 전쟁 및 종전 협상 과정을 살펴 보았다. 거란은 송과의 결전을 앞두고 배후의 위협을 제거하기 위해 동쪽 전선을 정비하였다. 이 과정에서 송과 친밀한 관계를 맺고 있던 고

家7 文宗 9年(1055) 7月 丁巳 朔 都兵馬使奏 契丹前太后皇帝詔 賜鴨江以東 爲我國封境 … 致書東京留守曰 … <u>刬前太后皇帝 玉册頒恩</u>, 賜茅裂壤 亦限 其江 ;『高麗史』卷10 世家10 宣宗 5年(1088) 9月 遣太僕少卿金先錫如遼 乞 罷榷場 表曰 … <u>承天皇太后臨朝稱制</u> 賜履劃封.

기존의 연구에서는 이 "契丹 前 太后聖[皇]帝의 册命" 혹은 "前 太后皇帝 玉 册"에 등장하는 '前 太后皇帝'가 성종의 모후인 승천황태후를 가리키는 것으로 보아 왔다. 최근에는 이를 前 太后와 皇帝를 연칭한 것으로 보는 견해와(金佑 澤, 2006,「11세기 保州 영유권 분쟁과 高麗의 대응」, 서울대학교 석사학위 논문 : 2009,「11세기 對契丹 영역 분쟁과 高麗의 대응책」『韓國史論』55, 26쪽 각주 69)) 이를 반박하여 "皇太后陛下"와 "太后皇帝"를 한 사람으로 보는 견해 (허인욱, 2008,「고려 성종대 거란의 1차 침입과 경계 설정」,『전북사학』33, 51~52쪽)가 제시되었다.

'前太后皇帝'를 두 사람으로 보게 되면 前 太后와 前 皇帝[聖宗]가 되는데, 선대의 황제를 前 皇帝로 표현했다고 보는 것은 그다지 자연스럽지 않다. 한편 거란 황제의 生母인 太后가 갖는 지위는 상당히 우월한 것이었으며(島田正郎, 1952,「契丹における生母の地位」『法律論叢』25-6 : 1979,『遼朝史の研究』, 創文社), 나이 어린 황제가 즉위하면 皇太后들이 稱帝하였다는 기록들도 다수 확인된다.

『契丹國志』卷7 聖宗天輔皇帝 聖宗諱隆緖 景宗之長子 年十二卽位 改元統 和 尊母蕭氏爲承天太后 臨朝稱制 凡二十七年 乃歸政于帝.

『遼史』卷82 列傳12 耶律隆運 景宗疾大漸 與耶律斜軫俱受顧命 立梁王爲帝 皇后爲皇太后 稱制 隆運總宿衛事 太后益寵任之.

制는 황제가 내리는 문서를 가리키므로(『唐六典』卷1 三師三公尙書都省 凡上 之所以逮下 其制有六 曰制·敕·册·令·敎·符 天子曰制 曰敕 曰册), 거란 황태 후들이 稱帝했다는 것은 천자의 직권을 행사했다는 의미이다. 1060년에 거란에 보내진「再乞抽毀鴨江城橋弓口狀」에 등장하는 "前 皇太后陛下"라는 표현 역시 승천황태후가 황제에 준하는 위상으로 지칭되었음을 보여준다. 이러한 점들을 종합하면 '前太后皇帝'라는 표현이 승천황태후를 단독으로 지칭할 가능성이 더 크다고 생각된다.

려 역시 공격 대상에 포함되었다. 993년에 고려에 대한 공격을 개시한 거란이 내세운 전쟁의 명분은 실제 전쟁의 배경과는 동떨어진 것이었다. 고려는 조기에 종전을 이끌어 낼 수 있는 가능성을 파악하고, 전쟁을 종결할 방법을 모색하기 위해 조정의 다양한 의견을 수렴하여 하나의 정책으로 묶어내는 과정을 거쳐 거란과 협상에 나서게 되었다. 이때의 협상은 양국 간에 이루어진 최초의 공식 대화였으므로 협상의 일정과 실무자 선정 등 의전 문제를 둘러싸고 갈등이 일어나기도 했지만 양국은 의견을 조율한 뒤, 각국 대표자들이 대등한 입장에서 종전을 위한 본격적인 협상에 착수하였다. 협상은 긍정적인 방향으로 진행되어 양국은 종전에 합의하는 대신 고려가 거란에 朝聘하는 데 합의하고 사행 왕래를 보장할 교통로 확보 의무를 분담하면서 압록강 동쪽 영역에서 고려의 우선권이 자연스럽게 확립되었다.

2. 국교 수립 이후 契丹觀의 변화

1) 성종 말기 對거란 외교 관계 성립과 그에 대한 적응

거란이 등장하기 전, 고려의 주요 외교 대상은 송이었다. 성종은 즉위하고 약 1년 반 뒤인 983년 3월에 송 太宗으로부터 책봉을 받았다. 책봉을 받은 성종은 이를 기념하여 거국적으로 赦免을 반포하였는데, 그 내용은 다음과 같다.

> III-가. (成宗 2年 3月) 戊寅. 왕이 책봉을 받은 뒤 문무관료·장교·승도·
> 삼군·萬姓 등에게 조하여 말하였다. "… 太平興國 8년(983) 3월

22일 동이 트기 전에 이미 발각되었거나 발각되지 않았거나 이
미 結正되었거나 結正되지 않은 죄를 범한 사람과, 서로 싸워 죽
인 경우 이하의 죄는 경중을 논하지 않고 모두 사면한다."[36]

송의 책봉을 받은 뒤 성종이 반포한 사면령은 위에서 볼 수 있듯이
책봉을 받은 날 해뜨기 이전에 일어난 거의 모든 범죄를 사면하겠다는
매우 관대한 처분이었다. 성종이 이 조서의 대상으로 지정한 사람들은
문무관료에서부터 萬姓으로 기록되어 있는데, 축자적 의미로 보아 萬姓
은 일반 백성을 망라하는 의미이므로 결과적으로 이 사면령은 고려의
모든 백성에게 적용되는 조처였다고 생각된다. 그런데 사면령의 기준
이 되는 시점을 성종은 "太平興國 8년 3월 22일"로 제시하였다. 태평흥
국은 송 태종의 연호로, 당시 고려가 송의 연호를 채택하였다는 별도
의 기록은 확인되지 않지만 성종의 책봉이 이루어지면서 송의 연호도
함께 사용되었을 것임은 쉽게 추정할 수 있다. 아마도 성종은 책봉을
받기 이전에도 경종대부터 사용하던 송의 태평흥국 연호를 그대로 사
용하였을 것이라 생각된다. 조정의 관료들 뿐 아니라 일반 백성들에게
까지 사면이라는 은택을 내리면서 사면령 시행의 기점으로 송의 연호

---

36) 조서의 전문은 다음과 같다.
  『高麗史』卷3 世家3 成宗 2年(983) 3月 戊寅 王受册 詔文武官僚將校僧道三
  軍萬姓等曰 上天以雨露均霑 滋成萬物 王者以仁恩普及 撫養群生 況欲令人
  改過自新 須得棄瑕舍垢 不穀 謬將虛薄 獲嗣宗祧 旰食宵衣 每積憂勤之念
  蹋天蹐地 尤增兢愼之心 道貴守常 情專事大 所以差馳使价 特申述職之誠 俾
  執幣圭 代表朝宗之懇 今者 果蒙鷁艦 涉鰆溟之浪 便到國城 皇華臨菟郡之鄕
  遽宣帝命 官崇一品 位陟三師 莫不加茅土之封 實荷彤旅之寵 旣致一身之
  榮 幸合旌萬姓之忻懽 於是議獄緩刑 原情肆眚 爰布如綸之旨 式覃委嚮之恩
  可自太平興國八年三月二十二日昧爽前 已發覺·未發覺·已結正·未結正犯罪
  人 相鬪殺以下 罪無輕重 皆悉赦之.

를 사용하였다는 점은 당시 고려 사회 내부에서 송의 연호를 통한 기년 방식이 광범위하게 사용되고 있었음을 짐작하게 해 준다.

986년 7월에 내린 敎에서도 성종은 송 태종의 두 번째 연호인 雍熙를 사용하였다.

> III-나. (成宗 5年 7月) 己酉. 교하였다. "… 나의 덕이 얕은 이유로 이토록 심한 가뭄에 이르렀으니 노인을 봉양하는 은혜를 베풀어 농사를 걱정하는 마음을 드러내고자 한다. 雍熙 3년(986)에 노인에게 사급한 제도에 준하여 경성의 서민 중 나이가 80이상인 사람을 담당 관사에서 성명을 갖추어 기록하여 아뢰도록 하라."37)

위는 당시 심한 가뭄이 들자 이에 대한 대책으로 성종이 반포한 교서이다. 은혜를 베풀어 해갈을 빌어 보려던 성종은 과거에 시행했던 조처에 준하여 은혜를 베풀기로 하였는데, 이때 雍熙라는 기년호를 통해 시간을 표시하였다. 雍熙는 송 태종이 태평흥국 연호 이후에 채택한 연호로써, 984년부터 987년까지 사용되었다. 성종이 송으로부터 책봉을 받은 983년 이후 송의 연호가 안정적으로 시행되고 있었음을 재차 확인하게 해 주는 사료라 하겠다.

그러나 거란의 군사적 위력이 고려 앞에 현실로 다가오면서 고려가 사용해 오던 기년호에도 변화가 나타났다. 거란과의 전쟁을 겪은 뒤 고려는 994년 2월부터 거란 聖宗의 統和 연호를 시행하였다.38) 기록 상

---

37) 교서의 전문은 다음과 같다.

『高麗史』卷3 世家3 成宗 5年(986) 7月 己酉 教曰 季夏已闌 孟秋將半 尙愆時雨 深軫憂懷 未知政化之陵夷歟 刑賞之不中歟 啓牢獄放囚徒 避正殿 減常膳 勤祈寺院 望祀山川 未觀石燕之飛 轉見金烏之赩 由予凉德 致此亢陽 欲推養老之恩 以表憂農之念 准雍熙三年賜給老人制 在京城庶民年八十以上者 所司具錄姓名 申聞.

으로 볼 때 성종 13년(994) 2월에 고려가 거란의 통화 연호를 사용하기로 했다는 기사는 소손녕이 전후 처리 문제에 대한 글을 보냈다는 기사 바로 다음에 이어진다. 당시는 종전 협약이 막 거란 조정으로부터 승인을 받은 상황이었고, 양국 간에 잠정 합의된 위계 질서가 책봉이나 기타 어떠한 형태로도 구체화되지는 않은 시점이었다. 그럼에도 불구하고 고려 조정이 거란의 통화 연호를 사용하기로 결정한 것은 거란과의 전쟁을 조속히 종결짓기 위해 그들과의 갈등 요인을 최대한 빠른 시간 내에 제거하는 데에 우선 순위를 두고자 했기 때문이라고 생각된다.

그런데 거란과의 관계를 조속히 안정시키고자 한 성종과 달리, 서희는 새로운 질서 관계에 보다 신중한 자세를 취했다. 서희가 소손녕과의 회담을 마치고 돌아오자마자 성종은 侍中이자 上軍使였던 박양유를 禮幣使로 삼아 거란에 入覲하게 하였는데, 서희는 거란이 합의 내용을 실행한 이후에 사신을 보내어 빙문해도 늦지 않는다며 이를 만류하였다.39) 이와 같은 서희의 태도는 이전까지 지속되어 온 고려 조정의 대외 정책과도 궤를 같이 한다. 고려 태조는 942년에 거란과 단교를 선언하였고, 그 뒤를 이은 여러 왕들이 거란을 배제한 채 대외 관계를 운영해왔음은 앞서 살펴본 바와 같다. 최승로가 시무책에서 태조의 단교 결정을 주요한 업적으로 평가할 만큼 성종대의 조정에서도 거란은 대외 교섭의 대상이 아니었다고 하겠다. 더구나 성종은 이미 송 태종의 책봉을 받고 그의 연호를 사용하는 등 송과의 조공·책봉 관계를 안정

---

38) 『高麗史』 卷3 世家3 成宗 13年(994) 2月 始行契丹統和年號.
39) 『高麗史節要』 卷2 成宗 12年(993) 閏10月 ; 『高麗史』 卷94 列傳7 徐熙 熙留
　　丹營 七日而還 王大喜 出迎江頭 卽遣侍中朴良柔爲禮幣使入覲 熙復奏曰 臣
　　與遜寧約 盪平女眞 收復舊地 然後朝覲可通 今纔收江內 請俟得江外 修聘未
　　晩 王曰 久不修聘 恐有後患 遂遣之.

적으로 유지해왔다.

그럼에도 불구하고 실무자 간에 종전 협상이 합의되자마자 성종은 사신을 보내어 거란에 入觀함으로써 거란을 우위로 하는 새로운 외교 질서를 신속히 수용하는 모습을 거란 조정에 보여주었다. 이러한 조처는 거란과의 관계에서 고려측에 상당히 유리하게 작용하였을 것이지만, 이는 태조대의 단교 결정과는 어긋나는 정책이었으며 서희와 최승로 등의 사례에서 보이듯이 고려 조정 내부의 정서 상 반발도 있었을 것이라 생각된다. 그렇다면 성종은 창업 군주인 태조의 정책과 자신의 결정이 어긋나는 것과 관련하여 어떠한 입장이었을지 궁금해진다.

이와 관련하여 대외 정책과는 조금 동떨어진 내용이지만, 성종대 八關會 폐지를 둘러싼 논의가 참고된다. 주지하다시피 태조는 즉위 원년부터 팔관회를 설행하였고[40] 후대 왕들에게 남긴 훈요에서도 팔관회 제도를 변경하는 일이 없도록 거듭 당부하였다.[41] 그러나 성종은 즉위한지 4개월 만에 팔관회의 雜技를 폐지하였고[42] 987년에는 서경과 개경의 팔관회 개최를 중단하였다.[43] 이는 태조의 훈요와 어긋나는 일이었지만, 최승로의 시무책에서도 팔관회에서 사용하는 偶人과 같은 번잡한 의례를 없애야 한다는 의견과 불필요한 불교 행사를 폐지하자는 건의가 있었다.[44] 팔관회 폐지는 태조의 유훈을 어기는 일이었으나, 그

---

40) 『高麗史』 卷1 世家1 太祖 元年(918) 11月 始設八關會 御儀鳳樓觀之 歲以爲常.
41) 『高麗史』 卷2 世家2 太祖 26年(943) 4月 御內殿 召大匡朴述希 親授訓要曰 … 其六曰 朕所至願 在於燃燈·八關 燃燈所以事佛 八關所以事天靈及五嶽名山大川龍神也 後世姦臣 建白加減者 切宜禁止.
42) 『高麗史』 卷3 世家3 成宗 卽位年(981) (11月) 是月 王以八關會雜技 不經且煩擾 悉罷之.
43) 『高麗史』 卷3 世家3 成宗 6年(987) 10月 命停兩京八關會.
이렇게 중단된 팔관회는 1010년에 가서야 복원되었다.
『高麗史』 卷4 世家4 顯宗 元年(1010) 11月 庚寅 復八關會 王御威鳳樓 觀樂.

러한 점이 성종이 정국을 운영하는데 있어 큰 걸림돌이 되지는 못했음
을 알 수 있는 부분이다.45)

　이에 비해 거란과의 通交를 결정하는 것은 훨씬 부담이 적은 문제였
다. 거란과의 통교는 태조의 대외 정책과는 방향을 달리하기는 하지만,
태조의 훈요 속에 거란과의 단교에 대한 내용은 포함되어 있지 않다.
더구나 당시 고려 조정은 거란의 武力에 직면한 상황이었다. 완충지 역
할을 하던 발해가 멸망한 후 고려의 영역이 거란과 직접 연결되면서
거란에 대한 두려움이 발생하였고, 발해 유민들이 전파한 거란의 위력

---

44) 『高麗史節要』卷2 成宗 元年(982) 4月 및 『高麗史』卷93 列傳6 崔承老 一
　　我國春設燃燈·冬開八關 廣徵人衆 勞役甚煩 願加減省 以紓民力 又造種種
　　偶人 工費甚多 一進之後 便加毁破 亦甚無謂也 且偶人 非凶禮不用 西朝使
　　臣 嘗來見之 以爲不祥 掩面而過 願自今勿許用之 … 一 崇信佛法 雖非不善
　　然帝王士庶之爲功德 事實不同 若庶民所勞者 自身之力所費者 自己之財 害
　　不及他 猶之可也 帝王則勞民之力 費民之財 … 臣聞人之禍福貴賤 皆稟於有
　　生之初 當順受之 況崇佛敎者 只種來生因果 鮮有益於見報 理國之要 恐不在
　　此 且三敎 各有所業而行之者 不可混而一之也 行釋敎者 修身之本 行儒敎者
　　理國之源 修身是來生之資 理國乃今日之務 今日至近 來生至遠 舍近求遠 不
　　亦謬乎 人君惟當一心無私 普濟萬物 何用役不願之人 費倉庫之儲 以求必無
　　之利乎 … 我朝冬夏講會 及先王先后忌齋 其來已久 不可取舍 其他可減者
　　請減之.
　　안지원 역시 성종대 팔관회의 폐지는 최승로의 건의가 반영된 결과라고 보았다.
　　安智源, 1999, 『高麗時代 國家 佛敎儀禮 硏究』, 서울대학교 박사학위 논문 一
　　燃燈·八關會와 帝釋道場을 중심으로―, 50~51쪽 : 2011, 『고려의 국가불교 의
　　례와 문화 ―연등·팔관회와 제석도량을 중심으로―』, 서울대학교 출판문화원.
45) 물론 이러한 조처에 반대하는 세력도 있었다. 前 民官御事 李知白이 그 대표적
　　인 인물인데, 그는 거란의 공격이 시작되었을 때 대비책을 논의하는 자리에서도
　　팔관회 등을 폐지한 일에 대한 불만을 표출하였다.
　　『高麗史節要』卷2 成宗 12年(993) 閏10月 ; 『高麗史』卷94 列傳7 徐熙 前民
　　官御事李知白奏曰 … 與其輕割土地 棄之敵國 曷若復行先王燃燈·八關·仙
　　郎等事 不爲他方異法 以保國家 致太平乎 若以爲然則 當先告神明然後 戰之
　　與和 惟上裁之 時王樂慕華風 國民不喜 故知白及之.

에 대한 경험과 증오가 이를 더욱 부채질하였을 것임은 앞서 살펴본 바와 같다. 거란에 대한 막연한 염려가 고려 조정 앞에 현실로 다가왔을 때의 혼란과 공포는 상당했을 것이라 생각된다. 거란의 공격으로 고려는 서쪽 변방, 즉 압록강 동쪽 영역의 상당 부분을 잃게 될 상황이었고 더구나 그들의 공격이 그 정도로 끝나게 될 것인지, 더 나아가 고려 왕조가 유지될 수 있을지는 아무도 보장할 수 없었다. 그러나 다행스럽게도 거란과의 성공적인 종전 협상을 통해 고려는 宋 대신 거란과 조공·책봉 관계를 맺는 것만으로 전쟁을 끝내게 되었을 뿐 아니라 압록강 동쪽의 영역에 대해 우선권을 인정받았고, 이 지역에 산재한 여진 세력을 쫓아낼 것에 대해서도 거란의 합의를 얻어내었다. 이러한 상황에서 태조의 대외 정책에 반대된다는 것을 이유로 거란과의 통교를 반대할 신하는 없었을 것이며, 성종 스스로도 큰 부담을 느끼지 않았을 것이라 생각된다.

다만 거란과의 통교 결정에 국초부터 존재해왔던, 거란을 '오랑캐[强惡之國, 戎狄]'로 보는 시각이 문제가 되었을 수는 있다. 그동안 '오랑캐'로 지칭해오던 상대를 '上國'으로 받아들이는 데에는 다소 시간이 걸렸을 것임은 분명하다. 그러나 II장에서 살펴본 바와 같이, 거란을 폄하하는 시각은 그 실체가 그렇게 뚜렷하지 않았고 사료 상 확인되는 부정적 지칭표현들은 그것을 선택하여 사용한 話者의 목적을 위한 修辭로써 기능한 측면도 있다. 따라서 거란에 대한 부정적 인식이 고려 왕조의 존망과 관련된 결정을 좌우할 정도로 뿌리깊은 것은 아니었다고 생각된다.

성종은 994년 2월에 거란 연호를 사용할 것을 고려 내부에 선포한 뒤, 4월에 다시 한 번 시중인 박양유를 거란에 보내어 거란의 正朔을 시행하고 있음을 알리고 포로 송환을 요청하였다. 이와 관련하여, 고려가 타국의 연호를 사용하던 관례를 살펴보자. 『고려사』에 따르면 태조는 938년 7월부터 高祖의 연호인 天福을 시행하였는데[46] 후진으로부터의 책봉 기록은 939년에 확인된다.[47] 태조 20년(937)부터 후진에 사신을 보내어 황제의 즉위를 축하하는 등[48] 우호적인 관계를 유지하고자 노력하였던 정황을 볼 때 태조는 이미 후진으로부터의 책봉을 확신하였고, 이로 인해 책봉을 예상하면서 미리 후진의 연호를 시행한 것이 아닌가 추정된다. 어떻든 태조대부터 책봉과 책봉국 연호 시행이 짝을 이루듯 진행되었음을 볼 수 있다. 성종대에 송으로부터 처음 책봉을 받을 때에도 송의 연호 채택과 송으로부터의 책봉이 거의 동시에 이루어졌다. 책봉을 받은 뒤 이를 통해 성립된 책봉국과 고려의 관계를 보다 구체적으로 확인해 주는 것이 책봉국의 연호를 사용하는 것이라 볼 때, 고려가 책봉을 받으면서 책봉국의 연호를 채택하여 사용하는 것이 일종의 관례가 되었던 것이라 생각된다. 그런데 성종대 거란의 연호 사용 사례는 앞선 사례와는 조금 다르다. 고려는 거란과의 전쟁이 마무리되면서 일찌감치 거란의 연호를 채택하여 사용하였고, 이를 거란에도 보고하였지만 정작 거란으로부터 책봉을 받는 것은 그로부터 2년여가 지난 996년 3월이었다.

---

46) 『高麗史』 卷2 世家2 太祖 21年(938) (7月) 是月 始行後晉年號.
47) 『高麗史』 卷2 世家2 太祖 22年(939) 是歲 晉遣國子博士謝攀來 册王爲開府儀同三司檢校太師餘如故.
『舊五代史』의 내용에 따라 고려가 후진으로부터 책봉을 받은 것은 941년이라고 보는 견해도 있다.
金在滿, 1999, 「契丹·高麗 國交前史」 『契丹·高麗關係史研究』, 國學資料院, 67쪽.
김소영, 2001, 「고려 태조대 대거란 정책의 전개와 그 성격」 『白山學報』 58, 98쪽.
48) 『高麗史』 卷2 世家2 太祖 20年(937) (5月) 遣王規·邢順如晉 賀登極.

책봉문에서 거란은 漢이 흉노를 책봉했던 일 등을 고려 책봉에 비교하였고, 고려의 영역이 압록강을 서쪽 한계로 함에도 불구하고 험한 지형에 의존하지 않고 때에 맞게 거란에 조공하였다면서 성종을 開府儀同三司·尙書令·高麗國王으로 책봉했다.[49] 그동안 고려는 994년에 두 차례, 995년에는 약 3차례에[50] 걸쳐 거란에 사신을 보냈다. 994년에는 앞서 언급하였듯이 시중이었던 박양유가 포로 송환 건으로 거란에 파견되었으며, 비록 거절당하기는 했지만 妓樂을 거란에 바치기도 하였다.[51] 995년에는 방물을 보낸 기록이 다수 확인된다. 고려가 거란 연호

---

49) 『高麗史』卷3 世家3 成宗 15年(996) 3月 契丹遣翰林學士張幹·忠正軍節度使蕭熟葛 來册王曰 漢重呼韓 位列侯王之上 周尊熊繹 世開土宇之封 朕法古爲君 推恩及遠 惟東夏之外域 順北極以來 王歲月屢遷 梯航靡倦 宜擧眞封之禮 用旌內附之誠 爰探彝章 敬敷寵數 咨爾高麗國王王治 地臨鯷壑 勢壓蕃隅 繼先人之茂勳 理君子之舊國 文而有禮 智以識機 能全事大之儀 盡恊酌中之体 鴨江西限 曾無恃險之心 鳳扆北瞻 克備以時之貢 言念忠敬 宜示封崇 升一品之貴階 正獨坐之榮秩 仍疏王爵 益表國恩 册爾爲開府儀同三司·尙書令·高麗國王 於戲 海岱之表 汝惟獨尊 辰卞之區 汝惟全有 守玆富貴 戒彼滿盈 無庸小人之謀 勿替大君之命 敬修乃事 用合朝經 俾爾國人 同躋壽域 永揚休命 可不美哉 幹等至 西郊築壇 傳册 王備禮 受册大赦.

50) 『고려사』에는 두 차례의 對거란 사행이 기록되어 있으나, 『요사』에 따르면 고려가 방물을 보낸 것은 3차례나 된다.
『高麗史』卷3 世家3 成宗 14年(995) (2月) 是月 遣李周禎 如契丹 獻方物 又進鷹 ; 是歲 遣李知白 如契丹 獻方物.
『遼史』卷13 本紀13 聖宗4 統和 13年(995) 2月 甲辰 高麗遣李周楨來貢 ; 5月 壬子 高麗進鷹 ; 10月 甲申 高麗遣李知白來貢.

51) 『高麗史』卷3 世家3 成宗 13年(994) (是歲) 遣使契丹 進妓樂 却之 ; 『遼史』卷13 本紀13 聖宗4 統和 12年(994) 12月 戊子 高麗進妓樂 卻之.
고려가 바친 기악을 거란 聖宗이 물리쳤던 이 일은 『遼史』撰者에 의해 聖宗의 功으로도 평가되었다.
『遼史』卷17 本紀17 聖宗8 贊曰 … 然其踐阼四十九年 理冤滯 擧才行 察貪殘 抑奢僭 錄死事之子孫 振諸部之急乏 責迎合不忠之罪 卻高麗文樂之歸 遼之諸帝 在位長久 今名無穹 其唯聖宗乎.

사용을 표방한 지 21개월이나 지난 뒤인 995년 11월에야 거란에서 책
봉사가 파견되었던 것을 보면,52) 고려가 당시 별다른 갈등 사항이 확
인되지 않음에도 불구하고 거란에 여러 차례 선물을 보낸 것은 책봉이
늦어진 것과 관련이 있을 가능성이 높다. 아울러 거란어를 배울 童子들
을 파견하기도 하였으며53) 거란 왕실과의 혼사를 추진하기도 하였
다.54) 책봉을 받은 뒤 거란에 폐백을 보내는 등55) 고려 왕실과 거란 소
손녕 가문의 혼사가 이루어지는 듯 하였으나 곧 성종이 세상을 뜨면서
양국 간의 혼사는 무산되었다.56) 이후 고려측 기록에서는 거란에 사신

---

52) 『遼史』 卷13 本紀13 聖宗4 統和 13年(995) 11月 辛酉 遣使 册封王治爲高麗
   國王.
53) 『高麗史』 卷3 世家3 成宗 14年(995) (是歲) 遣童子十人 於契丹 習其語.
   『遼史』 卷13 本紀13 聖宗4 統和 13年(995) 11月 戊辰 高麗遣童子十人來 學
   本國語.
   『요사』에 따르면 고려는 996년 3월에도 거란어를 배울 동자들을 보냈다고 한다.
   『遼史』 卷13 本紀13 聖宗4 統和 14年(996) 3月 庚戌 高麗復遣童子十人來學
   本國語.
54) 『高麗史』 卷3 世家3 成宗 14年(995) (是歲) 遣左承宣趙之遴 如契丹請婚 以
   東京留守駙馬蕭恒德女 許嫁.
   『遼史』 卷13 本紀13 聖宗4 統和 14年(996) 3月 壬寅 高麗王治表乞爲婚 許以
   東京留守駙馬蕭恒德女嫁之.
   『遼史』 卷115 列傳45 二國外記 高麗 (統和) 15年(997) 韓彦敬來 納聘幣 吊
   駙馬蕭恒德妻越國公主薨.
55) 『高麗史』 卷3 世家3 成宗 15年(996) 3月 遣韓彦卿 如契丹 納幣.
56) 본고의 주제와는 조금 벗어나지만, 이는 국초 태조의 혼인 정책 및 고려 후기
   몽고 황실과의 통혼과 상통하는 면이 있다. 두 경우 모두 혼인을 통해 고려 왕실
   의 권위를 공고히 하고 왕권을 안정시키는 효과가 있었다. 고려와 외부 정치체
   와의 통혼이라는 점에서는 성종대 거란과의 통혼 시도가 몽고 황실과의 통혼보
   다 선행한다. 따라서 고려 왕실의 타국 왕실과의 통혼 추진은 그 나라와의 관계
   를 보다 공고히 하려는 외교 전략의 일환이었을 가능성도 있다.
   David M. ROBINSON의 *Empire's Twilight: Northeast Asia Under the Mongols*
   (2009, Harvard University Asia Center, pp.100-101)에서도 태조의 혼인 정책과 몽

을 보낸 사실이 나타나지 않지만 『遼史』에 따르면 고려의 사신이 특별히 정한 때가 없이 아무 때나[無時] 방문하였다고 한다.[57] 종전 이후 이와 같은 고려 조정의 움직임은 이전 시기 송과의 관계에서는 확인되지 않는 정책들이다. 이제 막 시작된 거란과의 외교 관계에 적합한 외교 절차와 수위를 시험해보는 단계였다고 생각된다.

　한편 고려가 거란을 지칭하기 위해 사용했던 지칭 표현들에는 큰 변화가 확인되지는 않는다. 거란과의 전쟁이 벌어지자 고려 조정의 내부 논의 중에서는 거란을 契丹·丹兵·敵(國)·彼 등으로 지칭하였다. 앞서 태조대 이후 성종 초년까지의 지칭 표현 분석에서도 확인하였듯이, 위와 같은 표현들은 거란을 가리키는 표현으로 계속해서 사용되어 왔다. 아울러 당시가 전쟁 상황이었던 점을 고려하면 거란을 賊이 아닌 敵으로 표현한 것은[58] 상당히 중립적인 표현이라 생각된다. 고려와 거란 간의

───────────

고와의 통혼이 왕권을 강화하려는 목적에 있어 유사함을 주목한 바 있다.
　이와 관련하여 조공·책봉 체제가 정립되어간 상황을 참고할 필요가 있다. 조공·책봉이라는 외교 형식은 漢代에 들어 제도화되었는데, 이때에도 入質·宿衛·通婚 사례들이 나타난다(방향숙, 2005, 「古代 동아시아 冊封朝貢體制의 원형과 변용」『한중 외교관계와 책봉』, 고구려연구재단, 34쪽). 고려 역시 거란과의 구체적 외교 의례를 정립하기 위해 여러 방법을 시도하였으며, 그 과정에서 거란어를 배울 학생들을 파견하거나 왕실의 통혼을 청하는 등 정형화 되지 않은 사례가 나타난 것이 아닌가 추정된다.
57) 『遼史』卷13 本紀13 聖宗4 統和 14年(996) 148쪽 6月 己丑 高麗遣使來問起居 後至無時.
　『遼史』卷115 列傳45 二國外記 高麗 (統和) 14年(996) 6月 遣使來問起居 自是 至者無時.
58) 『高麗史節要』卷2 成宗 12年(993) 閏(10)月 前民官御事李知白奏曰 聖祖創業垂統 洎于今日 無一忠臣 遽欲以土地 輕與敵國 可不痛哉 … 與其輕割土地 棄之敵國 曷若復行先王燃燈·八關·仙郎等事 不爲他方異法 以保國家 致太平乎.
　敵國은 세력이 비슷한 상대 나라라는 의미가 있다.

회담 중 고려측 대표 서희는 거란을 上國이라 지칭하기도 하였는데 이
는 거란과의 종전 협상이라는 상황에 적합하게 선택된 표현이라고 하
겠다.[59] 지계획정이 최종적으로 거란 조정에 의해 승인받음으로써 종
전 협약이 성립된 이후 고려가 사용한 거란 지칭 표현의 사례는 특별
히 드러나지 않는다. 그러나 전쟁이 끝나고 종전 협약을 통해 고려는
거란에 事大를 결정하였고 앞에서 살펴 본 바와 같이 거란의 연호를 사
용하며 그들로부터 책봉을 받게 되었다. 이 과정에서 수차례 외교 사
절이 거란을 방문하였고 이들에 의해 거란에 보내는 문서가 전달되었
을 것이다. 이미 거란과의 종전 협상 중에 서희가 上國이라는 표현을
사용한 것으로 미루어 보아, 전쟁 이후 거란을 우위로 하는 질서를 수
용하기로 결정한 고려는 그에 맞는 지칭 표현들을 적절히 선택하여 사

---

http://dict.revised.moe.edu.tw/cgi-bin/newDict/dict.sh?cond=%BC%C4%B0%EA&pie
ceLen=50&fld=1&cat=&ukey=-545242304&serial=1&recNo=1&op=f&imgFont=1
敎育部國語推行委員會編, 重編國語辭典修訂本(中華民國敎育部)
한편 顯宗이 거란과의 전투에서 전사한 楊規의 부인 殷栗郡君 洪氏에게 내린
교서를 보면 거란을 寇賊이라 하였다. 위의 敵國과 비교할 때 주관적인 가치 판
단을 훨씬 적극적으로 드러낸 표현이다.
『高麗史節要』卷3 顯宗 2年(1011) 4月 命有司 給楊規妻殷栗郡君洪氏粟 授
子帶春校書郞 王親製敎 賜洪氏曰 汝夫才全將略 兼識治道 效節輸誠 忠貞罕
比 昨於北境 追捕寇賊 城鎭得全 累多捷勝 乃至隕亡 常思厥功 歲賜汝稻穀
一百苫 以終其身 ;『高麗史』卷94 列傳7 楊規.
59) 같은 협상 자리에서 소손녕은 자국을 大朝 혹은 大國이라 표현하였다.
『高麗史節要』卷2 成宗 12年(993) 閏(10)月 및『高麗史』卷94 列傳7 徐熙 徐
熙引兵 欲救蓬山 遜寧聲言 大朝旣已奄有高句麗舊地 今爾國侵奪疆界 是用
征討 … 熙奉國書 如丹營 與遜寧抗禮 不小屈 遜寧心異之 語熙曰 汝國興新
羅地 高句麗之地 我所有也 而汝侵蝕之 又與我連壤 而越海事宋 大國是以來
討 今割地以獻而修朝聘 可無事矣.
당시 양국 간에 적용될 위계 혹은 질서 관계에 대해 구체적으로 협의된 바는 없
었음에도 불구하고 서희가 거란을 가리켜 上國이라는 표현을 선택한 것은 이러
한 거란측의 태도를 고려한 것이라 생각된다.

용하였을 것이라 생각된다.

이러한 점은 고려가 거란과의 외교 관계를 지칭하는데 사용한 용어에서도 확인된다. 다음의 사료는 1차 전쟁이 일어나기 전인 986년에 거란이 사신을 보내어 고려와의 通好를 타진한 내용이다.

Ⅲ-다. (成宗 5年) 正月. 거란이 厥烈을 보내 화친을 요청했다.[60]

위 사료에서 보이듯이 고려는 거란이 고려에 화친을 요청[請和]한 것으로 기록하였다. 외부 정치체로부터의 화친 제의를 고려가 請和라 기록한 것은 거란과 여진의 경우이며[61] 거란에 대해서는 求和라는 표현을 사용하기도 하였다.[62] 그런데 거란의 공격을 받은 뒤 종전을 논의하기 위한 사신을 거란 군영에 보낼 때에는 다음과 같이 기록하였다.

Ⅲ-라. (成宗 12年 閏10月) 丁亥. 徐熙를 보내 화친을 청하자 遜寧이 병사를 물렸다.[63]

공격을 받고 있는 고려의 입장에서 거란에 화친을 제의하는 것은 당연할 것이나 이를 請和로 표현한 점은 주목할 만하다. 고려가 수세에

---

60) 『高麗史』卷3 世家3 成宗 5年(986) 正月 契丹遣厥烈來請和.
61) 여진의 경우로는 "東女眞復遣史顯 款塞請和(『高麗史』卷13 世家13 睿宗 4年 (1109) 4月 甲辰)" 등의 사례가 있고, 東眞의 화친 제의 역시 "東北面兵馬使報 東眞人到咸州請和(『高麗史』卷22 世家22 高宗 16年(1229) 2月 壬子)"로 기록되었다.
   다만 고려 초기에는 여진 소부족의 개별적인 화친 요청은 求和 혹은 請和로 표현된 적이 없다.
62) 『高麗史節要』卷2 成宗 元年(982) 4月 및 『高麗史』卷93 列傳6 崔承老 時王 求言 承老上書曰 … 若契丹者 與我連境 宜先修好 而彼又遣使求和.
63) 『高麗史』卷3 世家3 成宗 12年(993) 閏(10)月 丁亥 遣徐熙請和 遜寧罷兵.

몰렸던 993년의 전쟁 상황에서 고려의 화친 제의를 請和라 표현했고, 다른 용례에서는 여진과 같은 약소 정치체의 제의를 기록할 때에 請和라고 한 점을 보면 청화는 제의한 측이 제의받는 측보다 불리하거나 열등한 위치에 있음을 알려주는 표현이라 추정된다. 이 시점 이후 거란과 재차 전쟁을 겪었을 때에도 고려는 스스로를 請和의 주체로 기록하였다.

　서희를 대표로 한 종전 회담이 잘 마무리되자 성종과 서희는 거란에 즉각 사신을 파견할 것인가 하는 문제를 두고 토의를 하게 되는데, 이 외교 행위에 대해서는 다음과 같은 표현들이 사용되었다.

> Ⅲ-마. (서)희가 거란영에 머물기를 7일 동안 하고 돌아오자 왕이 크게 기뻐하며 나가 강 어귀에서 맞이하고는 곧 시중 박양유를 禮幣使로 삼아 (거란에) 入覲하게 하였다. (서)희가 다시 아뢰기를, "신이 遜寧과 약속하기를 여진을 소탕하고 옛 땅을 수복한 이후에 朝覲이 통할 것이라 하였습니다. 지금은 겨우 (압록)강 안쪽만을 수복하였으니 바라건대 강 밖의 지역을 얻을 때까지 기다렸다가 修聘하여도 늦지 않을 것입니다."라고 하였다. 왕이 말하기를, "오랫동안 修聘하지 않으면 후환이 있을까 염려된다."라 하고 (예폐사를 거란에) 보냈다.64)

　위 사료에서 보이듯이 서희는 거란과의 종전 회담이 끝나자마자 거란에 禮幣使라는 사신을 보내어 거란이 원하는 양국 간의 질서를 재빨리 안정화하고자 했던 성종의 조처에 반대하면서 이를 朝覲 및 修聘이

---

64) 『高麗史節要』 卷2 成宗 12年(993) 閏(10)月 및 『高麗史』 卷94 列傳7 徐熙 熙留丹營 七日而還 王大喜 出迎江頭 卽遣侍中朴良柔爲禮幣使入覲 熙復奏曰臣與遜寧約 盪平女眞 收復舊地 然後朝覲可通 今纔收江內 請俟得江外 修聘未晩 王曰 久不修聘 恐有後患 遂遣之.

라고 표현하였다. 성종이 파견한 예폐사는 거란에 入覲한 것으로 기록
되어 있다. 朝覲과 入覲은 모두 주어보다 지위가 높은 사람 혹은 황제
를 만나 인사한다는 의미가 있고,[65] 聘은 대등한 관계에서의 사행 교
환이라는 의미가 있다.[66] 고려가 거란에 사신을 보내는 외교 행위에
대해 하나의 기사에서 이렇게 여러 종류의 표현이 사용된 것은 흥미로
운 일이다. 특히 朝覲과 修聘은 같은 話者[서희]가 동일한 聽者[성종]을
대상으로 한 똑같은 조건의 대화 상황에서 사용되었다. 그러나 문맥을
자세히 살펴보면, 서희가 朝覲이라 언급한 것은 거란 장군 소손녕과의
대화를 인용한 부분으로 외교적 맥락이라 볼 수 있다. 즉 서희는 소손
녕과의 회담 석상에서 양국의 상황을 충분히 고려하여 그에 걸맞는 적
절한 외교적 수사를 선택하여 사용한 것이다. 반면 거란에 대한 사행
파견을 修聘이라 표현한 것은 성종과의 대화 속에서였다. 서희의 의견
에 대해 성종 역시 거란에 사신을 보내는 것을 修聘이라 지칭하며 답변
하였다. 두 사람의 대화는 거란이 배제된 고려 내부적 맥락에서 이루

---

65) 朝覲의 사전적 의미는 신하가 조회하여 군주를 알현한다는 뜻이다[臣子上朝謁
見君主]. 朝見·朝請·朝參·朝謁이라고도 쓴다.
http://dict.revised.moe.edu.tw/cgi-bin/newDict/dict.sh?idx=dict.idx&cond=%B4%C2%
C2%D1&pieceLen=50&fld=1&cat=&imgFont=1 教育部國語推行委員會編, 重編
國語辭典修訂本(中華民國教育部)
入覲은 황제를 알현한다는 의미이다[謁見皇帝].
http://dict.revised.moe.edu.tw/cgi-bin/newDict/dict.sh?cond=%A4J%C2%D1&pieceLe
n=50&fld=1&cat=&ukey=-93352029&serial=1&recNo=0&op=&imgFont=1 教育部
國語推行委員會編, 重編國語辭典修訂本(中華民國教育部)
66) 修聘은 聘(問)을 행한다는 의미라 풀이되는데, 聘은 기본적으로 제후국 간에 사
신을 보내어 通問하는 일을 가리킨다.
http://dict.revised.moe.edu.tw/cgi-bin/newDict/dict.sh?cond=%B8u&pieceLen=50&fld
=1&cat=&ukey=1067614571&serial=1&recNo=1&op=f&imgFont=1 教育部國語推
行委員會編, 重編國語辭典修訂本(中華民國教育部)

어졌다는 점을 고려하면 당시 고려인들은 거란이 개입된 외교적 상황과 그들이 배제된 상황을 구분하였고, 외교적 상황에서는 거란의 우세한 지위를 드러내어 주는 관계 지칭 표현[朝覲, 入覲]을 사용하지만 내부적인 대화 상황에서는 修聘을 선택하여 여전히 그들과 비등한 관계를 상정하고 있었음을 알 수 있다.

그런데 995년에 고려가 거란에 사신을 보내 방물을 선물하는 기사를 보면,

> III-바. (成宗 14年 2月) 이 달에 李周楨을 보내어 거란에 가서 方物을 바치게 하였고 또 매를 올렸다.[67]

라 하여 낮은 사람이 높은 사람에게 선물하는, 즉 '바치다'의 의미를 갖는 進 혹은 獻이라는 표현이 사용되었다. 참고적으로 이전까지 獻으로 기록된 행위들을 살펴보면 다음과 같다.

> III-사-1. (太祖 15年) 이 해에 大相 王仲儒를 보내어 唐에 가서 방물을 바치게 했다[獻方物].[68]
>
> III-사-2. (太祖 24年) 이 해에 大相 王申一을 보내어 晉에 가서 방물을 바치게 했다[獻方物].[69]
>
> III-사-3. (光宗 3年) 廣評侍郎 徐逢을 보내어 周에 가서 방물을 바치게 했다[獻方物].[70]

---

67) 『高麗史』 卷3 世家3 成宗 14年(995) (2月) 是月 遣李周楨 如契丹 獻方物 又 進鷹.
   『遼史』 卷13 本紀13 聖宗4 統和 13年(995) 2月 甲辰 高麗遣李周楨來貢 ; 5月 壬子 高麗進鷹.
68) 『高麗史』 卷2 世家2 太祖 15年(932) 是歲 遣大相王仲儒 如唐獻方物.
69) 『高麗史』 卷2 世家2 太祖 24年(941) 是歲 遣大相王申一 如晉獻方物.
70) 『高麗史』 卷2 世家2 光宗 3年(952) 遣廣評侍郎徐逢 如周獻方物.

III-사-4. (光宗 13年 冬) 廣評侍郎 李與祐 등을 보내어 宋에 가서 방물을 바치게 했다[獻方物].71)

III-사-5. (太祖 8年 11月) 탐라가 방물을 바쳤다[貢方物].72)

III-사-6. (定宗 3年 9月) 동여진 大匡 蘇無盖 등이 와서 말 7백 필과 방물을 바쳤다[獻].73)

이전에 고려는 後唐·後晉·後周·宋 등 중원의 국가들에 방물을 바쳐[獻] 왔다. 고려는 이들 왕조로부터 책봉을 받는 입장이었으므로, 피책봉국의 입장에서 조공을 바치는 것은 당연한 외교적 수순이라 하겠다. 반대로 고려가 獻貢의 대상이 되기도 하여, 동여진과 탐라 등에서 물품을 보내온 일을 그들이 고려에 물품을 바쳤다[獻, 貢]고 기록하기도 하였다. 이러한 용례를 볼 때 進獻이라는 술어는 진헌을 하는 주체보다 그 대상의 지위가 더 우월함을 보여주는 표현으로 사용되었음을 확인할 수 있다. 이와 관련하여 흥미로운 기록은 최승로의 시무책에서도 발견된다. 다음의 사료를 보자.

III-아. 예를 들어 거란은 우리와 경역이 잇닿아 있어 먼저 修好하는 것이 마땅하지만 … 그 때문에 태조께서는 (그들이) 무도함이 심하여 더불어 사귈[교류] 수 없다고 여기고 (거란이) 바친 낙타[所獻駱駝]도 모두 버리고 기르지 않았습니다.74)

---

71) 『高麗史』 卷2 世家2 光宗 13年(962) 冬 遣廣評侍郎李與祐等 如宋獻方物.

72) 『高麗史節要』 卷1 太祖 8年(925) 11月 耽羅貢方物.

73) 『高麗史』 卷2 世家2 定宗 3年(948) 9月 東女眞大匡蘇無盖等 來獻馬七百匹及方物.

74) 『高麗史』 卷93 列傳6 崔承老 및 『高麗史節要』 卷2 成宗 元年(982) 4月 若契丹者 與我連境 宜先修好 … 故太祖以爲無道之甚 不足與交 所獻駱駝 亦皆棄而不畜.

위는 최승로가 작성한 시무 28조의 태조 정적평 중 거란에 대한 내용인데, 최승로는 태조대 만부교 사건을 언급하면서 당시 거란 사신이 가져온 낙타를 거란이 바쳤다고 표현하였다.[75] 성종 초년만 해도 고려는 스스로를 거란으로부터 진헌을 받을 만한 대상으로 인식하고 있었던 것이다. 그러나 거란과 전쟁을 겪고 난 뒤에는 거란을 우위로 하는 외교 관계를 받아들여야 하는 상황에 처하게[76] 되었다. 이에 따라 거

---

[75] 참고로 태조 당시의 기록에는 거란이 낙타를 선물하였다[遺, 歸]고 기록되어 있다.
『高麗史』卷2 世家2 太祖 25年(942) 10月 契丹遣使來 遺橐駝五十匹 王以契丹 嘗與渤海連和 忽生疑貳 背盟殄滅 此甚無道 不足遠結爲隣 遂絶交聘 流其使三十人于海島 繫橐駝萬夫橋下 皆餓死.
『高麗史節要』卷1 太祖 25年(942) 10月 契丹遣使來 歸橐駝五十匹 王以契丹 嘗與渤海連和 忽生疑貳 不顧舊盟 一朝殄滅 此爲無道之甚 不足遠結爲隣 絶其交聘 流其使三十人于海島 繫橐駝萬夫橋下 皆餓死.

[76] 거란이 등장하기 전 고려의 책봉국이었던 송과의 조공·책봉 관계는 994년 이후 중단되었다. 이는 다음의 사료에서 확인된다.
『高麗史』卷3 世家3 成宗 13年(994) 6月 遣元郁如宋 乞師以報前年之役 宋以北鄙甫寧 不宜輕動 但優禮遣還 自是與宋絶.
『宋史』卷455 列傳246 外國3 高麗 淳化5年(994) 6月 遣使元郁來乞師 訴以契丹寇境 朝廷以北鄙甫寧 不可輕動干戈 爲國生事 但賜詔慰撫 厚禮其使遣還 自是受制於契丹 朝貢中絶.
『宋史』卷5 本紀5 太宗 趙炅2 淳化5年(994) 6月 (戊申) 高麗遣使 以契丹來侵乞師.
『宋名臣奏議』卷135 邊防門 遼夏7 上仁宗河北守禦十三策(富弼) 臣伏見淳化年中 其國王王治 遭契丹兵入境 遣使元郁來朝納款 太宗不從 但婉順回答. 한편 당시 고려가 송에 원군을 요청한 사실에 대해 박종기는 고려가 송과의 관계를 단절하기 위해 송이 거절할 것을 예상하면서도 사신을 보냈다고 보았고(박종기, 1994, 「고려와 송·거란의 관계」 『한국사』 6, 한길사 ; http://www.krpia. co.kr/pContent/?svcid=KR&proid=10&arid=54&ContentNumber=766&pageNumber =1877), 구산우는 고려가 외교 관계의 본질을 제대로 간파하지 못하고 請兵한 것이라 보았다(具山祐, 1992, 「高麗 成宗代 對外關係의 展開와 그 政治的 性格」 『韓國史硏究』 78, 52쪽).
고려가 원군을 요청한 배경이 어떠하였던 간에 송과의 조공·책봉 관계가 994년

란에 방물을 보내는 일 역시 거란과의 질서 관계에 적합한 술어를 선택하게 된 것이며, 자연스럽게 앞서 III-바 사료에서 본 바와 같이 거란은 고려의 진헌 대상으로 표현되었다.

이상에서 성종대 거란과의 관계 성립으로 인한 기년호의 변화와 통교 전후 고려가 거란을 지칭할 때 사용한 지칭 표현들 및 거란과의 외교 관계를 기술한 표현들을 검토해 보았다. 고려는 새롭게 수립된 거란과의 질서를 수용하여 거란을 上國 등으로 지칭하였다. 또한 이전에는 거란의 화친 제의를 받는 대상으로 스스로를 기록하였으나 993년 이후로는 거란에 대해 朝覲한다거나 방물을 獻하는 것으로 기록하였다. 아울러 戰後 고려가 행한 거란에 대한 외교 활동을 살펴보면 거란 왕실과의 통혼, 다양한 조공 물품, 거란어를 배울 童子 파견 등 이전의 조공·책봉 관계에서는 나타나지 않는 특이한 사례가 확인된다. 이를 낯선 외교 상대인 거란과의 관계를 조속히 안정시키기 위한 고려 조정의 노력으로 이해해 보았다. 전체적으로 종합해 보면 전쟁이 끝난 뒤 고려는 거란을 우위로 한 외교 질서를 수용하여 이에 비교적 순조롭게 적응해 가고 있었다고 정리된다.

2) 목종대 거란과의 조공·책봉 관계 수용

고려는 성종대에 있었던 거란과의 전쟁 이후 처음으로 거란의 책봉을 받게 되었다. 성종의 뒤를 이은 목종이 재위 원년(998)에 거란으로부터 순조롭게 책봉을 받았음을 『遼史』의 기록을 통해 확인할 수 있

이후 단절된 것은 분명하며 따라서 고려의 대외 관계는 거란을 중심으로 재편되었다고 하겠다.

고77) 다음 해 加册된 사실도 『고려사』와 『고려사절요』에서 확인된
다.78) 1007년에도 책봉을 받는데, 이때에는 功臣號도 받았다.79)

당시 거란은 연운 16주의 귀속문제를 두고 송과 전쟁을 치르고 있었
다. 『요사』본기와 이국외기에 따르면 1004년(목종 7, 거란 성종 통화
22)에 거란은 송과의 결전을 고려에 알려왔으며80) 1005년에 고려는 거
란이 송과 화약을 맺게 된 것을 축하하는 사신을 보내기도 했다.81)
1004년은 바로 거란과 송 간에 澶淵之盟이 체결된 해이며, 영토적으로
나 외교적으로나 거란에게는 매우 큰 승리였다. 1007년에 거란이 목종
을 守義保邦推誠奉聖功臣으로 책봉한 것은 이러한 일련의 과정과 관련이
있을 것으로 생각된다. 전연의 맹을 맺은 다음 해인 1005년 정월에 거
란은 군사들을 포상하였고,82) 1006년 10월에는 황태후와 황제가 존호
를 받았다.83) 고려 국왕의 공신 책봉은 이로부터 약 4개월 뒤인 1007
년 2월에 이루어졌으므로, 공신호 사여는 전연의 맹 체결에 뒤따른 거
란의 자축 행사 중 하나라고 볼 수 있으며 아울러 고려와의 관계 역시

---

77) 『遼史』 卷14 本紀14 聖宗5 統和 16年(998) 11月 遣使册高麗國王誦.
78) 『高麗史』 卷3 世家3 穆宗 2年(999) 10月 契丹右常侍劉積 加册王爲尙書令.
79) 『高麗史』 卷3 世家3 穆宗 10年(1007) 2月 契丹遣耶律延貴來 加册王爲守義
    保邦推誠奉聖功臣 開府儀同三司守尙書令兼政事令上柱國 食邑七千戶食實
    封七百戶 ; 『高麗史節要』 卷2 穆宗 10年(1007) 2月.
80) 『遼史』 卷14 本紀14 聖宗5 統和 22年(1004) 9月 己丑 以南伐諭高麗 ; 卷115
    列傳45 二國外記 高麗 (統和) 22年 以南伐事 詔諭之.
81) 『遼史』 卷14 本紀14 聖宗5 統和 23年(1005) 5月 丙寅 高麗以與宋和 遣使來
    賀 ; 卷115 列傳45 二國外記 高麗 (統和) 23年(1005) 高麗聞與宋和 遣使來賀.
82) 『遼史』 卷12 本紀12 聖宗3 統和 23年(1005) 春正月 戊午 還次南京 庚申 大
    饗將卒 爵賞有差.
83) 『遼史』 卷12 本紀12 聖宗3 統和 24年(1006) 10月 庚午 朔 帝率群臣上皇太后
    尊號曰 睿德神略應運化承天皇太后 群臣上皇帝尊號曰 至德廣孝昭聖天輔皇
    帝 大赦.

공고화하려는 의도가 있었을 것이다.

그런데 총 3차례에 걸친 거란의 책봉에도 불구하고, 고려측 기록에서 고려가 거란에 사신을 보냈는지는 확인되지 않는다. 다만 『遼史』高麗傳의 내용을 통해서 1002년과 1005년, 1008년에 여러 차례 고려 사신이 방문하였음을 확인할 수 있다.[84] 사절 왕래 기록만으로 보면 목종대에 고려는 3번의 책봉을 받고 4~5차례 정도 거란에 사신을 보낸 셈이지만, 통상적으로 책봉을 받은 뒤 파견되는 謝使들이 파견되었을 것임을 상정한다면 목종대 거란에 대한 사행 파견 횟수는 그리 적지 않았으리라 짐작된다.[85]

한편 목종대 고려와 거란의 관계에서 특이한 점은 양국 간에 무역을 할 수 있는 시장인 각장이[86] 다음과 같이 설치되었다는 사실이다.

---

84) 『遼史』 卷14 本紀14 聖宗5 統和 20年(1002) 2月 丁丑 高麗遣使賀伐宋捷 ; 7月 辛丑 高麗遣使來貢本國地理圖.
　　『遼史』 卷14 本紀14 聖宗5 統和 23年(1005) 5月 丙寅 高麗以與宋和 遣使來賀 ; 卷115 列傳45 二國外記 高麗 (統和) 23年(1005) 高麗聞與宋和 遣使來賀.
　　『遼史』 卷14 本紀14 聖宗 統和 26年(1008) 5月 丙寅 高麗進龍須草席 己巳 遣使賀中京成 ; 卷115 列傳45 二國外記 高麗 (統和) 26年(1008) 進龍須草席 及賀中京城[成].

85) 이외에도 1010년에 고려왕 誦[목종]이 거란에 사신을 보냈다는 기록이 있다.
　　『遼史』 卷14 本紀15 聖宗6 統和 28年(1010) (3月) 是月 宋·高麗遣使來會葬 ; 『遼史』 卷115 列傳45 二國外記 高麗 (統和) 28年(1010) 誦遣魏守愚等來祭 三月 使來會葬.
　　위의 기록에서는 승천황태후의 장례에 사신을 보낸 주체가 목종[誦]으로 되어 있으나 당시는 이미 현종이 즉위한 이후의 시점이다. 현종은 1009년 정월에 즉위한 뒤 곧바로 거란에 嗣位을 알리는 사신을 보냈고(『高麗史』 卷4 世家4 顯宗 卽位年(1009) (2月) 是月 遣司農卿王日卿 如契丹 告哀稱嗣) 4월에는 거란 태후의 생일을 축하하는 사절을 보냈다(『高麗史』 卷4 世家4 顯宗 卽位年 (1009) 4月 丙戌 朔 遣借工部侍郎李有恒 如契丹 賀太后生辰). 따라서 『요사』고려전의 1010년 기록에 나타난 고려왕 誦은 詢[현종]의 오류로 보아야 할 것이다.

86) 각장의 연원과 기능에 대해서는 이미지, 2003, 「高麗 宣宗代 権場 문제와 對遼

　　Ⅲ-자-1. (聖宗 統和 23年 2月) 丙戌. 振武軍에 다시 権場을 두었다.[87]
　　Ⅲ-자-2. (統和) 23년. 振武軍과 保州에 아울러 権場을 두었다.[88]

　　위 기록에 나타나는 保州는 지금의 義州에 해당하는 곳으로, 본래 고
구려 땅이었으나 거란이 성을 쌓고 保州라 칭하였다.[89] 위의 내용은 『高
麗史』에 없는 기록이지만, 1005년(목종 8, 거란 聖宗 統和 23)에 麗遼 간
에 権場이 설치되었음은 丸龜金作과 李龍範에 의해 검토된 이후 통설이
되었다.[90]

　　주목할 부분은 이 시장이 설치된 위치이다. 각장이 설치된 保州는 來
遠城, 宣義軍(州) 등으로도 지칭되며 그 위치 및 여러 지명의 영속 관계
와 관련하여 그 간의 연구 성과를 종합해보면 내원성은 압록강의 黔同
島에 있었고 그 맞은 편 동쪽 강안에 軍 또는 鎭이 있었으며 이 지역을
통괄하는 지방 행정단위가 保州였던 것으로 정리된다.[91] 그렇다면

─────────────

관계」, 『韓國史學報』 14 참조.
87) 『遼史』 卷14 本紀14 聖宗5 統和 23年(1005) 2月 丙戌 復置権場於振武軍.
88) 『遼史』 卷60 志29 食貨下 (統和) 23年(1005) 振武軍及保州 並置権場.
89) 『高麗史』 卷58 志12 地理 安北大都護府 義州本高麗龍灣縣 又名和義 初契
　　丹置城于鴨綠江東岸 稱保州.
90) 丸龜金作, 1935, 「高麗と契丹·女眞との貿易關係」, 『歷史學研究』 5-2 및 李龍
　　範, 1955, 「麗丹貿易考」, 『東國史學』 3, 東國大 史學會 ; 1989, 『韓滿交流史
　　研究』, 동화출판공사.
91) 이상 내원성의 위치 비정에 대해서는 津田左右吉, 1913, 『朝鮮歷史地理』 2 南
　　滿洲鐵道株式會社, 50쪽 참조.
　　이외 보주, 선주, 선의군(주), 정원군(진)의 이칭 및 영속 관계에 대한 선행 연구
　　성과는 다음과 같다. 津田左右吉은 保州(宣義軍, 宣化鎭)와 宣州(定遠軍, 定
　　遠鎭) 모두 강의 동쪽에 있었다고 보았다(津田左右吉, 1913, 위의 책, 45쪽). 池
　　內宏 역시 津田의 견해를 지지하여 보주는 압록강 동쪽 현재 의주 지역에 있었
　　다고 보고, 『遼史』 校勘記의 내용을 따라 宣州(定遠軍)는 州名이 아니며 보주
　　에 예속되어 있었다고 설명하였다(池內宏, 1920, 「契丹聖宗の高麗征伐」, 『滿鮮
　　地理歷史研究報告』 7, 東京帝大 文學部 : 1937, 『滿鮮史研究』 中世第二册,

1005년에 거란이 압록강 동쪽에 자신들이 관리하는 시장을 개설한 것인데, 이는 994년에 거란과 고려 간에 압록강을 경계로 영역을 구분하기로 양해한 지계획정의 내용과는 부합하지 않는다.

 사실 거란은 이미 991년(성종 10, 거란 聖宗 統和 9)에 내원성 등을 건설하고 戍卒을 배치하여 압록강 유역에 거점을 마련했다.[92] 한 해 전인 990년에도 내원현에 사민하는 기사를 찾아볼 수 있다.[93] 이와 같은 일련의 조처는 거란이 내원 등지로 거론되는 압록강 유역에 대해 꾸준히 주의를 기울여 왔으며 이 곳을 정비하여 고려를 견제하는 거점으로 활용하려는 의도가 있었음을 확인해 준다. 한편 고려 역시 이 지역에서 유리한 위치를 차지하려 꾸준히 노력해 왔다. 984년(성종 3)에 압록강 언덕에 關城을 쌓았고[94] 991년에는 압록강 바깥 지역 여진을 더 먼 곳으로 쫓아내었다.[95] 이러한 점을 볼 때 991년 경 압록강 이남 지역

吉川弘文館, 237~240쪽). 다만 『고려사』 현종 6년 기록에 나타나는 宣化鎭이라는 지명과 宣義軍의 관계에 대해서는 양자 모두 설명하지 않았다. 국내에서는 李丙燾(李丙燾, 1961, 『韓國史』 中世篇, 乙酉文化社, 199쪽)와 김위현(金渭顯, 1985, 「遼史高麗外記考檢」 『遼金史硏究』, 裕豊出版社, 91·92쪽)이 일본 학자들과 같은 견해를 발표했다.
  방동인은 선화진과 선의군의 관계를 해명하고자 하였다. 그는 宣化鎭에 보주가 설치되고 宣義軍이 주둔함으로써 보주와 선의군이 동격으로 불렸으며, 고려의 定遠鎭을 거란에서는 定遠 또는 安東이라 불렀을 것이라 보았다(方東仁, 1985, 「高麗前期 北進政策의 推移」 『領土問題硏究』 2, 高大民族文化硏究所 : 1997, 『韓國의 國境劃定硏究』, 一潮閣, 79쪽).
  이 지역의 이칭관계가 어찌되었든 간에 거란이 압록강 동안에 거점을 마련해 두었음은 분명한 사실이라고 할 수 있다.
92) 『遼史』 卷13 本紀13 聖宗4 統和 9年(991) 2月 甲子 建威寇·振化·來遠三城 屯戍卒.
93) 『遼史』 卷37 地理志1 上京道 儀坤州 統和 8年(990) 以諸宮提轄司戶 置來遠縣.
94) 『高麗史』 卷3 世家3 成宗 3年(984) 5月 命刑官御事李謙宜 城鴨綠江岸 以爲 關城.

에서 고려는 적지 않은 영향력을 가지고 있었다고 하겠다.[96]

거란으로서는 이미 압록강에 내원현 등이 설치되어 있어 고려를 견제할 수 있는 거점을 마련한 상태였으므로 993년의 종전 협상 과정에서 압록강 이남 지역에 대한 교통로 확보 책임을 고려에 넘기는 것이 크게 문제가 되지 않았을 것이라 생각된다. 반대로 고려의 입장에서는 1005년에 거란이 압록강 유역에 각장을 설치하였다고는 해도 이미 지계획정이 성립되어 있는 상황이었으므로 거란이 압록강 이동의 영역에 대한 고려의 우선권을 침해하는 행위를 하지 않으리라는 판단이 있었다고 생각한다. 무엇보다도 당시 거란의 각장 설치에 대해 고려가 별다른 이의 제기를 했다는 기록이 확인되지 않는 사실은 고려가 거란의 각장 설치를 별다른 위협으로 받아들이지 않았다는 점을 반증한다. 이렇듯 목종대 거란과의 관계는 비교적 평온하고 조용하게 진행되었다.

한편, 목종대에는 유난히 북쪽 지역에 대한 축성 기사가 많아 이를 거란에 대한 적대정책으로 해석할 여지도 있다. 그러나 본고에서는 선행 연구의 다음과 같은 시각이 타당하다고 본다. 李根花는 이 시기 고려의 서북지역 축성이 거란과 합치된 이해관계 위에서 이루어졌으며 거란도 고려의 축성이 거란을 위협하는 군사적 행위가 아니었음을 인식하고 있었다고 보았다.[97] 성종대 전쟁 이후 방어 수단으로써 적극적으로 변경을 구축하여 재차 거란을 자극할 수도 있었다고 보는 견해도 있다.[98] 그러나 대외적인 위협을 미연에 방지하고 평화적인 외교 관계

---

95) 『高麗史』 卷3 世家3 成宗 10年(991) 10月 逐鴨綠江外女眞 於白頭山外居之.

96) 李美智, 2008, 「고려 성종대 地界劃定의 성립과 그 외교적 의미」 『한국중세사연구』 24, 10~11쪽 참조.

97) 李根花, 1987, 「高麗前期의 北方築城」 『湖西史學』 15, 5쪽.

98) 申安湜, 2004, 「高麗前期의 北方政策과 城郭體制」 『歷史敎育』 89, 82~83쪽.

를 유지하기 위한 가장 효과적인 방법은 강력한 방어수단을 갖추는 것
이라는 지적을[99] 염두에 둘 때 목종대에 확인되는 다수의 축성 기사가
반드시 거란에 대한 적대적인 정책을 반영하는 것은 아니라고 하겠다.

　그런데 같은 시기 고려-송의 교류 기록을 보면 과연 고려가 거란에
복속한 것이 맞는가 하는 의문이 든다. 998년(목종 1)에는 고려인이 송
에 유학을 가고 999년에는 고려 사신이 송 황제를 알현하여 거란을 고
발하기도 했으며,[100] 송의 文士가 來投하여 고려에서 벼슬살이를 하는
등[101] 송과의 공식·비공식적인 교류가 확인된다. 고려인 金成績의 渡宋
은 거란으로부터 책봉을 받게 되면서 송과의 조공·책봉 관계가 중단되
었지만 여전히 송과의 교섭 통로를 유지하기 위한 고려 조정의 의지에
따라 결정되었을 가능성이 있다. 또한 고려 사절 朱仁紹가 송 황제에게
거란으로부터 劫制받고 있는 상황을 하소연한 것 역시 거란과의 관계
와 별도로 송과의 교류를 이어가고자 하는 노력의 하나로 보아야 할
것이다. 그러나 주인소가 파견된 바로 그 달에 목종은 거란으로부터 加
册을 받았다. 이때의 加册은 고려와 송의 관계가 밀접해지는 것을 막기
위해 거란이 목종에게 봉작을 더해 줌으로써 양국 간의 책봉 관계를
재차 확인하려했다고 볼 수도 있겠지만,『고려사』세가 기록 상 加册과
주인소 파견은 같은 달의 기사이며 기사 순서로도 거란의 加册이 먼저
기록되어 있어 직접적인 연관성을 찾기는 어렵다. 어쨌든 고려가 거란
과의 조공·책봉 관계를 유지하면서도 한편으로는 송과의 관계 역시 꾸

---

　99) 신안식, 2000,「고려전기의 축성(築城)과 개경의 황성」『역사와 현실』38, 13쪽.
100)『高麗史節要』卷2 穆宗 元年(998) 是歲 金成績入宋登第 ;『高麗史』卷74
　　 志28 選擧2 科目2 制科.
　　 『高麗史』卷3 世家3 穆宗 2年(999) (10月) 遣吏部侍郞朱仁紹如宋 帝特召見
　　 仁紹自陳國人慕華風 爲契丹劫制之狀 帝賜詔齎還.
101)『高麗史』卷3 世家3 穆宗 8年(1005) 是歲 宋溫州文士周佇來投 授禮賓注簿.

준히 이어가고 있었음은 분명하다고 하겠다.

　그러나 고려의 노력에도 불구하고 송으로부터 報聘使가 방문한다거
나 양국 외교 사절의 왕래 빈도가 증가하지는 않았다.[102] 더구나 고려-
송 관계로 인해 고려-거란 관계에 새로운 갈등이 발생한 기록도 없고
오히려 목종 재위 기간 동안 고려는 거란으로부터 3차례에 걸쳐 책봉
을 받았으며 이 중에는 고려를 거란의 공신으로 인정하는 功臣號 수여
도 포함되어 있었다. 또한 앞서 보았듯이 『요사』의 기록에 따르면
1002년에 고려는 사신을 보내어 거란이 송과의 전투에서 승리를 거둔
것을 축하하고 「地理圖」를 바쳤으며 1005년에 거란이 송과 화친을 맺
게 된 것[澶淵之盟]을 하례하기도 하였다. 이러한 일련의 기록들은 당시
고려가 송과의 관계를 유지하는 노력을 보이기는 했지만, 역시 고려
외교 관계의 주요 대상은 거란이었음을 보여준다. 또한, 앞서 언급하였
듯이 거란의 책봉은 목종 재위 중 어느 한 시기에 집중되지 않고 그
전반에 걸쳐 이루어졌다. 따라서 목종대 고려 대외 정책의 기조는 성
종대에 성립된 거란과의 조공·책봉 관계를 원활하게 유지하는 데 있었
다고 생각된다.

　게다가 고려는 내부적으로도 거란을 중심으로 한 질서에 익숙해져
가고 있었다. 앞서 거란이 1005년(목종 8)에 의주에 각장을 설치하였음
을 보았다. 같은 해에 제작된 고려 塔誌石의 명문을 현재도 확인할 수
있는데 그 내용은 다음과 같다.

---

102) 심재석은 이때 송과 고려가 국교가 없는 상태로 보았으며, 때문에 송 황제는
　　자신의 책봉을 받지 않은 고려왕을 權知高麗國事라고 호칭하였음을 지적하였
　　다(沈載錫, 2002, 『高麗國王 冊封 硏究』, 혜안, 106쪽). 박현서의 경우 고려-
　　송 간의 여러 교류 기록을 토대로 이것을 고려의 對宋提携 정책으로 보기도
　　하였으나 그 실효는 없었다고 설명하였다(朴賢緖, 1981, 「北方民族과의 抗爭」
　　『한국사』 4 高麗貴族社會의 成立, 국사편찬위원회, 273~274쪽).

Ⅲ-차. 통화 23년
을사년 5월 20일에 동쪽의
탑이 무너진 것을 바로잡아 세웠을 때
寺主 嵩敎와 定性大師,
昶秀和尙이 이때에 조성하기를
一千佛祖堂 5칸과 千佛
堂 9칸이니 (이를) 도와 이룬 徒衆[103)

위는 동국대학교 박물관에 소장되어 있는 東臺塔誌石의 명문이다. 통화 23년은 목종 8년이며 서기로 1005년이다. 당시 탑이 무너지자 嵩敎 등 300여 인이 뜻을 모아 탑을 수리하고 아울러 천불 조당과 천불당 등 건물을 지었고 이러한 내용을 기록하여 탑 안에 안치하였던 것인데, 이 탑지석의 작성 주체는 거란 聖宗의 연호인 統和를 기년호로 사용하였다. 거란 연호는 고려 성종이 994년부터 사용해 왔는데, 목종이 즉위하고 새롭게 거란의 책봉을 받아 고려의 왕으로의 지위를 인정받으며 양국의 외교 관계가 유지되는 속에서 거란 연호가 목종대 고려 내부 사회에서도 기년호로써 꾸준히 사용되어져 왔던 것이다.

여기서 잠시 탑지라는 기록의 성격을 짚어 보자. 탑지는 그 내용이

---

103) 維統和二十三年歲次」
乙巳五月二十日東邊」
塔俀落治建時」
寺主嵩敎定性大」
師昶秀和尙時造一」
千仏祖堂五間千仏」 (以上前面)
堂九間　助成徒衆」
東臺塔誌石의 명문과 판독문 및 해석문은 다음을 참조.
http://gsm.nricp.go.kr/_third/user/frame.jsp?View=search&No=4&ksmno=3124 한국 금석문 종합영상정보시스템
許興植, 1984, 『韓國金石全文』 中世 上, 亞細亞文化社, 430~431쪽.

작성된 뒤 탑 속에 안치하여 보존되는 기록이므로, 탑지의 내용은 동시대인들에게 공개되어 널리 알려지는데 주목적이 있는 것이 아니다. 작성 주체를 제외한 고려 내부인은 물론이고 고려 외부의 송이나 거란인이 이를 보게 될 가능성은 극히 적다고 하겠다. 따라서 여기에 사용된 기년호는 어디까지나 타국과의 세력관계나 복잡한 외교·정치 상황을 의식하지 않고 기록자들이 사용하고 있는 날짜 기록법을 그대로 보여주는 것일 텐데, 여기에서 거란의 연호가 등장하였다는 것은 그만큼 거란 연호를 사용한 기년 방식이 고려 사회에 폭넓게 채용되어 있었다는 점을 잘 보여준다.

이 탑지석이 안치된 다음 해인 1006년에 목종은 체납된 세금을 감면하는 지시를 다음과 같이 내렸다.

> Ⅲ-카-1. (穆宗 9年) 2월. (목종이) 유사에게 일러 말하였다. "근래 가을에 곡식이 익지 않아 백성들이 먹고 살기 힘들다. **통화 21년**(1003, 목종 6) 이래로 貢賦를 납부하지 못한 자들은 모두 (납부의무를) 면제해 주도록 하라. (낟알까지) 모두 먹어 버려 곡식 종자가 없는 자가 있으면 창고를 열어 진휼하여 지급하도록 하라."[104]
>
> Ⅲ-카-2. (穆宗 9年 6月) 戊戌. 천성전에 벼락이 치니 사면을 내리고 금년 稅布의 반을 경감하였으며 아울러 **갑진년**(1004, 목종 7) 이전에 체납되어 부족한 조세를 면하여 주었다.[105]

---

104) 『高麗史』 卷80 志34 食貨3 賑恤 災免之制 穆宗 9年(1006) 2月 謂有司曰 比年秋穀不登 百姓艱食 自統和二十一年以來 貢賦未納者 並除之 其有絶食無穀種者 開倉賑給.

105) 『高麗史』 卷80 志34 食貨3 賑恤 災免之制 穆宗 9年(1006) 6月 戊戌 震天成殿 肆赦 仍減今年稅布之半 幷蠲甲辰年前逋欠租稅.
『고려사』 세가 기록을 참고하면 이때 감세 조처 외에도 관직자들에게 광범위한 은사가 시행되었음을 확인할 수 있다. 『高麗史』 卷3 世家3 穆宗 9年(1006) 6

　연이은 흉년으로 인해 백성들이 굶주리다 못해 종자까지도 먹어버리는 상황이 나타나자 목종은 대대적인 구호와 세금감면을 지시하였는데, 그 기점을 '통화 21년(1003)' 이후로 지정하였다. 세금 감면은 고려 국내에 대한 정책이며 그 시행 과정에서 거란과 같은 외부 정치체가 개입하게 될 가능성은 전혀 없으므로 이때 사용된 기년호 역시 외교적 계산이나 전략이 개입되지 않은 용례라고 하겠다. 고려의 주요 정책을 결정하는 고위 관원들 뿐 아니라 목종의 지시 사항을 실무 차원에서 이행하였을 하위 관원들도 거란 연호를 통한 기년법에 익숙했을 것임을 미루어 짐작하게 하는 기록이다. 아울러 4개월 뒤인 6월에도 감세 조처가 시행되는데, 이때에는 간지를 사용하여 1004년을 甲辰으로 표현하였다. 아마도 당시 고려 사회에서는 거란의 연호와 간지가 병용되기도 하고 혹은 어느 한 방식이 단독으로 사용되기도 했다고 생각되는데, 거란의 연호는 간지만큼 고려 사회 내에서 널리 통용되는 기년 방법 중 하나였음은 분명하다고 생각된다.

　이상에서 거란과의 1차 전쟁 및 지계획정의 성립 과정, 그 이후 거란과의 외교 관계에 적응해가는 고려의 상황을 사행 파견 기록과 책봉 관계, 고려가 사용한 기년호 등을 통해 검토해 보았다. 위에서 살펴 본 금석문의 내용과 세금 감면 조처 등은 거란이 아닌 목종대 고려 내부의 사람들을 주요 聽者로 한다. 이러한 글들에 거란의 연호가 나타난 것은 그만큼 통화 연호가 주요 기년호로써 고려 내부에서 상당히 익숙하게 사용되고 있었음을 보여주며, 이러한 점은 고려가 성종대에 거란과 통교한 이후 거란 우위의 외교 질서에 적응해 가고 있었음을 확인

月 戊戌 震天成殿鴟吻 王憂懼責己 肆赦 孝順義節並加恩賞 加國內神祇勳號 文武三品以上加勳 四品以下增一級 九品以上入仕滿二十年者 改服 禪教僧徒 大德以上加法號 年六十以上者加職有差.

해준다. 따라서 목종대 고려의 대외 정책의 주요한 대상은 여전히 거란이었다. 아울러 고려는 거란으로부터 책봉을 받으면서 거란과 사대관계를 맺었지만 여전히 송과의 관계를 유지하는 모습이 확인되는데, 이는 여러 교섭 대상국과 개별적 대외 관계를 구축해 왔던 고려 외교 관례의 전형적인 모습이었다. 따라서 목종대는 성종 후반 성립된 새로운 외교 환경과 그로 인한 질서 변화에 대한 적응을 마치고 본격적으로 수용해 가는 과정이었다고 하겠다.

IV
조공·책봉 관계 지속을 둘러싼 분쟁

1. 현종 즉위 직후 거란과의 전쟁과 조공·책봉 관계의 재정립

1) 목종·현종 교체와 對거란 2차 전쟁

1009년에 발생한 정변으로 목종이 퇴위하고 현종이 즉위하였다.[1] 즉위 직후 현종은 성종 사후 목종이 그러했듯이[2] 관례대로 거란에 사신을 보내어 嗣位를 알렸다.[3] 거란은 성종의 죽음과 목종의 즉위를 별 문제없이 받아들였었고 그에 따른 외교 절차를 적절히 밟으며 고려의 새로운 왕인 목종을 책봉함으로써 책봉국-피책봉국의 관계를 갱신하였다.[4] 그러나 현종의 즉위와 관련하여서는 고려의 보고를 그대로 받아들이지 않고 별도로 1010년 7월에 梁炳 등을 보내어 前王의 일을 조사하였다.[5]

---

1) 목종 12년 정변 및 현종의 즉위과정에 대해서는 다음의 연구 참조.
李太鎭, 1977, 「金致陽 亂의 性格-高麗初 西京勢力의 政治的 推移와 관련하여」『韓國史硏究』17.
金塘澤, 1980, 「高麗穆宗 12年의 政變에 대한 一考 -穆宗代의 寫經跋文과 관련하여-」『韓國學報』18.
金斗香, 2005, 「고려 현종대 정치와 이계(吏系) 관료」『역사와 현실』55.
김대연, 2007, 「고려 현종의 즉위와 거란의 침략원인」『한국중세사연구』22.

2) 『高麗史』卷3 世家3 穆宗 卽位年(997) 11月 遣閤門使王同穎 如契丹告嗣位.

3) 『高麗史』卷4 世家4 顯宗 卽位年(1009) (2月) 是月 遣司農卿王日卿 如契丹告哀稱嗣.

4) 『高麗史』卷3 世家3 穆宗 元年(998) (4月) 是月 契丹以前王薨 勅還納幣之物.
『高麗史』卷3 世家3 穆宗 2年(999) 10月 契丹遣右常侍劉績 來加册王 尙書令.

이와 관련하여 주목되는 것은 여진의 움직임이다. 거란 사신이 고려를 방문하기 두 달 전 쯤 和州館에 머물고 있던 여진 來朝客들이 고려 관원에 의해 피살된 사건이 있었는데 이를 억울하게 생각한 여진이 거란에 하소연한 일이 있었다. 이 사건과 거란 조정에서 강조를 단죄하겠다는 결정이 하나의 내용으로 연결되어 기록된 것으로 보아,6) 여진은 여진 내조객들에 대한 공격이 고려왕위의 교체에서 기인하였다고 판단하고 자신들의 사정을 거란에 전달하면서 고려 내부의 비정상적 왕위 교체에 대해서도 언급하였을 가능성이 크다.7) 어쨌든 거란 조정이 목종-현종의 교체를 승인하지 않으면서 양국 간에는 외교적 갈등이 발생하게 되었다.

거란의 입장에서 볼 때 목종은 거란으로부터 처음으로 책봉받은 성

---

5) 『高麗史』卷4 世家4 顯宗 元年(1010) 7月 戊寅 朔 契丹遣給事中梁炳·大將軍 那律允來 問前王之故.

6) 『高麗史』卷4 世家4 顯宗 元年(1010) 5月 甲申 流尙書左司郎中河拱辰·和州 防禦郎中柳宗于遠島 拱辰嘗擊東女眞見敗 宗恨之 會女眞九十五人來朝 至 和州館 宗盡殺之 故並坐流 女眞訴于契丹 契丹主謂群臣曰 高麗康兆弑君 大 逆也 宜發兵問罪.
   『고려사』 기록에 따르면 여진이 거란에 고려를 고발한 것은 1010년 5월인데, 『遼 史』 본기에는 이때에서야 목종-현종의 왕위교체가 기록되어 있다.
   『遼史』卷15 本紀15 聖宗6 統和 28年(1010) 5月 丙午 高麗西京留守康肇弑其 主誦 擅立誦從兄詢 詔諸道繕甲兵 以備東征.
   실제 목종-현종의 교체는 1009년 정월이었던 점을 고려한다면 고려의 왕위 교체 의 상세한 내막을 거란이 알게 된 데에는 여진의 역할이 컸다고 생각된다.

7) 본고와 달리 목종-현종의 왕위 교체에 대해 친거란파였던 김치양이 거란에 미리 통보했다고 보는 견해도 있다.
   김대연, 2007, 「고려 현종의 즉위와 거란의 침략원인」 『한국중세사연구』 22, 135~138쪽.
   김대연에 따르면 거란은 김치양 중심의 친거란 정부를 전복하고 왕위에 오른 현 종에 대한 거부 반응을 보이며 의도적으로 고려의 책봉 요구를 회피하였고 고려 에 親契丹 정부를 수립하기 위해 결국 전쟁을 일으켰다고 한다.

종을 합법적으로 계승한 인물이자, 거란이 여러 차례 책봉하며 인정해
온 고려의 왕이었다. 그러한 목종이 고려 내부의 사정으로 폐위되었으
며, 새로 즉위한 현종이라는 인물은 목종의 강제 퇴위와 시해에 대해
알지 못하고 있던 상황이었다.[8] 사건의 전말을 제3자인 여진을 통해
듣게 된 거란의 입장에서 볼 때 목종-현종의 교체는 양국 관계에서 자
신들의 위상이 손상되는 일이었을 것이다. 추측건대 거란은 이 사건을
단서로, 前代에 합의된 질서가 고려에 의해 부정되었다고 받아들인 것
으로 생각된다.[9]

거란이 목종의 죽음과 왕위 교체에 의문을 제기하며 사신을 보내 전
말을 조사하자 고려는 여러 차례 거란에 사신을 보내어 갈등을 풀려
하였다. 1010년 8월과 9월 두 달 동안 고려 사신이 총 3차례에 걸쳐 거
란에 파견되었다. 8월에 파견된 사절의 목적은 확인되지 않으나 목종-
현종의 교체에 대한 거란의 의문을 풀기 위한 사행이었을 것임을 추측
하기 어렵지 않으며,[10] 9월에는 가을철 안부를 묻는 사신과 함께 거란

---

8) 『高麗史節要』卷2 穆宗 12年(1009) 2月 己丑 (康)兆 廢王爲讓國公 … (王及
 太后) 出自宣仁門 … 夜 (安)霸等弑之 以自刎聞 … 踰月 火葬縣南 陵曰恭陵
 諡宣靈 廟號愍宗 臣民莫不痛憤 <u>而新王未之知也 至契丹興師問罪 乃知被弑</u>
 改諡宣讓 廟號穆宗.
9) 단 현종이 거란에 告哀한 것은 1009년 2월이었는데 여진이 고려의 내부 사정을
 알린 1010년 5월까지 1년이 넘는 기간 동안 현종의 즉위에 별다른 반응을 보이
 지 않았는지에 대해서는 좀 더 세밀한 고찰이 필요하다. 1009년 12월에는 30년
 가까이 섭정하였던 거란 聖宗의 모친인 承天皇太后가 사망하였는데(『遼史』卷
 14 本紀14 聖宗5 統和 27年(1009) 12月 辛卯 皇太后崩于行宮) 聖宗의 親政과
 고려에 대한 전쟁 선언에 연관성이 있을 가능성도 있다.
10) 8월에 거란에 파견된 사신의 목적과 관련하여서는 『遼史』본기 10월 기사가 참
 조된다. 이에 따르면 현종이 사신을 보내어 표를 올려 군대를 파할 것을 요청하
 였다고 한다.
 『遼史』卷15 本紀15 聖宗6 統和 28年(1010) 10月 (丙午) 王詢遣使奉表乞罷

東京을 목적지로 하는 사신도 파견되었다. 이때 고려는 특이하게도 거란의 조정이 자리하고 있는 上京이 아니라 동경에도 별도의 사신을 보내어 '우호를 닦게[修好]' 하였다. 거란의 동쪽 방면을 관할하는 동경의[11] 관원들과도 관계를 개선해두려는 의도가 아니었을까 짐작된다. 세 경우 모두 목종의 죽음과 현종의 즉위를 쉽게 용납하지 않는 거란과의 관계를 개선하기 위해 파견되었다고 볼 수 있다.

이렇듯 고려는 거란 조정에 사신을 파견하여 사절단의 직접 교섭 활동을 통해 거란과의 불편해진 관계를 풀어보려 하였다. 그러나 한편으로는 사절 파견 후 한 달도 되지 않아 행영도통사·행영도병마사 등을 임명하고 군사를 통주에 배치하였는데[12] 이로 미루어 보아 고려 조정 역시 거란과의 외교적 갈등이 쉽게 해소되지 않고 물리적 충돌로 비화될 가능성이 있음을 잘 알고 있었던 것이라 생각된다. 결국 고려의 예상대로 거란은 선전포고를 전해 왔다.[13]

師 不許.

11) 거란 東京의 역할 및 위상에 대해서는 河上洋, 1993, 「遼五京の外交的機能」 『東洋史研究』52-2 참조.

12) 『高麗史』卷4 世家4 顯宗 元年(1010) 10月 丙午 朔 以叅知政事康兆爲行營都統使 檢校尙書右僕射上將軍安紹光爲行營都兵馬使 少府監崔賢敏爲左軍兵馬使 刑部侍郎李昉爲右軍兵馬使 禮賓卿朴忠淑爲中軍兵馬使 刑部尙書崔士威爲統軍使 率兵三十萬軍于通州 以備契丹.

13) 『高麗史』卷4 世家4 顯宗 元年(1010) (10月) 癸丑 契丹遣給事中高正·閤門引進使韓杞來 告興師.
홍미로운 점은 거란 내부에서도 고려에 대한 공격보다는 사신을 통한 교섭으로 갈등을 조정하는 것이 낫다는 입장도 개진되었다는 사실이다. 이와 같은 내용은 다음의 蕭敵烈傳에서 확인된다.
『遼史』卷88 列傳18 蕭敵烈 統和二十八年(1010) 帝謂群臣曰 高麗康肇弒其君誦 立誦族兄詢而相之 大逆也 宜發兵問其罪 群臣皆曰可 敵烈諫曰 國家連年征討 士卒抏敝 況陛下在諒陰 年穀不登 創痍未復 島夷小國 城壘完固 勝不爲武 萬一失利 恐貽後悔 不如遣一介之使 往問其故 彼若伏罪則已 不然

직접적으로 거란을 자극하여 2차 전쟁이 일어나게 한 사건은 목종-현종의 교체였지만, 2차 전쟁이 발발하게 된 배경에는 고려-송 관계에 대한 견제 및 강동 6주를 차지하여 압록강 동쪽 지역에서의 우위를 확보하고자 하는 거란측의 전략적 계산이 포함되어 있었다.[14] 이에 더하여 고려-거란 외교 관계의 측면에서 볼 때 2차 전쟁의 개시에는 거란이 목종-현종의 교체에 문제를 제기함으로써 고려와의 관계에서 자신들의 위상을 보다 분명히 하려는 의도 역시 주요한 원인으로 작용했다. 전쟁을 통해 거란은 994년에 성립된 양국 간의 외교 관계를 파기한 것에 대한 책임을 고려에 묻고, 양국 관계에서 거란 스스로 책봉국으로서의 지위를 회복하려는 의도가 있었던 것이다.

거란의 선전포고가 전해진 뒤에도 고려는 다시 한 번 거란에 사신을 보내어 화친을 청하고[請和],[15] 11월에는 동지를 하례하는 사신도 보냈다.[16] 그러나 거란 聖宗은 자신의 군대를 義軍天兵이라 칭하며 고려를

侯服除歲豐 擧兵未晩 時令已下 言雖不行 識者韙之.

14) 이러한 점은 선행 연구에서 자세히 밝혀졌다.
　　池內宏, 1920, 「契丹聖宗の高麗征伐」『滿鮮地理歷史硏究報告』 7, 東京帝大
　　文學部 : 1937, 『滿鮮史硏究』中世第二冊, 吉川弘文館, 226~228쪽.
　　김상기, 1959, 「단구와의 항쟁」『국사상의 제 문제』 2, 국사편찬위원회, 134쪽.
　　李丙燾, 1961, 『韓國史』中世篇 乙酉文化社, 189~191쪽.
　　朴賢緖, 1981, 「北方民族과의 抗爭」『한국사』 4, 국사편찬위원회, 272~276쪽.
15) 『高麗史』卷4 世家4 顯宗 元年(1010) 10月 癸丑 祭知政事李禮均·右僕射王
　　同穎如契丹 請和.
16) 『高麗史』卷4 世家4 顯宗 元年(1010) 11月 丙子 朔 遣起居郎姜周載如契丹
　　賀冬至.
　　고려가 거란에 보낸 최초의 賀冬至使 기록인데 과연 이때 처음으로 파견된 사
　　신인가 하는 문제가 있다. 冬至는 천자가 제사를 지내는 중요한 시기 중 하나이
　　며 천자의 제사를 제후가 돕는 것은 오랜 전통이었으므로(奧村周司, 1987, 「高
　　麗の圜丘祀天禮について」『早實硏究紀要』: 1997, 「高麗の圜丘祀天禮と世
　　界觀」『朝鮮社會の史的展開と東アジア』, 山川出版社), 기록에 남지는 않았

공격해 왔고[17] 압록강을 건넌지 8일 만인 11월 24일에 통주성에서 강
조를 포로로 잡았다.[18] 거란의 공세가 이어지면서 불리한 상황이 계속
되자 현종은 표를 올려 알현을 요청하고[上表請朝] 거란 성종은 이를
허락하였다.[19] 거란이 뒤이어 거란인 개성유수를 임명한 것을 보면, 고
려뿐 아니라 거란 역시 고려왕의 알현 요청[請朝]을 일종의 항복 표현
으로 받아들였다고 생각된다. 그러나 거란이 임명한 개성의 관원들과
그 호위를 맡았던 거란인들이 임명 다음날 모두 고려인의 공격을 받아
피살되자 거란의 공격은 계속되었다. 결국 고려 조정은 12월 28일(임
신)에 본격적으로 항복을 논의하게 되었다. 이때 강감찬은 2차 전쟁의

지만 고려 역시 거란과의 공식적인 외교 관계를 맺은 뒤로부터는 동지에 사신을
보내었을 것이라 생각된다. 동지를 하례하는 사절이지만 당시 양국간에 현안을
해결해보려는 의도가 있었을 것임은 물론이다.

17) 『高麗史』卷4 世家4 顯宗 元年(1010) 11月 (丙子) 契丹主遣將軍蕭凝來 告親征.
『高麗史』卷4 世家4 顯宗 元年(1010) 11月 辛卯 契丹主自將步騎四十萬 渡
鴨綠江 圍興化鎭 楊規·李守和等固守不降 ; 『高麗史節要』卷3 顯宗 元年
(1010) 11月 辛卯 契丹主自將步騎四十萬 號義軍天兵 渡鴨綠江 圍興化鎭 巡
檢使刑部郎中楊規與鎭使戶部郎中鄭成·副使將作注簿李守和·判官廩犧令張
顥 嬰城固守.

18) 『高麗史節要』卷3 顯宗 元年(1010) 11月 己亥 ; 『遼史』卷115 列傳45 二國外
記 高麗 (統和) 28年(1010) 11月.

19) 『高麗史節要』卷3 顯宗 元年(1010) 12月 甲寅 肅州潰 是日 盧顗爲鄕導 與丹
人劉經 賫檄至西京諭降 副留守元宗奭 與僚佐崔緯·咸質·楊澤·文晏等 已修
降表 蔡文等聞之 引兵至西京 城門閉 崔昌呼分臺御史曹子奇曰 吾等奉王命
倍道而來 不納何也 子奇具告顗經諭降事 遂開門 蔡文入屯故宮南廊 昌諷宗
奭 拘留顗等固守 宗奭不從 昌密與蔡文謀 遣兵城北 候顗等還 掩殺之 取其
表焚之 時城中疑貳 蔡文出屯城南 從之者 獨大將軍鄭忠節耳 俄而東北界都
巡檢使卓思政率兵而至 遂與合軍復入城 王以三軍敗衂 州郡陷沒 上表請朝
契丹主許之 遂禁俘掠 以馬保佑爲開城留守 王八副之 遣乙凜 將騎兵一千 送
保佑等 ; 『高麗史』卷94 列傳7 智蔡文 ; 『遼史』卷115 列傳45 二國外記 高
麗 (統和) 28年(1010) 11月.

원인이 강조에게 있다는 점을 주장하며 일단은 거란의 공격을 잠시 피
해보자는 의견을 제시하였다.[20] 이에 따라 현종을 중심으로 한 고려
조정은 개경을 버리고 피난을 떠나게 되었다.

　고려가 좀 더 적극적으로 종전을 위한 협상에 나서게 되는 것은 당
시 징계를 받아 유배가 있던 河拱辰이 현종 일행과 합류하게 되면서부
터이다. 하공진은 애초에 거란이 내세웠던 "兇逆則須行誅伐" 혹은 "親行
誅伐 特正刑名"이라는 討賊의 명분이[21] 강조를 체포함으로써 달성되었
다는 점을 역설하며 거란에 화친을 요청할 것을 제안하였다. 전쟁의
원인이 강조에게 있음을 거론한 것은 앞서 강감찬의 지적과도 같은 주
장이었다. 결국 하공진의 건의가 채택되었고, 그는 스스로 사절이 되어
거란 군영을 방문하여 종전을 위한 협상에 착수하였다.

　하공진은 전략적으로 하급 군관을 먼저 거란 군영에 보내어 고려가
거란군을 매우 두려워하고 있음을 보여주며 거란의 우위를 확인시켰

---

20) 『高麗史節要』卷3 顯宗 元年(1010) 12月 壬申 (智蔡文)奏西京敗軍狀 群臣議
　　降 姜邯贊獨曰 今日之事 罪在康兆 非所恤也 但衆寡不敵 當避其鋒 徐圖興
　　復耳 遂勸王南行 蔡文請曰 臣雖駑怯 願在左右 庶效犬馬之勞 王曰 昨李元·
　　崔昌奔還 自請扈從 今不復見爲臣之義 果如是乎 今卿旣勞于外 又欲捍衛 深
　　嘉乃忠 仍賜酒食 及銀粧鞍轡 是夜 王與后妃 及吏部侍郎蔡忠順等 禁軍五十
　　餘人 出京城 ; 『高麗史』卷94 列傳7 智蔡文.
　　『補閑集』에서는 강감찬의 이 제안을 강조하며 2차 전쟁의 종결을 이끌어낸 것
　　이 강감찬의 공이라 평가하였다.
　　『補閑集』卷上 姜仁憲公邯贊 顯宗統和二十七年己酉.
21) 『高麗史節要』卷3 顯宗 元年(1010) 11月 甲午 契丹主以錦衣銀器等物 賜鎭
　　將有差 仍勅曰 省所上表奏具悉 朕纘承五聖 臨御萬邦 忠良則必示旌襃 兇逆
　　則須行誅伐 以康兆弑其故主 挾彼幼君 轉恣姦豪 大示威福 故親行誅伐 特正
　　刑名 方擁全師 以臨近境 比特頒於綸旨 蓋示於招懷 遽覽封章 未聞歸款
　　陳瀝靡由於誠實 詞華徒見於敬恭 況汝等早列簪裾 必知逆順 豈可助謀於逆
　　黨 不思雪憤於前王 宜顧安危 預分禍福 ; 『高麗史』卷94 列傳7 楊規.

다. 그 다음으로 하공진은 왕이 직접 오려 했다는[國王固願來覲] 말로 협상을 시작함으로써 12월 10일에 고려와 거란이 모두 동의했던 고려 왕의 알현 조건을 상기시키고 거란의 퇴각을 요청하였다.22) 그러나 거란은 바로 종전 협상에 임하지 않고 현종의 위치를 재차 확인하면서23) 계속해서 전선을 남쪽으로 확대하여 1011년 정월 1일(을해)에는 결국 개경을 함락하였다. 거란이 興化鎭을 공격하는 중에 보낸 칙서를 보면 고려의 항복 의사 표현에 대한 거란측의 강한 의심이 잘 드러나 있는 데24) 고려왕의 친조를 암시하며 하공진이 제안한 화친 요청에서도 이러한 태도가 계속되고 있었던 것이라 짐작된다.

하공진 일행은 며칠 뒤 다시 한 번 종전을 요청하였는데, 거란 성종은 이번에는 이를 수락하였다. 거란은 고려 내지로 전선이 확대되면서

---

22) 『高麗史節要』 卷3 顯宗 元年(1010) 12月 甲戌 ;『高麗史』 卷94 列傳7 河拱辰
   王筮得吉卦 遂遣拱辰及高英起 奉表狀 往契丹營 拱辰行至昌化縣 以表狀授
   郎將張旻別將丁悅 先往契丹軍 言曰 國王固願來覲 第懼兵威 又因內難 出避
   江南 遣陪臣拱辰等 陳告事由 拱辰等亦惶懼 不敢前來 請速收兵 旻等未至
   契丹先鋒已至昌化 拱辰等具陳前意.

23) 『高麗史節要』 卷3 顯宗 元年(1010) 12月 甲戌 王次楊州 河拱辰奏曰 契丹本
   以討賊爲名 今已得康兆 若遣使請和 彼必班師 王筮得吉卦 遂遣拱辰及高英
   起 奉表狀 往丹營 行至昌化縣 以表狀 授郎將張旻·別將丁悅 先往軍前 告曰
   國王固願來覲 第懼兵威 又因內難 出避江南 差遣陪臣拱辰等 陳告事由 拱辰
   等亦惶懼 不敢前來 請速收兵 旻等未至 丹兵先鋒 已至昌化 拱辰等具陳前意
   丹兵問國王安在 答曰 今向江南 不知所在 又問遠近 答曰 江南太遠 不知幾
   萬里 追兵乃還 ;『高麗史』 卷94 列傳7 河拱辰 ;『高麗史』 卷4 世家4 顯宗
   元年(1010) 12月 甲戌.

24) 『高麗史節要』 卷3 顯宗 元年(1010) 11月 甲午 契丹主以錦衣銀器等物 賜鎭
   將有差 仍勅曰 省所上表奏具悉 朕纂承五聖 臨御萬邦 忠良則必示旌褒 兇逆
   則須行誅伐 以康兆弑其故主 挾彼幼君 轉恣姦豪 大示威福 故親行誅伐 特正
   刑名 方擁全師 以臨近境 比特頒於綸旨 蓋式示於招懷 遽覽封章 未聞歸款
   陳瀝應由於誠實 詞華徒見於敬恭 況汝等早列簪裾 必知逆順 豈可助謀於逆
   黨 不思雪憤於前王 宜顧安危 預分禍福 ;『高麗史』 卷94 列傳7 楊規.

전쟁이 길어지고 보급로가 길어지고 있다는 불리함을 안고 있었다. 또한 하공진의 지적대로 강조가 체포되면서 거란 스스로 내세웠던 전쟁의 명분이 이미 달성된 상황이었으므로 더 이상 전쟁을 지속할 이유가 없었을 것이다. 이에 따라 거란은 1011년 정월 11일, 군사를 되돌렸고25) 퇴각하는 과정에서 거란군은 양규 등 고려군의 거센 저항을 겪으며 같은달 29일 드디어 압록강을 건너 완전히 물러났다.

2차 전쟁의 종결을 이끌어낸 하공진의 협상은 거란이 내세운 전쟁의 원인을 정확히 파악한 뒤 이를 근거로 전쟁의 종결을 이끌어냈다는 점이 특징적이다. 이 점은 1차 전쟁의 종결 과정과도 유사하다. 다만 1차 전쟁 때에는 거란이 내세운 명분이 고려의 이익과 상충되는 부분이 있었고 이를 조율하여 종전 협약인 지계획정이 성립되었다. 그러나 2차 전쟁에서는 거란이 애초에 내세웠던 전쟁 목표가 강조의 체포로 이미 성취되었다. 아울러 거란의 입장에서는 고려의 제안으로 국왕친조를 약속받은 뒤에 퇴각을 결정하였지만 퇴각 중 여러 차례 패배를 겪으면서 결과적으로 전쟁이 거란의 승리로 완결되지는 못한 부분이 있다. 고려의 입장에서 볼 때에도 2차 전쟁은 앞서의 경우처럼 전쟁의 결과가 양측의 합의에 의해 명료하게 완료되지 못하고 단순히 적군의 퇴각으로 종료되어 버린 셈이 되었다.

거란군이 물러난 뒤 고려 조정은 전쟁에서 공을 세운 신하들의 공훈을 치하하며 전후 처리에 몰두하는 한편, 4월에는 군대를 돌린 것을 감

---

25) 『高麗史』卷4 世家4 顯宗 2年(1011) 正月 丁丑 扈從諸臣 聞拱辰等被執 皆驚懼散走 惟侍郎忠肅·張延祐·蔡忠順·周佇·柳宗·金應仁不去.
　　『高麗史節要』卷3 顯宗 2年(1011) 正月 丁丑 河拱辰·高英起至丹營 乞班師 丹主許之 遂留拱辰等 扈從諸臣 聞拱辰等被執 皆驚懼散走 惟侍郎忠肅·張延祐·忠順·周佇·柳宗·金應仁不去.

사하는 사신을 거란에 보냈다.[26] 이때의 기록에서 홍미로운 점은 고려가 거란에 사신을 보내기 전에 점을 쳐 보았다는 사실이다. 명을 받은 태사는 乾이 변한 蠱卦의 九五 爻를 얻었고, 이를 "下가 上을 섬기는 상이니 길합니다(此亦以下事上之象吉)."라고 풀이하였다. 이 기록을 통해 당시 고려의 대거란 정책과 관련하여 추론해 볼 수 있는 점은 다음과 같다. 우선, 당시 고려가 파견한 사신의 명칭은 謝班師使였지만, 이 사절이 단순히 거란군의 퇴각에 대한 감사를 표시하기 위해 파견된 것이 아니라 본 목적은 거란에 대한 사대관계를 재구축하려는 것이었음을 짐작할 수 있다. 현종 즉위 직후까지 고려는 거란에 왕위 교체를 알리거나 때에 맞는 사절을 보내왔다. 따라서 거란에 대한 사대 정책은 현종대의 새로운 전략이 아니라 994년에 거란으로부터 성종이 책봉을 받은 이후 현종이 즉위한 직후까지 지속되어 온 기존의 관계를 회복하는 것이다. 이는 고려 조정이 내부적으로도 스스로를 거란에 대해 下의 위치로 파악하고 거란에 대한 외교를 事上으로 표현한 것에서도 재삼 확인된다.

한편, 점을 친 뒤에 고려가 거란에 사신을 파견하였음을 특별히 기록해 둔 이유는 무엇일까. 선후 관계를 볼 때 사절 파견에 앞서 점을 친 것은 사실이지만 고려 조정이 전적으로 점괘에 의존하여 사신을 파견하거나 대외 정책을 정하지는 않았을 것이다. 내부적으로 거란에 대한 외교 정책의 기조를 이전의 사대 관계를 회복하는 것으로 결정한 상태였을 것이며, 이 결정에 좀 더 힘을 싣기 위하여 점복이라는 초월

---

26) 『高麗史』卷4 世家4 顯宗 2年(1011) 4月 乙丑 遣工部郎中王瞻 如契丹 謝班師 先是 王欲遣使契丹 命太史筮之 得乾之蠱 奏曰 乾爲君爲父 乾健則無所不通 九五曰 飛龍在天 利見大人 蠱之爲卦 尊者在上 卑者在下 此亦以下事上之象吉.

적 권위에 의탁한 것이라 생각된다. 이러한 의식이 필요했던 이유는 거란의 공격으로 인해 고려 내부적으로 생겨난 적대감과 반대로 그들과의 사대 관계를 회복해야 하는 상황을 고려의 일반 대중에게 좀 더 쉽게 설득하기 위해서였을 것이며,27) 한편으로는 현종 자신이 거란에 대한 사대를 회복할 자신이 없었기 때문일 것이다. 현종 2년 당시를 거란과의 관계가 처음으로 수립된 성종대의 상황과 비교해 보면 고려 조정의 입장을 보다 쉽게 이해할 수 있다. 거란과의 1차 전쟁 때에는 거란측에서 분명하게 사대를 요구해 왔고 그것이 전쟁의 명분이기도 했다. 고려는 거란에 사대하는 대신 여진 세력을 정리하고 압록강을 기준으로 거란과의 경역을 구분짓는 큰 이익을 얻어 내었다. 이는 종전 협정의 성격을 갖는 지계획정을 통해서 확립되었고 최종적으로 거란 황실의 승인을 받았다. 따라서 1차 전쟁 이후 고려가 거란에 사대하는 것은 고려 내외부적으로 명분과 이유가 분명한 조처였다. 그런데 현종 즉위 직후 일어난 2차 전쟁 때에는 거란이 목종과 현종의 갑작스러운 교체에 문제를 제기하며 목종을 쫓아낸 강조를 죄인으로 규정하였다. 강조가 포로로 잡힘으로써 거란이 내세웠던 討賊이라는 명분이 완수되었고, 이를 근거로 고려는 거란군의 퇴각을 요청할 수 있었다. 그러나

---

27) 거란에 대한 事大는 이미 994년부터 실행되어 왔기 때문에 거란에 대한 사대를 대내적으로 정당화할 필요는 없었을 것이라 생각된다. 다만 현종이 양규의 처에게 직접 지어 준 교서에서 거란을 寇賊으로 표현하였듯이 고려에 직접적인 피해를 입힌 거란에 대한 두려움과 그로 인한 적대감이 상당히 공유되어 있었을 것인데, 이러한 정서를 어떻게든 무마하기 위해 점사를 활용한 것이 아닐까 추측된다.

『高麗史節要』卷3 顯宗 2年(1011) 4月 命有司 給楊規妻殷栗郡君洪氏粟 授子帶春校書郞 王親製敎 賜洪氏曰 汝夫才全將略 兼識治道 效節輸誠 忠貞罕比 昨於北境 追捕寇賊 城鎭得全 累多捷勝 乃至隕亡 常思厥功 歲賜汝稻穀一百苫 以終其身 ;『高麗史』卷94 列傳7 楊規.

거란이 규정한 죄인인 강조에 의해 옹립된 현종은 거란이 자신의 왕위를 보장해 줄 것인지 확신할 수 없는 상황에서 주저하지 않고 거란과의 사대관계를 회복하기는 어려웠을 것이다. 게다가 1차 전쟁 이후와 달리 이번에는 분명한 종전의 조건이 제시되지 않았으며 따라서 이를 토대로 한 종전 협약도 성립될 수 없었다. 종전을 이끌어내는데 큰 공을 세운 하공진도 포로가 되어 거란 내지로 이송된 상황이었다. 이런 점들을 종합해 볼 때, 당시 현종을 비롯한 고려 조정은 거란과의 사대관계가 종전처럼 회복될 수 있을지 완전히 확신하지는 못했던 것이며 그 때문에 사신을 파견하면서 점복이라는 초월적 권위에 어느 정도 의지하게 되었던 것이라 생각된다.[28]

---

28) 거란과의 외교 문제를 결정하기 위해 점을 쳐 결과를 예측해 본 사례들은 이외에도 적지 않게 찾을 수 있다.
　『高麗史節要』卷3 顯宗 元年(1010) 12月 甲戌 王次楊州 河拱辰奏曰 契丹本以討賊爲名 今已得康兆 若遣使請和 彼必班師 王筮得吉卦 遂遣拱辰及高英起 奉表狀 往丹營 行至昌化縣 以表狀 授郞將張旻·別將丁悅 先往軍前 告曰 國王固願來覲 第懼兵威 又因內難 出避江南 差遣陪臣拱辰等 陳告事由 拱辰等亦惶懼 不敢前來 請速收兵 旻等未至 丹兵先鋒 已至昌化 拱辰等具陳前意 丹兵問國王安在 答曰 今向江南 不知所在 又問遠近 答曰 江南太遠 不知幾萬里 追兵乃還 ; 『高麗史』卷94 列傳7 河拱辰 ; 『高麗史』卷4 世家4 顯宗 元年(1010) 12月 甲戌.
　『高麗史』卷4 世家4 顯宗 2年(1011) 4月 乙丑 遣工部郞中王瞻 如契丹 謝班師 先是 王欲遣使契丹 命太史筮之 得乾之蠱 奏曰 乾爲君爲父 乾健則無所不通 九五曰 飛龍在天 利見大人 蠱之爲卦 尊者在上 卑者在下 此亦以下事上之象吉.
　『高麗史』卷94 列傳7 王可道 平章事柳韶請攻破丹城 王下宰執議 訥及兪義·黃周亮·崔齊顏·崔冲·金忠贊等 皆曰不可 可道與李端奏 時不可失 固請出軍 王命有司 卜於大廟 不果出兵.
　예종대 여진 정벌 문제와 인종대 事金 문제를 두고 결정을 내리기 어려울 때 역시 점을 친 사례가 확인된다.
　『高麗史』卷96 列傳9 尹瓘 睿宗卽位 以喪未遑出師 二年 邊將報 女眞强梁

4월에 謝班師使를 보낸 뒤 고려는 8월에 다시 한 번 비정례 사행을 파견하였으며 10월과 11월에는 동지를 축하하는 사절과 황제의 생신을 축하하는 정례 사절을 파견하면서[29] 양국 관계를 속히 회복하기 위해 노력하였다.

이상에서 살펴본 거란과의 2차 전쟁과정은 다음과 같이 정리할 수 있다. 전쟁을 일으킨 양국간의 갈등은 목종에서 현종으로의 왕위 교체에서 시작되었다. 현종이 즉위하는 과정에 대해 거란이 문제를 제기해 오자 고려는 정례적으로 파견해 오던 사신 외에 기록 상 목적이 분명하게 드러나지 않는 비정례 사절들을 보내어 거란이 제기한 문제를 무마하려 하였다. 한편으로는 통주 지역에 군사를 배치하는 등 실제적 충돌에 대비하기도 하였으나 거란과의 갈등 해소에 있어 기본적으로 고려 조정이 취한 대책은 사신 파견과 그를 통한 거란 현지에서의 교섭활동이었다. 전쟁이 시작되고 거란군이 강조를 사로잡자 강감찬과 하공진을 비롯한 고려 조정은 강조 체포를 구실로 거란에 화친을 요청하였고, 강조를 사로잡음으로써 起兵의 구실이 없어진 거란은 퇴각을

侵突邊城 其酋長以一胡蘆縣雉尾 轉示諸部落以議事 其心叵測 王聞之 出重光殿佛龕所藏蕭宗誓疏 以示兩府大臣 大臣奉讀流涕曰 聖考遺旨 深切若此 其可忘諸 乃上書 請繼先志伐之 王猶豫未決 命平章事崔弘嗣 筮于太廟 遇坎之旣濟 遂定議出師.

『高麗史』卷15 世家15 仁宗 4年(1126) 3月 乙未 遣李之美 告太廟 筮事金可否 其文曰 惟彼女眞自稱尊號 南侵皇宋 北減大遼 取人旣多 拓境亦廣 顧惟小國與彼連疆 或將遣使講和 或欲養兵待變 稽疑大筮 神其決之.

29)『高麗史』卷4 世家4 顯宗 2年(1011) 8月 乙丑 遣戶部侍郎崔元信 如契丹.
『高麗史』卷4 世家4 顯宗 2年(1011) 10月 乙丑 遣都官郎中金崇義 如契丹 賀冬至.
『高麗史』卷4 世家4 顯宗 2年(1011) 11月 壬午 遣刑部侍郎金殷傅 如契丹 賀生辰.

결정하였다. 고려는 謝班師使를 필두로 정례 사신들을 보내어 화친을 공고히 하고 평화적인 관계를 회복하기 위해 노력하였다. 그러나 2차 전쟁은 1차 전쟁과 달리 전쟁의 마무리가 분명하지 않았다. 1차 전쟁의 결과 양국은 서로의 요구 사항을 확인하고 이를 조정한 뒤 지계획정에 합의하는 형태로 전쟁을 종결지었다. 그런데 이번 2차 전쟁의 경우에는 거란이 주요 공격대상으로 제시했던 목종-현종 교체의 주도 세력이 전쟁 중에 해체됨으로써 거란이 제기한 불만이 해소되었고 종전으로 이어졌다. 표면적으로 볼 때 전쟁의 원인이 해소되고 그에 따라 전쟁도 종결된 것이었지만, 전쟁 당사국 간에 협의나 합의 과정 없이 전쟁이 끝났기 때문에 전후에도 외교 관계를 이어나가야 하는 전쟁 당사국의 입장에서는 외교의 방향을 잡는 것이 쉽지 않게 되었다. 특히 강조가 포로가 됨으로써, 즉위 과정에서 상당 부분 강조에 의지했던 현종과 그의 정부는 거란이 자신들을 인정할 것인가에 대한 불안을 떨쳐버릴 수 없었다. 이러한 고려 조정의 불안은 곧이어 불거진 친조 문제에서 현실화되었고, 고려왕의 친조문제는 3차 전쟁으로 이어졌다.

2) 거란의 親朝 요구와 對거란 3차 전쟁

1012년 4월, 거란은 詔를 보내 고려왕의 친조를 요구해왔다.[30] 거란

---

30) 『高麗史』 卷4 世家4 顯宗 3年(1012) 4月 契丹詔王親朝.
　　고려사의 기록에 따르면 거란에서 일방적으로 고려왕의 친조를 요구해 온 것처럼 기록되어 있으나, 『고려사절요』와 지채문 전을 통해 이미 1010년 12월에 고려가 먼저 上表請朝하였음을 확인할 수 있다. 『요사』에서는 1010년 고려의 請朝 사실과 1012년에 거란이 親朝를 요구한 일을 축약하여 1012년에 기록하였다. 『高麗史節要』 卷3 顯宗 元年(1010) 12月 甲寅 王以三軍敗衄 州郡陷沒 上表請朝 契丹主許之 ; 『高麗史』 卷94 列傳7 智蔡文.

이 친조를 요구하여 고려 조정을 긴장시키기 직전부터 양국 관계에는
불안한 조짐이 있었다. 1011년 12월에 거란은 억류하고 있던 하공진을
처형하였다. 하공진은 거란측의 귀화 요구를 거절하고 고려에 대한 충
성을 고수하다가 결국 죽음에 이르게 된 것으로 기록되어 있다.[31] 한
편 거란의 친조 요구가 있기 바로 전인 3월에는 거란에 사신 갔다가
귀국 중이던 김은부가 내원성 인근에서 거란의 사주를 받은 여진에 의
해 억류되었다가 얼마 뒤 환국하는 일도 있었다.[32]

『遼史』卷15 本紀15 聖宗6 開泰 元年(1012) 4月 庚子 高麗遣蔡忠順來 乞稱
臣如舊 詔王詢親朝 ; 『遼史』卷115 列傳45 二國外記 高麗 開泰 元年(1012)
詢遣蔡忠順來 乞稱臣如舊 詔詢親朝.
　단, 채충순은 1013년에 거란에 파견되었다(『高麗史』卷4 世家4 顯宗 4年(1013)
(2月) 庚寅 遣中樞院使蔡忠順 如契丹). 거란에서 親朝를 요구하기 이전에 거
란을 방문한 고려 사신은 1011년 11월에 賀生辰使로 파견된 김은부이며, 2차 전
쟁이 끝나고 가장 먼저 거란에 보내진 사신은 1011년 4월의 謝班師使 王瞻이다
(『高麗史』卷4 世家4 顯宗 2年(1011) (4月) 乙丑 遣工部郞中王瞻 如契丹 謝
班師). 『요사』에 기록된 채충순은 김은부 혹은 왕첨을 잘못 기록한 것일 가능성
이 있다.
31) 『高麗史』卷4 世家4 顯宗 2年(1011) (12月) 是月 契丹殺河拱辰.
　　『高麗史』卷94 列傳7 河拱辰 明年(1011, 顯宗 2) 拱辰與英起 至契丹營 乞班
師 契丹主許之 遂留拱辰等 拱辰旣被留 內圖還國 外示忠勤 契丹主甚加寵遇
拱辰與英起密謀 奏曰 本國今已喪亡 臣等願領兵 點檢而來 契丹主許之 尋聞
王返國 使英起居中京 拱辰居燕京 皆妻以良家女 拱辰多市駿馬 列置東路 以
爲歸計 人告其謀 契丹主鞫之 拱辰具以實對 且曰 臣於本國 不敢有二心 罪
當萬死 不願生事大朝 契丹主義而原之 諭令改節效忠 拱辰辭益厲不遜 遂殺
之 爭取心肝食之.
32) 『高麗史節要』卷3 顯宗 3年(1012) (3月) 金殷傅還至來遠城 契丹慜女眞 執之
以歸.
　　『高麗史』卷94 列傳7 金殷傅 尋除刑部侍郞 如契丹 賀生辰 還至來遠城 契
丹慜女眞執之以歸 數月乃得還.
　　김은부는 전년(1011) 11월에 賀生辰使로 파견되었다가 돌아오는 길이었는데,
1012년 윤10월에 환국하였다.
　　『高麗史』卷4 世家4 顯宗 2年(1011) 11月 壬午 遣刑部侍郞金殷傅 如契丹 賀

사실 현종의 親朝는 2차 전쟁의 종전을 유도하는 과정에서 고려측이
먼저 제안한 것이었지만, 1012년 6월에 고려는 현종의 병을 핑계로 친
조 요구를 거절하였다. 고려의 거절에 노한 거란 황제는 흥화진 등 압
록강 동쪽의 여섯 성 지역을 취하도록 명령을 내렸다.[33] 2차 전쟁으로
고려를 공격했던 거란군이 완전히 물러난 지 채 1년도 되지 않아서 다
시 양국 간에 갈등이 발생한 것이다. 거란이 계속해서 전쟁을 일으킨
보다 근원적인 배경에는 994년 이후 고려에 귀속된 강동 6주에 대한
전략적 계산이 있다는 점은 여러 선행 연구 성과에서 이미 충분히 밝
혀졌다.[34] 이에 더하여 3차 전쟁의 발발에는 거란의 입장에서 볼 때
여전히 완벽하게 마무리되지 않은 양국 간의 외교적 위계 문제가 작용
했다고 생각된다.

앞서 간략히 언급하였듯이, 994년 이후 고려왕은 거란 군주의 책봉
을 받았다. 거란의 책봉을 받은 목종이 책봉국인 거란이 알지 못하는
사이에 교체되었던 사실은 거란 조정에게는 양국간의 위계 질서를 부
정하는 처사로 받아들여졌고, 이를 계기로 2차 전쟁이 촉발되었다. 고
려는 왕위의 '자의적 교체'의 책임자인 강조가 이미 거란에 사로잡힌
사실을 제시하고 이에 더하여 현종의 친조를 약속하며 종전을 이끌어
내었다. 그러나 현종은 거란 조정의 입장에서 볼 때 그 성향이나 대외
정책 등이 여전히 확인되지 않은 인물이었다. 따라서 거란 조정에서는

生辰.
　『高麗史節要』卷3 顯宗 3年(1012) (閏10月) 金殷傅還自契丹.
33) 『高麗史』卷4 世家4 顯宗 3年(1012) 6月 甲子 遣刑部侍郎田拱之 如契丹 夏
　　季問候 且告王病 不能親朝 丹主怒 詔取興化·通州·龍州·鐵州·郭州·龜州等
　　六城.
34) 李丙燾, 1961, 『韓國史』中世篇 乙酉文化社, 197~202쪽.
　　朴賢緒, 1981, 「北方民族과의 抗爭」『한국사』4, 국사편찬위원회, 274~278쪽.

고려와의 위계 관계를 재정립하기 위해 고려왕의 친조 혹은 현종과의 대면이 반드시 요구되었던 것이라 생각된다.

그러나 고려가 공식적으로 친조 거부 의사를 밝혀오자 거란 성종은 詔를 내려 강동 6주를 취할 것을 천명하였다. 지계획정 성립 이후 유지되어 온 양국 관계의 계속선상에서 볼 때 지계획정 이후 고려에 귀속된 6성은 거란에 복속하는, 즉 거란과의 관계를 유지하는 일종의 대가라고 할 수 있다. 현종이 친조를 거부하며 거란 황제의 명령[詔]을 이행하지 않은 것이 거란에게는 계약파기 선언으로 받아들여졌을 것이다.

이러한 점들이 종합적으로 작용하여 거란은 고려에 '허락'했던 강동 6주를 환수할 것임을 천명한 것이라 하겠다. 따라서 거란의 강동 6주 환수 선언은 단순히 고려의 거절에 대한 일시적인 분노의 표출이거나 즉흥적인 선언은 아니었을 것으로 생각된다.

1012년(현종 3) 6월에 거란이 강동 6주 환수의 조를 내린 이후 실제 전쟁이 시작되는 1014년 10월까지는 상당한 시간이 걸렸으며, 그 기간 중 거란과 고려가 여러 차례 사신을 교환하였다는 점도 거란이 실제 전쟁을 일으켜 강동 6주를 환수하는데 가장 큰 목적이 있었던 것이 아니라 고려와의 외교적 위계 질서를 확립하는데 있었음을 추론하게 한다.

이때 양국이 교환한 사행은 다음과 같다. 먼저 거란에서는 1012년 윤10월 契丹使 韓邠이 방문하였고 12월에 引進使 李延弘이 왔으며 1013년 3월에 온 耶律行平은 고려가 흥화진 등 六城을 취한 것을 책망하였고 7월에 다시 6성을 요구[索]하였다. 1014년 10월에 거란 國舅詳穩 蕭敵烈이 통주 흥화진을 공격하기 한 달 전인 9월에도 거란 장군 李松茂가 6성을 재차 요구하였다. 종합하자면 거란측에서 6성을 환수받기 위한 실제 행동을 취하기까지 2년여의 기간 동안 약 5차례에 걸쳐 거란의

사신이 고려를 방문했고, 현종 3년의 두 차례 사절은 방문 목적이 명기
되어 있지는 않지만 양국 간의 갈등을 협의하기 위해 파견되었을 것임
을 전후 상황 속에서 어렵지 않게 추측할 수 있다.

한편 고려 역시 거란이 제기한 친조 요구와 강동 6주 환부 문제를
협의하기 위해 같은 기간 동안 여러 차례 사신을 보내었다. 1012년 9월
西頭供奉官(종7) 문유령을 거란 내원성에 파견하였고 윤10월에는 工部尙
書(정3)·叅知政事(종2) 張瑩과 禮部侍郎(정4) 劉徵弼이 거란에 파견되었
다. 이 사행은 정사의 품질이 이전 사행에 비해 훨씬 높아졌다는 점이
주목되는데, 당시 거란과의 사이에서 불거진 현안을 고려 조정이 얼마
나 시급한 문제로 받아들였는가 하는 점을 짐작할 수 있다. 계속해서
1013년에는 정월과 2월에 연이어 거란에 사신을 보냈다.

그러나 고려에게는 거란의 강동 6주 환부 요구를 불식시킬 수 있는
적절한 협상 전략이 없었다. 목종 12년의 정변을 통해 즉위한 현종은
거란으로부터 공식적으로 지위를 인정받지 못한 상황이었다. 거란의
요구에 대응하기 위해서는 994년의 지계획정을 활용하는 것도 방법이
될 수 있었을 것이나, 지계획정은 거란과의 친선 관계를 토대로 성립
된 것이었으므로 이를 활용하기 위해서는 거란과의 조공·책봉 관계를
인정해야 하는데, 그렇게 되면 현종이 거란의 친조 요구를 거부하는
것은 고려가 피책봉국으로서 책봉국의 요구를 따르지 않는 것이 되므
로 오히려 스스로 잘못을 인정하는 셈이 된다. 이러한 상황에서 성종
대의 지계획정은 오히려 현종에게 불리한 협상 전략이었다. 내부적으
로 지지기반이 미약했던 현종의 입장에서35) 거란과의 갈등은 국왕의

---

35) 김당택, 2007, 「高麗 顯宗·德宗代 對契丹(遼) 관계를 둘러싼 관리들 간의 갈등」
『역사학연구』 29, 98쪽.
　현종의 정치적 기반에 대해 전론한 연구는 아니지만, 현종대 있었던 지배체제

지위를 유지하는데 결코 유리한 조건은 아니었다. 그러나 반대로 외부에 대한 강한 적대감과 전쟁, 그로 인한 체제 유지에 대한 위기감은 현종의 미약한 존립기반에 대한 도전을 극복할 수 있는 좋은 구실이 될 수 있다.[36]

그러던 중 1014년 8월에 고려는 의외의 행보를 보였다. 송에 사신을 보내 예전과 같이 귀부할 것을[歸附如舊] 요청한 것이다.[37] 이 요청은 송에 의해 거부되었지만,[38] 이후 고려가 더 이상 거란에 사신을 보내지 않았던 점으로 보아 송에 대한 '歸附如舊' 요청은 거란과의 관계를 포기하고 예전처럼 송과 조공·책봉 관계를 회복하고자 한다는 의미였을 것이라 생각된다. 고려 조정이 거란과의 전쟁을 결심한 것 역시 이 때를 즈음하였을 것으로 추정된다.[39] 거란에서는 9월에 한 차례 더 환

개편의 원인으로 현종의 정치적 기반이 약했다는 점을 언급한 연구도 있다(이정훈, 2006, 「고려전기 중추원의 설치와 職掌의 변화」 『東方學志』 134, 54~55쪽).

36) 김당택은 현종대 정치세력을 현종 옹립세력과 측근 세력으로 구분하고, 현종 측근 세력이 대거란 강경론을 주장했다고 보았다. 이들이 강경론을 내세운 까닭은 대외관계의 긴장을 이용하여 왕권을 강화시키려했기 때문이라고 추측하였다. 김당택, 2007, 「高麗 顯宗·德宗代 對契丹(遼) 관계를 둘러싼 관리들 간의 갈등」 『역사학연구』 29, 104쪽.
 당시 거란에 대한 강경론이 채택될 수 있었던 배경과 관련하여서는 타당한 설명이라 생각된다.

37) 『高麗史』 卷4 世家4 顯宗 5年(1014) 8月 甲子 遣內史舍人尹徵古 如宋 獻金線織成 龍鳳鞍·幞·繡龍鳳鞍·幞各二 良馬二十二匹 仍請歸附如舊 宋帝詔登州 置館于海次以待之.
 한편 『東文選』 卷44 表箋에 周佇가 지은 「本國入宋進奉起居表」와 「進奉表」가 전한다. 주저가 1005년에 귀화하여 1024년에 사망했으며 진봉표 중 송에 사대하는 것에 대한 허락을 바라는 내용이 있다는 점을 두루 고려할 때 『동문선』에 전하는 주저의 진봉표는 이때 송에 전달된 것이 아닐까 생각된다.

38) 『宋名臣奏議』 卷135 邊防門 遼夏7 上仁宗河北守禦十三策(富弼) 又於祥符七年(1014, 顯宗 5) 其國王王詢 遣工部侍郞尹古 貢表來使 表稱 今斷絶契丹 乞歸附大國 仍乞降正朔 幷皇帝尊號 眞宗又不許.

부 요구가 있었고,[40] 10월에 본격적인 공격이 시작된 점으로[41] 미루어
볼 때 거란 역시 고려와 협상에서 더 이상의 진전을 기대하기 어렵다
는 판단을 내린 것이라 생각된다. 이와 같은 정황을 고려하면, 거란 역
시 애초부터 즉시 군사 작전에 돌입하려던 것이 아니라 현종의 親朝 문
제와 강동 6주 환부 문제로 드러나는 양국 간의 위계설정 문제를 두고
고려와의 조정이 난항을 겪게 되자 전쟁을 최종적으로 결정한 것으로
볼 수 있을 듯하다.

 1015년 정월, 거란은 압록강 부근에 전초기지를 구축하였고[42] 본격
적으로 전쟁이 시작되었다. 거란의 공격이 계속되자 고려는 6성을 토
색하기 위해 방문한 거란 사신 야율행평을 구류하고[43] 거란에 강하게
저항하였지만 거란은 1015년 11월에 宣化鎭과 定遠鎭을 함락하여 기지
로 삼았다.[44] 고려는 송에 사신을 보내어 협조를 얻고자 했지만 실패

---

39) 李丙燾, 1961, 『韓國史』 中世篇 乙酉文化社, 195쪽.
　　朴賢緖, 1981, 「北方民族과의 抗爭」 『한국사』 4, 국사편찬위원회, 278쪽.
40) 『高麗史』 卷4 世家4 顯宗 5年(1014) 9月 丙申 契丹遣將軍李松茂 又索六城.
41) 『高麗史』 卷4 世家4 顯宗 5年(1014) 10月 己未 契丹遣國舅詳穩蕭敵烈來 侵
　　通州興化鎭 將軍鄭神勇·別將周演 擊敗之 斬七百餘級 溺江死者 甚衆.
42) 『高麗史』 卷4 世家4 顯宗 6年(1015) 春正月 契丹作橋於鴨綠江 夾橋 築東西
　　城 遣將攻破不克 ; 癸卯 契丹兵圍興化鎭 將軍高積餘·趙弋等 擊却之 甲辰
　　又侵通州.
43) 『高麗史』 卷4 世家4 顯宗 6年(1015) 4月 庚申 契丹使將軍耶律行平來 又索
　　六城 拘留不遣.
44) 『高麗史』 卷4 世家4 顯宗 6年(1015) 是歲 契丹取宣化·定遠二鎭 城之.
　　이와 관련하여 『요사』 기록을 보면 거란은 1014년 압록강 서쪽 고려와의 경계
　　지역에 徙民하고 절도사를 설치하는 등 이 지역에 대한 실질적인 지배를 강화하
　　는 움직임이 있었던 것으로 생각된다.
　　『遼史』 卷38 志8 地理2 東京道 開州 鎭國軍 開泰 3年(1014) 遷雙·韓二州千
　　餘戶實之 號開封府開遠軍 節度 更名鎭國軍 隸東京留守 兵事屬東京統軍司
　　統州三縣一.

하였고,45) 거란은 계속해서 고려를 공격해왔다. 1016년 정월에 양국은 곽주에서 크게 충돌하였고46) 4일 뒤 거란이 사신을 보냈지만 고려는 이들이 압록강을 건너는 것조차 허락하지 않을 만큼47) 양국 관계는 경색되었다. 그런데 그 다음 달에는 거란인들이 고려로 來奔한 기록이 있고 이후 약 1년에 걸쳐 거란의 투화가 집중적으로 발생하였는데, 아마도 고려와의 접경 지역에서 거란 민심의 이반이 있었다고 추정된다.48) 이러한 거란의 상황을 고려한 때문인지, 고려는 이 해에 송의 大中祥符 연호를 다시 사용하기로 결정하며 거란을 우위로 하는 질서에 재차 반발하였다. 송 연호 사용을 재개한 것은 1014년 송에 예전처럼 귀부하기를[歸附如舊] 요청한 것과 궤를 같이 한 대외 정책이었다고 하겠다. 송은 거란과의 평화 관계 유지에 우선 순위를 부여하며 1014년과 마찬가지로 거란에 맞서는 고려의 입장을 지지하지 않았지만49) 고려는 계

45) 『高麗史』 卷4 世家4 顯宗 6年(1015) (是歲) 遺民官侍郎郭元 如宋獻方物 仍告契丹連歲來侵.
『高麗史』 卷4 世家4 顯宗 7年(1016) 正月 (壬申) 郭元還自宋 帝詔曰 朕位居司牧 志存安民 雖分域以有殊 惟推誠而無間 念卿本道 固深軫於懷思 瞻彼隣封 亦久從於盟好 所期輯睦 用泰黎蒸.
46) 『高麗史』 卷4 世家4 顯宗 7年(1016) 春正月 庚戌 契丹耶律世良·蕭屈烈 侵郭州 我軍與戰 死者數萬人 獲輜重而歸.
47) 『高麗史』 卷4 世家4 顯宗 7年(1016) 春正月 甲寅 契丹使十人到鴨綠江 不納.
48) 『高麗史』 卷4 世家4 顯宗 7年(1016) 2月 壬午 契丹王美·延相等七人來奔.
요동지역 거란인·여진인들은 계속되는 전쟁과 이로 인한 가렴주구로 인해 고려로 귀화한 것이라 볼 수 있다(朴賢緖, 1981, 「北方民族과의 抗爭」 『한국사』 4, 국사편찬위원회, 280쪽).
49) 1015년에 거란의 침입을 고발하기 위해 송에 파견되었던 郭元이 1016년 정월에 돌아와 전한 보고 내용에 이와 같은 내용이 잘 드러나 있다.
『高麗史』 卷4 世家4 顯宗 7年(1016) 正月 (壬申) 郭元還自宋 帝詔曰 朕位居司牧 志存安民. 雖分域以有殊 惟推誠而無間 念卿本道 固深軫於懷思 瞻彼隣封 亦久從於盟好 所期輯睦 用泰黎蒸.

속해서 송에 사신을 파견하였다.[50) 1017년 8월에는 동여진 盖多弗 등이
고려의 편에서 전쟁을 돕겠다는 뜻을 밝혔고[51) 서여진 揩信은 거란 동
경의 승려 道遵을 사로잡아 고려에 왔다.[52) 한편 같은 달 흥화진의 전
투에서 고려는 거란군을 크게 물리쳤다.[53)

　1018년에 들어서면서 고려는 6개월 여 전에 거란과의 큰 전투가 있
었던 흥화진에서 민호에 官牛를 빌려주어 농사를 권장하거나[54) 거란과
의 전투에서 공을 세운 강감찬 등 여러 장졸을 포상하였다.[55) 거란과
의 전투가 한동안 소강상태를 보이자 위와 같이 내정을 돌아보는 조처
들이 취해진 것이라 생각된다. 그러나 같은 해 10월, 거란은 소배압을
都統으로 임명하는 등 전열을 가다듬어 고려를 공격할 준비를 하고 있

『高麗史節要』卷3 顯宗 7年(1016) 正月 郭元還自宋 元之入宋 會女眞 亦訴
爲契丹騷動 累年不得朝 帝以契丹旣受盟 難於答辭 學士錢惟演草詔曰 朕位
居司牧 志在安民 雖分域以有殊 惟推誠而無間 念卿本道 固深軫於懷思 眷乃
隣封 亦久從於盟好 所期輯睦 用泰黎烝 帝覽之喜曰 如此則雖契丹見之無妨
勑元 遊開寶寺 密使館伴員外郎張師德開諭 師德與元登塔 從容謂曰 今京都
高屋大廈 摠是軍營 今陛下一統寰海 猶且養卒 日令習戰 以備北方 天子猶且
如此 況貴國 與之連境 結好息民 是遠圖也 ; 『高麗史』卷94 列傳7 郭元.

50) 『高麗史』卷4 世家4 顯宗 8年(1017) 7月 (己酉) 遣刑部侍郞徐訥 如宋獻方物.
51) 『高麗史』卷4 世家4 顯宗 8年(1017) 8月 乙酉 東女眞盖多弗等四人 來投 請
　　效邊功 許之 優禮賜物.
52) 『高麗史』卷4 世家4 顯宗 8年(1017) 8月 壬辰 西女眞揩信 擒契丹東京崇聖
　　寺僧道遵以來.
53) 『高麗史』卷4 世家4 顯宗 8年(1017) 癸巳 契丹蕭合卓 圍興化鎭 攻之 九日不
　　克. 將軍堅一·洪光·高義出戰 大敗之 斬獲甚多.
54) 『高麗史節要』卷3 顯宗 9年(1018) 2月 都兵馬使奏 興化鎭自經寇亂 民戶竝
　　無牛畜 乞借官牛 以助農耕 從之 ; 『高麗史』卷79 志33 食貨2 農桑 顯宗 9年
　　(1018) 2月.
55) 『高麗史』卷4 世家4 顯宗 9年(1018) 5月 己卯 以姜邯贊爲西京留守內史侍郞
　　平章事 梁稹爲禮部尙書兼中樞使 李龔爲翰林學士承旨 徐訥爲左諫議大夫 ;
　　庚辰 佐尹康閏奉等十九人 以戰功 增職一級 ; 壬午 敎 乙卯年(1015)契丹入
　　寇之時 諸州鎭將卒 有功績者 增級 死者 優加賵贈.

었다. 아울러 고려측 守吏에게 來投를 독려하는 회유책을 쓰기도 하였다.[56] 이러한 거란의 움직임에 고려 조정은 거란의 공격에 응전하던 자세를 바꾸어 거란에 請和하였다.[57] 그런데 고려는 같은 달 거란과 여진인의 내투를 받아들였고 이들을 포상하였으며 한편으로는 송이 改元한 天禧 연호 시행을 결정하였다.[58] 그 동안의 전투 성과를 염두에 두면 고려가 거란에 크게 위협을 느꼈으리라고 생각되지는 않는다. 더구나 거란이 흥화진에서 크게 패배한 뒤 1년이 넘게 화평이 지속되었으므로 고려로서는 종전을 기대하고 있었을 것이다. 그러나 당시 거란 및 여진의 내투를 받아들이거나 송의 연호를 계속하여 사용하는 등의 고려 조정의 움직임을 고려하면, 이때의 請和 요청은 거란과의 조공-책봉 관계를 회복하려는 의도가 반영된 것이라기보다 단순히 전쟁의 진행을 막아보려는 의도가 아니었을까 생각된다.

고려의 청화 요청에도 불구하고 거란은 12월에 십만의 군대를 이끌고 재차 공격해 왔다. 강감찬과 강민첨이 이끄는 고려군은 이들을 크게 패배시켰고 계속해서 개경을 공격하려던 거란군과의 전투에서도 승리하였으며 1019년 2월에는 퇴각하던 거란 군사를 크게 이겼다[귀주

---

56) 『遼史』卷16 本紀16 聖宗7 開泰 7年(1018) 10月 丙辰 詔以東平郡王蕭排押爲都統 殿前都點檢蕭虛列爲副統 東京守耶律八哥爲都監伐高麗. 仍諭高麗守吏 能率衆自歸者 厚賞 堅壁相拒者 後悔無及.

57) 『高麗史』卷4 世家4 顯宗 9年(1018) (10月) 是月 遣禮賓少卿元永 如契丹請和. 안주섭은 고려의 請和가 거란 침공을 막아낸 자신감의 표현이라고 보았다(안주섭, 2003, 『고려 거란 전쟁』, 경인문화사, 160쪽).

58) 『高麗史』卷4 世家4 顯宗 9年(1018) 10月 行宋天禧年號. 송에서는 1017년에 改元하여 천희 연호를 사용하였다(『宋史』卷8 本紀8 眞宗3 天禧 元年(1017) 正月 辛丑 朔 改元). 고려는 1016년부터 송 眞宗의 大中祥符 연호를 사용하고 있었고, 그 간 송에 사행을 보낸 기록도 확인되는데 왜 1018년 10월이 되어서야 천희 연호를 사용하기로 했는지에 대해서는 명확히 설명되지 않는다.

대첩].59) 이후 양국 관계와 관련하여서는 별다른 기록이 확인되지 않
다가 5월에 거란 동경의 文籍院少監 烏長公이 來見하였다. 당시 『요사』
본기의 기록을 보면 거란의 고려 원정군이 귀환한 뒤, 거란 내부에서
패장에 대한 책임을 묻거나 공로를 세운 개별 군사 혹은 부족 군대를
포상하는 등 전후 처리가 진행되었다. 오장공의 파견에 대해서는 전혀
기록이 없고, 그의 방문을 기록한 『고려사』에서도 세부 사항이 전하지
않지만, 오장공의 방문을 "來見"이라고 기록한 것으로 보아 공식적인
사절이 아니라 개인 자격으로 고려를 방문하였을 가능성도 있다.60)

　　1019년 8월은 양국 관계와 관련하여 매우 흥미로운 기록이 남아 있
는 달이다. 우선 기축일(5)에 고려는 송에 賀正使를 보냈다.61) 『요사』
聖宗 본기에 따르면 경인일(6)에 성종은 郎君 曷不呂籌에게 명하여 諸部
의 병사들을 이끌고 大軍과 함께 고려를 토벌하도록 하였다.62) 그런데
신묘일(7)에는 거란 동경에서 보낸 사신인 工部少卿 高應壽가 고려를 방
문하였고 을미일(11)에는 고려가 考功員外郎 李仁澤을 거란 동경에 보냈
다는 기록이 확인된다.63) 고려는 송과의 관계를 유지하면서도 거란-정

─────

59) 당시 강감찬의 전투 수행에 대해서는 김만호, 2011, 「강감찬과 귀주대첩」 『한국
　　중세사연구』 31, 294~297쪽 참조.
60) 본고와 달리 안주섭은 거란이 포로 교환 등 전후 처리를 위해 파견한 사신이라
　　보았다(안주섭, 2003, 『고려 거란 전쟁』, 경인문화사, 176쪽). 8월에도 거란 동경
　　에서 사신이 오고, 고려 역시 거란 동경에 사신을 보내고 있는 것을 볼 때 오장
　　공이 전후 처리 문제를 논하기 위해 파견된 사신이었을 가능성이 아주 없는 것
　　은 아니다.
61) 『高麗史』 卷4 世家4 顯宗 10年(1019) 8月 己丑 遣禮賓卿崔元信·李守和 如宋
　　賀正.
62) 이에 대해 朴賢緖는 요 성종이 고려에 보복하기 위해 8월에 다시 원정군을 일으
　　키려 했으나 고려의 진의가 抗遼가 아님을 알고 중지했다고 보았다(朴賢緖,
　　1981, 「北方民族과의 抗爭」 『한국사』 4, 국사편찬위원회, 282쪽).
63) 『高麗史』 卷4 世家4 顯宗 10年(1019) 8月 乙未 遣考功員外郎李仁澤 如契丹

확히는 동경과도 교류하였으며, 거란 역시 내부적으로는 고려를 재차
공격하라는 명령을 내리면서도 한편으로 고려에 사신을 보낸 것이다.
거란 사행과 고려 사행의 구체적인 목적이나 활동 내용이 확인되지 않
아 단정하기는 어렵지만, 양국 모두 많은 전투를 겪은 뒤 더 이상 전쟁
으로는 갈등이 해결되지 않을 것이라는 점을 염두에 두고 종전을 위한
협상을 목표로 하였거나, 혹은 최소한 종전에 대한 상대국의 의사를
타진해보려 했을 것이라 생각된다. 고려는 이미 이전해인 1018년 10월
에도 거란에 사신을 보내 화친을 모색한 적이 있고, 거란은 여러 차례
실행된 고려에 대한 공격이 계속해서 소기의 성과를 거두지 못했었던
상황이었다는 점 등은 이러한 추론에 개연성을 더한다.[64]

　이후 양국 관계는 급속도로 개선되었다. 그런데 3차 전쟁이 종결되
는 과정은 앞선 성종대나 2차 전쟁과는 조금 다르다. 1·2차 전쟁 때에
는 거란과의 평화적인 관계를 맺기 위해, 즉 전쟁을 끝내기 위해 어떠
한 방법을 취할 것인가를 두고 고려 조정의 의견이 통합되지 않았다.

東京.

64) 귀주대첩에서 고려가 거란에 대승을 거두었기 때문에 고려와 거란 사이에 힘의
균형이 생겼다거나, 혹은 고려의 국제적 위상이 대폭 상승하였다고 보는 시각도
있다.
김한규, 1999, 「契丹과 女眞이 遼東과 中國을 統合한 시기의 韓中關係」 『韓
中關係史』 I, 도서출판 아르케, 386쪽.
박경안, 2005, 「고려전기 다원적 국제관계와 국가·문화 귀속감」 『東方學志』
129, 211쪽 각주 67).
그러나 단순히 한 두 차례의 전투의 승리 혹은 패배로 인해 양국 간의 서열 관
계가 크게 변화하였으리라 생각되지 않으며, 귀주대첩 이후 거란과의 전쟁을 끝
내기 위해 더욱 노력하는 모습을 보이는 고려의 행보를 보더라도 여전히 거란은
고려에 군사적으로 우세하였다고 생각된다. 따라서 양국이 종전을 논의하게 된
것은 고려의 지위가 상승해서라기보다 양국이 모두 전쟁 이외의 방법으로 갈등
을 해결하는데 암묵적으로 합의했기 때문이라 생각된다.

1차 전쟁 때에는 거란에 끝까지 항전하자는 의견과 항복하자는 입장이 대립하였고, 2차 전쟁 때에는 1차 때만큼 명확한 의견 구분이 있었던 것은 아니나 일단 상황을 회피하려는 조정 대부분의 입장과 거란의 起兵 명분을 활용하여 적극적으로 종전을 협상할 것을 제의한 하공진·강감찬 등의 입장으로 구분되었다. 이전의 경우와는 달리 3차 전쟁 때에는 기록상 종전을 위해 고려 조정 내부적으로 어떠한 합의 절차를 거쳤는지 혹은 그 내용이 어떤 것이었는지 명시적으로 드러나지 않으므로, 3차 전쟁 후 고려가 對거란 관계를 어떠한 방향으로 구상하고 있었는가 하는 점은 실제적인 사행 교환 기록을 통해 추론해 보아야 한다. 이와 같은 점에 유의하여 다음 항에서 3차 전쟁의 마무리 과정을 검토하겠다.

3) 거란의 현종 책봉과 조공·책봉 관계의 재정립

1019년(현종 10) 12월 신해일에 고려 현종이 방물을 바쳤고 거란 성종은 조를 내려 이를 받아들였다는 내용이 『요사』 본기에 나타나며,[65] 『고려사』에는 1020년 2월에 李作仁이 거란에 파견되었던 기록이 있다.[66] 이작인의 사명은 거란에 예전처럼 번을 칭하고 공물을 바칠 것을 청하는[請稱藩納貢如故] 것이었다. 예전[如故]이라 하는 것은 가깝게

---

65) 『遼史』 卷16 本紀16 聖宗7 開泰 8年(1019) 12月 辛亥 高麗王詢遣使乞貢方物 詔納之.
   이는 1019년(현종 10) 8월에 고려가 거란 동경에 보낸 사신에 대한 거란의 대응이 12월에 결정된 것을 알려주는 기록이라고 생각된다.
66) 당시 정확한 이작인의 품계는 확인되지 않는다. 『고려사』 기록 상 이작인은 1009년(목종 12)에 右承宣(정3)이었으며 1022년(현종 13) 정월에 同知中樞院事(종2)였다.

는 금번 전쟁이 일어나기 이전을 일컫겠지만, 근원적으로는 현종 즉위 이전 즉 성종대에 양국이 최초로 공식 외교 관계를 수립한 뒤 목종-현종의 왕위 교체로 양국 관계가 단절되기까지의 시기를 말하는 것이다. 따라서 稱藩納貢이 의미하는 고려의 對거란 관계 역시 성종대 지계획정 이후 목종대까지 지속된 조공 책봉의 양태와 다르지 않다. 당시 고려 조정은 거란과의 관계에서 새로운 외교 질서를 모색한 것이 아니라 현종 즉위 이전과 같이 거란으로부터 책봉을 받고 거란에 조공하는 관계를 회복하기를 청한 것이다.

양국의 관계는 3차 전쟁의 발발로 비정상적으로 진행되었으나 결정적으로는 1014년에 고려가 송에 '歸附如舊'를 청하면서 중단되었다. 전쟁 발발을 막을 수 없다는 정황을 파악한 고려는 전략적으로 거란과의 관계를 포기하고 송에 대한 歸附를 택함으로써 송과의 조공·책봉 관계를 회복하고자 했으며, 송의 허락 여부와는 상관없이 1016년부터 송의 연호 사용을 재개했었다. 그러다가 거란과의 종전 가능성이 확인되자 1020년에 다시 거란에 稱藩할 것을 요청한 것이다. 1014년과 1020년의 고려의 결정은 외연 상, 상대국만 다를 뿐 송과 거란 중 어느 한 쪽과의 관계를 선택하려는 결정으로 보이기도 한다. 그러나 각 시점의 상황을 대외 관계의 측면에서 상세히 고찰해 보면 큰 차이를 확인할 수 있다. 1014년에 송에 '歸附如舊' 할 것을 선언한 것은 이미 수립되어 있던 거란과의 조공·책봉 관계를 전략적으로 거부한 것이었다. 앞서 살펴보았듯이 송은 고려의 요청을 완곡히 거절하였으므로 송과의 조공·책봉 관계는 복원되지 않았다. 그렇지만 거란과는 전쟁이 지속되어 사행 왕래는 물론 정상적인 외교 역시 수행되지 않고 있었다. 송, 거란 어느 쪽과도 외교 관계가 정상적으로 작동하지 않고 있었던 상황이다.

이와 달리 1020년에는 고려가 거란에 '稱藩納貢如故'를 요청하여 전쟁
으로 어그러진 거란과의 관계를 회복하고자 했다. 당시 고려는 송과의
교류를 유지하고 있었지만 조공·책봉 관계가 수립된 것은 아니었다.
따라서 거란에 대한 稱藩納貢 요청이 송과의 관계에 모순되는 것은 아
니었다고 하겠다. 이로 인해 고려는 거란과의 관계 회복에 나서면서도
송에 대한 사행 파견을 지속할 수 있었고,67) 이후 거란 및 송과 각각
성격이 다른 외교 관계를 중첩적으로 유지하는 단초가 되었다. 이렇듯
1020년 당시 고려의 대외 정세와 정책을 이해하는 것은 이후 고려의
대외 관계가 거란을 중심으로 하면서도 송과의 교류 역시 유지한 채로
운영될 수 있었던 배경을 이해하는 데 필수적이다.

거란에 예전처럼 稱藩할 것을 요청한 뒤 고려는 6년 동안 구류하고
있던 거란인 只剌里를 방환할 것을 알렸다.68) 거란인 只剌里는 耶律資忠
의 小字인 札剌의 異譯이라 생각되며, 야율자충이 6년간 고려에 억류되
었던 사실은 『遼史』에서도 확인된다.69) 『고려사』 세가는 1020년(현종

---

67) 이후 송에 대한 사행 파견은 1036년(靖宗 2)까지 확인된다.
『高麗史』卷4 世家4 顯宗 11年(1020) 是年 遣崔齊顔 如契丹 賀千齡節 金猛
如宋.
『高麗史』卷4 世家4 顯宗 12年(1021) (6月) 遣韓祚如宋謝恩.
『宋史』卷487 列傳246 外國3 高麗 天聖 8年(1030) 詢復遣御事民官侍郎元穎
等二百九十三人 奉表入見於長春殿 ; 卷9 本紀9 仁宗1 (天聖) 8年(1030) 是歲
高麗·占城·邛部川蠻來貢.
『高麗史』卷6 世家6 靖宗 2年(1036) (7月) 是月 進奉兼告奏使·尙書右丞金元
冲 如宋 至瓮津 船敗而還.
68)『高麗史』卷4 世家4 顯宗 11年(1020) (2月) 是月 遣李作仁 奉表如契丹 請稱
藩納貢如故 且歸所拘人只剌里 被留凡六年.
69)『遼史』卷16 本紀16 聖宗7 開泰 9年(1020) 5月 庚午 耶律資忠使高麗還 王詢
表請稱藩納貢 歸所留王人只剌裹 只剌裹在高麗六年 忠節不屈 以爲林牙.
『遼史』卷88 列傳18 耶律資忠 耶律資忠 字沃衍 小字箭剌 系出仲父房 …

11) 2월에 고려가 지랄리를 돌려보낼 것을 알리고 3월에 거란 사신 야율행평을 돌려보냈다고 기록하고 있다.[70] 『요사』에 따르면 6년간 고려에 억류되었던 지랄리는 곧 야율자충인데, 고려측 기록에 따르면 고려가 구류하였다가 6년 뒤에 돌려보낸 거란 사신은 야율행평이다. 따라서 지랄리, 곧 야율자충은 바로 1015년(현종 6) 4월에 억류된 耶律行平이며 다만 『요사』와 『고려사』에 여러 방식으로 기록된 것이라 정리할 수 있겠다.

『요사』를 통해, 이작인이 稱藩 요청을 하기 위해 거란에 도착한 것은 5월이었음이 확인된다. 야율자충이 돌아온 바로 다음날, 거란은 고려에 사신을 보내어 현종의 죄를 용서하고 고려의 요청을 받아들였다.[71] 그런데 『고려사』 세가에는 야율자충이 방환되고 6일 뒤인 3월 기미일에 거란 사신 韓紹雍이 왔다는 기록이 있다.[72] 한소옹이 어떠한 사명을 띠고 왔는지에 대해서는 알려지지 않았으나, 다음 달인 4월 경자일(19)

(開泰)三年 再使高麗 留弗遣 資忠每懷君親 輒有著述 號西亭集 帝與群臣宴時一記憶曰 資忠亦有此樂乎 九年 高麗上表謝罪 始送資忠還 帝郊迎 同載以歸 命大臣宴勞 留禁中數日 謂曰 朕將屈卿爲樞密 何如 資忠對曰 臣不才 不敢奉詔 乃以爲林牙 知惕隱事.

『요사』 본기 개태 9년 5월 경오 기사에는 야율자충이 귀환한 사정이 설명되어 있다. 그는 聖宗의 친족이자 太祖의 방계[橫帳]였는데, 그 때문인지 『요사』는 고려의 요청보다 야율자충의 귀환을 먼저 기록하였다. 이 기록에서는 야율자충과 只剌裏라는 인명이 함께 사용되어 다소 혼돈을 주지만 6년 동안 고려에 구류되어 있던 지랄리가 돌아오자 그를 林牙로 삼았다고 되어 있고, 야율자충 전에도 같은 내용이 전하며 임아가 되었던 내용도 확인되므로 야율자충과 지랄리는 같은 인물에 대한 이칭임을 알 수 있다.

70) 『高麗史』 卷4 世家4 顯宗 11年(1020) 3月 癸丑 歸契丹使耶律行平.
　　야율행평은 1015년에 고려를 방문하였다가 억류되었다(『高麗史』 卷4 世家4 顯宗 6年(1015) 夏四月 庚申 契丹使將軍耶律行平來 又索六城 拘留不遣).
71) 『遼史』 卷16 本紀16 聖宗7 開泰 9年(1020) 5月 辛未 遣使釋王詢罪 並允其請.
72) 『高麗史』 卷4 世家4 顯宗 11年(1020) 3月 己未 契丹使檢校司徒韓紹雍來.

에 현종은 아들 欽을 延慶君에 봉하고[73] 정미일(26)에 이 사실을 거란에 알리는 사신을 파견하였다.[74] 이러한 일련의 움직임을 보면, 현종은 이미 거란을 책봉국으로 하는 질서를 받아들이고 이러한 관계에서 자신에게 요구되는 과정을 충실히 따르려 했다고 생각된다. 이에 반해, 거란에 연경군 책봉 사실을 통고하는 것을 宰臣 庚方 등이 반대했다는 것은 짐작건대 거란과의 관계에 대해 확신을 갖지 못하게 하는 불안 요소가 여전히 존재했기 때문이 아닐까 생각된다. 위에서 언급하였듯이 『요사』에는 거란이 고려의 '죄'를 용서하고 이전의 관계를 회복하는 것에 대해 허락한 내용이 1020년 5월에야 기록되어 있다. 이때 거란이 보낸 사신이 언제 고려를 방문하였는지는 역시 확인되지는 않는다. 이후 고려는 6월에 거란 동경에 持書使를 보냈고,[75] 聖宗의 생일인 千齡節을 하례하기 위해 崔齊顏을 파견하기도 했다.[76] 1011년(현종 2)에도 고려는 賀生辰使를 보낸 기록이 있다. 아마도 成宗代 양국 간에 공식 외교 관계가 수립된 이후 정례적으로 파견되던 사행이었으리라 생각된다. 그렇다면 1020년(현종 11)의 하천령절사 파견은 거란과 예전의 관계를 회복하려던 현종의 의지를 보다 구체적으로 드러내어 주는 사례로 볼 수 있을 것이다.

1021년에는 거란의 사행이 여러 차례 고려를 방문했다. 먼저 정월에

---

73) 『高麗史』卷4 世家4 顯宗 11年(1020) 4月 庚子 王臨軒 遣門下侍郎崔士威·知中樞事姜民瞻 冊子欽爲開府儀同三司檢校太師守司徒 兼內史令上柱國 崇仁廣孝輔運功臣 封延慶君.

74) 『高麗史』卷4 世家4 顯宗 11年(1020) 4月 丁未 遣禮部尙書梁稹·刑部侍郎韓去革 如契丹 告封王子 宰臣庚方等諫止之 不納.

75) 『高麗史』卷4 世家4 顯宗 11年(1020) 6月 癸巳 遣持書使借司宰少卿盧執中 如契丹東京.

76) 『高麗史』卷4 世家4 顯宗 11年(1020) 是年 遣崔齊顏 如契丹 賀千齡節.

는 거란 동경에서 사신을 보내 거란 성종이 尊號를 받게 되었음을 알려
왔다.77) 다음 달 정미일(2)에는 파견주체가 거란으로 기록된 사신이 와
서 來聘하였고78) 을미일(추산 안됨)에 거란 동경에서 보낸 사신이 來聘
하였다.79) 고려는 9월에 중추사 李龔 등을 거란에 보내 聖宗이 존호를
받은 것을 축하하였는데,80) 『요사』 본기 기록에 따르면 성종의 受册과
改元은 11월에 행해졌다.81) 고려의 사신이 來貢하였다는 기록도 함께
확인되는데, 9월에 고려를 떠난 이공 일행이라고 생각된다.

1022년 2월 기유일(9)에 고려는 거란에 춘계문후사를 보내었고82) 정
묘일(27)에는 참지정사 박충숙 등을 거란에 보냈다.83) 이때의 사행 목
적은 기록되어 있지 않은데, 이를 파악하기 위해 박충숙이 참지정사였
다는 점에 주목해보자. 賀正 등 정례적인 사행일 경우와 달리 양국 관
계에 있어 비정규 사행을 보낼 필요가 있을 때, 특히 중요한 사안이 발
생하여 고려의 입장이 어려운 상황일 때에는 주로 2품 이상의 재상들
이 파견되어 왔다.

---

77) 『高麗史』 卷4 世家4 顯宗 12年(1021) 正月 己丑 契丹東京使左常侍王道冲來
告其主將受册禮.
78) 『高麗史』 卷4 世家4 顯宗 12年(1021) 2月 丁未 契丹遣檢校司空御史大夫姚
居信來聘.
79) 『高麗史』 卷4 世家4 顯宗 12年(1021) 3月 乙未 契丹東京使檢校散騎常侍張
澄岳來聘.
80) 『高麗史』 卷4 世家4 顯宗 12年(1021) 9月 遣中樞使李龔·兵部侍郞柳琼 如契
丹 賀受册.
81) 『遼史』 卷16 本紀16 聖宗7 太平 元年(1021) 11月 癸未 上御昭慶殿 文武百僚
奉册 上尊號曰 睿文英武遵道至德崇仁廣孝功成治定昭聖神贊天輔皇帝 大赦
改元太平 中外官進級有差 宋遣使來聘 夏·高麗遣使來貢.
82) 『高麗史』 卷4 世家4 顯宗 13年(1022) 2月 己酉 遣軍器少監金仁裕 如契丹 春
季問候.
83) 『高麗史』 卷4 世家4 顯宗 13年(1022) 2月 丁卯 遣叅知政事朴忠淑·國子司業
李瓊 如契丹.

2품관 이상이 사신이 되어 거란과 상대한 사례는 993년 서희가 최초
이다. 당시 거란과 종전 협상을 위해 고려 조정은 和通使로 閣門舍人 張
瑩을 파견하였는데, 소손녕은 장영이 大臣이 아니라는 이유로 고려와의
협상을 거부했고, 그 결과 당시 內史侍郎(정2)이었던 서희가 파견되었
다.[84] 거란과 중대한 사안을 논의할 때 2품관 이상이 파견되는 관례가
시작되는 것은 이때부터가 아닐까 생각된다. 이후에도 2품 이상으로
확인되는 관원이 거란에 사신으로 파견된 사례는 다음 표와 같다.

〈2품 이상 관원의 對거란 사행 파견 사례〉

시기		직위(관품)	이름	使命
994年 (成宗 13)	4月	侍中(종1)	朴良柔	奉表如契丹 告行正朔 乞還俘口
1010年 (顯宗 1)	8月 丁未	內史侍郎平章事(정2)	陳頔	如契丹
	10月 癸丑	叅知政事(종2)	李禮均	請和
		右僕射(정2)	王同穎	
1012年 (顯宗 3)	閏10月 庚午	工部尙書(정3)·叅知政事(종2)	張瑩	如契丹
1013年 (顯宗 4)	2月 庚寅	中樞院使(종2)	蔡忠順	如契丹
1021年 (顯宗 12)	9月 (乙未)	中樞使(종2)	李龔	賀受冊
1022年 (顯宗 13)	2月 丁卯	叅知政事(종2)	朴忠淑	如契丹
1044年 (靖宗 10)	7月 (癸酉)	右僕射(정2)	李瑛	如契丹謝封冊
1055年 (文宗 9)	9月 丙子	知中樞院事(종2)	崔惟善	弔喪會葬
1065年 (文宗 19)	8月 丙午	尙書右僕射(정2)	金良贊	謝冊命
1086年 (宣宗 3)	5月 丙子	知中樞院事(종2)	李子威	謝冊命
1098年 (肅宗 3)	10月 戊子	知樞密院事(종2)	金庸	謝封冊

84) 『高麗史』卷94 列傳7 徐熙 成宗遣和通使閣門舍人張瑩 往契丹營 遜寧曰 宜
更以大臣送軍前面對 ; 『高麗史節要』卷2 成宗 12年(993) 閏10月.

이외에도 1020년(현종 11) 4월에 예부상서 양진이 거란에 파견되었
는데,[85] 그는 현종 9년 5월에 兼 中樞使에 보임되었던 기록이 확인되므
로[86] 1020년에도 중추사였을 가능성이 있다. 1065년 9월에 거란에 파
견된 예부상서 崔尙의 경우에는[87] 다른 관력이 확인되지는 않지만, 고
려전기 예부상서는 재추, 특히 추밀직과 중복 역임하는 경우가 많았다
는 연구 성과를 참조하면[88] 그 역시 2품관으로 거란에 사신 갔을 가능
성이 높다. 1075년에 遼使와 함께 지계를 살피기 위해 파견된 柳洪 역
시 知中樞院事였다.[89]

이와 같은 고려 왕조의 2품관 이상 對거란 사행 파견 관례를 볼 때,
1022년 2월 춘계문후사가 파견된 뒤 18일 뒤에 별도로 거란에 보내진
참지정사 박충숙은 연례적인 사행과는 달리 매우 중요한 임무를 띠고
있었을 것임이 짐작된다. 그의 파견 2개월 뒤에 거란은 현종을 책봉하
였는데, 시간 관계 상 박충숙 등이 4월에 이루어진 현종의 책봉에 결정
적인 역할을 했을 가능성은 그리 크지는 않다고 볼 수 있다. 그러나 거
란은 이미 1020년에 고려의 "稱藩納貢如故" 요청을 수락하였고 그 후
고려는 1020년에 네 차례·1021년에 한 차례, 그리고 1022년 책봉 전에
도 이미 두 차례 사신을 보내며 거란의 절일을 축하하고 고려왕자의
책봉 사실을 알리는 등 '藩'으로서의 자세를 충분히 드러내 보이고 있

---

85) 『高麗史』 卷4 世家4 顯宗 11年(1020) 4月 丁未 遣禮部尙書梁稹·刑部侍郎韓
　　去華 如契丹 告封王子.

86) 『高麗史』 卷4 世家4 顯宗 9年(1018) 5月 己卯 梁稹爲禮部尙書兼中樞使.

87) 『高麗史』 卷8 世家8 文宗 19年(1065) 9月 (癸未) 遣禮部尙書崔尙·將作少監
　　金成漸 如契丹 謝太子册命.

88) 朴龍雲, 2000, 「高麗時代의 尙書6部에 대한 檢討」 『高麗時代 尙書省 研究』,
　　景仁文化社, 260~266쪽.

89) 『高麗史』 卷9 世家9 文宗 29年(1075) 7月 己卯 遣知中樞院事柳洪·尙書右丞
　　李唐鑑 同遼使審定地分 未定而還.

었다. 박충숙 등의 파견 역시 이러한 분위기 속에서 거란의 책봉을 조금이라도 앞당겨 양국간의 평화 관계를 조속히 정착시키려는 의도가 아니었을까 생각된다.

어떻든 1022년 4월, 거란은 현종을 공식적으로 책봉하였다.[90] 거란이 처음으로 고려왕으로서 현종의 지위를 승인한 것이다. 현종의 책봉 내역을 살펴보면, 현종의 작호는 開府儀同三司·守尙書令·上柱國·高麗國王이며 이외에 食邑一萬戶와 食實封一千戶가 내려졌다. 심재석은 당시 동아시아 사회의 패자였던 거란이 고려의 귀속을 치하하기 위해 비교적 많은 식읍을 제공한 것이라 설명하였다.[91] 식읍과 식실봉의 숫자는 실제로 큰 의미를 가지지 못하지만, 현종 이전 책봉을 받은 성종은 기록이 없고[92] 목종은 즉위한 지 10년이 되어서야 식읍 7천호와 식실봉 7백호가 내려졌다. 현종 이후의 왕들 중에서는 宣宗이 현종과 같은 규모를 받았고 나머지 왕들은 모두 그 보다 적은 수를 받았다. 따라서 현종이 성종·목종보다는 식읍과 식실봉의 규모에 있어 조금 더 우대받은

---

90) 『高麗史』 卷4 世家4 顯宗 13年(1022) 4月 契丹遣御史大夫·上將軍蕭懷禮等來 册王 開府儀同三司·守尙書令·上柱國·高麗國王 食邑一萬戶 食實封一千戶 仍賜車服儀物 自是復行契丹年號.

91) 沈載錫, 2002, 『高麗國王 册封 硏究』, 혜안, 106쪽.

92) 『高麗史』 卷3 世家3 成宗 15年(996) 3月 契丹遣翰林學士張幹·忠正軍節度使蕭熟葛來 册王曰 漢重呼韓位列侯王之上 周尊熊繹 世開土宇之封 朕法古爲君 推恩及遠 惟東溟之外域 順北極以來 王歲月屢遷 梯航靡倦 宜擧眞封之禮 用旌內附之誠 爰採彝章 敬敷寵數. 咨爾高麗國王王治 地臨鯷壑 勢壓蕃隅 繼先人之茂勳 理君子之舊國 文而有禮 智以識機 能全事大之儀 盡恊酌中之體 鴨江西限 曾無恃險之心 鳳辰北瞻 克備以時之貢 言念忠敬 宜示封崇 升一品之貴階 正獨坐之榮秩 仍疏王爵 益表國恩 册爾爲開府·儀同三司·尙書令·高麗國王 於戱 海岱之表 汝惟獨尊 辰卞之區 汝惟全有 守玆富貴 戒彼滿盈 無庸小人之謀 勿替大君之命 敬修乃事 用合朝經 俾爾國人 同躋壽域 永揚休命 可不美哉 幹等至西郊 築壇傳册 王備禮受册 大赦.

것은 분명하다.

거란의 책봉을 받은 고려는 이때부터 거란의 연호를 다시 사용하기로 결정하였다.[93] 이로써 현종대 거란과의 관계가 평화롭게 정착되는 계기가 마련되었으며, 아울러 그간 단절되었던 양국 관계가 실질적으로 회복되었다.

같은 해 8월에는 거란 동경의 持禮使가 고려를 방문하여 정례 사행 파견에 대한 지침을 전달하였다.

> Ⅳ-가. (顯宗 13年) 8月 庚子. 거란 동경지례사 이극방이 와서 말하였다. "이제부터는 춘·하계 문후사를 아울러 한 차례만 파견하고 賀千齡節使 및 正旦使와 함께 오도록 하십시오. 추·동계 문후사도 아울러 한 차례만 파견하고 賀太后生辰使와 함께 오도록 하십시오."[94]

위 기사는 1022년 8월 이전까지 고려가 거란에 파견하던 정례 사행의 종류에 대한 단서를 제공하며, 동시에 이후 對거란 사행을 통한 양국 교섭에서 일종의 典範으로 작용하는 내용을 담고 있다.

우선 이 기사를 통해 고려가 1022년 이전에 거란에 정례적으로 파견하던 사행(정규 사행)은 춘계문후사·하계문후사·하천령절사·하정단사·추계문후사·동계문후사·하태후생신사 등 총 7종에 달했음을 알 수 있다. 비교를 위해 부연하자면 고려가 거란에 보낸 사행에는 이 정규 사

---

93)『高麗史』卷4 世家4 顯宗 13年(1022) 4月 契丹遣御史大夫·上將軍蕭懷禮等來 册王 開府儀同三司·守尙書令·上柱國·高麗國王 食邑一萬戶 食實封一千戶 仍賜車服儀物 自是復行契丹年號.

94)『高麗史』卷4 世家4 顯宗 13年(1022) 8月 庚子 契丹東京持禮使李克方來言 自今春夏季問候使 幷差一次 與賀千齡節·正旦使 同行 秋冬季問候使 幷差一次 與賀太后生辰使同行.

행 외에도 많은 종류가 있다. 현종대 이후 덕종·정종대에 양국 관계가 다시 경색되는 시기를 거치면서 현안을 해결하기 위한 사신 왕래가 있 었고(사명이 생략되는 사행들(告奏使 등)), 각종 謝使·告哀使·賀使가 때 에 따라 파견되었는데 이들은 모두 정해진 파견 시기가 있었던 것이 아니라 사안이 발생하면 결정되는 사행이었으므로 비정규 사행에 해 당한다고 하겠다. 거란 東京에 보내지는 사행들 역시 비정규 사행에 해 당될 것이다.

사료 가에서 거란 사신 이극방이 언급한 천령절은 앞서 설명하였듯 이 거란 聖宗의 생일로, 12월이다.[95] 성종의 모후인 승천황태후의 생월 은 5월로 추정되는데, 별도의 절일 명칭이 확인되지는 않는다.[96] 황제 의 절일 뿐 아니라 그의 모후의 생일까지 하례하는 것은 매우 특별한 경우라 생각되는데, 거란에서는 황제의 生母인 太后의 지위가 상당히 높아서 太宗 이후 대대로 皇太后의 생일을 절일로 삼고 皇帝生辰朝賀儀 에 준하는 皇太后生辰朝賀儀를 설행하여 왔다.[97]

동경 지례사가 전달한 지침에 따르면 기존의 춘계문후사와 하계문 후사는 하나로 합쳐지게 되며 하천령절사 혹은 하정단사와 같은 시기 에 보내게 된다. 또, 추계문후사와 동계문후사 역시 하나로 합쳐지며

---

95) 『遼史』 卷8 本紀8 景宗上 保寧 3年(971) 12月 己丑 皇子隆緒生 ; 『遼史』 卷 10 本紀10 聖宗1 統和 元年(983) 9月 辛未 有司請以帝生日爲千齡節 從之.
96) 승천황태후의 생일을 적시한 기록은 없다. 다만 아래 1006년의 기록처럼 태후의 생일을 기념하여 전투에서 돌아오거나 하는 일이 5월에 많으므로 5월이라고 추 정해 보았다.
『遼史』 卷11 本紀11 聖宗5 統和 24年(1006) 5月 庚午 遼師與曹彬·米信戰于 岐溝關 大敗之 追至拒馬河 溺死者不可勝គ 余衆奔高陽 又爲遼師衝擊 死者 數萬 棄戈甲若丘陵 輭漕數萬人匿岐溝 空城中 圍之 壬申 以皇太后生辰 縱還.
97) 島田正郎, 1952, 「契丹における生母の地位」 『法律論叢』 25-6 : 1979, 「契丹 における生母の地位」 『遼朝史の研究』, 創文社, 214~215쪽.

하태후생신사와 같은 시기에 보내게 된다. 춘·하계 문후사를 하천령절
사 및 하정단사와 함께 파견하도록 한 것은 마침 성종의 절일이 12월
이므로 이에 맞추어 사신 파견 시기를 적절히 구분한 것이라 생각된
다. 추·동계 문후사를 태후생신사와 함께 보내도록 한 것 역시 5월인
태후 생일을 생각하면 나름대로 합당한 조처였다. 이에 따라 고려가
파견해야할 정규 사행의 종류는 춘·하계 문후사와 추·동계 문후사, 하
황제절일사, 하정단사, 하태후생신사 등 5종이었으며, 그 파견 횟수는
연 2회로[98) 축소되었음을 알 수 있다. 이극방의 전언에 따른 사행 파
견 횟수 축소 지시를 통해 거란은 고려와의 관계에서 사행의 파견 여

---

98) 거란이 사행 파견 횟수를 제한한 이유는 분명히 드러나지 않지만 朴賢緒는 사절
파견의 번거로움을 피하기 위한 조처로 보았다(朴賢緒, 1981, 「北方民族과의
抗爭」『한국사』 4, 국사편찬위원회, 287쪽).
조공국의 사행 횟수를 줄여주는 책봉국의 조치와 관련하여서는 역사상 다음과
같은 사례가 있다.
『左傳』 卷20 昭公1 3年(B.C.539) 正月 子大叔曰 將得已乎 昔文襄之霸也 其
務不煩諸侯 令諸侯三歲而聘 五歲而朝 有事而會 不協而盟.
『通文館志』 卷3 事大上 赴京使行 國初 歲遣朝京之使 有冬至正朝聖節千秋
四行 謝恩奏請進賀陳慰進香等使則 隨事差送 使或二員一員而不限品從事官
或多或少而無定額 … 自崇德以來 無千秋使而有歲幣使 至順治乙酉(1645)因
勅諭{路道遙遠 元朝冬至聖節三節表儀 具准於元朝併貢云} 乃幷三節及歲幣
爲一行 而必備使副書狀官三員 名之曰冬至使 歲一遣之.
거란 성종도 1004년에 이와 비슷한 조처를 취한 적이 있다.
『遼史』 卷14 本紀14 聖宗5 統和 22年(1004) 3月 己丑 罷番部賀千齡節及冬
至·重五貢.
현종 13년 동경 지례사가 전달한 지침 역시 조공국의 부담을 줄여준다는 의미를
갖는 조처의 연속으로 볼 가능성도 있다.
한편, 박한남 역시 이 사료에 근거하여 고려의 대요 사행이 1년 7공에서 1년 2공
으로 축소되었음을 주목한 바 있다(朴漢男, 1993, 『高麗의 對金外交政策 硏究』,
성균관대학교 박사학위 논문, 105쪽). 그러나 박한남은 1022년에 전달된 지침에
따른 필수 정규 사행과 동경지례사 혹은 각종 謝使 등 비정기 사행을 구분하지
않고 일괄적인 사신왕래로 분석하였다.

부를 중요하게 여겼고, 그에 비해 절일이나 기일에 맞춘 사행 파견은 상대적으로 중시하지 않았음을 추론할 수 있는데, 이에 대해서는 이 절의 끝부분에서 좀 더 고찰해 보도록 하겠다.

이후 고려가 거란에 보낸 사행 기록이 모두 남아 있는 것은 아니므로, 1022년에 전달된 사행 파견 지침을 고려가 어김없이 준수하였다고 확언하기는 어렵다. 다만 고려의 입장에서는 이를 對거란 정규 사행의 종류와 횟수에 대한 기본 규정으로 받아들였을 것이라 생각된다. 聖宗이 전달한 지침이 대를 이어 靖宗代 뿐 아니라 睿宗代에도 준수되고 있었음을 다음의 기록을 통해 확인할 수 있다.

> IV-나-1. (靖宗 4年 11月) 己未. 崔忠恭을 보내 거란에 가서 永壽節을 하례하고 賀正하게 하였다.[99]
>
> IV-나-2. (靖宗 5年 12月) 丁巳 朔. 호부시랑 宋融을 보내 거란에 가서 永壽節을 하례하고 賀正하게 하였다.[100]
>
> IV-나-3. (靖宗 6年 11月) 辛未. 공부시랑 李仁靜을 보내 거란에 가서 永壽節을 하례하고 賀正하게 하였다.[101]
>
> IV-나-4. (睿宗 10年 10月) 癸丑. 시어사 尹彦純을 보내어 遼에 가서 天興節을 하례하게 하였다.[102]
>
> IV-나-5. (睿宗 11年 閏正月) 庚戌. 비서교서랑 鄭良稷을 보내어 안북도호부의 아전이라 칭탁하고 牒을 가지고 遼 東京에 가서 節日使 尹彦純·進奉使 徐昉·賀正使 李德允 등이 稽留되어 있는 일

---

99) 『高麗史』 卷6 世家6 靖宗 4年(1038) (11月) 己未 遣崔忠恭 如契丹 賀永壽節 仍賀正.

100) 『高麗史』 卷6 世家6 靖宗 5年(1039) 12月 丁巳 朔 遣戶部侍郎宋融 如契丹 賀永壽節 兼賀正.

101) 『高麗史』 卷6 世家6 靖宗 6年(1040) (11月) 辛未 遣工部侍郎李仁靜 如契丹 賀永壽節 兼賀正.

102) 『高麗史』 卷14 世家14 睿宗 10年(1115) (10月) 癸丑 遣侍御史尹彦純 如遼 賀天興節.

을 염탐하도록 하였다.[103]

나-1·2·3 사료는 정종대에 거란에 파견된 황제절일사와 正旦使의 기록이다. 영수절은 거란 興宗의 절일로,[104] 정확한 날짜는 확인되지 않지만 황제절일사와 정단사가 함께 파견되고 있다는 점에서 정종대에도 1022년의 지침이 준수되었음을 확인할 수 있다.

나-4 사료는 훨씬 후대인 1115년에 요에 절일사를 보낸 기록이다. 천흥절은 天祚帝의 절일인데,[105] 나-4 사료에서는 절일사만 단독 파견된 것처럼 나타나지만 1116년의 기록을 보면(사료 나-5) 절일사 윤언순 뿐 아니라 進奉使 徐昉·賀正使 李德允 등이 함께 구류되고 있음이 확인된다. 예종대에도 절일사가 하정사와 함께 파견된 사례가 있었음을 보여주는 기록이라 생각되는데, 이렇게 보면 황제절일사와 하정사를 함께 보내도록 한 1022년의 사행 파견 규정이 짧지 않은 시기 동안 고려의 사신 파견에 영향을 주었다고 생각된다.

아울러 1075년의 다음 사료를 보면 賀太后生辰使 역시 꾸준히 파견되었다고 생각된다.

> IV-다. (文宗 29年 4月) 丙寅. 형부시랑 崔奭을 보내 遼에 가서 天安節을 하례하게 하였고 전중내급사 金咸正은 **坤寧節을 하례하게 하였으며** 도관원외랑 趙惟阜는 賀正하고 전중시어사 詐忠은 방물을

103) 『高麗史』卷14 世家14 睿宗 11年(1116) (閏正月) 庚戌 遣祕書校書郎鄭良稷 稱爲安北都護府衙前 持牒如遼東京 詞知節日使尹彦純·進奉使徐昉·賀正使 李德允等稽留事.
104) 『遼史』卷18 本紀18 興宗1 景福 元年(1031) 閏10月 (辛亥) 有司請以生辰爲 永壽節 皇太后生辰爲應聖節 從之.
105) 『遼史』卷27 本紀27 天祚皇帝1 乾統 二年(1102) 11月 (壬寅) 有司請以帝生 日 爲天興節.

올리게 하였다.106)

사료에 언급된 곤녕절은 道宗의 모후인 仁懿皇后 蕭氏의 생일로 추측
된다.107) 고려를 공격했던 聖宗과 그의 모후가 사망하고 거란 황제가
몇 차례나 바뀌었으며, 고려의 왕도 바뀌었지만 여전히 거란 태후의
생일을 축하하는 사신이 파견되었다는 점은 고려가 1022년의 사행 파
견 지침을 따르고 있었다는 사실을 거듭 확인해 준다.

그런데 위의 사료를 자세히 보면 황태후생신사와 함께 정단사도 파
견되었는데, 4월은 정단을 하례하기에는 너무 늦거나 혹은 너무 이른
시점이다.108) 게다가 『요사』에서 곤녕절을 기념하는 기록은 주로 12월
에 찾아지므로109) 곤녕절을 축하하기에도 상당히 이른 시점이라 생각
된다. 다만 道宗의 절일인 천안절은110) 8월이었으므로111) 함께 파견된
여러 사행 중, 하천안절사만 대체로 적절한 시기에 파견되었다고 볼
수 있다. 1075년 사행의 또 한 가지 문제점은 황제절일사와 정단사를

---

106) 『高麗史』卷9 世家9 文宗 29年(1075) 4月 丙寅 遣刑部侍郎崔奭 如遼 賀天
安節 殿中內給事全咸正 賀坤寧節 都官員外郎趙惟阜 賀正 殿中侍御史許
忠 進方物.
107) 坤寧節이 누구의 절일인지 明記한 기사는 확인되지 않지만, 坤은 어머니를 뜻
하므로 도종의 모후인 仁懿皇后 蕭氏의 생일이라고 생각된다.
108) 하정사는 正旦, 즉 신년을 하례하기 위해 책봉국에서 열리는 새해 첫날의 조회
에 참석하는 사신이다. 『요사』예지의 正旦朝賀儀에서도 거란의 신료와 諸國
使가 함께 입조하는 것으로 나타난다.
  『遼史』卷53 志22 禮6 嘉禮下 正旦朝賀儀 臣僚並諸國使 昧爽入朝.
109) 『遼史』卷22 本紀22 道宗2 咸雍 6年(1070) 12月 己未 以坤寧節 赦死罪以下.
  『遼史』卷23 本紀23 道宗3 咸雍 8年(1072) 12月 丁丑 以坤寧節 大赦.
110) 『遼史』卷21 本紀21 道宗1 淸寧 元年(1055) 10月 丁亥 有司請以帝生日 爲
天安節 從之.
111) 본명이 洪基인 도종은 興宗 원년 8月에 태어났다.
  『遼史』卷18 本紀18 興宗1 重熙 元年(1032) 8月 丙午 皇子洪基生.

같이 보내고 황태후절일사는 별도로 보내도록 한 1022년의 지침과 달리, 이들이 모두 한꺼번에 파견되었다는 점이다.

이는 1022년 당시의 절일과 1075년의 절일의 시기가 달라진 데에서 기인하였다고 생각된다. 현종대에는 眞宗의 생일이 12월이었으므로 정단사와 함께 보낼 수 있었고, 태후의 생일은 5월이었으므로 별도로 파견하게 된 것이다. 그런데 문종대에는 도종의 생일이 8월이므로 賀正使를 함께 파견하기에는 시기가 적절하지 않았으며 도종 모후의 생일은 12월이었으므로 오히려 하정사와 동행하기에 좋은 경우였지만 1022년의 지침과는 어긋나게 된다. 이러한 문제를 해결하기 위해 고려 조정이 이들 의무 정규 사행을 한꺼번에 보냈을 가능성이 있다고 생각된다.112)

한편 1057년(문종 11)에는 賀天安節使가 12월에 파견되었다. 이때 하정사가 동행하였는지는 확인되지 않지만 파견 시점 상 하정사와 함께 보내기 위해 하천안절사가 12월에 출국하였다고 볼 수 있다. 이렇게 보면 1057년의 상황은 설명이 되지만 1075년의 사례와 비교하면 동일한 황제의 절일을 축하하기 위한 사행 파견 시기가 12월 혹은 4월로

---

112) 이와 관련하여 對거란 사행의 人選 날짜와 사행이 실제로 출발한 날짜가 달랐을 가능성을 상정해 볼 수 있다. 1115년 7월에 송에 파견된 王字之 등의 경우(『高麗史』卷14 世家14 睿宗 10年(1115) (7月) 戊子 遣吏部尙書王字之·戶部侍郎文公美 如宋 謝恩兼進奉), 4월에 이미 송에 가는 사행으로 결정되어 전별을 받았다(『高麗史』卷14 世家14 睿宗 10年(1115) (4月) 甲寅 王字之·文公美 將如宋 省侍臣·樞密院承制等 餞于順天館 樂賓亭 王遣內侍林景淸 宣示御製詩一首 兼賜酒果).
그러나 이 경우에도 사행이 실제 출발한 기록은 "遣某某如宋"의 형식으로 되어 있고, 그에 앞서 4월의 전별연 기사에서는 그들이 "장차[將]" 파견될 것임이 분명하게 드러나 있다. 따라서 1075년의 기사 역시 실제 사행이 파견된 것을 그대로 기록한 내용이라 생각된다.

해마다 달랐다는 것은 잘 이해되지 않는 부분이다.

이 문제를 이해하기 위해 1055년부터 1101년까지 재위하였던 거란 도종의 절일사 파견 시기를 살펴보자. 고려가 하천안절사를 보낸 기록을 정리하면 다음 표와 같다.

〈賀天安節使 파견 기록〉

	서 기(고려왕력)	파견시기	내 용
1	1057年(文宗 11)	12月 己酉	遣尙書工部侍郎崔繼游 賀天安節
2	1075年(文宗 29)	4月 丙寅	遣刑部侍郎崔奭如遼 賀天安節
3	1081年(文宗 35)	5月 戊戌	遣閣門引進使高夢臣如遼 賀天安節
4	1086年(宣宗 3)	閏2月 甲寅	遣衛尉少卿崔思說如遼 賀天安節
5	1087年(宣宗 4)	12月 己丑	遣刑部侍郎崔蟲如遼 賀天安節
6	1095年(肅宗 卽位)	11月 甲寅	(遣)董彭載 賀天安節
7	1096年(肅宗 1)	10月 乙酉	遣吳延寵如遼 賀天安節
8	1097年(肅宗 2)	10月 甲辰	遣安仁鑑如遼 賀天安節
9	1098年(肅宗 3)	10月 壬寅	遣金若冲如遼 賀天安節
10	1099年(肅宗 4)	9月 辛卯	遣文冠如遼 賀天安節
11	1100年(肅宗 5)	10月 辛酉	遣朴浩如遼 賀天安節

* 출전 : 『高麗史』 世家

위 표에서 확인할 수 있듯이 고려가 천안절사를 파견한 시기는 다양하게 나타난다. 1057년에는 12월이었던 반면, 1075년과 1081년에는 4월 혹은 5월이었으며 선종대에도 2월이었다가 12월로 바뀌었다. 숙종대에는 대체로 10월쯤에 파견되었다. 8월에 태어난 도종의 생일을 맞추어 축하 사신을 보내기 위해서라면 6월이나 7월이 적절하다. 그러나 고려의 하천안절사는 그 파견 시기가 일정하지 않으며 심지어 같은 왕의 재위기간 중에도 파견 시기에 변동이 있었다.

이렇듯 파견 시기가 때에 따라 달랐다면, 거란 도종의 생일을 축하한다는 使命을 과연 제대로 수행하였을까하는 의문이 들기도 한다. 1085년에 선종의 생일을 축하하기 위해 거란에서 파견된 사신이 기일을 맞추어 도착하지 못하자 고려인들이 이를 웃음거리로 삼았다는 기록이 있다.[113] 절일사는 기한을 맞추어 도착해야 한다는 고려의 태도를 보여주는 기록이지만 반대로 고려가 하천안절사를 파견한 시기는 일관성이 없다. 한편 고려가 절일의 기한을 맞추지 않는 것에 대해 거란이 별도의 문제를 제기한 기록도 확인되지 않는다. 1035년(정종 1)에 前代 고려가 사신 파견을 중단하였던 것에 대해 문제를 삼은 적은 있지만[114] 개별 사행이 기한을 맞추지 못한 것에 대한 문제제기는 확인되지 않는다.

賀正使의 파견 시기 역시 일정치 않다. 거란에 보내진 하정사 기록을 정리한 다음의 표를 보자.

<對거란 賀正使 파견 기록>

	서 기(고려왕력)	파견시기	사 신
1	1038年(靖宗 4)	11月 己未	崔忠恭
2	1039年(靖宗 5)	12月 丁巳	戶部侍郎 宋融
3	1040年(靖宗 6)	11月 辛未	工部侍郎 李仁靜

---

113) 『高麗史』 卷10 世家10 宣宗 2年(1085) 9月 (壬子) 遼遣御史中丞李可及來賀生辰 不及期 人嘲之曰 使名可及 何不及耶.

114) 당시 내원성에서 고려 흥화진에 보낸 문서에 조공이 끊겼던 점이 지적되어 있다. 『高麗史』 卷6 世家6 靖宗 元年(1035) 5月 (甲辰) 契丹來遠城使檢校右散騎常侍安署 牒興化鎭曰 竊以當郡最近仁封 有小便宜 須至披達 載念貴國元爲附庸 先帝每賜優洽 積有歲月 靡倦梯航 昨因伐罪之年 致阻來庭之禮 既剪除於兇逆 合繼續於貢輸 曷越數年 不尋舊好 累石城而擬遮大路 竪木寨而欲礙奇兵 不知蜀國之中 別有石牛之徑 擧是後也深取誚焉 今皇上紹累聖之基坰 統八方之國界 南夏帝主永慕義以通歡 西土諸王長向風而納款 唯獨東溟之域未賓 北極之尊或激怒於雷霆 何安寧於黎庶 其於違允 自有變通.

	서기(고려왕력)	파견시기	사 신
4	1075年(文宗 29)	4月 丙寅	都官員外郎 趙惟阜
5	1081年(文宗 35)	5月 戊戌	閤門祗候 崔周砥
6	1086年(宣宗 3)	5月 丙子	禮賓卿 李資智
7	1095年(肅宗 卽位)	11月 甲寅	崔用圭
8	1096年(肅宗 1)	11月 戊申	白可臣
9	1097年(肅宗 2)	11月 戊辰	林有文
10	1098年(肅宗 3)	11月 乙丑	蔣寧
11	1099年(肅宗 4)	10月 丙辰	趙臣浚
12	1100年(肅宗 5)	11月 丙戌	崔善緯
13	1102年(肅宗 7)	11月 甲辰	金澤先
14	1103年(肅宗 8)	11月 丁酉	沈侯
15	1104年(肅宗 9)	10月 庚午	崔德愷
16	1107年(睿宗 2)	6月 壬戌	起居舍人 朴景中
17	1111年(睿宗 6)	11月 丙子	禮賓少卿 文公彦
18	1112年(睿宗 7)	11月 壬午	刑部侍郎 許之奇
19	1113年(睿宗 8)	11月 丙申	戶部侍郎 李資誠
20	1115年(睿宗 10)	10月 丙辰	李德允

* 출전 : 『高麗史』 世家

　　하정사 혹은 正旦使는 전반적으로는 연말에 파견되었다.115) 몇몇 예
외가 있는데, 문종대와 선종대에는 재위 기간에 비해 기록이 극소하기
는 하지만 여름이 되는 시점에 하정사가 파견되었고 1107년에도 6월에
하정사가 파견되었다.

　　이렇듯 하정사와 하천안절사의 사례를 통해 확인되는 문제점은 피
책봉국인 고려가 책봉국인 거란에 황제절일사와 정단사와 같은 정규
사행을 보내기는 했지만 그 파견 시기가 使命을 달성하는 데에는 적합

---

115) 거란에 보내는 경우와 달리 송에 보내는 하정사는 8월에 파견되었다.
　　　『高麗史』 卷4 世家4 顯宗 10年(1019) 8月 己丑 遣禮賓卿崔元信·李守和 如
　　　宋賀正.

하지 않은 듯하며, 아울러 그조차 일정하지 않았다는 점이다. 충분한
사료를 통해 해명되어야 할 부분이라 생각되지만, 일단 다음과 같이
정리해 두고자 한다. 고려는 정단사와 거란 황제의 절일사 및 태후절
일사를 파견하는 것 자체에 중점을 두었고 그 사절이 실제 날짜에 맞
게 현지에 도착하는 것에는 크게 유의하지 않았던 듯하다. 고려의 사
행이 시기를 맞추지 못했다고 해서 거란 조정이 이를 지적하거나 혹은
문제를 삼은 사실이 확인되지 않으므로 거란 역시 고려가 절일사 등을
언제 보내는가 보다는 책봉－피책봉 관계에 수반하는 정규 사행의 방
문 여부 자체를 중시했다고 생각된다. 보다 중요한 것은 비록 시기는
일정치 않았지만 1022년에 지정된 정규 사행이 1115년경까지 꾸준히
파견되었다는 점을 볼 때 1022년에 전달된 사신 파견 지침이 고려의
對거란 사행 파견에 주요한 규정으로 기능하였다는 것을 확인했다는
사실일 것이다.

　이상에서 살펴본 바를 정리해보면, 고려는 거란과 세 번째 전쟁을
겪으면서 전략적으로 거란과의 조공·책봉 관계를 중단하고 송과의 조
공·책봉 관계를 회복하고자 했다. 송은 거란과의 관계를 염려하여 이
를 받아들이지 않았으나 고려는 자체적으로 거란 연호 대신 송의 연호
를 사용하는 등 송과의 관계를 통해 거란을 압박하고자 했다. 戰勢도
거란에 불리하게 되자 고려와 거란은 종전을 위해 노력하게 되었다.
거란과의 3차 전쟁은 앞서의 경우와 달리 전쟁을 끝내기 위한 고려 조
정 내부의 협의 과정이나 준비 상황을 확인하기 어렵지만, 어떻든 고
려와 거란의 3차 전쟁이 마무리되면서 고려는 거란에 稱藩納貢如故, 즉
예전과 같은 관계를 회복할 것을 요청하였고 이를 거란이 수용하면서
현종은 거란의 책봉을 받았다. 곧 거란 성종이 1차 전쟁 후 고려 성종

을 책봉하며 양국 간에 성립되었던 조공-책봉 관계가 회복되었던 것이다. 이때 유지되고 있던 송과의 관계는 회복된 거란과의 조공·책봉 관계에 모순되는 외교 형태가 아니었으므로 고려는 송과의 교류를 지속하며 중첩적인 외교 관계를 꾸려나갔다. 곧이어 거란은 고려에 정규 사행 파견 지침을 전달하였는데, 이것이 이후에도 고려가 거란에 피책봉국으로서 책봉국에 정규 사행을 보내는 典例로 기능하였다. 따라서 3차 전쟁의 마무리 과정은 책봉국-피책봉국 관계에 맞는 위계 질서가 양국 간에 합의 하에 복원되었으며, 한 발 더 나아가 그에 걸맞는 세부 지침이 성립되었다는 점에서 양국의 외교 관계 뿐 아니라 고려의 대외 교섭이라는 측면에서도 큰 의미를 갖는다.

2. 현종대 조공·책봉 관계와 거란 지칭 표현 및 기년 사례

1) 현종대 거란 지칭 표현

목종의 뒤를 이은 현종대에는 上·大朝 등과 같이 책봉국으로서의 거란의 위상에 합당한 지칭 표현도 사용되었던 반면, 이전 시기와 달리 寇賊·仇讎처럼 극단적으로 부정적인 인상을 주는 지칭 표현도 대거 확인된다. 이는 거란과의 오랜 기간 동안 전쟁을 겪었던 사실과도 연관이 있는데, 이러한 내용에 대해 실제 지칭 표현 용례들을 살펴보며 검토해 보자. 현종대 기록에 남은 거란 지칭어로는 契丹兵[丹兵]·彼·敵兵·隣兵·寇賊·仇讎·左袵人·上·大朝 등이 있다.

契丹兵 혹은 丹兵이라는 표현은 '거란'이 소속을 나타내는 일종의 관

형사로 기능하는 용례인데 현종대에는 전쟁이 있었기 때문에 거란병
이라는 표현이 자주 나타나지만 이와 유사한 형태의 조어 방식은 앞
시기에도 丹帝·丹主,[116] 契丹營·丹營[117] 등으로 나타났다. 隣兵이라는 표
현은 현종대 기록에서 주로 나타나는데,[118] 隣의 사전적 의미로[119] 볼

---

[116] 거란의 군주를 가리키는 표현으로는 소속을 나타내는 '거란'에 帝 혹은 主가
연결되는 형태가 있다. 이 중 丹帝는 契丹帝의 축약형일 것이나 사료상 丹帝
의 용례만 확인된다.
『高麗史節要』卷2 成宗 12年(993) 閏10月 遜寧知不可强 遂具以聞 丹帝曰
高麗旣請和 宜罷兵.
契丹主 혹은 丹主의 사례는 다음과 같다.
『高麗史』卷127 列傳40 叛逆1 康兆 顯宗 元年(1010) 5月 契丹主以兆弑君
欲發兵問罪.
『高麗史節要』卷3 顯宗 元年(1010) 12月 丁卯 및 『高麗史』列傳7 智蔡文
翌日(丁巳) … 丹兵回軍擊敗之 遂圍城 丹主次于城西佛寺.
특히 같은 내용을 전하고 있는 위 사례는 기록에 따라 표현이 다르게 나타난다.
『고려사절요』에서는 丹主로 기록되었지만 같은 내용을 전하고 있는 지채문전
에서는 契丹主로 기록되어 있다.
[117] 契丹營과 丹營은 빈번하게 혼용되었다.
『高麗史節要』卷2 成宗 12年(993) 閏10月 熙見書還奏 有可和之狀 王遣監
察司憲·借禮賓少卿李蒙戩 如契丹營請和 ; 王遣和通使閤門舍人張瑩 往丹
營 ; 王會群臣問曰 誰能往丹營 以口舌却兵 立萬世之功乎.
『高麗史節要』卷3 顯宗 元年(1010) 12月 甲戌 次楊州 遣河拱辰及戶部員外
郎高英起 奉表往丹營請和(같은 내용을 전하는 『高麗史』卷94 列傳 7 智蔡
文傳·河拱辰傳에서는 契丹營).
『高麗史節要』卷3 顯宗 2年(1011) 正月 丁丑 河拱辰高英起 至丹營 乞班師
丹主許之 遂留拱辰等(같은 내용을 전하는 『高麗史』卷94 列傳 7 河拱辰傳
에서는 契丹營).
[118] 한 예로, 1019년(顯宗 10))에 제작된 臨江寺鐘에는 隣兵永息이라는 명문이 새
겨져 있고 1031년(1022)에 작성된 淨兜寺 五層石塔 造成形止記에는 隣兵電
滅이라는 내용이 있다. 모두 거란을 가리킨다고 생각된다.
http://gsm.nricp.go.kr/_third/user/frame.jsp?View=search&No=4&ksmno=3129 한국
금석문 종합영상정보시스템
黃壽永 編, 1976, 『韓國金石遺文』, 一志社 : 황수영전집간행위원회, 1999, 『黃

때 '인병'은 이웃한 왕조의 병사라는 의미로 사용되었다. 이 표현은 해당 병사들이 소속된 왕조가 고려에 인접한 왕조임을 보여주는 표현으로, 그들에 대한 별다른 적대감은 드러나지 않는다. 거란에 대한 적대적인 표현은 오히려 고려의 외교 정책을 최종적으로 결정하였던 현종 자신에 의해 사용되었다.

거란과의 전쟁을 겪는 동안 현종은 전쟁 상황이 소강상태를 보일 때마다 전공을 세운 장병들을 포상하여 고려군의 사기를 북돋웠다. 다음은 1011년 정월에 興化鎭에서 전사한 楊規의[120] 공을 기리기 위한 조처이다.

> IV-라. (顯宗 2年 4月) (양규를) 공부상서로 추증하였고 그의 처인 殷栗郡君 洪氏에게 곡식을 주었으며 아들 帶春에게 校書郎을 제수하였다. **왕이 손수 교서를 지어** 홍씨에게 주어 이르기를, "그대의 남편은 … 지난번 北境에서 전투가 있을 때 중군에서 용맹하게 사졸을 지휘하여 위엄이 화살이나 돌보다 높았고 仇讎를 쫓아

壽永全集』 4 금석유문, 해안, 328~329쪽.

許興植, 1984, 『韓國金石全文』 中世 上, 亞細亞文化社, 440쪽.

정도사 석탑 형지기의 원문 및 국역, 관련 연구성과는 다음을 참조.

前間恭作, 1926, 「若木郡石塔記の解釋」 『東洋學報』 15-3.

鮎貝房之進, 1934, 「淨兜寺石塔造成形止記」 『雜攷』 6上.

武田幸男, 1962, 「淨兜寺五層石塔造成形止記の研究」 『朝鮮學報』 25.

허흥식, 1988, 「1031년 淨兜寺塔誌의 分析」 『한국의 古文書』, 민음사.

申虎澈, 1994, 「高麗 顯宗代의 「淨兜寺五層石塔造成形止記」 註解」 『李基白先生古稀紀念韓國史學論叢』 上.

119) 隣은 사전적으로 부근의(附近的) 혹은 땅이 접해 있다(接壤的)는 의미이다. http://dict.revised.moe.edu.tw/cgi-bin/newDict/dict.sh?cond=%5E%BEF%24&pieceLen=50&fld=1&cat=&ukey=-2046754805&serial=1&recNo=0&op=&imgFont=1 教育部國語推行委員會編, 重編國語辭典修訂本(中華民國教育部)

120) 『高麗史』 卷4 世家4 顯宗 2年(1011) 正月 壬寅 楊規·金叔興與契丹戰死.

가 잡아 힘써 나라를 평온하게 하였다. … 불행히 죽음을 맞았
으니 언제나 출중한 공을 생각하여 勳秩을 더한 위에 다시 그
수고로움을 보상하는 마음으로 급을 더하여 頒賜하며 해마다
그대에게 稻穀 1百 碩을 주어 종신하게 하노라.”라고 하였다.121)

현종은 양규를 추증하고 그의 유족들에게 상을 내리면서 거란을 원
수[仇讎(『고려사』 양규전)] 또는 도적[寇賊(『고려사절요』)]이라 칭하였
다. 위 사료에서도 확인되듯이 양규의 부인 홍씨에게 내리는 교서는 현종
이 직접 작성한 것이므로 거란에 대한 극단적일 정도로 부정적인 지칭
표현 역시 현종이 직접 선택한 것이라 하겠다.122) 이와 관련하여 1018년
에 강감찬에게 내린 告身의 표현 역시 흥미롭다. 그 내용을 살펴보자.

---

121) 전문은 다음과 같다.
　　『高麗史』卷94 列傳7 楊規 以功贈工部尙書 給規妻殷栗郡君洪氏粟 授子帶
　　春校書郞 王手製敎 賜洪氏曰 汝夫 才全將略 兼識治道 常效節於松筠 竟輸
　　誠於邦國 忠貞罕比 夙夜忘勞 昨於北境有戎 中軍鼓勇 指揮士卒 威騰矢石
　　追捕仇讎 力靜封疆 抽一劒而萬夫爭走 挽六鈞而百旅皆降 自此城鎭得全
　　情懷益壯 累多捷勝 不幸隕亡 常思出衆之功 已加勳秩 更切酬勞之念 增及
　　頒宣 歲賜汝稻穀一百碩 以終其身.
　　같은 내용이 『高麗史節要』에는 축약되어 전하며, 仇讎라는 표현 대신 寇賊이
　　사용되었다.
　　『高麗史節要』卷3 顯宗 2年(1011) 4月 命有司 給楊規妻殷栗郡君洪氏粟 授
　　子帶春校書郞 王親製敎 賜洪氏曰 汝夫 才全將略 兼識治道 效節輸誠 忠貞
　　罕比 昨於北境 追捕寇賊 城鎭得全 累多捷勝 乃至隕亡 常思厥功 歲賜汝
　　稻穀一百苦 以終其身.
122) 이외에도 당시 고려 조정에서 거란을 도적[寇]으로 표현한 사례는 어렵지 않게
　　찾아볼 수 있다.
　　『高麗史節要』卷3 顯宗 9年(1018) 2月 都兵馬使奏 興化鎭 自經寇亂 民戶
　　竝無牛畜 乞借官牛 以助農耕 從之.
　　『高麗史』卷4 世家4 顯宗 9年(1018) 5月 壬午 敎 乙卯年(1015)契丹入寇之
　　時 諸州鎭將卒 有功績者 增級 死者 優加賻贈.

IV-마. (顯宗 9年 5月) 姜邯贊을 西京留守·內史侍郎平章事로 삼았다. **왕이 손수 고신의 뒤에 쓰기를**, "경술년(1010, 顯宗 1) 중 전쟁이 일어나 창과 방패가 깊숙이 들어와 한강 가에 까지 이르렀는데 그 때 강공의 책략을 쓰지 않았더라면 온 나라가 모두 左衽人이 되었을 것이다."라고 하였다.[123]

興化鎭과 龜州 등지에서 거란군에게 대승을 거둔 강감찬이 개선한 뒤 현종은 그를 서경유수·내사시랑평장사로 삼으면서 고신 뒷면에 직접 글을 써 주었다. 여기에서 현종은 거란군의 공격이 계속되는 상황을 가정하였고, 만약 그렇게 되었다면 온 나라가 모두 左衽하게 되었을 것이라 보았다. 옷을 왼쪽으로 여미는 것을 가리키는 좌임은 漢族과 구분되어 흔히 오랑캐로 비하되는 이민족 복장의 특징으로,[124] 현종은 거란을 좌임의 문화로 표현함으로써 오랑캐로 폄하하였다. 앞서 양규의 부인 홍씨에게 내린 글에서 거란을 원수 혹은 도적떼로 깎아 내렸고

---

123) 『高麗史節要』 卷3 顯宗 9年(1018) 5月 以姜邯贊爲西京留守·內史侍郎平章事 王手書告身後曰 庚戌年中有虜塵 干戈深入漢江濱 當時不用姜公策 舉國皆爲左衽人.
　　『高麗史』 卷94 列傳7 姜邯贊 (顯宗) 9年(1018) 除西京留守·內史侍郎同內史門下平章事 王手書告身曰 庚戌年中有虜塵 干戈深入漢江濱 當時不用姜公策 舉國皆爲左衽人 世多榮之.
　　유사한 내용이 崔滋의 『補閑集』에 전하는데 현종이 써준 글이 詩였다고 한다. 『補閑集』 卷上 姜仁憲公邯贊 顯宗統和二十七年己酉 … 是年十一月 契丹聖宗親將兵而至 上行錦城 以河拱辰請降 丹帝還師 凡策皆出姜邯贊 上以詩慰奬曰 庚戌年中有虜塵 干戈深入漢江濱 當時不用姜君策 舉國皆爲左衽人.

124) 左衽의 사전적 정의는 다음과 같다. 의복의 앞섶이 왼쪽으로 벌어지는 것을 말하며 古代 이민족 복색의 특징이다. 異族과 동화됨을 은유적으로 표현하기도 한다(衣服前襟向左側開 爲古代夷狄服裝的特色 隱喩爲異族同化).
http://dict.revised.moe.edu.tw/cgi-bin/newDict/dict.sh?cond=%A5%AA%B0M&pieceLen=50&fld=1&cat=&ukey=-170015586&serial=5&recNo=2&op=f&imgFont=1
教育部國語推行委員會編, 重編國語辭典修訂本(中華民國教育部)

강감찬에게 써 준 글에서는 그들을 오랑캐로 규정했던 점에만 초점을 맞추어 보면 현종은 거란에 대해 강한 적대감을 불태우며 그들을 상당히 멸시하고 있었던 것으로 보이기도 한다.

그런데 이상에서 살펴본 거란에 대한 부정적인 지칭 표현 외에도 다른 성격의 지칭 표현이 현종대의 기록에서 나타난다. 주지하다시피 현종은 전쟁을 속히 끝내기 위해 거란에 먼저 자신의 親朝를 제의하기도 하고, 거란과의 화의를 성립시키기 위해 화친을 제의하는 사신을 파견하는 등의 노력을 보였다. 다음의 사료들을 보자.

> IV-바-1. (顯宗 元年 12月) 甲戌. 河拱辰과 戶部員外郎 高英起를 보내어 표를 받들고 거란 군영에 가서 화친을 청하게[請和] 하였다.[125]
>
> IV-바-2. (顯宗 元年 12月 甲戌) 왕이 점을 쳐 길한 괘를 얻자 하공진과 고영기를 보내어 表狀을 받들고 거란군영에 가게 하였다. 하공진은 일행이 창화현에 이르자 표장을 郎將 張旻과 別將 丁悅에게 주어 먼저 거란 군영에 가서 다음과 같이 말하게 하였다. "국왕께서 참으로 와서 뵙고자[來覲] 하였으나 다만 병사의 위세가 두렵고 또 내란이 있어 강남으로 피하였기 때문에 陪臣 공진 등을 보내어 사유를 아뢰고자 하나 공진 등도 황송하고 두려워 감히 오지 못하고 있으니 병사를 속히 거두어 주십시오." 장민 등이 미처 (거란 군영에) 이르지 못하였는데 거란군의 선봉이 이미 창화현에 이르자 공진 등이 앞서의 뜻을 모두 아뢰었다.[126]

---

125) 『高麗史』 卷4 世家4 顯宗 元年(1010) 12月 甲戌 遣河拱辰及戶部員外郎高英起 奉表往丹營請和.

126) 『高麗史節要』 卷3 顯宗 元年(1010) 12月 甲戌 ; 『高麗史』 卷94 列傳7 河拱辰 王筮得吉卦 遂遣拱辰及高英起 奉表狀 往契丹營 拱辰行至昌化縣 以表狀授郎將張旻·別將丁悅 先往契丹軍 言曰 國王固願來覲 第懼兵威 又因內

IV-바-3. (顯宗 2年 4月) 乙丑. 工部郎中 王瞻을 보내어 거란에 가서 군사를 돌린 것을 사례하게 하였다. 이보다 앞서 왕이 사신을 거란에 보내고자 하여 태사에게 명하여 점을 치게 하니 乾이 蠱로 변하는 괘를 얻어 아뢰기를, "… 이 역시 下가 上을 섬기는 상이니 길합니다."라고 하였다.127)

IV-바-4. (顯宗 9年 10月) 이 달에 禮賓少卿 元永을 보내어 거란에 가서 화친을 청하게[請和] 하였다.128)

IV-바-5. (顯宗 11年 2月) 이 달에 李作仁을 보내어 표를 받들고 거란에 가서 예전처럼 藩을 칭하고 공물을 바칠 것을 청하였다[稱藩納貢如故].129)

1010년에 거란이 고려를 공격해 오자 현종은 남쪽으로 피난을 떠났다. 河拱辰은 거란에 사신을 보내어 화친을 청하게 되면 거란이 반드시 회군할 것이라고 현종을 설득하였고, 이에 따라 하공진과 고영기가 고려 조정의 대표로 거란과 종전을 협상하기 위해 파견되었다. 위 사료에서 볼 수 있듯이 고려가 제시한 종전의 대가는 거란 조정에 대한 고려 국왕의 來覲, 즉 양국의 관계에서 거란의 우위를 인정하는 행위인 현종의 親朝였다.

거란이 班師한 것에 감사하기 위해 거란에 사신을 보낼 때에는 종전 협상을 위해 하공진 등을 파견할 때와 마찬가지로 점을 쳐 보았는데,

---

難 出避江南 遣陪臣拱辰等 陳告事由 拱辰等亦惶懼 不敢前來 請速收兵 旻等未至 契丹先鋒已至昌化 拱辰等具陳前意.

127) 『高麗史』 卷4 世家4 顯宗 2年(1011) 4月 乙丑 遣工部郎中王瞻如契丹 謝班師 先是 王欲遣使契丹 命太史筮之 得乾之蠱 奏曰 乾爲君爲父 乾健則無所不通 九五曰 飛龍在天 利見大人 蠱之爲卦 尊者在上 卑者在下 此亦以下事上之象 吉.

128) 『高麗史』 卷4 世家4 顯宗 9年(1018) (10月) 是月 遣禮賓少卿元永 如契丹請和.

129) 『高麗史』 卷4 世家4 顯宗 11年(1020) (2月) 是月 遣李作仁奉表如契丹 請稱藩納貢如故.

太史는 점괘를 풀이하면서 거란을 上으로 고려를 下로 해석하였고 고려 조정은 이를 그대로 수용하였다. 거란이 배제된 고려 조정 내부의 논의 상황에서도 거란을 上의 위치에 둘 만큼 고려 조정이 양국 관계에서 거란의 우위를 현실적으로 받아들이고 있는 것이다.

이와 같은 양국 간의 위계 질서에 대한 고려 조정의 인식은 거란과의 3차 전쟁을 겪으면서 더욱 구체화되었다. 위 사료에서 볼 수 있듯이 고려는 거란에 請和하였다. 성종 초년에 거란에서 厥烈을 보내어 고려에 請和했다고 기록한 것과[130] 혹은 다른 군소 외부 정치체의 화친 제의를 請和라 표현하던 사례에 비하면 고려 조정이 거란에 대한 스스로의 위상을 상당히 하향 조정하였음을 확인할 수 있다.

1020년(현종 11)에는 훨씬 적극적인 자세로 거란과의 평화 관계 회복을 꾀하고 있다. 위 사료를 보면 고려는 단순한 請和 제의에서 벗어나 향후 양국 관계에 대해 매우 구체적인 안을 제시하였다. 고려는 우선 거란과 예전과 같은[如故] 관계를 회복할 것을 밝혔는데, 그 예전과 같은 관계라는 것은 고려가 거란에 대해 藩이 되는 것이며 거란에 대해 공물을 바칠 것을 제안하는 내용이다. 이와 관련하여 당시 거란과의 3차 전쟁에서 고려가 여러 차례 승리를 거두며 거란과 군사적으로 균형을 이루게 되었다고 보기도 하는데,[131] 정작 귀주 대첩 이후에는 고려가 거란과의 관계 개선을 위해 노력하는 모습이 오히려 더 많이 나타난다.

이렇듯 거란과 화친을 정립하려는 노력과 寇賊·仇讎 또는 左袒과 같

---

130) 『高麗史』 卷3 世家3 成宗 5年(986) 正月 契丹遣厥烈來請和.
131) 박종기, 1994, 「고려와 송·거란과의 관계」 『한국사』, 한길사 ; http://www. krpia. co.kr/pContent/?svcid=KR&proid=10&arid=54&ContentNumber=766&pageNumber=1879

은 거란에 대한 폄칭이 공존할 수 있었던 이유는 무엇일까. 이를 본격적으로 언급한 선행 연구는 없지만, 기존의 시각대로라면 아마도 '금수론적 거란관'의 독점적 우세를 인정하는 선에서 설명될 수 있을 것이다. 이에 따르자면 거란에 대한 다양한 층위의 지칭 표현이 공존했던 상황은 고려 내부에 거란을 폄하하고 미개한 민족으로 여기는 인식이 뿌리 박혀 있어서 폄칭이나 부정적인 표현들이 사용되었고, 다만 정황상 전쟁을 종결하거나 위기를 면하기 위해 거란 우위의 질서에 순응하는 모습을 보여줄 필요가 있을 때에는 상황에 맞게 적절한 외교적 수사를 선택하였다고 설명된다. 그러나 이러한 견지에서 보면 동일한 대상에 대해 폄칭과 존칭이 동시에 사용되고 있는 상황은 설명이 되지만, 거란에 대한 비하와 양국 관계에서 '오랑캐'의 우월한 지위를 받아들이고 오히려 그들과의 관계를 위해 非오랑캐 왕조로부터의 책봉을 포기할 수밖에 없었던 상황이 공존하게 되는 모순을 낳게 되며, 이러한 인식과 현실의 괴리를 고려인들은 어떻게 받아들였는가에 대해 설명을 시도한 연구는 아직 없다.

'금수론적 거란관'의 독점적 우세를 인정하는 기존의 이해 방식으로는 위와 같은 인식과 현실 간의 괴리만 확인될 뿐이므로 이러한 입론에서 벗어나 고려의 對거란 인식을 새롭게 검토해 보아야 할 필요가 있다. 본고에서는 거란에 대한 폄칭을 사전적 의미만으로 분석하는 데 그치지 않고 그것이 사용된 문맥 속에서 검토하는 방법을 제안하고자 한다. 폄칭을 사용한 話者의 의도와 화자의 발화 대상인 聽者 등을 종합적으로 고려한 대화 맥락 속에서 검토해 보면 폄칭은 그 의미 그대로 거란에 대한 적대감을 드러내기도 하지만, 화자가 자신의 목적을 달성하기 위해 의도적으로 폄칭을 선택하였던 상황이 확인되기도 한

다. 이 의도를 파악해 보면 폄칭은 내부적으로 극심한 공격을 받거나
고려인들의 분노를 이끌어 낼 필요가 있을 때 주로 사용되었고, 상황
이 바뀌어 거란과의 협상이 절실하거나 평화가 필요한 시기에는 그에
걸맞는 표현들이 적절히 사용되었음을 알 수 있다. 이는 거란과의 외
교 관계의 상황에 따라 고려 조정의 거란에 대한 태도 역시 탄력적으
로 변용되었음을 보여줄 것이다. 이러한 점에 유의하며, 본고에서는 금
수론적 관념이 고려 초부터 정립되어 거란과의 외교 관계에서 일관되
게 유지·적용되었으리라는 가정에서 벗어나 거란에 대한 폄칭이 사용
된 전체 맥락을 함께 고려하여 분석해 보겠다.

앞서 태조대 훈요와 성종대 시무책의 지칭 표현을 이해할 때 적용했
던 방식을 적용하여 보면 현종이 사용한 거란에 대한 폄칭을 이해하는
일은 생각보다 복잡하지 않다. 거란에 대한 폄칭이 사용된 맥락 속에
서 그 지칭 표현을 다시 한 번 검토해 보자. 거란을 寇賊 또는 仇讎라고
표현한 현종의 글은 거란에 대항하다가 전사한 楊規의 부인 洪氏에게
양규의 공로를 치하하기 위해 내린 敎書였으며, 거란을 左衽이라 언급
한 문장은 거란과의 전쟁에서 큰 공로를 세운 姜邯贊을 西京留守·內史侍
郞平章事로 임명하는 告身 뒤에 쓴 글에 나타난다. 즉, 이 문장들은 전
쟁에 참가한 대표적인 장수들의 戰功을 칭찬하고 이를 포상하려는 목
적에 부합하도록 지어진 것이다. 따라서 두 문서의 주요한 聽者는 일차
적으로는 거란과의 전쟁에서 피해를 입은 병사 및 지휘관의 가족이었
고, 이것이 고려의 통치자에 의한 행위였음을 고려하면 거란과의 전쟁
을 겪고 있는 고려인 전체로 확대된다.

유공자들을 포상하는 상황에서는 유공자들이 대적한 대상(거란)의
부당성과 거란의 잘못된 점을 강조할수록 그 대상에 대항하여 싸운 군

사 및 장군의 공로는 더욱 빛나게 마련이다. 따라서 그들의 공로를 치하하는 글에서 거란에 대한 부정적인 지칭이 노골적으로 드러나는 것은 당연한 일이다. 또한, 거란을 폄하하여 부정적인 대상으로 만들수록 고려 내부적으로 거란에 대한 항전 의지는 고취된다. 즉, 거란에 대한 폄칭은 유공자를 포상하는 효과를 배가하며 거란에 대한 항전 의지를 고취하는 효과를 이끌어내는 훌륭한 수사인 것이다. 게다가 현종이 내린 親書는 공로를 세운 고려인 개인에게 내려지는 것이므로, 이 발화 상황에서 거란은 철저히 배제되어 있었기 때문에 거란에 종전 교섭을 요청하고 그들에 비해 열등한 지위를 자처하면서도 거란에 대한 폄칭을 사용할 수 있었다고 생각된다. 이렇듯 고려 조정 혹은 고려의 최상위 지배층이 사용한 거란에 대한 지칭 표현들은 개별적으로 한 가지의 의미만을 가지는 것이 아니며 그것이 선택·사용된 문맥 속에서 이해될 때에만 그것을 사용한 주체의 의도를 보다 명확하게 파악할 수 있다고 하겠다.

지금까지 현종대에 사용된, 거란을 지칭하거나 거란과의 관계를 가리키는 표현들을 살펴 보았다. 이 시기 거란에 대한 지칭 표현들은 寇賊에서 大朝에 이르기까지 다양하게 확인된다. 고려는 거란에 대해 상황에 따라 극단적인 부정적 표현을 사용하기도 했지만 전쟁을 마무리하는 시점에서는 스스로 거란의 우위를 적극적으로 인정하는 모습들을 보였다. 이는 거란과의 대화 상황이 아니라 그들을 배제한 고려 내부의 논의 상황에서도 확인된다. 이러한 점은 당시 고려 내부에서 거란을 부정적으로 보는 인식도 공감되어 있었지만, 이와 함께 그들의 현실적 우세를 자각하고 거란과의 조공·책봉 관계를 보다 적극적으로 수용하려는 자세 역시 공존하고 있었음을 보여준다. 아울러 고려 지배층이 내부적 항전 의지를 고취하려거나, 혹은 거란과의 종전을 유도하기 위해, 각각의 상황에서 자신들의 목적과 대화 상대에 맞추어 적절한 수사를 선택하였음도 확인할 수 있었다.

　이어서 현종대에 사용된 기년호의 용례를 통해서 고려 내부적으로 양국 관계가 어떻게 받아들여지고 있었는지 확인해 보도록 하자.

2) 현종대 기년 사례

　앞서 살펴보았듯이 목종의 뒤를 이은 현종이 거란으로부터 책봉을 받는 데에는 꽤 오랜 시간이 걸렸다. 거란 황제는 자신이 책봉한 목종이 시해되자 그 책임을 물어 고려를 공격해왔고, 거란과의 제2차 전쟁이 마무리된 이후에도 현종이 거란 황제의 친조 요구를 수락하지 않자 다시 한 번 양국 간에 전쟁이 일어났기 때문이다. 현종의 책봉은 고려가 1020년에 '예전과 같이 藩을 칭하고 공물을 바칠 것[稱藩納貢如故]'을 표방하고 나서도 약 2년 뒤인 1022년 4월에서야 이루어졌는데, 그 다음 해에는 현종의 태자(후의 덕종) 역시 거란으로부터 책봉을 받았다. 태자가 책봉을 받은 경우는 이것이 최초의 사례이다.

　1022년에 거란으로부터 현종이 책봉을 받으면서 거란과 고려 간에는 다시 책봉-피책봉국 관계가 성립되었고, 고려는 거란의 연호를 사용하게 되었다.[132] 양국 외교 관계의 변화와 거란 연호 채택이 고려 내부에서는 어떻게 수용되고 있었는가 하는 점을 여러 금석문과 고문서 자료에서 확인할 수 있다.

---

132) 『高麗史』 卷4 世家4 顯宗 13年(1022) 夏四月 契丹遣御史大夫上將軍蕭懷禮
　　等來 冊王開府儀同三司守尙書令上柱國高麗國王 食邑一萬戶食實封一千戶
　　仍賜車服儀物 自是復行契丹年號.

먼저 고려가 거란과의 외교 관계의 안정을 위해 稱藩할 것을 천명한 다음 해인 1021년에 새겨진 흥국사 석탑기가 있다.

> IV-사. 보살계제자인 평장사 강감찬은
> 받들어
> 우리나라[邦家]가 길이 태평하고 온 세상이 항상 평안하기를 바라며 삼가 조성하니
> 이 탑을 영원히 충당하여
> 공양합니다.
> 이때는 천희 5년 5월 일입니다.[133]

흥국사 석탑기의 찬자는 강감찬으로, 대내외적으로 평화가 깃들기를 기원하는 내용이다. 분명히 드러나 있지는 않지만 정황상 고려를 공격한 거란이 물러가기를 기원하며 작성하였다고 해석된다. 이 석탑기에서는 宋 眞宗의 4번째 연호인 天禧를 기년호로 사용하였다. 1021년은 고려 조정이 거란과의 평화 정착을 위해 협상하는 단계였지만, 고려가 원하는 외교 관계가 확정된 것이 아니라는 불안감이 있었기 때문에 송

---

133) 興國寺 石塔의 명문은 다음과 같다.
菩薩戒弟子平章事姜邯賛
奉爲
邦家永泰遐邇常安敬造
此塔永充
供養
時天禧五年五月 日也
이 석탑은 황해북도 개성시 만월동 흥국사지에서 출토되었으며 현재 북한의 개성역사박물관에 소장되어 있다.
http://gsm.nricp.go.kr/_third/user/frame.jsp?View=search&No=4&ksmno=3130 한국금석문 종합영상정보시스템
許興植, 1984, 『韓國金石全文』 中世 上, 亞細亞文化社, 441쪽.

의 연호가 계속해서 사용되었다고 생각된다.

한편, 원광대학교 박물관에 소장되어 있는 고창 요계리 청자요지 출토 기와에는 "太平 壬戌"이라는 명문이 남아 있다.[134] 太平은 거란 聖宗의 3번째 연호이며 이에 해당하는 임술년은 1022년이다. 홍국사 석탑기가 작성된 1021년에는 송의 연호를 사용하다가 바로 그 다음 해인 1022년에 거란 연호가 기와에 새겨지고 있는 것은 굉장히 큰 변화라 할 수 있는데, 이러한 변화를 이끌어 낼 수 있는 사건은 아무래도 1022년 4월에 현종이 거란으로 책봉을 받은 사실일 것이다.[135]

제천 獅子頻迅寺址 石塔에서도 거란의 太平 연호가 기년호로 사용되었다.[136] 그런데 이 명문의 작성 시기가 "太平二年四月日"로 기록되어

---

134) 원광대학교 박물관 소장 고창 용계리 청자요지 출토 "太平壬戌"銘 기와.

135) 현종이 책봉을 받은 때의 기록에 따르면 이때부터 거란 연호를 다시 시행하기로 결정했음도 확인할 수 있다.
  『高麗史』卷4 世家4 顯宗 13年(1022) 4月 契丹遣御史大夫上將軍蕭懷禮等來 册王開府儀同三司·守尚書令·上柱國·高麗國王 食邑一萬戶 食實封一千戶 仍賜車服儀物 自是復行契丹年號.

136) 제천 獅子頻迅寺址 石塔의 명문은 다음과 같다.
  佛弟子高麗國中州月
  岳師子頻迅寺棟梁
  奉爲 代代
  聖王恒居萬歲天下大
  平法輪常傳此界他方
  永消怨敵後愚生婆婆
  旣知花藏迷生卽悟正
  覺 敬造九層
  石塔一坐永充供養
  大平二年四月日謹記
  http://gsm.nricp.go.kr/_third/user/viewer/viewer01.jsp?ksmno=3133 한국금석문 종합영상정보시스템
  黃壽永, 1987, 「高麗石塔의 硏究-在銘作品을 중심으로」『考古美術』175·176

있다는 점은 더욱 주목할 만하다. 태평 2년은 1022년이고 이 해 4월에
거란이 현종을 책봉하였는데, 바로 그 달에 작성된 것으로 보이는 석
탑의 명문에서 거란 연호가 기년호로 채택된 것이다. 추측하건대 현종
의 책봉이 이루어지고 그 사실이 고려 국내에 반포된 이후 석탑의 명
문이 작성되었을 것이다. 빈신사지 석탑의 명문은 현종이 책봉을 받으
면서 회복된 거란과의 외교 질서에 따라 거란 연호를 사용하기로 한
조정의 결정이 고려 내부에 상당히 신속하게 수용되었음을 보여주는
사례라 하겠다.

　玄化寺碑의 경우, 碑銘 및 序는 1021년에 周佇가 찬하였고 陰記는 1022
년에 蔡忠順이 찬술하였다.[137] 서문에 사용된 기년호는 "皇宋天禧五年
(1021)歲次重光作噩[辛酉]"·"統和十四年(996, 契丹)丙申"·"淳化四年(993, 宋)
暮春"·"天禧元年(1017, 宋)丁巳" 와 같이, 거란과 송의 연호 및 간지 등이
다양하게 나타난다. 한편 음기의 작성 시기는 "太平二年(1022, 契丹)歲次

　　　: 1998, 『黃壽永 全集 3 -한국의 불교공예·탑파』, 혜안.
　　　許興植, 1984, 『韓國金石全文』 中世 上, 亞細亞文化社.
　　　葛城末治, 1935, 『朝鮮金石攷』, 大阪屋號書店.
　　　朝鮮總督府, 1919, 『朝鮮金石總覽』 上.
　　　태평[大平]은 거란의 연호이므로 태평 2년은 1022년, 현종 13년이다. 현종의 책
　　봉과 사자빈신사지 석탑의 명문의 조성이 1022년 4월로 같은데, 거란의 연호가
　　사용되었으므로 현종의 책봉이 이루어진 뒤에 조성된 것이라 추측된다. 그렇다
　　면 명문 중에 怨敵이 가리키는 대상이 누구인가 하는 문제가 남는다. 당시가
　　거란과의 전쟁이 종결된 지 얼마 되지 않은 시점이므로 怨敵이 거란을 의미할
　　가능성이 없는 것은 아니다. 그러나 나 이미 고려 국왕이 거란으로부터 책봉을
　　받았으며 석탑의 명문 중에도 거란의 연호가 사용되었다. 이러한 상황을 종합
　　적으로 고려한다면 이때의 怨敵은 개인적인 원한을 가진 사람을 의미하거나,
　　혹은 외부의 위협세력을 광범위하게 포괄하는 표현이라 보아야 할 것이다.
137) 許興植, 1984, 『韓國金石全文』 中世 上, 亞細亞文化社, 441~453쪽.
　　　http://gsm.nricp.go.kr/_third/user/frame.jsp?View=search&No=4&ksmno=3131 한국
　　　금석문 종합영상정보시스템

玄黓閹茂[壬戌]秋相月[7月]日"로 기록되어 있는데, 빈신사지 석탑의 명문
과 마찬가지로 현종의 책봉이 이루어진 뒤 거란의 연호를 사용하기로
한 조정의 결정이 신속하게 반영되고 있음을 다시 한 번 확인해 준다.
그렇다면 현화사비 서문에 나타나는 다양한 기년호의 사용은 어떻게
이해할 수 있을지 의문이 든다. 이를 해명하기 위해 하나의 문서 안에
서 거란과 송의 연호·간지 등 여러 기년호가 다수 사용된 다른 사례를
함께 검토해 보자.

　1019~1031년(현종 10~22)에 작성되었을 것으로 추정되는 淨兜寺 五層
石塔 造成形止記는[138] 1905년에 석탑 안에서 발견되어 현재 국립대구박
물관에 보관되어 있다. 그 내용은 13년에 걸친 석탑 조성 과정을 담고
있으므로 석탑과 함께 1031년 경에 작성되었을 것으로 추정되고 있
다.[139]

---

138) 정도사는 고려 초에 若木郡에 있던 탑으로 현재는 대구국립박물관에 보관되어
　　있다. 정도사 석탑 형지기의 원문 및 국역, 관련 연구성과는 다음을 참조.
　　前間恭作, 1926, 「若木郡石塔記の解釋」 『東洋學報』 15-3.
　　鮎貝房之進, 1934, 「淨兜寺石塔造成形止記」 『雜攷』 6上.
　　武田幸男, 1962, 「淨兜寺五層石塔造成形止記の研究」 『朝鮮學報』 25.
　　허흥식, 1988, 「1031년 淨兜寺塔誌의 分析」 『한국의 古文書』, 민음사.
　　申虎澈, 1994, 「高麗 顯宗代의 「淨兜寺五層石塔造成形止記」 註解」 『李基
　　白先生古稀紀念韓國史學論叢』 上.
　　노명호 외 편, 2000, 『韓國古代中世古文書硏究』 上, 서울대학교출판부, 473~
　　484쪽.
139) 형지기가 발견된 정도사 석탑의 기단부에 있는 명문의 내용 역시 1031년에 탑
　　이 조성되었음을 추정하게 한다.
　　□釋智漢
　　特爲
　　國家恒安 兵戈永
　　息 百穀豊登 敬造
　　此塔 永充供養

여기에서도 거란 聖宗의 세 번째 연호인 太平을 사용하여 작성 시기인 1031년(현종 22)을 기록하였다. 이 문서는 내용 상 고려 내부 사람들을 주요 聽者로 상정하여 작성되었으며, 더구나 작성된 뒤 석탑 안에 안치되었으므로 거란을 포함한 고려 외부 세력이 이를 열람할 가능성은 거의 없다. 그러나 이 문서 속에 거란의 연호가 자연스럽게 기년호로써 사용되었다는 것은 고려와 거란의 외교 질서가 지방 향리층을 포함한 고려 내부에서도 별다른 문제없이 수용되고 있었음을 반영한다고 하겠다.

그런데 앞서 언급하였듯이 현화사비 서문과 마찬가지로 정도사 5층석탑 조성형지기에는 매우 다양한 기년호가 사용되었다. 다음은 형지기에 사용된 기년호들을 간략히 추린 표이다.

〈淨兜寺 5층석탑 조성형지기에 사용된 기년호〉

행	기년호	서기 및 고려 왕력	연호 주체	비고
1행	太平十一年歲次辛未正月四日	1031, 현종 22	거란 聖宗	
3행	天禧三年己未十月日	1019, 현종 10	송 眞宗	
8행	天禧二年歲次壬戌五月初七日	1022, 현종 13	송 眞宗	太平의 誤
11행	大平三年癸亥六月日	1023, 현종 14	거란 聖宗	
15~16행	太平五年歲次乙丑三月十二日	1025, 현종 16	거란 聖宗	

太平十一年 辛未 正月 日
□願□
명문은 노명호 외 편, 2000, 『韓國古代中世古文書硏究』上, 서울대학교출판부, 473쪽 참조.
다만 오층석탑 건립자에 대해서는 석탑 기단부 명문과 형지기의 내용이 상이하다. 위 명문에 따르면 智漢이라는 승려가 건립 주체로 나타나지만 형지기에 따르면 若木郡의 백성 光賢이 처음 발원하였고 그가 죽자 광현의 형인 副戶長 稟柔가 승려 등에게 부탁하여 郡司의 長吏들이 석탑을 淨兜寺에 안치하기로 결정하였다고 한다.

행	기년호	서기 및 고려 왕력	연호 주체	비고
16행	太平六年歲次丙寅十月日	1026, 현종 17	거란 聖宗	
17행	太平七年歲次丁卯十二月日	1027, 현종 18	거란 聖宗	
18행	太平九年己巳	1029, 현종 20	거란 聖宗	
20행	丙辰年 量田使前守倉部卿	956, 광종 7		
21행	乙卯二月十五日	955, 광종 6		
	顯德三年丙辰三月日	956, 광종 7	後周 世宗	
25행	太平十年歲次庚午十二月七日	1030, 현종 21	거란 聖宗	

1행의 太平은 거란 聖宗의 연호이다. 거란 성종이 태평 11년 6월에 崩하고 興宗이 즉위하며 改元하였기 때문에 태평 11년은 景福 원년으로 더 잘 알려져 있다. 그렇다면 형지기의 태평 11년이라는 기년은 8행의 천희 연호와 마찬가지로 오류라고 생각될 수도 있다. 그러나 형지기를 기록하던 태평 11년 정월 4일 시점에서 당시는 태평 11년이 분명하였다. 거란 성종이 곧 죽게 될지 아무도 예측할 수 없었기 때문이다. 따라서 첫행에 사용된 태평 11년이라는 기년은 형지기 및 그에 사용된 기년법의 현장성 또는 동시기성을 극명하게 드러내어 주는 사례이다.

3행의 天禧는 송 眞宗의 연호이다. 8행에도 천희가 사용되었지만, 연구자들에 따르면 이는 태평의 誤記라고 한다.[140] 8행과 11행의 연호는 각각 干支와 병기되었고, 20·21행에는 간지만 나타난다. 한편 21행 뒷부분의 顯德은 後周 世宗의 연호이다. 하나의 문서에 이렇게 다양한 왕조의 연호가 중첩적으로 사용되고 있어 그 기준이 무엇인지 의문이 드는데, 기년 사례와 고려 군주의 피책봉 관계를 연관지어 이해하면 정도사 석탑 형지기에 적용된 기년호 사용의 규칙을 찾을 수 있다.

---

140) 申虎澈, 1994, 「高麗 顯宗代의 「淨兜寺五層石塔造成形止記」 註解」 『李基白先生古稀紀念韓國史學論叢』 上, 573~574쪽 각주 33).
　　노명호 외, 2000, 『韓國古代中世古文書研究』, 서울대 출판부, 475쪽 각주 9).

현종이 거란으로부터 책봉을 받은 것은 1022년 4월이었고, 그 후 양국 간에 심각한 갈등이 발생하지 않았다. 형지기의 1·8·11·15~18·25행에서 사용된 거란 성종의 태평 연호는 모두 1022년 4월 이후의 시점을 기록한 내용이므로, 일괄적으로 거란의 연호가 사용된 것은 자연스러운 일이다.

3행에 나타난 송 진종의 연호와 21행에 보이는 후주 세종의 연호 역시 같은 논리로 설명이 가능하다. 시기상 선행하는 현덕 3년(956)을 먼저 살펴보자. 광종은 956년에 후주 세종으로부터 加册을 받았다.[141] 가책을 받았다는 것은 이미 최소한 한 차례 이상의 책봉이 선행되었음을 의미하므로, 형지기가 비록 후대인 현종대에 조성되었지만 956년의 시점을 기록할 때에는 그 당시에 사용되던 기년호인 후주 세종의 현덕 연호를 통해 당시를 기록하였던 것이라 생각된다. 이를 볼 때, 타국 군주로부터 책봉을 받은 뒤 그 나라의 연호를 채택하여 고려 내부적으로 사용하는 것이 이미 관례화되고 있었다고 정리할 수 있을 듯하다.

그렇다면 3행에 나타나는 송 진종의 연호인 天禧는 어떻게 설명할수 있을까. 천희 3년은 1019년(현종 10)이고 현종이 거란 성종으로부터 책봉을 받기(1022년) 이전이기 때문에 송의 연호를 사용한 것이 당연하다고 볼 수도 있다. 그런데 고려는 이미 994년부터 거란의 연호를 사용할 것을 표방했고, 앞서 확인하였듯이 목종대에도 거란의 연호가 기년호로써 사용되었다. 따라서 현종이 즉위한 이후에도 거란의 연호가 사용되었을 가능성이 없지는 않다. 게다가 현종이 즉위한 직후인 1010년에도 거란 성종의 통화 연호가 사용되었음을 聖居山 天興寺 銅鐘의 銘

---

141) 『高麗史』 卷2 世家2 光宗 7年(956) 周遣將作監薛文遇來 加册王 爲開府儀同三司檢校太師 仍令百官衣冠 從華制 前大理評使雙冀 從文遇來.

文과[142] 開心寺址 5層 石塔 명문에서도[143] 확인할 수 있다. 1010년과 1019년에 사용된 기년호의 불일치는 다음과 같은 이유로 설명될 수 있지 않을까 생각한다.

---

142) 聖居山天興寺 銅鐘의 명문은 다음과 같다.
　　統和二十八年庚戌二月日
　　통화 28년 경술년은 1010년(현종 1)이다.
　　http://gsm.nricp.go.kr/_third/user/frame.jsp?View=search&No=4&ksmno=3127 한국 금석문 종합영상정보시스템 ; 許興植, 1984,『韓國金石全文』中世 上, 亞細亞文化社, 434쪽.
143) 개심사지 5층 석탑의 명문은 다음과 같다.
　　(上臺甲石 처마)
　　上元甲子四十七統和二十七庚戌年二月一日正骨開心寺」
　　到石析三月三日光軍弎六隊車十八牛一千以十間入矣僧」
　　俗娘合一萬人了入弥肋香徒上秤神廉長長司正順行典福宣金由」
　　工達孝順位剛香德貞」
　　嵒等卅六人椎香徒秩京成仙郎(光叶金叶)阿志大舍香式金哀位奉楊(能廉寸等)」
　　(隊正邦祐)其豆昕京位剛儞平(矣典)次衣等」
　　五十人」
　　(上臺中石 東面)
　　棟梁戶長陪戎校尉林長崔祐母主副棟梁▨▨邦祐」
　　冖冖弘爲身心上報之佛恩爲國正功德普及於一切」
　　辛亥四月八日立」
　　단, 갑자년으로부터 47번째 해는 경술년이고, 경술년은 통화 27년이 아니라 28년이다. 탁본 상 "二十七"이 명확하게 확인되는데 刻字 시의 오류가 아닐까 생각된다.
　　http://gsm.nricp.go.kr/_third/user/frame.jsp?View=search&No=4&ksmno=3126 한국 금석문 종합영상정보시스템
　　김윤곤, 2001,『한국 중세 영남불교의 이해』, 영남대학교출판부.
　　黃壽永, 1999,『黃壽永全集 4(금석유문)』, 혜안.
　　黃壽永, 1987,「高麗石塔의 硏究-在銘作品을 중심으로」『考古美術』175·176 : 1998,『黃壽永 全集 3 -한국의 불교공예·탑파』, 혜안.
　　李基白, 1985,「高麗光軍考」『歷史學報』37, 歷史學會.
　　許興植, 1984,『韓國金石全文』中世上, 亞細亞文化社.

우선 현종 즉위년의 통화 연호 사용은 前代인 목종대부터 이어지던 일종의 관습적 사용이었다고 생각된다. 고려 조정이 목종-현종의 왕위 교체에 대한 거란의 반응을 예상하지 못했던 만큼, 거란으로부터 현종의 책봉을 받는 것을 정해진 수순으로 여겼을 가능성이 크며 따라서 아직 책봉을 받지 못했음에도 불구하고 관습적으로 목종대에 사용하던 거란의 통화 연호를 계속해서 사용했던 것이라 생각된다.

반면에 1019년 송 천희 연호의 사용은 당시 고려 조정이 선택한 대외 정책에 따른 자연스러운 귀결이었다. 이와 관련하여, 다음의 사료를 보자.

> IV-아-1. (顯宗 7年) 이 해에 다시 송의 大中祥符 연호를 사용하였다.[144]
> IV-아-2. (天禧 元年 正月 辛丑) 개원하였다. 옥청소응궁에 가서 薦獻하고 옥황대천제에게 보책과 곤복을 올렸다.[145]
> IV-아-3. (顯宗 9年) 10月. 송의 天禧 연호를 시행하였다.[146]

아1 사료는 1016년에 고려가 송의 연호를 다시 사용하기로 했음을 보여준다. 이때는 대중상부 9년인데 다음 해인 1017년에 송이 대중상부를 천희로 개원하였음을 아-2 사료를 통해 알 수 있다. 이어지는 아-3의 기사는 고려가 1018년부터 새로운 천희 연호를 사용했음을 알려준다. 다만 周佇가 찬술한 현화사비 서문에 이미 "天禧元年(1017, 顯宗 8)丁巳"라는 기록이 있으므로, 송의 개원 사실은 1018년 10월 천희 연호 시행령이 반포되기 전에도 고려에 알려져 있었으리라 추정된다. 周

---

144) 『高麗史』 卷4 世家4 顯宗 7年(1016) 是歲 復行宋大中祥符年號.
145) 『宋史』 卷8 本紀8 眞宗3 天禧 元年(1017) 正月 辛丑 朔 改元 詣玉清昭應宮 薦獻 上玉皇大天帝寶册·袞服.
146) 『高麗史』 卷4 世家4 顯宗 9年(1018) 10月 行宋天禧年號.

伫는 주지하다시피 1005년에 내투한 송 溫州의 文士이므로[147] 송의 내
정 변화와 관련하여 기민하게 정보를 파악하고 있었을 것이다.

현종은 왕위에 오른 뒤 두 차례에 걸쳐 거란과 큰 전쟁을 겪었는데,
1016년과 1018년은 거란과의 제3차 전쟁이 진행되던 시기이다. 1016년
에 송의 대중상부 연호를 사용하기로 결정하였다는 것은 그 전에 이미
고려가 거란으로부터 책봉을 받고 그들의 연호를 받아 사용하는 외교
노선을 유지하지 않기로 하였음을 짐작하게 한다. 이에 앞서 1014년에
고려가 송에 예전처럼 귀부할 것[歸附如舊]을 청했던 사실을 Ⅳ장 1절
2)항에서 살펴 보았다. 고려의 요청을 송이 받아들이지는 않았지만
1016년에 왕조의 기준 기년호로 사용되던 거란 연호를 버리고 송의 연
호를 채택함으로써 고려는 송과의 관계를 개선하는 효과를 간접적으
로라도 보일 수 있고, 나아가 이러한 외교 노선의 변화를 거란과의 난
국을 타개하는 방편으로 활용하고자 하는 의도다고 생각된다. 이러한
입장이 지속되는 와중에 송이 1017년에 改元함에 따라 대중상부를 천
희로 바꾸어 사용하게 된 것이다.[148] 이와 같은 상황을 염두에 두면 형
지기 3행에 나타나는 천희 3년이라는 표현도 쉽게 이해할 수 있다. 즉
거란과의 전쟁이 지속되면서 상황이 개선될 기미가 없자 1016년에 송
의 연호를 채택함으로써 거란과의 종전을 유도하는데 도움을 받고자
했던 것이고, 그 이후인 1019년에 기록을 남긴 고려인들은 자연스럽게
당시에 사용되던 천희 연호를 통하여 연도를 표기하였던 것이다.

---

147) 『高麗史』 卷3 世家3 穆宗 8年(1005) 是歲 宋溫州文士周伫來投 授禮賓注簿.
148) 고려가 송의 연호를 채택하였다고 해서 거란과의 관계를 완전히 끊어 버리기로
　　결정한 것은 아니었다. 같은 달에 거란에도 사신을 보내어 화친을 요청하고 있
　　기 때문이다.
　　『高麗史』 卷4 世家4 顯宗 9年(1018) (10月) 是月 遣禮賓少卿元永 如契丹請和.

20행과 21행에 사용된 간지 기년의 경우에는 같은 956년을 20행에서는 간지 기년으로, 21행에서는 후주 세종의 연호로 표기한 것으로 볼 때, 당시 고려인들은 기년호로써 연호와 간지를 병용하거나 어느 하나만 단독으로 사용하기도 했었다고 생각된다. 이와 관련하여, 『고려사절요』 1013년 11월의 기록을 보면 1010년(현종 1)을 나타낼 때 간지를 사용하였다.[149] 또한, 1018년(현종 9)년 5월에 강감찬에게 내린 告身에 현종은 직접 글을 써서 강감찬의 공로를 치하하였는데 그 중에도 "庚戌年(1010)中有虜塵"이라 하여, 1010년을 庚戌이라는 간지로 표현하였다.[150]

현종이 직접 써 준 글은 거란을 물리친 강감찬의 업적을 찬양하는 글이므로 主敵으로 표현된 거란의 연호를 사용하여 기년하기 어려웠을 것이며, 그에 대한 대안으로써 간지를 사용한 기년법이 채택되었다고 생각된다.[151] 현종이 강감찬에게 고신을 내린 때는 1018년이므로, 이미

---

149) 『高麗史節要』 卷3 顯宗 元年(1010) 11月 癸未 朔 上將軍金訓崔質等 率諸衛軍作亂 流中樞院使張延祐 日直皇甫兪義 自庚戌(현종 1, 1010)用兵以來 增置軍額 由是 百官祿俸不足 兪義等建議 奪京軍永業田 以充祿俸 武官頗懷不平 質又以邊功 累拜武官 而不得文官 常怏怏 至是 訓 質及朴成 李協 李翔 李暹 石邦賢 崔可貞 恭文 林猛等 以奪田 激衆怒 誘諸衛軍士 鼓譟闌入禁中 縛延祐兪義 棰撻垂死 詣閤中面訴云 兪義等 占奪我田 實謀自利 殊非公家之利 若截趾適屨 奈四體何 諸軍洶洶 不勝憤怨 請除國蠹 用快群情 王 重違衆志 姑從其請 遂除名流配.

150) 『高麗史』 卷94 列傳7 姜邯贊 (顯宗) 2年(1011) 遷國子祭酒 再轉翰林學士承旨·左散騎常侍 進中樞使 請修社稷壇 令禮官議定儀注 改吏部尙書 邯贊有田十二結 在開寧縣 白王給軍戶 九年(1018) 除西京留守·內史侍郎同內史門下平章事 王手書告身曰 庚戌年(1010)中 有虜塵 干戈深入漢江濱 當時不用姜公策 擧國皆爲左衽人 世多榮之.

151) 예종대의 다음 사료 역시 고려가 특정 왕조의 연호를 사용할 수 없는 이유가 발생하였을 때 대신 간지로 기년하였음을 보여준다.
『高麗史』 卷14 世家14 睿宗 11年(1116) 4月 辛未 中書門下奏 邃爲女眞所侵

1016년에 송의 대중상부 연호를 사용할 것을 표방한 이후였지만 강감찬이 공을 세웠던 1010년을 표기할 때에는 송의 연호가 아닌 간지를 사용하였다. 이는 기년할 때에는 기록 당시의 기년 방식이 아니라 사건이 실제 발생하였을 당시의 기년 방식을 준수한다는 가설을 다시 한 번 확인해 주는 사료라고 하겠다.

정도사 5층석탑 조성형지기를 토대로 추정한 고려의 기년 방식은 현화사비 서문에도 적용된다. 앞서 보았듯이 1021년에 찬술된 현화사비 서문에는 "皇宋天禧五年(1021)歲次重光作噩[辛酉]"·"統和十四年(996, 契丹)丙申"·"淳化四年(993, 宋)暮春"·"天禧元年(1017, 宋)丁巳" 등의 기년호가 사용되었다. 1016년 이후 고려는 전략적으로 송의 연호를 사용하기로 하였으므로 현화사비 서문에서도 1017년과 1021년이 송의 天禧 연호로 기록되었다. 993년에 거란과의 전쟁이 일어나고 거란에 사대하게 되었으므로 996년을 거란 統和 연호로 기록한 것 역시 고려의 기년 관습 상 자연스럽다. 다만 993년을 기록하면서는 송의 淳化 연호가 채택되었는데, 그 시기가 暮春, 즉 3월에 해당한다. 거란의 공격은 윤10월에 시작되었으므로, 3월 당시 고려가 사용하던 기본 기년호는 송의 연호였다. 따라서 현화사비 서문에 나타난 다양한 기년호 역시 모두 사건 발생 당시의 기년 방식을 후대에도 그대로 사용하는 고려의 기년 관습에 부합하며, 아울러 외교 관계에 따라 기본 기년호가 되는 타국의 연호를 바꾸었던 조정의 정책이 고려 내부에 상당히 충실하게 수용되고 있었음을 확인해 준다.

지금까지 현종 즉위 이후 조공·책봉 관계 유지를 둘러싼 고려와 거란의 갈등과 그로 인한 전쟁 발발 및 종전 과정 등을 살펴보고 그 과정

有危亡之勢 所稟正朔 不可行 自今公私文字 宜除去天慶年號 但用甲子 從之.

에서 고려가 취한 외교적 노력들을 검토해 보았다. 2차 전쟁은 목종-현종의 '자의적' 교체에 대한 거란의 문제제기로 발발하였으며, 고려는 왕위 교체의 주범으로 강조가 사로잡혔음을 빌미로 현종의 친조를 제안하며 종전을 유도하였다. 그러나 고려가 친조를 실행에 옮기지 않자 거란은 1차 전쟁 이후 성립된 양국의 조공·책봉 관계를 고려가 거부하는 것으로 간주하고, 조공·책봉 관계 수립을 조건으로 고려에 귀속되었던 강동 6주 환수를 천명하며 3차 전쟁을 일으켰다. 그러나 거란은 실제 이 지역을 영유하기보다는 고려와의 외교 관계에서 자신들의 우위를 분명하게 수립하고 그것을 확인하는 것에 주안점을 두었다. 양국은 전투가 계속되는 동안에도 여러 차례 사신을 교환하며 입장 차이를 조절하려 하였으나 상황이 여의치 않자 고려는 1014년 송에 '예전처럼 귀부할 것[歸附如舊]'을 청하고 1016년부터는 기존의 거란 연호 대신 송의 연호를 사용하기로 결정하였다. 송이 고려의 요청을 받아들이지 않았지만 거란과 대결 중인 고려로서는 외교적으로 거란을 압박하기 위해 그들과의 조공·책봉 관계 대신 송과의 관계를 회복하려는 모습을 보인 것이다. 거란 역시 고려와의 전투에서 패배가 이어지고 전쟁이 소득없이 길어지자 화평을 요청하는 고려의 제의를 수용하게 되었다. 1020년 고려는 거란에 '예전처럼 藩을 칭하고 공물을 바칠 것[稱藩納貢如故]'을 청하였으며 1022년 4월에 거란이 처음으로 현종을 책봉하면서 양국은 조공·책봉 관계를 회복하였다. 이해에 전달된 對거란 사행 파견 지침은 거란 쇠퇴기까지 고려가 책봉국인 거란에 보낼 정규 사행의 파견 근거로 활용되었다.

  1022년 4월에 복원된 고려와 거란간의 외교 질서는 고려 내부에도 곧바로 수용되었다. 우선 지칭 표현 면에서 폄칭이 병용되던 전쟁 기

간과 달리 전쟁 이후에는 책봉국으로서 거란의 위상을 인정하는 표현
들이 주로 확인된다. 아울러 전쟁 기간 동안 양국의 외교 질서 상에 있
었던 변화는 고려의 기년 사례에서 더욱 선명하게 드러난다. 현종대
작성된 여러 금석문 자료와 문헌 기록들을 볼 때, 현종대의 기년호 사
용 기준은 다음과 같이 정리할 수 있겠다. 현종이 즉위한 직후에는 전
대부터 사용해 오던 거란의 연호를 관습적으로 채용하였으나 전쟁이
진행되면서 점차 그 사용이 줄고 간지 기년만 나타나기도 하였다. 양
국 관계가 악화되었던 1016년에서 1022년 경까지는 송의 연호를 사용
하였다. 1020년에 거란에 稱藩을 제안한 이후에도 송의 연호가 여전히
사용되었으나 1022년 4월에 현종이 거란의 책봉을 받게 되면서 고려는
거란의 연호를 다시 사용하게 되었고, 이러한 고려 조정의 결정은 상
당히 신속하게 수용되었음이 확인되었다. 이렇듯 정도사 석탑 형지기
나 석탑의 명문 등과 같은 고려 내부의 청자를 대상으로 한 발화 맥락
에서 거란의 연호가 사용된 은 양국 간의 외교 질서가 고려 내부에서
그다지 큰 갈등없이 받아들여지고 있었음을 보여주는 증거라고 하겠다.

V
조공·책봉 관계 속에서의 외교 갈등

1. 덕종·정종대 對거란 외교 자세의 변화

1) 덕종대 鴨江城橋 철훼 요청과 거란 연호 사용 거부

『遼史』에 따르면 지계획정이 성립되고 약 10년 뒤인 1005년(穆宗 8, 거란 聖宗 統和 23)에 거란이 압록강에 保州를 세우고 榷場을 설치했으며, 『高麗史』에 따르면 1015년(현종 6)에 거란이 宣化鎭과 定遠鎭을 취하여 성을 쌓았다고 한다.[1] 거란이 압록강 동쪽에 거점을 마련하였을 뿐 아니라 이를 꾸준히 유지·관리하고 있었음을 알려주는 기록으로, 이들 거란 시설은 거란과의 경계 문제를 다룰 때 빠지지 않고 거론되는 문제이다.[2] 그런데 1005년과 1015년 기록에서 확인되는 거란 거점의 존재는 994년에 성립된 지계획정의 내용과 부합하지 않는다. 이와 관련하여 당시의 상황을 좀 더 살펴보자.

사실 거란은 이미 991년(성종 10)에 압록강 유역에 거점을 마련했다.[3] 거란은 내원 등지를 정비하여 고려를 견제하는 거점으로 활용하려 하였던 것으로 생각된다. 따라서 거란으로서는 압록강에 고려를 견

---

1) 『遼史』 卷60 志29 食貨下 統和 23年(1005).
   『高麗史』 卷4 世家4 顯宗 6年(1015).
2) 李美智, 2008, 「고려 성종대 地界劃定의 성립과 그 외교적 의미」 『한국중세사연구』 24, 23~24쪽.
3) 『遼史』 卷13 本紀13 聖宗4 統和 9年(991) 2月 甲子 建威寇·振化·來遠三城屯戍卒. 한 해 전인 990년에도 내원현에 사민하는 기사를 찾아볼 수 있다(『遼史』 卷37 志7 地理1 上京道 儀坤州 統和 8年(990) 以諸宮提轄司戶置來遠縣).

제할 수 있는 거점을 마련한 상태였으므로 993년의 종전 협상 과정에서 압록강 이남 지역에 대한 통할 책임을 고려에 넘기는 것이 크게 문제가 되지 않았을 것이다. 한편 고려 역시 이 지역에서 유리한 위치를 차지하려 꾸준히 노력해 왔다. 984년(성종 3)에 압록강 언덕에 關城을 쌓고4) 991년에는 압록강 바깥 지역 여진을 더 먼 곳으로 쫓아낸5) 조처들을 토대로 추정하건대, 991년 경 압록강 이남 지역에서 고려는 적지 않은 영향을 미쳤던 듯하다.6) 게다가 994년에 지계획정이 성립되면서 고려는 거란이 압록강 유역에 거점을 마련해 두었다 해도 더 이상 이를 확대하지 않을 것으로 판단하여 크게 염려하지 않았던 것이라 생각된다.

그러나 이러한 양국의 입장은 2차·3차의 전쟁을 겪으면서 변화하였다. 1012년(현종 3) 6월, 거란은 1차 전쟁이 종결된 후 이미 고려로 귀속된 압록강 이동 지역[강동 6주]을 반환할 것을 종용하였으며 전쟁 중에 浮梁을 설치하고 압록강 양안에 성을 쌓았다.7) 무엇보다도 거란이 압록강 동쪽에 설치한 시설들은 전쟁 중에 고려를 공격하는 전초기지의 역할을 수행했을 것이다. 거란과의 전쟁을 겪으며 압록강 지역의 전략적 가치를 절실히 깨닫게 된 고려 조정은 전후 압록강 동쪽에서

---

4) 『高麗史』 卷3 世家3 成宗 3年(984) 5月 命刑官御事李謙宜 城鴨綠江岸 以爲關城.
5) 『高麗史』 卷3 世家3 成宗 10年(991) 10月 逐鴨綠江外女眞 於白頭山外居之.
6) 李美智, 2008, 「고려 성종대 地界劃定의 성립과 그 외교적 의미」 『한국중세사연구』 24, 10~11쪽.
7) 『遼史』 卷15 本紀15 聖宗6 開泰 3年(1014) 是夏 詔國舅祥穩蕭敵烈 東京留守耶律團石等討高麗 造浮梁于鴨綠江 城保·宣·義·定·遠等州.
   『遼史』 卷115 列傳45 二國外記 高麗條에는 같은 내용이 5월로 기록되어 있으며, 『東人之文四六』의 「入遼乞罷榷場狀」과 『東文選』의 「乞還鴨江東岸爲界狀(1056)」·「入遼乞罷榷場表」의 내용 중에서도 이러한 사실을 확인할 수 있다.

거란 세력을 몰아내기 위해 본격적인 외교전을 벌이게 되었다.[8]

1030년(현종 21) 9월에 고려에 도착한 거란 사신이 전달한 조서에 따르면 한동안 고려의 對거란 사행이 중단되었음을 짐작할 수 있다.[9] 조서 내용에도 밝혀져 있듯이 이는 1029년 8월부터 시작되었던 興遼國의 반란 때문이었다. 주지하다시피 당시 거란 동경 지역에서는 東京舍利軍詳穩 大延琳이 흥요국을 세우고 거란에 반란을 일으켰다.[10] 흥요국에서 이 사실을 고려에 통보한 것은 1029년 9월에 군사를 요청하면서였다.[11] 이로부터 2개월 뒤인 11월에 郭元이 사망하는데, 그의 사망과 관

---

8) 동 시기 송과 거란의 외교 관계를 다룬 연구 성과에서도 이러한 점에 주목한 바 있다. 두 국가 간에 조약이 성립하는 한 조약에 의해 성립된 국경[border]이 보수 및 유지되는 것은 당연한 일이나, 새로운 구조물을 짓는 것은 상대방에게 도발로 인식되었다. 그런데, 이에 대한 반응은 종전처럼 물리적인 압력의 행사를 통해 나타나는 것이 아니라고 한다. 즉, 조약이 성립된 이후에는 외교 사절을 교환함으로써 문제를 해결한다는 것이다(M. ANG, 1983, "Sung-Liao Diplomacy in Eleventh- and Twelfth-Century China: A Study of the Social and Political Determinants of Foreign Policy", Ph.D. diss., University of Pennsylvania ; Naomi STANDEN, 1999, "The Frontiers of Tenth-Century North China" in POWER and STANDEN ed., *Frontiers in Question*, London : MACMILLAN PRESS, p.73) 후술하듯이, 고려와 거란의 관계에서도 지계획정이 성립된 이후 직접적 충돌보다는 외교적 통로를 통해 갈등을 해소하려던 노력이 확인된다.

9) 『高麗史』卷5 世家5 顯宗 21年(1030) 9月 乙亥(25) 契丹遣千牛將軍羅漢奴來詔曰 <u>近不差人往還 應爲路梗</u> 今渤海偸主 俱遭圍閉 並已歸降 宜遣陪臣 速來赴國 必無虞慮.
한편 거란 사신 나한노가 도착하기 하루 전, 고려는 거란의 동경 수복을 축하하는 사신을 보냈다.
『高麗史』卷5 世家5 顯宗 21年(1030) 9月 甲戌(24) 遣金哿如契丹 賀收復東京 ;『高麗史節要』卷3 顯宗 21年(1030) 9月 遣金哿 如契丹 賀收復東京.

10)『遼史』卷17 本紀17 聖宗8 太平 9年(1029) 8月 己丑 東京舍利軍詳穩大延琳 囚留守·駙馬都尉蕭孝先及南陽公主 殺戶部使韓紹勳·副使王嘉·四捷軍都指揮使蕭頗得 延琳遂僭位 號其國爲興遼 年爲天慶.

11)『高麗史』卷5 世家5 顯宗 20年(1029) 9月 戊午 <u>契丹東京將軍大延琳 遣大府</u>

련된 기록을 통해[12] 당시 고려가 압록강 동쪽의 거란 거점을 공격했었던 일이 있었음이 확인된다. 압록강 동쪽에 거란이 차지하고 있던 거점을 취하자는 곽원의 제안은 崔士威·徐訥·金猛 等의 반대에도 수용되었으나 그의 최종 목표는 성취되지 못하였다.

이 사건은 거란과의 3차 전쟁이 종결된 후 처음 확인되는 고려와 거란간의 군사적 충돌이나, 이것이 양국 간의 분쟁으로 확대되지는 않았다. 거란의 입장을 확인해 주는 기록이 남아 있지 않지만, 아마도 거란으로서는 홍요국의 반란을 진압하는 것이 급선무였을 것이므로 고려에 대응할 겨를이 없었던 것이 아닌가 추측된다. 고려에서는 앞서 언급하였듯이 출병 문제가 거론되었을 때부터 최사위 등의 반대가 있었다는 기록으로 보아 내부적으로도 군사적으로 거란과 충돌하는 것에 대해 큰 부담이 있었음을 짐작할 수 있다.[13] 12월에 홍요국이 재차 지원을 요청하였을 때 이를 논의하는 자리에서 역시 최사위와 채충순 등은 홍요국과 거란의 전쟁이 고려에 불이익이 될 수도 있다면서 상황을 지켜볼 것을 주장하였다.[14] 이러한 고려 조정의 내부 동향을 볼 때 고

丞高吉德 告建國 兼求援 延琳渤海始祖大祚榮七代孫 叛契丹 國號興遼 建元天興.

12) 『高麗史』 卷94 列傳7 郭元 (顯宗) 20年(1029) 興遼反契丹 遣使求援 元密奏王曰 鴨江東畔 契丹保障 今可乘機 取之 崔士威徐訥金猛等 皆上書言其不可 元固執 遣兵攻之不克 慙恚發疽而卒.

13) 김당택은 곽원의 패배 경험이 조정에 부담이 되었을 것이라 보았다.
    김당택, 2007, 「高麗 顯宗·德宗代 對契丹(遼) 관계를 둘러싼 관리들 간의 갈등」 『역사학연구』 29, 91쪽.

14) 『高麗史』 卷5 世家5 顯宗 20年(1029) 12月 興遼國太師大延定 引東北女眞 與契丹相攻 遣使乞援 王不許 自此路梗 與契丹不通 ; 『高麗史』 卷94 列傳7 崔士威 延琳所署太師大延定 引東北女眞 與契丹相攻 遣使乞援 王議諸輔臣 士威與平章事蔡忠順言 兵者危事 不可不愼 彼之相攻 安知非我利耶 但可修城池謹烽燧 以觀其變 王從之.

려는 당시 거란과의 외교 관계를 전면적으로 부정하거나 포기할 의도
는 없었다고 생각된다. 곽원의 출병 역시 거란을 우위로 한 양국 관계
를 파기하기 위한 것이 아니라, 압록강 동쪽에서 고려 이외의 외부 영
향력을 제거하기 위한 시도로 보아야 한다. 이후 거란과의 왕래는 길
이 막혀 잠시 중단되었다.[15]

　다음 해 5월 현종의 뒤를 이어 덕종이 왕위에 올랐다. 덕종은 이미
태자 시절에 거란으로부터 책봉을 받았던 만큼 그의 즉위는 거란과의
외교 관계에서 별다른 문제없이 받아들여 졌다. 덕종 즉위 후에도 압
록강 동쪽의 거란 거점을 없애기 위한 고려의 노력은 계속되었다.
1031년(德宗 즉위) 10월 고려는 거란에 사신을 보내 압록강의 성과 다
리를 허물 것을 요구하였으나 거란은 이를 거절하였다.[16] 다음 해 고
려는 거란 사신의 입국을 거부하며[17] 불편한 심기를 드러냈고 이후 양
국의 사절 교류는 단절되었다.

　현종 말년에서 덕종 초년에 이르는 시기에 고려 조정 내에서 이러한
대거란 강경책이 대두될 수 있었던 외부 요인으로는 거란 내부의 혼란
한 정세를 들 수 있다. 당시 거란에서는 1029년(현종 20) 大延林이 반란
하여 興遼國을 세웠으며 1031년 興宗이 즉위하면서는 지배 세력 내부의
갈등이 일어나[18] 聖宗의 사위인 匹弟가 반란을 일으키기도 했고 한편

---

15)『高麗史』卷5 世家5 顯宗 20年(1029) 12月 (庚寅) 興遼國太師大延定 引東北
　　女眞 與契丹相攻 遣使乞援 王不許 自此路梗 與契丹不通.

16)『高麗史』卷5 世家5 德宗 卽位年(1031) 10月 (辛巳) 遣工部郎中柳喬如契丹
　　會葬 郎中金行恭賀卽位 表請毁鴨綠城橋 歸我被留行人 ; 11月 辛丑 金行恭
　　回報 契丹不從所奏 遂停賀正使 仍用聖宗太平年號.

17)『高麗史』卷5 世家5 德宗 元年(1032) 春正月 乙酉.

18) 거란 興宗은 성종의 長子로, 宮人이었던 欽哀皇后 蕭氏의 소생이나 仁德皇后
　　[正妃]의 양자가 되어 인덕황후에게서 자랐다. 홍종 즉위 후 欽哀皇后가 섭정하
　　면서 仁德皇后 세력에 대한 대대적인 탄압과 숙청이 자행되었다. 이상과 관련하

으로는 阻卜과의 전쟁이 진행되고 있었다.[19] 對거란 강경책의 내부적 동인으로는 고려의 집권세력이 권력을 안정시키기 위해 거란과의 위기를 확대하며 대거란 강경론을 지지했던 점을 들 수 있다.[20] 계속해서 1033년 8월, 덕종은 北境에 關城을 축조할 것을 명하였고[21] 같은 해 10월 거란은 靜州를 침입하였다.[22] 이때 정주에서 일어난 거란의 소요는 정황상 고려의 관성 축성에 대한 무력시위였던 것으로 생각된다.

이렇게 압록강 유역 문제를 둘러싸고 긴장이 유지되던 시기에 고려가 사용한 거란에 대한 지칭 표현은 어떻게 나타나는지 살펴보자. 덕종의 재위 기간이 워낙 짧고 기록이 소략하여 고려가 사용한 거란에 대한 지칭 표현의 사례는 풍부하지 않지만, 당시에 사용된 거란에 대한 지칭 표현은 덕종대의 對거란 정책을 대체로 잘 반영해 준다. 먼저 덕종 즉위년에 거란에 압록강 연안의 성과 다리를 철훼할 것을 요청하는 표문을 보내는 자리에서 있었던 王可道의 발언을 주목할 만하다.

> V-가-1. (德宗 卽位年 10月 辛巳) 工部郞中 柳喬를 거란에 보내어 (聖宗
> 의) 장례에 참석하게 하였으며 郞中 金行恭은 즉위를 하례하게
> 하고 표를 올려 압록강(에 설치한) 성과 다리를 철훼하고 억류

여서는 『遼史』 卷63 列傳1 后妃 聖宗仁德皇后 蕭氏·聖宗欽哀皇后 蕭氏 참조.

19) 허인욱, 2010, 「高麗 德宗·靖宗代 契丹과의 鴨綠江 城橋·城堡問題」『역사학연구』 38, 111~112쪽.

20) 이상 현종·덕종대 거란의 정세와 고려의 정국 운영에 대해서는 박종기, 1998, 「11세기 고려의 대외관계와 정국운영론의 추이」『역사와 현실』 30 ; 김당택, 2007, 「高麗 顯宗·德宗代 對契丹(遼) 관계를 둘러싼 관리들 간의 갈등」『역사학연구』 29 참조.

21) 『高麗史』 卷5 世家5 德宗 2年(1033) 8月 戊午.
같은 해 11월에는 관성을 세울 때 공로가 있는 서여진인을 포상하는 기사가 확인된다.

22) 『高麗史』 卷5 世家5 德宗 2年(1033) 10月 丁未.

된 우리 사신들을 돌려보낼 것을 청하였다.[23)

V-가-2. (顯宗 22年 10月) 工部郞中 柳喬를 거란에 보내어 (聖宗의) 장례에 참석하게 하였으며 郞中 金行恭은 즉위를 하례하게 하였다. 王可道가 아뢰어 말하기를, "**거란은 우리와 우호하며 예물을 주고 받으면서도** (우리를) 병탄하려는 뜻이 있습니다. 지금 그 군주가 죽었고 부마인 匹梯가 반란을 일으켜 동경을 점거하였으니 마땅히 이때를 타 압록강의 성과 다리를 철훼하고 억류된 우리 사신들을 돌려보낼 것을 청해야 합니다. 만약 (우리의 말을) 들어주지 않는다면 (거란과 교류를) 그만두어야 할 것입니다."라고 하였다. 이에 표를 보내 (그대로) 청하였다.[24)

『고려사』 세가 기록에서는(사료 가-1) 1031년에 거란에 표를 보낸 사실만 확인되나, 王可道의 傳과 『高麗史節要』에서는 거란에 보낸 표문이 왕가도의 건의에 따른 것이었음을 알 수 있다. 왕가도는 대표적인 대거란 강경파로,[25) 위 사료에서 볼 수 있듯이 거란 내부 사정에 대한 정보를 토대로 거란에 대한 강경책을 구사할 것을 주장하였다. 왕가도는 발언 중에 거란과 고려의 관계를 "우호하며 예물을 주고 받는[通好友贊]"[26)관계로 표현하고 있는데, 이는 1022년(현종 13)에 전쟁을 마무

---

23) 『高麗史』卷5 世家5 德宗 卽位年(1031) 10月 辛巳 遣工部郞中柳喬如契丹會葬 郞中金行恭賀卽位 表請毀鴨綠城橋 歸我被留行人.

24) 『高麗史節要』卷3 顯宗 22年(1031) 10月 遣工部郞中柳喬 如契丹會葬 金行恭賀卽位 王可道奏云 契丹與我通好友贊 然有幷吞之志 今其主殂逝 駙馬匹梯叛據東京 宜乘此時 請毀鴨綠城橋 歸所留我行人 若不見聽 可與之絶 乃附表請之 ;『高麗史』卷94 列傳7 王可道.

25) 金斗香, 2005, 「고려 현종대 정치와 이계(吏系) 관료」『역사와 현실』55.
    김당택, 2007, 「高麗 顯宗·德宗代 對契丹(遼) 관계를 둘러 싼 관리들 간의 갈등」『역사학연구』29.

26) 通好의 사전적 의미는 피차간에 왕래하며 우호적으로 교류한다는 뜻이다(彼此往來交好). http://dict.revised.moe.edu.tw/cgi-bin/newDict/dict.sh?cond=%B3q%A6n&pieceLen=50&fld=1&cat=&ukey=1485309516&op=&imgFont=1 敎育部國語推行

리하기 위해 고려가 거란에 제의하였던 '稱藩納貢'과는 사뭇 다른 표현
이라 하겠다. 특히 通好라는 표현은 고려 태조대 신라와의 관계,[27] 혹
은 12세기 송과 거란의 관계를[28] 가리킬 때 사용되었던 용어로, 어느
한 쪽이 다른 한 쪽에 대해 우위를 가지는 관계라기보다 쌍방이 다소
대등한 지위에 있음을 표현하는 말이라 할 수 있다. 이런 표현이 책봉
국인 거란에 대해 사용되고 있었다는 점은 당시 고려 지배층이 상황에
적합한 수사적 역할을 하는 지칭 표현을 發話 목적에 맞게 선택하였음
을 재차 확인해 준다.

　아울러, 덕종대에는 기년호의 관점에서 매우 흥미로운 사건이 있었
다. 거란이 고려의 요구대로 압록강 유역의 시설물을 제거하지 않자

委員會編, 重編國語辭典修訂本(中華民國敎育部)

　贄는 처음으로 만났을 때 보내는 예물이라는 뜻이다(初次見面時所送的禮物).
http://dict.revised.moe.edu.tw/cgi-bin/newDict/dict.sh?cond=%5E%F0%F4%24&piece
Len=50&fld=1&cat=&ukey=1485309516&op=&imgFont=1 敎育部國語推行委員會
編, 重編國語辭典修訂本(中華民國敎育部)

　友는 意氣가 투합하며 정의가 서로 통하는 사람이라는 뜻으로(意氣相投 情誼
互通的人) 동사인 경우에는 형제간에 서로 친하고 서로 아낀다(兄弟相親相愛)
혹은 서로 알고 지낸다(結交 ; 結識相交)는 의미가 있다.
http://dict.revised.moe.edu.tw/cgi-bin/newDict/dict.sh?idx=dict.idx&cond=%5E%A4%
CD%24&pieceLen=50&fld=1&cat=&imgFont=1 敎育部國語推行委員會編, 重編
國語辭典修訂本(中華民國敎育部)

27) 『高麗史』 卷92 列傳5 王順式 附 善弼 善弼爲新羅載巖城將軍 時群盜競起
所至奪掠 太祖欲通好新羅 以路梗患之 弼觀太祖威德 遂歸款 以計使通好新
羅 因捍賊 屢有功 後以其城內附 太祖厚加待遇 以年老稱爲尙父.

28) 『高麗史』 卷13 世家13 睿宗 5年(1110) 6月 癸未 王受詔于會慶殿庭 … 王受
訖上殿 使副就王前 傳密諭曰 皇帝明見萬里 諒王忠恪之誠 欲加恩數 聞王已
受北朝册命 南北兩朝 通好百年 義同兄弟 故不復册王 但令賜詔 已去權字
卽是寵王以眞王之禮 且此詔乃皇帝御筆親製 北朝必無如此禮數 文王肅王亦
不曾有此等恩命 襄等來見 王迎詔甚恭 他日歸奏 帝必嘉悅 恩數有加 請王益
篤誠敬 以荅聖恩.

고려 조정은 새로 즉위한 거란 황제의 연호가 아닌 先帝 聖宗의 太平 연호를 계속 사용하기로 결정하였다.29) 이는 태조대 만부교 사건 때와 비교해 보면 거란에 불만을 표현하는 방법 중에서는 다소 소극적이라고 할 수 있다. 거란과의 관계를 완전히 부정한 것이 아니라 거란의 연호를 계속 사용함으로써 기존에 성립되었던 거란을 우위로 하는 외교 질서를 유지할 것임을 천명하였기 때문이다. 그러나 고려가 사용하기로 한 연호는 새로 즉위한 興宗의 연호가 아니라 선대인 聖宗의 것이었으므로, 덕종이 이끄는 고려 조정은 양국 관계에서 흥종을 인정하지 않기로 선언한 셈이 된다. 따라서 이러한 조치는 거란 흥종에게는 매우 도발적인 저항이 되었을 수 있지만, 거란을 우위로 한 양국 간의 외교 질서 자체를 부정하는 것은 아니었다. 더구나 덕종은 1023년에 태자의 신분으로 거란 聖宗의 책봉을 받은 적이 있었으므로 거시적인 흐름에서 볼 때 덕종은 성종조에 수립된 양국의 외교 질서에서 벗어나지 않으면서도 불만을 충분히 드러내는 외교 정책을 구사한 것이라 할 수 있다.

이와 함께 고려 조정은 거란에 賀正使를 파견하는 것도 중지하기로 하였다. 1022년에 거란이 전달한 사신 왕래 지침에 따르면 고려는 하정사와 함께 황제생신사를 파견하고, 춘·하계 문후사와 황후생신사를 파견하기로 되어 있었다. Ⅳ장 1절 3)항에서 이 지침이 이후에도 준수되었을 것임을 추정해 보았다. 그렇다면 덕종대 하정사 파견의 중단은

---

29)『高麗史』卷5 世家5 德宗 卽位年(1031) 11月 辛丑 金行恭回報 契丹不從所奏 遂停賀正使 仍用聖宗太平年號.
　　『高麗史節要』卷3 顯宗 22年(1031) 11月 金行恭還自契丹 言不從所奏 平章事徐訥等二十九人議 告請不聽 宜勿通使 中樞使皇甫兪義等三十三人議 若絶交 其害必至勞民 不如繼好息民 王從訥 及王可道議 停賀正使 仍用聖宗大平年號.

단순히 하정사 파견만을 중단하겠다는 의미가 아니라 새로 즉위한 황제의 절일사 역시 파견하지 않겠다는 선언으로 볼 수 있다. 이렇게 보면 하정사 파견의 중단은 聖宗의 태평 연호를 계속 사용하기로 한 것과 맥을 같이 하는, 즉 새로 즉위한 거란 황제를 중심으로 한 조공·책봉 질서를 인정하지 않겠다는 고려 조정의 일관된 정책의 다른 표현이라고 하겠다.

덕종대의 이러한 결정은 현종대에 친조 요구를 거절하였을 때처럼 거란 조정에 상당한 자극이 되어 전쟁을 불러일으킬 수도 있었다고 생각된다. 그러나 현종대와 비교할 때 덕종대에 달라진 점은 갈등이 전쟁으로 비화되지 않도록 어디까지나 거란과의 외교 질서가 허용하는 범위 내에서 거란의 조치에 저항하였다는 점이다. 계속되는 거란 내부의 반란으로 거란이 고려와의 관계에 집중하지 못했던 영향도 있었겠지만, 일찍이 고려 왕위 계승자로 聖宗의 책봉을 받고 그 지위를 인정받은 덕종이 성종의 연호를 계속해서 사용하는 것에 대해 거란이 굳이 단죄의 명분을 찾아내기는 어려웠을 것이라 생각된다.

이렇듯 덕종대에는 거란이 점유한 압록강 동쪽 지역을 되찾기 위한 강력한 조처들이 시행되었다. 이는 현종 말년부터 계속되어온 정책이었는데, 덕종이 이끄는 고려 조정은 거란 새 황제의 연호를 사용하지 않고 하정사 파견을 중단함으로써 흥종이 기존의 고려-거란 관계에서의 거란의 위상을 계승하는 것에 반대하고, 이를 통해 압록강 동쪽 지역에서의 거란 세력을 몰아내는 일에 대한 의지를 확고히 드러내었다. 그러나 이러한 일련의 결정이 거란과의 물리적 충돌로까지 비화되지는 않았는데, 이렇듯 거란에 대한 불만을 표출하면서도 그들과의 외교 관계가 유지될 수 있는 한도 내에서 갈등을 조절할 수 있게 된 것은 현종대의 외교적 경험에서 비롯된 결과라고 생각된다.

2) 정종대 양국 관계의 변화와 지칭 표현 및 기년 사례

덕종의 뒤를 이은 靖宗은 덕종 즉위 직후와는 다른 방향의 對거란 정
책을 구사하였다. 앞에서 보아온 바와 같이, 1029년(현종 20)에 압록강
유역의 거란 城을 공격하여 그들의 거점을 물리적으로 제거하고자 했
던 시도가 있었고 뒤이어 1031년(덕종 즉위)에는 외교적 통로를 통해
압록강에 자리한 거란의 거점을 철훼할 것을 요청하였으며, 이것이 받
아들여지지 않자 거란 새 황제의 연호 사용을 거부하였다. 이러한 일
련의 움직임은 거란에 대한 강경책에 해당한다. 그러나 덕종대 대부분
의 관리들은 거란에 대한 공격과 같은 강경책이 현실적으로 무모한 것
임을 인식하고 있었다.[30] 이러한 상황 속에서 거란에 대한 강경론은
이미 덕종대에 점차 쇠퇴하기 시작하였고 이러한 조정의 분위기가 정

---

30) 1031년 경, 柳韶와 王可道 등이 거란의 성을 공격하자고 제안하였지만 이는 받
아들여지지 않았다. 김당택은 유소 등의 제안이 현실성이 없었기 때문에 이 제
안이 조정에 받아들여지지 않았고, 이를 계기로 對거란 강경론이 쇠퇴하였다고
보았다.
김당택, 2007, 「高麗 顯宗·德宗代 對契丹(遼) 관계를 둘러싼 관리들 간의 갈등」
『역사학연구』 27, 104~105쪽.
그는 또한 對거란 강경론이 쇠퇴하게 된 다른 주요한 원인을 제시하였는데, 덕
종대 대부분의 관리들이 對거란 강경론이 왕권 강화에 이용되고 있다는 점을 알
고 있었기 때문에 이에 반대하였다고 설명했다. 이러한 시각에 따르면 당시 고
려 조정이 왕권을 강화하려는 소수와 그에 동조하지 않는 다수로 이분되었고,
양 세력이 충돌하는 가운데 덕종의 시해 가능성까지 상정하게 된다(김당택, 위의
글, 106~107쪽).
본고에서는 덕종 즉위 이후로 對거란 강경론이 쇠퇴하였으며, 강경론이 현실을
무시한 무리한 정책을 주장했기 때문에 쇠퇴하였다는 지적만을 따르기로 하겠다.

종대까지 이어져, 양국은 곧 예전의 평화로운 관계를 회복할 수 있었
다. 그 결과 정종대에는 압록강 유역을 둘러싼 양국 간의 외교전에서
994년의 종전협약, 즉 지계획정이 언급되기 시작했다.

1034년에 정종이 즉위한 이후 거란은 내원성 명의로 덕종대의 강경
책을 비난하는 문서를 전해왔는데[31] 이에 대해 고려는 寧德鎭 명의로
내원성에 첩을 보내어 거란의 비난을 강력히 반박했다.[32] 그러나 2년
뒤인 1037년에 거란이 황제의 宣旨로 입장을 밝혀오자[33] 고려도 다소

---

31) 『高麗史』卷6 世家6 靖宗 元年(1035) 5月 (甲辰) 契丹來遠城使檢校右散騎常
侍安署 牒興化鎭曰 竊以當郡 最近仁封 有小便宜 須至披達 載念貴國 元爲
附庸 先帝每賜優洽 積有歲月 靡倦梯航 昨因伐罪之年 致阻來庭之禮 旣剪除
於兇逆 合繼續於貢輸 曷越數年 不尋舊好 累石城而擬建大路 竪木寨而欲礙
奇兵 不知蜀國之中 別有石牛之徑 擧是後也 深取誚焉 今皇上 紹累聖之基垌
統八方之國界 南夏帝主 永慕義以通歡 西土諸王 長向風而納款 唯獨東溟之
域 未賓北極之尊 或激怒於雷霆 何安寧於黎庶 其於違允 自有變通.

32) 이때 영덕진이 회첩한 문서는 거란의 지적을 하나하나 인용하여 반박하고 있다.
『高麗史』卷6 世家6 靖宗 元年(1035) (6月) 是月 寧德鎭迴牒 契丹來遠城云
竊以公文書至 備見親仁責諭頗多 固須宣剖略言 一椠無至多譚 其來示云 昨
因伐罪之年 致阻來庭之禮 旣剪除於兇惡 合繼續於貢輸者 竊念當國於延琳
作亂之初 是大國興兵之際 道途艱阻 人使寢停 厥後內史舍人金咠慶 克復於
東都 戶部侍郎李守和 續進獻其方物 先大王之棄國也 閤門使蔡忠顯 將命而
告終 先皇帝之升遐也 尙書左丞柳喬逈征而會葬 今皇帝之繼統也 給事中金
行恭 乘傳而朝賀 然則平遼以來 就日相繼 豈可謂致阻來庭之禮乎 又云 累石
城而擬建大路 竪木寨而欲礙奇兵者 且義爻設險 有土常規 魯國廢關 通人深
誡 是以列玆城寨 備我提封 盖圖其帖息邊氓 非欲以負阻皇化 又云 唯獨東溟
之域 未賓北極之尊者 昨緣梯航六使被勒 留於上國之中 宣定兩城 致入築於
我彊之內 未蒙還復 方切禱祈 幸遇皇帝陛下 啓運惟新 與民更始 天上之汪洋
四洽 日邊之章奏尋陳 乞放行人 倂歸侵地 無由得請 以至于今 倘兪懇實之誠
敢怠樂輪之禮 祇在恩命 何煩責言 又云 或激怒於雷霆 何安寧於黎庶者 伏想
今皇上 字小情深 聽卑道廣 乃睠寅賓之域 必加推置之恩 於我無辜 有何憑怒
細詳來誨 似涉戲言.

33) 『高麗史』卷6 世家6 靖宗 3年(1037) (9月) 是月 契丹來遠城 奉皇帝宣旨 牒
寧德鎭曰 高麗之國 早務傾輸 近歲以來 稍聞稽闕 欲載修於職貢 合先上於表

온건한 태도로 입장을 전달했다. 문서 발신자의 격에 맞추어 대응 수위와 태도를 조절한 것이라 생각되며, 아울러 황제에게 책봉받은 피책봉국의 군주로서의 자세를 보였다는 점에서 이미 정종대 대거란 정책의 방향을 짐작할 수 있다.

1037년에 작성된 고려의 표문은 전 황태후성제의 책명을 언급하며 거란과의 관계 개선을 희망하는 내용을 담고 있었다.[34] 전 황태후성제의 책명은 994년 종전 협상을 마무리 짓기 위해 반포되었던 것으로, 이를 통해 양국이 지계획정에 동의하였음은 앞에서 확인했다. 고려가 선대의 조명을 언급하고 이를 준수하며 화친할 것을 촉구하자 거란 역시 고려의 입장을 수긍했다.[35] 1037년 고려의 표문은 지계획정이 양국 간의 외교 문서에서 언급된 최초의 사례라고 생각된다. 다만, 이때 고려가 지계획정을 언급하기는 하였으나 현안 자체가 영역 분쟁과 본격적으로 관련이 있는 사안은 아니었으므로 지계획정의 내용이 실제 효력을 발휘하지는 못했다.

계속해서 1039년 2월 고려는 거란이 이전에 압록강 동쪽에 쌓은 성

章 苟驗實誠 別頒俞命.

34) 『高麗史』 卷6 世家6 靖宗 3年(1037) 12月 丁亥 遣殿中少監崔延嘏 如契丹 奏云 當國伏 自前皇太后聖帝 降册命以頒宣 疏土封而定分 但玆東域 仰戴北辰 連年不絶 以勤王遞代 相傳而述職. 頃以寡臣亡兄 纂承祖業 歸附皇朝 聞一德之君臨新 頒慶澤 將兩條之公事 專奏宸聽 未垂俞允之恩 轉積遲疑之慮 自從曩歲 以到今辰 雖迭換於炎涼 且久停於朝貢. 近蒙睿旨 頗愜鄙懷 謹當遵太后之遺言 固爲藩屛 撫小邦之弊俗 虔奉闕庭 更從文軌 以輸誠永效 梯航而展禮.

35) 『高麗史』 卷6 世家6 靖宗 4年(1038) 3月 辛亥 崔延嘏還自契丹 詔曰 省所奏 乞修朝貢事具悉 以小事大 列國之通規 捨舊謀新 諸侯之格訓 卿本世稟聲朔 歲奉梯航 先國公方屬嗣藩 遂稽任土時候 屢更於灰管 天朝未審於事情 近覽奏章 備觀誠懇 欲率大弓之俗 荐陳楛矢之儀 載念傾虔 信爲愛戴 允俞之外 嘉歡良多 勉思永圖 無曠述職.

보를 파할 것을 요청하였는데,[36] 이때 거란의 답변은 주목할 만하다. 거란은 成規를 변경하기 어렵다면서 고려의 요청을 거절하였다. 압록강 동쪽의 성을 파할 수 없는 이유는 그것이 선대왕이 쌓은 성이기 때문이며, 전대의 업적을 후대에 파기할 수 없다는 해명이었다.[37] 이에 대해 고려 조정이 계속해서 항의했는지는 알 수 없다.[38] 그러나 이후 고려 조정은 성규를 준수하겠다는 거란의 입장을 994년의 지계획정과 연결지으며 거란을 압박하는 수단으로 삼게 되는데, 이러한 전략은 문종대에 본격적으로 나타나기 시작한다. 이에 대해서는 후술하겠다.

덕종대와 다른 정종대의 對거란 정책은 거란에 대한 지칭 표현 용례에서도 잘 드러난다. 1035년 5월, 거란의 來遠城에서 고려 興化鎭에 그간의 외교적 관계 단절의 책임을 묻는 문서를 보냈다. 다음 달 고려 조정은 이에 대한 답서를 내원성으로 보냈는데, 이 문서에서 고려는 皇上·皇帝陛下·大國·上國·皇化·皇朝 등 거란의 우월한 지위를 인정해 주는 지칭 표현들이 대거 선택되었다.[39] 이때 보내진 영덕진의 廻牒은 來遠

---

36) 『高麗史』 卷6 世家6 靖宗 5年(1039) 2月 丁卯 遣戶部郎中庾先謝安撫 仍請罷鴨江東加築城堡.

37) 『高麗史』 卷6 世家6 靖宗 5年(1039) 4月 辛酉 朔 庾先還自契丹 詔曰 省所告鴨江東城壁 似妨耕鑿事具悉 乃睠聯城置從先廟 盖邊隅之常備 在疆土以何傷 朕務守成規 時難改作.
   한편, 이보다 2년 뒤인 1041년에는 압록강 浮梁의 보수를 중단하고 漢兵의 屯戍役을 그만두게 한 조처가 확인된다. 고려의 항의를 의식한 조처였는지는 확인되지 않지만, 어쨌든 1014년에 압록강에 浮梁이 설치된 이후 거란이 이를 지속적으로 유지·관리해 왔음을 알 수 있다.
   『遼史』 卷19 本紀19 興宗二. 重熙 10年(1041) 4月 詔罷修鴨綠江浮梁及漢兵屯戍之役.

38) 박종기는 거란측이 성을 철거하지는 않았으나 대신 그 지역에서 고려인의 경작을 허락하는 조건으로 고려와 거란이 타협했다고 보았다(박종기, 1998, 「11세기 고려의 대외관계와 정국운영론의 추이」 『역사와 현실』 30, 154쪽).

城使의 문서에 대한 답신으로 작성되었지만, 이것이 덕종의 뒤를 이어 즉위한 정종이 이끄는 고려 조정의 거란에 대한 태도를 짐작할 수 있는 단서로써 거란 조정에 보고될 것은 분명한 일이었다. 고려가 이 첩에서 사용한 지칭 표현들은 황제국인 거란에 대해 고려가 제후국을 자처하고 있음을 자연스럽게 드러내어 준다. 아울러 1022년 이후 회복되었던 책봉국-피책봉국의 관계가 여전히 적용되고 있었음을 거란에 보여주어, 약 4년간 단절되었던 양국의 외교 관계가 쉽게 회복될 수 있다는 점을 전달하는 데에도 매우 효과적인 어휘 선택이라고 하겠다.

거란 조정이 직접적인 聽者가 되는 외교 문서에서 이러한 어휘가 사용된 것이 일면 당연하다고 한다면, 내부적으로도 정종대 고려는 거란에 대해 별다른 폄칭을 사용하지는 않았다. 일례로, 거란과의 3차 전쟁 때 공을 세운 사람들에 대한 포상 사례를 들 수 있다. 선봉에서 싸우다 전사한 太史丞 康承穎을 증직하거나40) 通州에서 공을 세운 洪叔을 포상

<hr>

39) 『高麗史』 卷6 世家6 靖宗 元年(1035) (6월) 是月 寧德鎭廻牒 契丹來遠城云 竊以公文書至 備見親仁責諭頗多 固須宣剖略言 一槩無至急譚 其來示云 昨 因伐罪之年 致阻來庭之禮 旣剪除於兇惡 合繼續於貢輸者 竊念 當國於延琳 作亂之初 是大國興兵之際 道途艱阻 人使寢停 厥後内史舍人金哿慶 克復於 東都 戶部侍郎李守和 續進獻其方物 先大王之棄國也 閤門使蔡忠顯 將命而 告終 先皇帝之升遐也 尙書左丞柳喬遍征而會葬 今皇帝之繼統也 給事中金 行恭 乘傳而朝賀 然則 平遼以來 就日相繼 豈可謂致阻來庭之禮乎 又云 累 石城而擬遮大路 竪木寨而欲礙奇兵者 且義爻設險 有土常規 魯國廢關 通人 深誡 是以列玆城寨 備我提封 盖圖其帖息邊氓 非欲以負阻皇化 又云 唯獨 東溟之域 未賓北極之尊者 昨緣梯航六使被勒 留於上國之中 宣定兩城 致入 築於我彊之内 未蒙還復 方切禱祈 幸遇皇帝陛下 啓運惟新 與民更始 天上 之汪洋四洽 日邊之章奏尋陳 乞放行人 併歸侵地 無由得請 以至于今 倘兪懇 實之誠 敢效樂輸之禮 祇在恩命 何煩責言 又云 或激怒於雷霆 何安寧於黎庶 者 伏想今皇上 字小情深 聽卑道廣 乃睠寅賓之域 必加推置之恩 於我無辜 有何憑怒 細詳來誨 似涉戱言.
40) 『高麗史』 卷6 世家6 靖宗 2年(1036) 7月 壬辰 制曰 乙卯歲(1015, 현종 6) 契

하는 制에서[41] 정종은 거란을 가리키면서 契丹 혹은 丹兵이라는 용어를 선택하였다. 현종대에는 앞서 보았듯이 양규나 강감찬의 공을 칭찬하며 그들이 물리치거나 패배시킨 대상인 거란을 폄하함으로써 양규 등의 공을 더욱 드러나게 하였지만, 정종대에 이르러서는 같은 적을 대상으로 공을 세운 사람을 포상하면서도 그 적을 굳이 깎아내리는 폄칭은 사용되지 않았다.[42]

한편, 정종은 자신의 뒤를 이을 사람으로 동생인 문종을 지목하면서 그의 덕성이 주변국, 즉 隣國에 잘 알려져 있다는 점을 이유로 들었다.[43] 실제로 문종이 고려 외부에 어느 정도로 알려져 있었는지는 확인하기 어렵지만, 이때 정종이 언급한 隣國에는 거란이 포함되어 있었을 것임은 분명하다고 할 수 있다. 아울러 고려왕들이 成宗 이후 계속해서 거란으로부터 책봉을 받아왔으며, 그것이 고려와 거란의 외교 관계를 평화롭게 안정시키는 가장 중요한 요소였다. 이 점을 상기한다면, 문종이 隣國에 알려져 있다는 표현은 그가 거란으로부터 책봉을 받는 데 큰 어려움이 없을 것이라는 의미로 해석될 여지가 있으며, 이렇게 볼 때 거란은 고려의 이웃, 즉 隣國으로도 표현되었다고 하겠다.

丹犯邊 太史丞康承穎 先鋒戰死 厥功可嘉 其贈軍器少監 授子和初職.

41) 『高麗史節要』卷4 靖宗 7年(1041) 正月 制曰 洪叔 昔在通州 丹兵來攻 城垂陷 固守不下 成不朽之功 可賞延于世 以激將來 宜令給田.

42) 이와 관련하여, 아래 사료에 나타나듯이 정종대에 사용된 狄境이라는 표현이 있다. 이는 북로의 영주 및 동로의 高州·和州 등의 위치를 고려할 때 여진을 염두에 둔 표현이라 생각된다.
『高麗史』卷6 靖宗 7年(1041) 5月 丙辰 門下省奏 北路寧州等三十三州 東路高和等州 隣於狄境 防禦事殷 未嘗徵稅 己卯年(1015)間 有司奏定稅額 前項兩路州鎭 一年貢布 五萬二百九匹 折納餞糧 一萬四千四十九斛 由此 邊民不樂 請除放稅籍 從之.

43) 『高麗史』卷6 世家6 靖宗 12年(1046) 5月 丁酉 王疾彌留 … 詔曰 … 朕之愛弟也 仁孝恭儉 聞於隣國 宜傳大寶 以顯耿光.

　　다음으로 정종대에 사용된 기년호에 대해서 검토해 보자. 덕종은 흥종의 重熙 연호 대신 聖宗의 太平 연호를 계속 사용하였지만 정종은 1038년에 거란과의 국교를 회복하고 이때부터 重熙 연호를 사용하였다. 그 이전에 해당하는 1036년에는 1015년(현종 6)을 가리키면서 간지를 사용하였다.[44) 앞서 정도사 석탑 형지기의 내용을 검토한 결과 1015년은 관습적으로 거란의 연호를 사용하던 시기로 정리하였는데, 타국 연호 사용과는 별도로 간지는 간혹 외국 연호와 병기되기도 하고 특정국의 연호가 채택된 시기에 단독 기년 방식으로 사용된 사례들도 자주 나타났다. 1041년에도, 洪叔에게 토지를 내린 정종의 制에서 1015년을 간지로 기록하였다. 이러한 간지 사용례는 거란과의 전쟁에서 거란과 싸우다 전사한 관원을 추증하고 포상하는 문서에서 확인되므로, 문서의 맥락에 맞게 거란의 연호를 사용하는 대신 간지만을 사용한 것이라 풀이된다.

　　정종은 1038년에 공식적으로 거란에 흥종의 연호를 청하였는데, 당시의 사료를 통해 거란의 연호를 사용하는 것이 양국의 외교 관계에서 어떠한 의미를 갖는지 직접적으로 파악할 수 있다.

　　　　Ⅴ-나-1. (靖宗 4年 4月) 이달에 尙書左丞 金元冲을 거란에 보내어 안부를 묻고 사은하는 동시에 연호를 청하게 하였다.[45)
　　　　Ⅴ-나-2. (靖宗 4年 7月) 甲寅. 김원충이 거란으로부터 돌아왔다. … (거란 흥종이) 또 조를 내리기를, "아뢴바 이미 重熙 연호를 사용하고 있다는 것을 잘 알았다. 그대는 지난번에 조공을 바칠 것

---

44) 『高麗史』 卷6 世家6 靖宗 2年(1036) 7月 壬辰 制曰 乙卯歲(1015, 현 6) 契丹 犯邊 太丞康承穎 先鋒戰死 厥功可嘉 其贈軍器少監 授子和初職.
45) 『高麗史』 卷6 世家6 靖宗 4年(1038) (4月) 是月 遣尙書左丞金元冲 如契丹 起居·謝恩 仍請年號.

을 요청하고 곧이어 조공을 바쳤으며 사신이 돌아갈 때 나의
紀年號를 알고 문서에서 두루 사용하여 나를 향한 정성을 보
였으니 살피건대 칭찬하여 기쁘게 여기며 잊지 않을 것이다.”
라고 하였다.46)

V-나-3. (靖宗 4年 8月) 乙丑 朔. 처음으로 거란의 重熙 연호를 사용하였
다.47)

사신갔던 김원충이 돌아와 전한 거란 황제의 조서는 총 3건인데, 위
에서 인용한 나-3 사료는 고려가 중희 연호를 채택하기로 한 사실에
대한 황제의 만족이 잘 드러나 있다. 흥종은 고려가 보낸 표문에서 이
미 자신의 연호가 사용된 것을 특별히 언급하며 이에 대해 별도의 조
서를 보내며 큰 기쁨을 표현하였다. 흥종의 연호를 사용함으로써 정종
은 우호적인 양국 관계를 회복하는 기반을 다질 수 있었고, 그 결과 다
음 해인 1039년에 거란은 정종을 책봉하였으며48) 이후에도 정종은 여
러 차례 거란으로부터 加册을 받았고 재위 기간 동안 사신왕래가 지속
되었다.

아울러 日本 壹岐 安國寺에 소장되어 있는 『大般若波羅密多經』 卷33 「印
記」에는 “重熙 15年 4月”이라는 간기가 기재되어 있다.49) 중희 15년은

---

46) 『高麗史』 卷6 世家6 靖宗 4年(1038) 7月 甲寅 金元冲還自契丹 … 又詔曰 省
　　所奏已行用重熙年號事 具悉 卿昨者 乞修朝貢 尋允奉陳 使介回旋 知我紀年
　　之號 書文禀用 見其向日之誠 省覽歎嘉 不忘于意.
47) 『高麗史』 卷6 世家6 靖宗 4年(1038) 8月 乙丑 朔 始行契丹重熙年號.
48) 『高麗史』 卷6 世家6 靖宗 5年(1039) 4月 辛酉 朔 契丹遣大理卿韓保衡來 册王.
49) 印記의 내용은 아래와 같다.
　　菩薩戒弟子南贍部州高麗國金海府戶長礼院使許 珍壽
　　特爲
　　聖壽天長邦家地久隣兵永息 慈親九族
　　福海增深 次亡考尊靈法界衆生成無上道之願
　　謹成六百般若經永充

1046년(靖宗 12)에 해당하는데, 이를 통해서도 정종대에 거란의 연호가 지속적으로 사용되고 있음을 확인할 수 있다.

정종대 對거란 외교를 정리해 보면, 덕종대 중단되었던 거란 흥종과의 관계가 재개되었고 거란에 대한 부정적 지칭 표현도 눈에 띄지 않는다. 아울러 기년 방식의 측면에서도 정종대 고려는 거란 흥종의 연호를 지속적으로 사용하며 화평한 관계를 유지했다. 눈에 띄는 것은 前代와 달리 거란과의 갈등을 외교 문서의 교환을 통해 대화로 풀어가는 방식이 등장했다는 것이다. 특히 정종대 고려 조정은 994년의 지계획정을 양국 관계의 대전제로 활용하였다. 이러한 외교적 경험은 문종·선종대 거란과의 관계에서 불거진 압록강 동쪽 지역 거란 거점 문제를 조정하고 해결하는데 있어 소중한 자산이 되었다. 계속해서 그 내용을 확인해 보자.

2. 문종대 외교 문서를 통해 본 거란과의 관계

1) 地界劃定의 전략적 활용

정종대에 잠시 평온하게 유지되었던 양국 관계 속에서 압록강 유역의 거란 거점 문제가 다시 현안으로 떠오르는 것은 문종대이다. 이 시

供養 重熙十五年丙戌四月日 謹記
看經比丘 曇光
己巳十二月二日 記
道林
李基白 編, 1993, 『韓國上代古文書資料集成』, 一志社, 51~52쪽.

기 고려는 그간 축적된 거란과의 외교적 경험에 기반하여 외교 문서로
써 갈등을 조정하는 방법을 택하였고 994년 합의된 지계획정을 적극적
으로 활용하였다. 이와 같은 내용은 正史類와『東文選』등 문집류에 전
하는 여러 편의 외교문서를 통해 확인 가능하다.50) 당시 거란은 압록
강 유역에 여러 시설을 설치하였는데 고려는 이에 어떻게 대응하였는
지 다음의 사료를 통해 확인해 보자.

> V-다-1. (文宗 8年 7月) 이 달에 거란이 처음으로 弓口門欄을 抱州城 동
> 쪽 들에 설치하였다.51)
> V-다-2. (文宗 9年 7月) 丁巳. 초하루에 도병마사가 아뢰기를, "거란의
> 전 태후황제께서 조를 내려 압록강 동쪽을 우리나라의 封境으
> 로 삼으셨습니다. 그러나 (거란이) 성과 다리를 두기도 하고
> 弓口欄子를 두기도 하여 … 지금 다시 새로 郵亭을 세우고 우
> 리 강토를 잠식하여 오니 …."라고 하였다. 이에 동경유수에게
> 글을 보내어 말하기를, "… 하물며 전 태후황제께서 옥책으로
> 은혜를 내려주시어 땅을 잘라 주셨으니 또한 그 강(압록강)을

---

50) 文宗代 여요 관계와 관련하여『東文選』과『東人之文四六』에 전하는 문서는
    모두 4편이다. 崔惟善이 지은「乞還鴨江東岸爲界狀」과「乞抽毀鴨江城橋弓
    口狀」·「謝毀罷鴨江前面亭子表」, 吳學麟이 지은「再乞抽毀鴨江城橋弓口狀」
    이 그것인데, 당시 여요간의 교섭 실상이 보다 명확히 드러나 있는 자료이다.
    이 문서들이 거란에 전달된 시기 추정은 李美智, 2002,「高麗 宣宗代 榷場의
    설치 문제와 對遼 關係」, 고려대학교 석사학위 논문을 참조하였다.
    『東人之文四六』의 여러 문서들과 관련하여서는 다음과 같은 선행 연구가 있다.
    朴漢男, 1997,「14세기 崔瀣의『東人之文四六』편찬과 그 의미」『대동문화연
    구』 32.
    朴漢男, 1999,「외교문서에 나타난 민족문화의 전개 — 崔瀣의『東人之文四六』
    을 중심으로—」, <한국사의 국제 환경과 민족문화> 한국사연구회 학술세미나 발
    표문 : 2003,『韓國史의 國際環境과 民族文化』, 경인문화사.
51)『高麗史』卷7 世家7 文宗 8年(1054) (7月) 是月 契丹始設弓口門欄于抱州城
    東野.

한계로 하였습니다. 지난번 상국에서 우리 봉계에 들어와 다
리를 세우고 진을 두셨으니 … 바라건대 옛 땅을 회복하게 해
주십시오. …"라고 하였다.52)

다-1 사료에서 볼 수 있드시 1054년(문종 8)에 거란은 그들이 차지하
고 있던 抱州[保州]城의 東野에 시설물을 설치하였다. 당시 포주성은 이
미 존재해왔던 시설물이었으므로, 고려가 주목한 것은 거란이 抱州城을
넘어 그 동쪽 들판에 시설물을 설치했다는 사실이었다. 弓口門欄 혹은
弓口欄子가 어떤 시설인지 명확히 알 수는 없으나 字意를 염두에 두면
활을 쏠 수 있는 창[弓口]이 있으며 欄干이 있어 건물 안에서 문을 통해
나오지 않고도 외부를 살필 수 있는 일종의 關門과 같은 출입 경계 시
설이 아닌가 추정된다. 이렇게 보면 고려 조정은 단순히 시설물 하나
의 신축에 항의한 것이 아니라 포주성의 기존 시설에 더하여 고려와
대치하는 포주성의 동쪽에 군비를 증강함으로써 압록강 동쪽에서 영
향력을 확대하려는 거란의 의도에 항의한 것이라고 볼 수 있다. 거란
이 설치한 궁구문란에 대해 거란에 항의할 것을 都兵馬使가 아뢴 것은
1055년(문종 9, 乙未)으로, 이때 고려는 우선 거란 東京에 國書를 보내어
변방 문제를 언급하였다. 사료에서 볼 수 있듯이 고려는 압록강 유역
의 거란 시설물 철거 요청의 전제로 거란 전 태후황제의 册命을 언급하
였다. 이는 바로 994년에 성립된 지계획정을 승인하는 문서였다.

주목할 점은 도병마사에서 거란의 시설물 설치의 부당함을 지적하
는 논거로 거란 승천황태후의 책명을 언급했다는 점이다. 993년 말에

52) 『高麗史』卷7 世家7 文宗 9年(1055) 7月 丁巳 朔 都兵馬使奏 契丹前太后皇
帝詔 賜鴨江以東 爲我國封境 然或置城橋 或置弓口欄子 … 今又創立郵亭
蠶食我疆 … 於是 致書東京留守曰 … 矧前太后皇帝 玉册頒恩 賜茅裂壤 亦
限其江 頃者 上國入我封界 排置橋壘 … 乞復其舊土.

일어났던 전쟁은 양국 간의 협의를 통해 종결되었고, 협의 결과 고려
는 거란에 臣屬하고 양국은 압록강을 경계로 영역을 구분하게 되었으
며 그 협의 내용을 승인한 것이 바로 승천황태후와 聖宗이었다는 사실
은 앞서 살펴보았다. 특이한 점은 정종대에 양국 간의 화친관계를 회
복할 때 전거로 사용되었던 승천황태후의 책명이 문종대에 들어서는
양국간의 영역 분쟁을 해결하는 실마리로써 활용되기 시작했다는 점
이다. 이 시점 이후 압록강 동쪽 지역에 거란이 설치한 시설물이나 또
는 그러한 의도가 파악되는 경우에 거란에 항의하는 고려의 외교 문서
에서 994년의 지계획정은 거란의 계획을 저지하는 가장 근원적인 전제
로 활용된다.

　다음 해인 1056년에는 告奏使가 직접 거란 조정에 보내졌다.53) 이때
보내진 문서가 다음의 「乞還鴨江東岸爲界狀」이다.

　　　V-라. "신은 엎드려 아룁니다. 임금님의 수레가 남으로 달려 처음으로
　　　　　강토를 갈라 내려주신 이래로 압록강이 서쪽 한계가 되었으니

---

53) 『東文選』과 『東人之文四六』에 전하는 「乞還鴨江東岸爲界狀」을 비롯한 4편
　　의 외교 문서의 내용에서도 고주사 파견이 확인된다. 1057년(문종 11) 4월 고려
　　조정에서는 거란이 弓口門欄을 철훼하지 않은 문제를 다시 주청할 것을 논의하
　　였는데, 이를 살펴보면 '去年'에 사신을 보냈다고 한다(『高麗史』 卷8 世家8 文
　　宗 11年(1057) 4月 壬戌 制曰 去年遣使 請罷弓口門外郵亭 時未撤毀 又於松
　　嶺東北 漸加墾田 或置庵子 屯畜人物 是必將侵我疆也 … 王曰 … 宜於仲秋
　　先遣使 謝册繼行奏請).
　　또한 『요사』 본기 및 열전 기사에서도 1056년에 고려 사신이 來貢하였음을 확
　　인할 수 있다.
　　『遼史』 卷21 本紀21 道宗1 淸寧 2年(1056) 6月 丁卯 高麗遣使來貢.
　　『遼史』 卷115 列傳45 二國外記 高麗 (淸寧) 二年·三年(1056·1057) 皆來貢.
　　이에 대해서는 李美智, 2002, 「高麗 宣宗代 権場 설치 문제와 對遼 관계」, 고
　　려대학교 석사학위 논문, 20쪽 참조.

(그 사실은) 命册에 실려 있어 바꿀 수 없습니다. … 강물을 끊고 浮鷁으로 다리를 삼으신 뒤 연이어 보루가 동쪽 경계를 끊고 들어오더니 … 근래에는 더하여 亭候를 짓더니 역마가 갈마들고 널리 柵圍를 쳐서 한계선을 넘었습니다. … 바라건대 옛 땅을 돌려주시어 성대한 시대를 느낄 수 있게 해 주십시오."54)

위 「乞還鴨江東岸爲界狀」에서도 역시 994년의 지계획정이 '命册'이라 언급되어 있다. 이를 받아 본 遼의 입장이 '丙申年(1056)의 조서'로 표명되었는데, 그 내용은 자세히 전하지 않지만 고려가 요에 보낸 여러 외교 문서에 여러차례 나타난다. 「乞抽毀鴨江城橋弓口狀」(1959)에는 優詔라 언급되었고, 「再乞抽毀鴨江城橋弓口狀」(1060)과 1088년(선종 5)에 거란에 전달된 「乞罷榷場表」 등에는 그 내용이 소략하게 인용되었는데 다음과 같다.

V-마-1. "엎드려 살피건대, 지난 병신년에 받든 조서의 대강에 '잠시 국경 근방에 작은 정자를 세웠으나 침탈하려는 것은 아니었으니 곧 허물게 할 것이다. 나머지 소소한 일은 恒規를 지키도록 하겠다.'라고 하셨습니다."55)

---

54) 전문은 다음과 같다.
『東文選』卷47「乞還鴨江東岸爲界狀(崔惟善)」右臣伏自象輅南馳 肇裂彊而斯錫 鴨江西限 在命册以不刊 歷及嗣封 居爲樂境 豈知間代 以備外虞 截流成浮鷁之梁 連壘入剪鶉之界 是祈割復 屢罄判陳 愈堅就日之誠 方企迴天之望 近又添營亭候 移以遞郵 廣展柵圍 踰干割分 以至邊鄙 益聳列城 嗟早閉晏開 民食何依 千畝廢春耕秋穫 今者幸遭鉅聖 誕御瑤圖 方恢無外之風 均被自新之澤 願還舊壤 俾感昌辰.
이 문서가 거란에 전달된 것이 丙申(1056)임은 『東人之文四六』의 細註에서도 확인된다.
『東人之文四六』卷2「乞還鴨江東岸爲界狀」{丙申 告奏使姜源廣賚去}.
55) 『東文選』卷48 狀「再乞抽毀鴨江城橋弓口狀(吳學麟)」伏審去丙申年所奉詔

V-마-2. "병신(년)에는 상주한 내용을 윤허하시어 건물을 허무시고 조
　　　하시기를, '나머지 소소한 일은 恒規를 지키도록 하겠다.'라고
　　　하셨습니다."[56]

위에서 볼 수 있듯이 거란 조정은 고려가 문제를 제기한 정자를 허
물 것을 알려왔다. 거란이 약속을 지켜 정자를 허물자 고려는「謝毀罷
鴨江前面亭子表」를[57] 보내어 감사를 표하는 한편 나머지 시설물도 조속
히 철훼해 줄 것을 촉구하였다. 따라서「謝毀罷鴨江前面亭子表」는「乞還
鴨江東岸爲界狀」이 거란에 전달 된 1056년(문종 10) 6월 이후, 거란에서
'丙申年 조서'를 반포하고 정자를 허문 뒤에 보내졌다.[58]

그러나 거란은 다른 시설물까지 철훼하지는 않고 오히려 墾田을 넓
히고 암자를 설치하였다. 1057년 4월에 문종은 이러한 거란의 약속 불
이행을 지적하며 다시 이 문제를 거란에 항의하였다.[59] 이 문제를 해

書節文 擅於近境 刱立小亭 然未侵漁 卽令抽毀 自餘瑣事 俾守恒規者.
56)『高麗史』卷10 世家10 宣宗 5年(1088) 9月 丙申 允需頭而毀舍 詔曰 自餘瑣
　事 俾守恒規.
57)「謝毀罷鴨江前面亭子表」의 내용은 다음과 같다.
　『東文選』卷33「謝毀罷鴨江前面亭子表」守土瑣臣部 懷襟而仰訴 當陽琦聖
　傾聰虥以俯從 載荷寵秴 釆深感抖 中謝 伏念臣識非經遠 寄重分條 亮功殊乏
　於定□ 率職空勤於肆險 伏遇 皇帝龍飛御極 羽舞數文 巍化大同 休論於表
　裏 遠人咸格 遍至於熙寧 但緣往歲之間 守邊之將 跨臣弊境 構以候亭 遂致
　細民 未獲樵蘇之便 謾令隘域 如懷侵削之虞 是敢昨貢封章 式蘄毀圻 鳳檢特
　頒於兪旨 雄藩寔奉以施行 方聽吉音 畢諧私願 認乾臨於無外 生兌說以積中
　報效罔由 祝勤徒切.
58) 李美智, 2002,「高麗 宣宗代 榷場 설치 문제와 對遼 관계」, 고려대학교 석사학
　위 논문, 21쪽.
59)『高麗史』卷8 世家8 文宗 11年(1057) 4月 壬戌 制曰 去年遣使 請罷弓口門外
　郵亭 時未撤毀 又於松嶺東北 漸加墾田 或置庵子 屯畜人物 是必將侵我疆也
　… 王曰 … 宜於仲秋 先遣使 謝册繼行奏請.

결하기 위해 1059년에 전달된 것이 「乞抽毁鴨江城橋弓口狀」이다.60) 이
문서에서는 994년의 지계획정이 명시적으로 인용되지는 않았지만 고
려가 臣屬하자 거란이 압록강 동쪽 지역을 허락했던 내용이 언급되어
있다.

1060년(文宗 14, 庚子, 遼 道宗 淸寧 6)에도 告奏使 金仁存이61)「再乞抽
毁鴨江城橋弓口狀」을 전달하였다. 이 문서에는 다시 994년의 지계획정
을 승인한 주체인 승천황태후가 직접 언급되었고, 지계획정의 내용도
명확히 제시되었다. 아울러 1054년 이후 문제가 되었던 거란이 弓口를
설치하였던 일과 고려가 이를 철훼할 것을 요청한 일, 거란이 詔를 내
렸지만 亭子만 철거하였던 일 등이 언급되었고, 요가 보낸 丙申年의 조
서를 인용한 뒤 그대로 이행하지 않은 거란의 잘못이 지적되었다.62)

---

60) 『東文選』卷47「乞抽毁鴨江城橋弓口狀」竊念當國 肇自稱藩 勤斯述職 敢謂
　　賜圻之內 致興成壘之虞 比及近來 以圖深入 展鋪形而籠野 蹟界限以峙郵 疆
　　削漸多 堵安奚暇 … 故於往年 託單个之徑馳 部數條之邊願 然垂優詔 止撤
　　小亭 猶警候以未蠲 … 伏乞睿慈 矜薾尒之區 示霈然之允 復舊壤無遺隙地.
　　『東人之文四六』의 세주에 따르면, 이 문서는 告奏使 崔奭이 己亥年(1059, 文
　　宗 13, 遼 道宗 淸寧 5) 거란에 전달하였다. 『高麗史』에는 이때 崔奭珎이 파견
　　되었다고 하였으므로(『高麗史』卷8 世家8 文宗 13년(1059) 2월), 崔奭은 崔奭
　　珎을 지칭하는 것이라 생각된다. 참고로 이 문서의 작자는 崔惟善이다.
　　이상 李美智, 2002, 「高麗 宣宗代 榷場 설치 문제와 對遼 관계」, 고려대학교
　　석사 논문, 21쪽 각주 47).
61) 『東人之文四六』의 원문은 상태가 좋지 않아 당시 파견된 告奏使 이름의 마지
　　막 글자가 잘 보이지 않는다. 朴漢男은 이를 '金仁存'으로 보았다(朴漢男,
　　1999, 「외교문서에 나타난 민족문화의 전개 ― 崔瀣의 『東人之文四六』을 중심
　　으로―」, <한국사의 국제 환경과 민족문화> 한국사연구회 학술세미나 발표문 :
　　2003, 『韓國史의 國際環境과 民族文化』, 경인문화사, 65쪽).
62) 『東文選』卷48「再乞抽毁鴨江城橋弓口狀(吳學麟)」當國竊自前皇太后陛下
　　劃以鴨江 錫爲鶉分 旣丁寧於告策 爰保界於山河 祇事當陽 未渝啫雨 故海
　　域之貢琛傳遞 與天朝之飛節往來 相接送於灘頭 無敢蹟於境尾 詎圖間代 忽
　　過賜封 置堡守以彌嚴 展鋪形而深入 況從近歲 直抵關門 設弓口以連羅 奪

이렇듯 압록강 동쪽 지역 거란 거점에 대해 고려가 승천황태후의 일
을 언급하며 항의하자 거란은 1075년(문종 29, 遼 道宗 太康 1)에 압록
강 이동의 강역을 다시 획정할 것을 제안하였다.[63] 거란이 이러한 제
안을 하게 된 배경에는 고려-거란 관계 뿐 아니라 고려-송의 관계도 작
용하였다.[64] 당시 동북아 정세의 변화를 살펴 보자.

文宗代에 이르러 고려는 중단되었던 宋과의 통교를 재개하였다. 麗宋
간의 통교가 정식으로 재개된 것은 1071년(문종 25, 遼 道宗 咸雍 7, 송
神宗 熙寧 4)의 일이지만, 이전에도 통교 재개 시도가 있었다.[65]

1071년의 麗宋 통교 재개는 그 3년 전인 1068년 宋에서 먼저 제의해

被邊之闢殖 遂使耕夫釋耒 殊乖狃野之心 戍卒登埤 未免防秋之苦 是蘄割復
屢罄剡陳 然蒙溫綍之降來 止許小郵之撤去 諸餘勤請 猶阻曰兪 盆使疲氓
轉嗟失望 伏審去丙申年所奉詔書節文 擅於近境 刱立小亭 然未侵漁 卽令抽
毀 自餘 瑣事 俾守恒規者 仰觀諭旨 深合先猷 豈意玆辰 似違治命.
이 문서는 1060년(문종 14)에 전달되었다(李美智, 2002, 「高麗 宣宗代 権場 설
치 문제와 對遼 관계」, 고려대학교 석사학위 논문, 22쪽).

63) 『高麗史』 卷9 世家9 文宗 29年(1075) 7月 癸酉 遼東京兵馬都部署 奉樞密院
劄子移牒 請治鴨江以東疆域 己卯 遣知中樞院事柳洪·尚書右丞李唐鑑 同遼
使審定地分 未定而還.

64) 이와 관련하어서는 다음의 논고들이 참조된다.
朴宗基, 1994, 「高麗中期 對外政策의 變化에 대하여 ― 宣宗代를 중심으로
―」 『韓國學論叢』 16, 國民大 韓國學硏究所.
金周妍, 2002, 「高麗 文宗代 宋·遼關係에 대한 硏究」, 성신여자대학교 석사학
위 논문, 23~28쪽.
이미지, 2003, 「高麗 宣宗代 権場 문제와 對遼관계」 『韓國史學報』 14, 90쪽.
이와 달리 金佑澤은 문종대 지계재조정 논의 이후 오히려 송과 고려의 관계가
강화되었다고 보면서 거란의 지계재조정 제안은 송-고려 관계를 견제하는 것이
아니었다고 보았다.
金佑澤, 2009, 「11세기 對契丹 영역 분쟁과 高麗의 대응책」 『韓國史論』 55, 55쪽.

65) 1058년(文宗 12, 거란 道宗 淸寧 4, 송 仁宗 嘉祐 3)에 문종은 송과 교통하러
하였지만 遼와의 관계가 악화될 것을 염려한 신하들의 만류로 무산되었다(『高
麗史』 卷8 世家8 文宗 12年(1058) 8月 참조).

왔다는 점에서 주목된다. 당시 송의 황제였던 神宗은 江淮兩浙荊湖南北
路都大制置發運使 羅拯에게 지시하여 商人 黃愼으로 하여금 그 뜻을 전달
케 하였고, 고려는 이에 호응하여 民官侍郎 金悌를 보냄으로써66) 양국
의 사신 왕래가 재개되었다.67)

　宋이 먼저 통교 재개를 희망해 온 것은 고려와 결맹하여 거란을 견
제하려는 목적이 있었기 때문이다. 당시 송 조정은 王安石이 주도하는
新法黨이 정국을 운영하고 있었다. 송 神宗은 안으로 재정·관제·교육
등 제반 법제의 개혁을 추진하고, 밖으로는 거란 등 이민족에 대항하
기 위하여 국방정책을 강화하였다. 이러한 富國强兵策의 일환으로 고려
와 연합하여 거란에 대항하려 한 것이 神宗과 新法黨의 의도였다.68)

　고려의 목적은 이와는 조금 달라서, 송의 문물을 수입하고자 하는
욕구가 강하게 작용하였다. 통교 재개 이후 여러 차례 송으로부터 醫官

---

66) 이때 金悌는 송상 黃愼을 향도로 하여 송에 도착했다고 한다.
　　山內晋次, 1996,「東アジア海域における海商と國家 －10~13世紀を中心と
　　する覺書－」『歷史學硏究』681, 21쪽 : 2003,『奈良平安期日本とアジア』, 吉
　　川弘文館.
　　송과의 통교가 재개되던 당시 뿐 아니라 고려시기 전반에 걸쳐 여송 외교에서
　　송상은 중요한 역할을 담당하였는데, 이에 대해서는 李鎭漢, 2009,「高麗時代
　　における宋商の往來と麗宋外交」『年報 朝鮮學』12, 九州大學朝鮮學硏究會
　　 : 2011,「高麗·宋의 外交와 宋商往來」『高麗時代 宋商往來 硏究』, 景仁文化
　　社 참조.
67) 朴龍雲, 1995,「高麗·宋 交聘의 목적과 使節에 대한 考察(上)」『韓國學報』
　　81, 一志社, 207~208쪽 ; 2002,『高麗社會의 여러 歷史像』, 신서원, 재수록.
　　鄭修芽, 1995,「高麗中期 對宋外交의 再開와 그 意義 ―北宋 改革政治의 수
　　용을 중심으로―」『國史館論叢』61, 150쪽.
　　閔賢九, 1998,「高麗前期의 對外關係와 國防政策 － 文宗代를 중심으로」『亞
　　細亞硏究』41 : 2004,『高麗政治史論』, 고려대학교출판부, 119~120쪽.
68) 鄭修芽, 1992,「高麗中期 改革政策과 그 思想的 背景 ― 北宋 '新法'의 수용
　　에 관한 一試論 ―」『水邨 朴永錫敎授華甲紀念 韓國史學論叢(上)』, 463쪽.

이 파견되고, 송에 파견된 고려의 사신들이 醫藥과 畵塑工을 구하였던
점은 그러한 상황을 잘 나타내 주고 있다.69) 고려는 송의 정치 사상도
수입하고자 하였는데, 송에 파견된 고려 사행들의 활발한 求書 행위와
송 정치제도에 대한 관심은 당시 고려가 宋의 개혁사상을 적극적으로
수용하고자 하였음을 알려 준다.70) 한편 문종은 당시 관료 제도를 정
비하며 왕의 위상 강화를 꾀하고 있었는데71) 송과의 통교를 재개함으
로써 선진 문물 수입을 주도하는 것 역시 문종의 위상을 강화하는데
크게 기여했을 것이라 생각된다. 이렇게 양국의 목적이 다르긴 하였지
만, 고려와 송은 서로의 필요성에 의해 통교를 재개하고 교섭을 전개
하였다.

　고려와 송이 한동안 단절되었던 통교를 재개하려하자 遼도 그에 대
한 대응책을 모색하였다. 먼저 거란은, 宋商 黃愼이 송 神宗의 통교 의
사를 고려에 전달한 직후인 1072년(文宗 26, 遼 道宗 咸雍 8, 宋 神宗 熙
寧 5)부터 兵馬를 송의 국경으로 넘어 들어가게 하여 군사적인 긴장관
계를 조성하였고, 송도 이에 대비하여 변경지역에 군비를 증강하였
다.72) 이를 계기로 거란은 송에 양국 간의 境界를 재조정할 것을 요구

69) 朴龍雲, 1995,「高麗·宋 交聘의 목적과 使節에 대한 考察(上)」『韓國學報』
　　81, 一志社, 209쪽 ; 2002,『高麗社會의 여러 歷史像 』, 신서원, 재수록.
　　李鎭漢, 2009, 「高麗時代における宋商の往來と麗宋外交」『年報 朝鮮學』
　　12, 九州大學朝鮮學硏究會 : 2011,「高麗·宋의 外交와 宋商往來」『高麗時代
　　宋商往來 硏究』, 景仁文化社 참조.
70) 鄭修芽, 1995,「高麗中期 對宋外交의 再開와 그 意義 ―北宋 改革政治의 수
　　용을 중심으로―」『國史館論叢』61, 157~164쪽.
71) 채웅석, 1998,「고려 문종대 관료의 사회적 위상과 정치운영」『역사와 현실』27,
　　140쪽 각주 96).
　　채웅석은 문종대 대송 외교 재개 노력과 의천의 渡宋을 연결지어 당시 고려 왕
　　실이 송의 신법당의 정치 노선에 관심을 갖고 송과 외교 재개에 적극적이었다고
　　보았다.

하였다.73)

거란은 송과의 地界 문제를 해결한 바로 다음 해인 1075년(文宗 29, 遼 道宗 太康 1, 宋 神宗 熙寧 8)에 고려에도 지계 조정을 제기하였다.74) 거란은 송과 고려에 지계 문제를 제기하여 긴장을 형성함으로써 양국이 서로 가까워지는 것을 견제하고자 하였던 것이다. 이에 더하여 지금까지 살펴본 바와 같이 거란은 고려와 오랜 시기에 걸쳐 압록강 동쪽 유역의 거점 유지 문제로 갈등을 겪어 왔다. 이 문제를 해결하는 데에는 고려가 끊임없이 거란에 문제를 제기하는 전거를 제공하는 지계 획정 자체를 수정하는 것이 가장 좋은 방법이었을 것이다.

---

72) 『續資治通鑑長編』 卷235 熙寧 5年(1072) 7月 戊子 … 時北人涉春月創 遣巡馬越拒馬河 而永奏以爲北人苦鄉巡弓手 故增巡馬 若罷鄉巡則 巡馬勢自當止 朝政從之.

73) 『宋史』 卷15 本紀15 神宗2 熙寧 7年(1074) 3月 丙辰 遼遣林牙蕭禧來 言河東疆界 命太常少卿劉忱議之.
거란과 송의 지계 조정 문제와 관련하여서는 다음을 참조.
M. T. ANG, 1983, Sung-Liao Diplomacy in Eleventh- and Twelfth-Century China, Ph.D. diss., University of Pennsylvania.
陶晉生, 1984, 「宋·高麗與遼的三角外交關係」 『宋遼關系史研究』, 聯經出版事業公司.
金成奎, 2000, 「宋代國境問題の基本性格と國境の諸相」 『宋代の西北問題と異民族政策』, 汲古書院.
毛利英介, 2008, 「1099年における宋夏元符和議と遼宋事前交渉」 『東方學報』 82.

74) 이때의 지계획정 요구에 대해, 박종기는 고려와 송이 사행 왕래를 재개한 것에 대한 거란 측의 견제라고 보았으며(朴宗基, 1994, 「高麗中期 對外政策의 變化에 대하여 ― 宣宗代를 중심으로 ―」 『韓國學論叢』 16, 國民大 韓國學硏究所, 19~21쪽) 이미지는 거란의 지계획정 요구는 고려에 대한 일회적인 압박책이라기보다 고려 成宗代 지계획정 이후 계속되어 온 거란의 영토 침입을 고려할 때 거란이 고수하여 온 對高麗政策의 일환이라고 보아야 한다고 했다(李美智, 2002, 「高麗 宣宗代 榷場 설치 문제와 對遼 관계」, 고려대학교 석사학위 논문, 25쪽).

遼는 東京 兵馬都部署를 통해 이러한 요청을 해 왔고, 이에 따라 고려
는 柳洪 등을 보내어 살피게 하였다. 지계 조정 문제가 발생했을 당시
에 고려 조정에서 거란에 보낸 문서가 『東文選』에 전하는데,[75] 아래에
서 볼 수 있듯이 고려의 입장이 잘 정리되어 있다.

> V-바. "또한 압록의 모습은 鯷岑을 그어 한계를 만든 것이니, 강을 연
> 하여 옛 터가 벌려 있고 扶餘의 옛 성이 아직도 남아 있습니다.
> 땅을 내려 주시는 은혜를 입었으니 태후의 말씀이 식언이 되지
> 않았습니다. (그런데) 조정에서 경계를 지정하신다는 것을 들었
> 습니다. 동쪽 언덕을 넘어 성을 두었고 다시 橋頭를 설정하고 弓
> 口를 연이어 확장하여 점점 국경을 넓히려 하셨으니 나무하고
> 밭가는 데 심히 지장이 됩니다. 이 때문에 옛 땅을 돌려주시기
> 를 청하고 새로운 命을 기다렸습니다. 계축년(1073)에는 힘써 농
> 사를 지어 수확하기를 기다렸는데, 벼 싹이 겨우 자란 가을 초
> 에 人馬가 밤중에 짓밟아 버렸습니다. … 지금 동경 병마도부서
> 의 牒에 따르면 추밀원 箚子에 언급된 이러저러한 일을 받든다
> 고 합니다. … 옛 땅을 주시어 다시금 候屛을 굳히고 먼 곳의 백
> 성을 위로하시어 새로이 皇恩으로 적셔 주십시오. 바라건대 칙
> 지를 내리시어 宣義軍에 일러 변경에 연한 官司를 禁約하시고,
> 다시 여진 등으로 하여금 침략하여 넘지 않게 하십시오. 臣은 경
> 계에 암자를 설치하고 해자를 지어 밤낮으로 지킬 것입니다. 곧
> 성과 다리를 거두어 들이게 하시고 강으로 한계를 삼아 汶陽의
> 옛 땅을 돌려 주시어 褊邑을 보살피시면 長沙의 작은 소매를 돌
> 려 손뼉치고 춤추며 노래하겠습니다."[76]

---

75) 이 문서가 전달된 시기 추정은 李美智, 2002, 「高麗 宣宗代 権場 설치 문제와
   對遼 관계」, 고려대학교 석사학위 논문, 26쪽 참조.
76) 『東文選』卷39 「上大遼皇帝告奏表」 … 且鴨綠之成形 劃鯷岑而作限 沿江列
   址 扶餘之古戌猶存 賜履爲恩 太后之前言不食 泊聞朝之指境 越東岸以置城
   更設橋頭 連張弓口 漸圖恢拓 深礙樵耕 是以乞復舊陲 仰須新命 偶於癸丑年

이 표문은 成宗代 지계획정을 상기시킨 뒤, 거란이 압록강 東岸에 城을 쌓은 일과 橋頭·군사 시설을 설치한 일 등을 언급하는 내용으로 전개된다. 『고려사』에 따르면 거란 사신은 결국 地分을 정하지 못하고 돌아갔다.[77]

거란의 지계 조정 제안이 원만히 합의되지 않은 이후에도 거란은 定戎鎭 關外에 庵子를 설치하였다(1076, 문종 30).[78] 고려 조정은 다시 한 번 사신을 보내어 이를 철훼할 것을 요청하였으나 거란이 이를 받아들였는지에 대해서는 기록이 없어 확인할 수 없으며, 1078년(문종 32)에 해당하는 遼 道宗 太康[79] 4년 『遼史』에는 고려에서 사신을 보내어 압록

力勤東作 趾待西成 禾苗纔長於秋初 人馬踏傷於夜半 … 今准東京兵馬都部署牒 稱奉樞密院箚子某某事者 … 錫舊境而更堅候屛 慰遐民而新霑皇恩 乞下勅旨 仰宣義軍 禁約沿邊官司 更不令女眞等侵越 臣界設菴子作隍 日夜抱守 尋令收入城橋 以江作限 歸汶陽之故田 撫存福邑 逈長沙之拙袖 抃舞昌辰.

77)『高麗史』卷9 世家9 文宗 29年(1075) 7月 癸酉 遼東京兵馬都部署 奉樞密院劄子移牒 請治鴨江以東疆域 己卯 遣知中樞院事柳洪·尙書右丞李唐鑑 同遼使審定地分 未定而還.

78)『高麗史』卷9 世家9 文宗 30年(1076) 8月 庚戌 有司奏 北朝於定戎鎭關外 設置庵子 請遣使告奏毁撤 從之.

79) 遼 道宗의 太康 연호는 『高麗史』와 고려 금석문에서 大康으로 기록된 경우가 있다. 거란 연호 중 太平과 大安은 太/大의 출입 없이 명확히 구분되어 사용되는데 유독 太康이 문제가 된다.
중국 학자 李崇智는 『中國歷代年號考』에서 淸代 고증학자인 錢大昕을 인용하여(『十駕齋養新錄』 卷6 大太二字易混 遼道宗年號大康 非太康也 晁氏歷代紀年 以字分類 當必不誤 今遼史刊本 皆作太康 無人能正之者) 大康으로 정리하였다(李崇智, 2001, 『中國歷代年號考』, 176쪽). 『遼史』에서도 줄곧 大康으로 나타나지만, 당대에 가장 가까운 宋의 徐兢이 남긴 『高麗圖經』에는 太康으로 기록되었으므로(『宣和奉使高麗圖經』 卷20 同文 定朔) 본고에서는 太康으로 통일하여 사용하기로 한다. 단, 혼란을 피하기 위해 『요사』 등 인용 전거를 제시하는 경우와 사료를 그대로 인용하는 경우에는 수정하지 않고 기록된 그대로 제시하였다.

강 동쪽의 땅을 내려 줄 것을 요청하였지만 허락하지 않았다는 기록이
있다.80) 거란측 기록에서는 994년의 지계획정을 유지하고자 한 고려의
요청을 받아들이지 않은 것으로 나타나지만 『고려사』는 거란 사신이
논의를 정하지 못하고 돌아갔다(未定而還)고 하였으며, 후대인 선종대
각장 설치 문제가 발생했을 때에도 문종대 지계 획정이 아니라 994년
의 승천황태후의 책명이 언급된 점으로 미루어 보아 1075년 지계 조정
논의는 양국이 합의를 보지 못한 채 논의 수준에서 끝났을 것으로 추
정된다.

　지금까지 살펴본 내용을 정리하면 다음과 같다. 앞서 정종대에 성보
를 파해 줄 것을 고려가 요청했을 때 거란은 전대에 쌓은 성이므로 함
부로 없앨 수 없다고 했다. 이와 달리 1055년(문종 9) 7월 정사일 기사
에서는 거란이 郵亭을 새로 설치하려 하자, 고려는 成規를 치키는 것을
가장 큰 명분으로 삼았던 거란의 논리 구조를 역으로 이용하여 이번에
는 거란의 선대에 반포되었던 전 태후의 조명을 언급하며 우정 설치
시도에 항의하였다. 계속해서 고려가 외교 문서를 통해 압록강 동안이
양국 간의 경계임을 분명히 할 것을 요청하였음을 「乞還鴨江東岸爲界狀」
을 통해 알 수 있는데, 이 문서에서도 고려의 가장 큰 무기로 작용한
것은 994년의 지계획정이었다. 이러한 고려의 지적에 대해 거란은 丙申
年에 조서를 내려 고려의 요청을 일부 수락하고 정자를 철훼했다. 이는
양국 간에 제기된 압록강 유역 영역 분쟁에서 지계획정이 실제적 효력
을 발휘한 첫 번째 사례이다.

---

80) 『遼史』 卷23 本紀23 道宗3 大康 4年(1078) 4月 辛亥 高麗遣使乞賜鴨綠江以
　　東地 不許 ; 『遼史』 卷70 表8 屬國表.
　　『遼史』 卷115 列傳45 二國外記 高麗 (大康) 4年(1078) 王徽乞賜鴨綠江以東
　　地 不許.

「乞抽毁鴨江城橋弓口狀」과「再乞抽毁鴨江城橋弓口狀」에서도 볼 수 있듯이, 1059년에 거란이 다시 압록강 동쪽의 거점 확보에 힘쓸 때 고려는 지계획정을 근거로 활용하며 거란에 항의했다. 고려는 외교 문서를 작성할 때 우선 거란 성종의 모후인 승천황태후의 책명을 통해 양국이 압록강을 경계로 삼는 것을 양해했음을 상기시킨 뒤 이를 준수하지 않는 당대 거란 조정의 잘못을 지적하는 구조를 채택했다. 이를 통해 고려는 거란 조정에 효과적으로 의사를 전달할 수 있었고, 거란은 고려의 요청을 수락할 수밖에 없는 상황에 처하게 되었다.

명분과 논리를 중심으로 한 외교전에서 고려의 주장을 논박할 근거를 모색하던 거란 조정은 1075년 고려에 지계를 재조정할 것을 제안했다. 당시 고려와 송은 그간 중단되었던 교류를 재개하였는데, 거란은 지계 문제를 제기함으로써 고려와 송이 가까워지는 것을 경계하고 동시에 지계 조정을 통해 고려와의 영역 분쟁에서 보다 유리한 위치를 되찾고자 하였던 것이라 생각된다. 고려는 다시 한 번 지계획정을 활용하여 위기를 타개하려 하였으나 거란은 이를 거절하였다. 고려로서는 압록강 동쪽 지역에 대한 우선권을 상실할 수 있는 큰 위기였던 셈이다. 그러나 지계 조정은 미해결된 채로 중단되었다.

2) 문종대 지칭 표현 및 기년 사례

문종대에도 역시 前代 대거란 정책의 기조가 유지되면서 대체로 안정적이면서도 평화로운 관계가 계속되었다. 덕종대에 잠시 거란과의 외교 관계가 경색되었었다고는 해도 이미 1022년에 현종이 거란으로부터 책봉을 받은 이후 양국 간에 큰 충돌은 일어나지 않았으며, 정종

초년에 덕종대 조공 중단 문제를 질타하는 거란과 외교 문서를 주고받으면서 고려 조정은 거란과의 관계에서 갈등이 발생했을 때 이를 외교 통로를 통해 해소하는 방법을 새롭게 발견하였다. 문종대에는 이러한 외교적 갈등 해소 방법이 좀 더 적극적으로 활용되었으며 이 과정이 거듭되면서 고려가 거란과 대화하는 방법과 기술 역시 더욱 노련해졌다는 점은 앞서 확인한 바와 같다.

문종대에는 문종의 긴 재위기간 만큼 거란과 많은 외교 문서를 주고받았는데, 거란에 보내는 외교문서는 일차적 수신자가 누구이던 간에 그 내용은 최종적으로 거란의 황제에게 보고되었다. 따라서 이들 문서에 사용된 거란 지칭어는 책봉국으로서의 거란의 지위를 적극적으로 드러내는 표현들이 많았다. 일례로, 1055년(문종 9)에 고려가 거란 동경유수에게 보낸 문서를 살펴보자.

> V-사. (文宗 9年 7月 丁巳) 이에 동경유수에게 글을 보내었다. "**우리나라[當國]**는 箕子의 나라를 이어 압록강을 경계로 하였습니다. 하물며 전 태후황제께서 옥책으로 은혜를 베푸시어 작은 땅을 내려 경역을 나누셨을 때에도 또한 그 강을 한계로 삼으셨습니다. 지난번 上國이 **우리[我]** 封界에 들어와 다리[橋]와 보루를 설치하였을 때에 산을 넘고 물을 건너 정성을 바치며 더욱 부지런히 天朝에 조공하였고 황제께 글을 올려 옛 땅을 돌려줄 것을 빌었으나 지금도 윤허를 받지 못하고 간절히 기원하고 있습니다. 또 근일에는 내원성의 軍夫들이 **우리[我]** 성 가까이에 弓口門을 옮겨 설치하였으며 또 亭舍를 세우고자 하여 목재와 석재가 이미 높이 쌓여 변민들이 놀랐으니 그 의도가 무엇인지 알지 못하겠습니다. 엎드려 바라건대 大王께서는 **이웃[隣]**과의 화친을 지극히 생각하고 먼 곳의 백성을 품는 자비를 베푸시어 (황제께) 잘 아뢰어 전에 내려주신 땅을 돌려주시고 그 성과 다리·弓欄·亭舍

를 모두 허물어 없애도록 해주십시오.[81]

위 문서는 거란이 압록강 동안에 설치한 郵亭에 대한 대책으로 도병
마사에서 발의되었다. 고려 조정은 郵亭 철훼를 곧바로 거란 황제에게
요청하지 않고 거란 동경 유수에게 우려를 전하는 형식을 취하였다.
따라서 1차적인 청자는 동경유수가 되지만, 이 문서가 거란 조정에 보
고되면 최종적인 청자는 거란 황제가 된다. 이러한 점을 염두에 두면
서 고려가 사용한 지칭 표현들을 살펴 보자. 고려는 스스로를 當國·我
등으로 지칭하였는데 이에 비해 거란은 上國 혹은 天으로 표현하였으
며, 동경 유수는 大王이라 칭하여[82] 어느 정도 존중의 의도를 보였고
거란 황제의 위상과도 격차를 두었다. 거란으로부터 책봉을 받는 피책
봉국으로서의 위치에 충실한 표현이라고 하겠다. 이러한 지칭 표현과
고려 조정의 자세는 문종대에 거란에 보내진 외교 문서 전반에서 확인
된다.

더욱 흥미로운 사실은 위와 같은 외교 자세가 거란을 청자로 상정하
지 않은 상황에서도 나타난다는 점이다. 1055년 9월, 거란 興宗의 부고

---

81) 『高麗史』卷7 世家7 文宗 9年(1055) 7月 丁巳 朔 於是 致書 東京留守曰 當
國 襲箕子之國 以鴨江爲疆 頃前太后皇帝 玉册頒恩 賜茅裂壤 亦限其江 頃
者 上國入我封界 排置橋壘 梯航納款 益勤於朝天 霄闈抗章 乞復其舊土 至
今未沐兪允 方切禱祈 又被近日來遠城軍夫 逼邇我城 移設弓口門 又欲創亭
舍 材石旣峙 邊民騷駭 未知何意 伏冀大王 親隣軫念 懷遠宣慈 善奏黈聰 還
前賜地 其城橋弓欄亭舍 悉令毁罷.

82) 거란 東京留守 역임자 중 적지 않은 수가 王號 혹은 國王號를 띠고 있다. 고려
가 거란 동경 유수에게 보낸 문서에서 그를 대왕으로 칭한 것은 동경유수가 대
체로 王號를 띠는 신분임을 어느 정도 감안한 존칭이라고 생각된다. 『遼史』에
서 확인되는 東京留守를 역임자를 시기순으로 정리하면 아래의 표와 같은데, 확
언하기 어렵기는 하지만 1055년에 고려가 동경에 보낸 문서의 수신자는 宿國王
陳留였을 가능성이 크다.

가 고려에 전해졌다. 문종은 거란의 고애사가 압록강을 넘어 고려의
경내로 들어오자 常膳을 줄이고 음악을 듣지 않는 등 예를 갖추었다.[83]
이때 고려의 세자가 어떠한 예를 갖추어야 할지에 대해 禮司에서는 다
음과 같이 아뢰었다.

V-아. (文宗 9年 9月) 禮司가 아뢰기를, "예에 世子는 天子를 위하여 복

『遼史』 중 東京留守 역임자

연번	인명(왕호)	역임기간(추정)
1	耶律和裏	?(聖宗이전)
2	耶律末只(漆水郡王)	統和 元年(983) 4月~5月(987)
3	蕭恒德	統和 10年(992) 12月~14年(996) 4月
4	蕭排押	統和 15年(999)
5	耶律弘古	統和 13年(997) 이후
6	耶律斡臚	統和 13年(997) 이후
7	耶律團石	開泰 3年(1014) 5月
8	善甯	開泰 4年(1015) 正月
9	耶律八哥	開泰 7年(1018) 3月~太平 6年(1026) 2月
10	蕭孝先	太平 10年(1030) 경
11	蕭孝穆(燕王, 東平王)	太平 10年(1030) 11月~
12	蕭阿姑軫	太平 11年(1031) 7月~
13	蕭樸(韓王)	重熙 初
14	蕭普古	重熙 3年(1034) 2月~
15	蕭孝忠/蕭撒大	重熙 7年(1038)~
16	耶律侯哂	重熙 12年(1043)·13年(1044)
17	蕭塔列葛	重熙 19年(1050) 12月
18	蕭孝友(趙王)	重熙 19年(1050) 12月~20年(1051) 11月
19	耶律仁先	重熙 18年(1049) 이후
20	陳留(宿國王)	~清寧 2年(1056) 12月
21	貼不(魏國王, 吳王)	清寧 3年(1057) 6月~5年(1059) 6月
22	蕭阿剌(陳王) ·	清寧 2年(1056) 이후~7年(1061) 5月
23	蕭陶隗	~大安 7年(1091) 6月
24	何魯掃古	~壽昌 6年(1100) 5月
25	淳(鄭王, 越國王)	乾統 3年(1103) 11月~6年(1106) 10月

83) 『高麗史』 卷7 世家7 文宗 9年(1055) 9月 癸亥 契丹興宗告哀使鴻臚少卿張嗣
復來 王聞嗣復過鴨綠江 減常膳 輟音樂 禁屠宰 斷弋獵.

을 입지 않는다고 하였습니다. 또 아이는 緦麻服을 입지 않는다
고 하였으니 바라건대 이 예에 의하여 太子와 낙랑후·개성후·
국원후는 아울러 복을 입지 말고 평양공 이하 문·무 상참 이상
관은 상복을 입도록 하십시오."라고 하니 따랐다.[84]

　사료에서 볼 수 있듯이 고려 조정은 거란 흥종의 상에 아직 나이가
어렸던 태자와 낙랑후·개성후·국원후 등은 상복을 입지 않기로 결정
하였다. 문종을 비롯한 대부분의 고려 관원들은 상복을 입어야 하고
나이 어린 태자 등은 상복을 입지 않아야 하는 근거로써 예사에서 제
시한 것은 '세자는 천자를 위해 상복을 입지 않는다'는 『예기』의 내
용[85]이었다. 또한 당시 고려 조정은 이 조항에 별다른 이의를 제기하
지 않고 수용하였다. 즉 고려의 태자는 '세자'에 해당되며 이에 비해
거란의 흥종은 '천자'라는 의례적 지위가 고려 조정에서 자연스럽게
적용되고 있었던 것이다. 이는 당시 고려와 거란과의 책봉-피책봉 관계
가 순전히 외교적인 맥락에서뿐 아니라 고애사를 맞는 거란과의 외교
적 대면을 준비하는 상황에서도 적용되고 있었음을 보여 준다.

　한편 문종대 고려 조정이 거란을 언제나 존대하기만 했던 것은 아니
다. 거란과의 관계에서 고려의 숙원이었던 압록강 동안에서 거란의 거
점을 제거하는 문제 등에 대해서 논의할 때에는 거란이 '저들[彼]' 혹

---

84) 『高麗史節要』 卷4 文宗 9年(1055) 9月 禮司奏 禮世子不爲天子服 又童子不
　　緦 乞依此禮 太子及樂浪·開城·國原侯 並不服 平壤公以下 文武常參以上 服
　　喪 從之.
　　『高麗史』 卷64 志18 禮6 凶禮 上國喪 文宗 9年(1055) 9月 癸亥 禮司奏 禮世
　　子不爲天子服 又童子不緦 乞太子及樂浪·開城·國原侯 並不服 平壤公以下
　　文武常叅以上 服喪 從之.
85) 『禮記』 卷36 服問 君爲天子三年 夫人如外宗之爲君也 世子不爲天子服 君所
　　主夫人妻 大子適婦 大夫之適子爲君夫人大子 如士服.

은 '저 나라[彼朝]'로 지칭되기도 했다.[86] 또, 송을 염두에 두고 거란을 지칭할 때에는 南朝인 송에 대칭되는 北朝라 표현하기도 하였다.[87] 그러나 彼·彼朝 혹은 北朝라는 지칭 표현 자체가 거란의 위상을 깎아 내리거나 고려의 책봉국으로서의 거란의 지위를 부정하는 표현은 아니었음은 분명하다.

그런데 같은 시기에 고려가 여진과 주고 받은 대화 속에서는 고려 조정의 또 다른 외교적 자세가 엿보인다.

> V-자. (文宗 元年 2月) 丁卯. 도병마사가 아뢰기를, "동번은 추장 阿兜幹 이 內附한 이래로 오랫동안 은혜를 입어왔는데 우리를 저버리고 거란에 투탁하였으니[背我投丹] 죄가 이보다 더 클 수는 없습니다. 그 무리의 수령 高之問 등이 지금 국경 지역에 있으니 몰래

---

86) 『高麗史』 卷7 世家7 文宗 9年(1055) 10月 乙酉 生辰回謝使戶部侍郎崔宗弼 還自契丹 奏 禮部云 帝名宗眞 汝名犯宗字 宜改之 臣於表狀改稱崔弼 門下 省奏 宗弼宜答以我國不知所諱 誤犯之 表章所載未敢擅改 彼若强之 但減點 畫 庶合於禮 宗弼擅改表文 有辱使命 請科罪 原之.
  『高麗史』 卷8 世家8 文宗 11年(1057) 4月 壬戌 制曰 去年 遣使請罷弓口門外 郵亭 時未撤毀 又於松嶺東北 漸加墾田 或置庵子 屯畜人物 是必將侵我彊也 當亟請罷之 中書省奏 彼朝時無擾邊 且新皇帝卽位 來加册命 今未回謝 先言 彊場之事 似爲不可 王曰 彼若先置城柵 則非惟噬臍 彼必謂我不覺也 宜於仲 秋 先遣使謝册 繼行奏請.
87) 『高麗史』 卷8 世家8 文宗 12年(1058) 8月 王欲於耽羅及靈巖 伐材造大船 將 通於宋 內史門下省上言 國家結好北朝 邊無警急 民樂其生 以此保邦 上策也 昔庚戌之歲(1010, 현종 1) 契丹問罪書云 東結構於女眞 西往來於宋國 是欲何 謀 又尙書柳參奉使之日(1041, 靖宗 7) 東京留守問南朝通使之事 似有嫌猜. 若泄此事 必生釁隙 且耽羅 地瘠民貧 惟以海産乘木 道經紀謀生 往年秋 伐 材過海 新創佛寺 勞弊已多 今又重困 恐生他變 況我國文物禮樂 興行已久 商舶絡繹 珍寶日至 其於中國 實無所資 如非永絕契丹 不宜通使宋朝 從之.
  『高麗史』 卷9 世家9 文宗 30年(1076) 8月 庚戌 有司奏 北朝於定戎鎭關外 設 置庵子 請遣使 告奏毀撤 從之.

군사를 보내 잡아 들이고 그 이유를 심문하신 뒤 율법에 따라
죄를 내리십시오."라고 하니 따랐다.[88]

아도간과 고지문은 1042년(정종 8)에 고려에 왕래했던 일이 확인된
다.[89] 위 사료는 1047년(문종 1) 2월의 기록이므로 아도간 등 동번과
고려의 관계는 최소한 5년 여 간 지속되었다고 하겠다. 그 사이 고려
조정과 거란의 관계를 보면, 1043년에는 정종이 거란으로부터 세 번째
책봉을 받았고[90] 1046년에 정종이 승하하고 문종이 즉위한 뒤에는 곧
바로 거란에 告哀使를 보냈으며[91] 거란 역시 정종의 상을 조문하였고
문종은 거란 사신이 정종을 위해 지내는 제례에 참여하기도 했다.[92]
즉 그 동안 거란과 고려의 외교 관계는 매우 안정적으로 진행되고 있

---

88) 『高麗史』 卷7 世家7 文宗 元年(1047) 2月 丁卯 都兵馬使奏 東蕃酋長阿兜幹
內附以來 久承恩賞 背我投丹 罪莫大焉 其黨首領高之問等 今在蕃境 請密遣
軍士 拘執入關 栲訊端由 依律科罪 從之.

89) 『高麗史』 卷6 世家6 靖宗 8年(1042) 春正月 己巳 東女眞歸德將軍阿兜幹等
四十九人 來獻土物.
『高麗史』 卷6 世家6 靖宗 8年(1042) 2月 戊寅 東女眞柔遠將軍高之問等三十
六人 來獻土物 拜職有差.
『高麗史』 卷6 世家6 靖宗 8年(1042) 2月 丙申 西女眞酋長高之知等十二人
來獻土物 禮賓省奏 之知等於往年 平虜寧遠兩城拓開之時 頗有勞 效請優賜
禮物 從之.

90) 『高麗史』 卷6 世家6 靖宗 9年(1043) 11月 辛巳 契丹遣冊封使蕭愼微 使副韓
紹文 都部署利川管內觀察留後劉日行 押冊使殿中監馬至柔 讀冊 將作少監
徐化洽 傳宣 檢校左散騎常侍韓貽孫等 一百三十三人來.
『高麗史』 卷6 世家6 靖宗 9年(1043) 11月 丁亥 王設壇 受命.

91) 『高麗史』 卷7 世家7 文宗 即位年(1046) 6月 甲寅 遣尙書工部郎中崔爰俊 如
契丹 告哀.

92) 『高麗史』 卷7 世家7 文宗 即位年(1046) 12月 壬戌 契丹遣起居舍人周宗白
來歸賻.
『高麗史』 卷7 世家7 文宗 元年(1047) 2月 壬戌 契丹遣忠順軍節度使蕭愼微
守殿中少監康化成等來 祭靖宗于虞宮 王往祭之.

었으며 고려의 왕이 바뀌었어도 양국 간에는 이전부터의 외교 관계가 정상적으로 지속되고 있었다고 하겠다. 그럼에도 불구하고 도병마사는 동여진 세력이 거란에 붙은 것을 '우리를 배반하였다[背我]'고 표현하였고 이에 대해 적절한 책임을 물어야 함을 강변하였으며 문종은 이러한 요청을 승인하였다.93) 그렇다면, 당시 고려의 도병마사와 문종은 거란으로부터 책봉을 받는 피책봉국임에도 불구하고 동여진 세력이 고려보다 거란과 밀접한 관계를 맺게 되는 것을 반대했다는 것이다. 1022년 이래 안정적으로 진행되어 온 고려와 거란의 외교 관계 속에서, 그리고 덕종대 경색되었던 양국 관계를 변화시키기 위해 애썼던 정종대의 경험을 떠올리면 동여진에 대한 고려 조정의 조처는 고려의 對거란 정책의 기조에 반하는 것이 아닌가하는 의문을 갖게 한다.

다음에 인용한 1073년(문종 27) 5월 정미일에 西北面兵馬使가 아뢴 내용 역시 이러한 의문을 갖게 한다.

> V-차-1. 서북면병마사가 아뢰었다. "서여진 추장 曼豆弗 등 여러 蕃이 청하기를 東蕃의 사례에 의거하여 주·군을 두어 길이 번병이 되고자 하며 감히 거란 蕃人과는 교통하지 않겠다고 합니다." 제하여 (서여진 등이) 오는 것을 허락하였고 계속해서 명하기를, "이후 投化하는 자가 있으면 초유하여 오게 하라."라고 하였다.94)
>
> V-차-2. 또 (서북면병마사가) 아뢰었다. "평로진 부근 蕃帥 유원장군 骨

---

93) 추명엽은 『唐律疏議』의 謀逆罪 규정을 인용하여, 아도간이 고려의 영향권에서 이탈한 것은 당시 법적 처벌의 대상이었다고 보았다(추명엽, 2002, 「고려전기 '번(蕃)' 인식과 '동·서번'의 형성」 『역사와 현실』 43, 38쪽).

94) 『高麗史』 卷9 世家9 文宗 27年(1073) 5月 丁未 西北面兵馬使奏 西女眞酋長 曼豆弗等諸蕃 請依東蕃例 分置州郡 永爲藩翰 不敢與契丹蕃人交通 制許來 因命後有投化者 可招諭而來.

於夫와 멱해촌 要結 등이 다음과 같이 고하였습니다. '저희들은 일찍이 이재촌에 살고 있었는데 거란의 大完{직명}이 되었다가 근래 다시 (고려의) 초유를 받아 기유년(1069) 11월에 赴朝하고 두터운 은혜를 입었고 또 관직도 받았으니 고마운 마음을 이길 수 없습니다. 생각건대 (저희가) 살고 있는 곳은 400리 떨어져 있어 왕래가 어렵습니다. 청컨대 狄耶好 등 다섯 戶와 함께 거란 화내 번인을 데리고 멱해촌으로 옮겨 올 것이니 (고려의) 적에 올라 길이 번병이 되고자 합니다.' 이에 조사하여 35호 252구를 얻었으니 청컨대 版圖에 올리십시오.[95]

V-차-3. 이에 정주 낭장 문선과 장교와 역어 등에게 번복을 입혀 보내 나복기촌 도령 霜昆의 번군과 함께 출발하였다. 문선 등이 다음과 같이 알려왔다. "골면촌 등의 도령이 각기 병사를 거느리고 삼산아방포에 이르렀습니다. 알아보니 적의 소굴은 모두 세 곳이었는데 … 보병과 기병 500여 인이 우리 번군(我蕃軍)을 맞아 싸웠습니다."[96]

위의 차-1 사료를 통해 1073년에 서여진의 만두불 세력이 고려에 投化하기를 바라면서 '契丹蕃人'과는 왕래하지 않을 것임을 약속하였음을 알 수 있다. 이어진 서북면병마사의 보고에 따르면 서여진 세력 중에는 고려의 版圖에 오르고자 하는 '거란화내번인'이라는 그룹도 있었다.

---

95) 『高麗史』卷9 世家9 文宗 27年(1073) 5月 丁未 西北面兵馬使 … 又奏 平虜鎭近境 蕃帥柔遠將軍骨於夫及覓害村要結等 告云 我等曾居伊齊村 爲契丹大完{職名} 邇者 再蒙招諭 於己酉年十一月赴朝 厚承恩賚 且受官職 不勝感戴 顧所居去此四百里 往復爲難 請與狄耶好等五戶 引契丹化內蕃人 內徙覓害村 附籍永爲藩屛 於是 檢得戶三十五 口二百五十二 請載版圖.

96) 『高麗史』卷9 世家9 文宗 27年(1073) 5月 丁未 於是 遣定州郎將文選 及將校譯語等 著蕃服 與那復其村都領霜昆下蕃軍同發 文選等馳報 骨面等村都領 各將兵 到三山阿方浦 探候賊穴凡三所 一爲由戰村 一爲海邊山頭 一爲羅竭村 賊一百五十戶 築石城於川邊 置老小男女財產于城中 以步騎五百餘人 逆戰我蕃軍.

차-3 사료의 文選 등의 보고에서는 '我蕃軍'이라는 표현이 나타나는데 이들은 앞서 언급된 '거란화내번인'과 구분되는 범주일 것이다. 즉 같은 서여진 세력 중에서도 고려는 거란의 관할을 받는 여진 세력인 '거란화내번인'과 고려의 관할을 받는 여진인 '我蕃軍'을 구분하고 있었으며 그들을 구분하는 뚜렷한 계선도 존재하였을 것임을[97] 미루어 짐작할 수 있다.

그런데 이미 고려는 거란의 책봉을 받고 있었다는 점을 상기하면, 고려가 굳이 '거란화내번인'을 '아번군' 등과 구분했던 까닭이 잘 납득되지 않는다. 이론상 거란이라는 宗主國의 영향권 안에서 본다면 거란의 책봉국인 고려 역시 거란의 '化內'에 포함되기 때문이다. 『遼史』에서도 고려와 서하가 列傳에 포함되어 있고, 고려 사신의 왕래 기록이 屬國表에 정리되어 있다는 점도 이러한 사실을 뒷받침한다. 이처럼 조공-책봉 관계의 이념적 질서와 현실이 상충하는 부분에서 고려 왕조가 대외 관계에 임하는 자세가 더욱 두드러진다고 생각된다.

고려가 여진과의 관계에서 특정한 조처를 행하는데 있어 거란과의 책봉-피책봉 관계를 여진 각 세력과의 개별적 관계에 우선하여 고려해야 할 근본적인 이유는 무엇인가. 책봉국을 중심으로 하는 일원적 질서를 당시 고려 왕조가 바라보던 세계에 일률적으로 적용하는 것은 後

---

97) 이와 관련하여 추명엽은 蕃境이라는 용어에 주목하였다. 그에 따르면 고려의 영향력이 행사되는 지역이 번경의 내부에 해당하며, 11세기 초·중엽 이후 북방 제 종족과 고려의 관계는 君臣 관계의 성격을 띤다고 한다(추명엽, 2002, 「고려전기 '번(蕃)' 인식과 '동·서번'의 형성」 『역사와 현실』 43, 38~39쪽).
당시 고려와 서여진의 관계를 君臣 관계로 볼 수 있는가에 대한 점과 蕃境의 실체에 대해서는 재론의 여지가 있으나, 당시 고려 조정이 여진 지역에서 고려의 영향력이 미치는 지역과 거란의 영향력이 미치는 지역을 구분하였을 것임은 분명하다고 생각된다.

代 조선의 외교 정책을 이해하는 방식이다. 조선은 明과의 관계를 최우선적인 대외 정책의 기조로 삼아 타국, 즉 여진과 일본과의 관계를 명과의 관계에 부속하는 것으로 구상하였다. 이러한 조선시대 외교 정책을 바라보는 시각을 고려에 투영하기 보다는, 당시 상황 자체를 이해하는 것이 고려 당시의 대외관의 실체를 파악하는데 더 적절한 방법이 될 것이라 생각한다.

1047년(문종 1) 2월 정묘일 기사(사료 자 참조)에서 고려 조정은 동번 추장 아도간을 치죄하기로 결정하였다. 고려 조정이 그들을 치죄한 것은 어디까지나 고려와 아도간 세력 사이에 성립되었던 관계에 대한 조처이다. 고려 조정은 그들이 아도간 등과 합의하에 맺은 질서에 충실하고자 했고 아도간 세력 역시 그 관계를 유지하기를 기대하였으나 그들이 그 관계를 저버렸기 때문에 그들을 치죄하기로 결정한 것이다. 한편, 아도간 세력을 치죄한다고 해서 고려가 거란에 대한 기존의 외교 정책을 저버리고 거란에 선전포고를 한 것은 아니었다. 아도간 등을 치죄하기로 결정한 뒤 불과 20여 일 만에 문종은 新王으로서 거란으로부터 책봉을 받았다.[98] 문종대 내내 양국 관계가 안정적으로 유지되었음은 지칭 표현의 사례와 수차례에 달하는 거란의 문종 加册에서도 확인된다.[99] 이후에도 거란이 멸망하는 시점까지 고려와 거란은 물리

---

98) 『高麗史』 卷7 世家7 文宗 元年(1047) 9月 壬午 契丹遣福州管內觀察使宋璘 來 册王.

99) 문종은 다음과 같이 거란으로부터 책봉을 받았다.
  『高麗史』 卷7 世家7 文宗 元年(1047) 9月 壬午 契丹遣福州管內觀察使宋璘 來 册王.
  『高麗史』 卷7 世家7 文宗 3年(1049) 正月 (乙巳) 契丹遣蕭惟德王守道來 册王.
  『高麗史』 卷7 世家7 文宗 9年(1055) 5月 辛酉 契丹遣耶律革陳顥來 册王.
  『高麗史』 卷7 世家7 文宗 11年(1057) 3月 乙酉 契丹遣蕭繼從王守拙來 册王.
  『高麗史』 卷8 世家8 文宗 19年(1065) 4月 癸巳 契丹遣耶律寧丁文通來 册王.

적인 충돌없이 우호적인 관계로 남았다는 점은 주지의 사실이다.

이렇듯, 고려가 바라본 여진 아도간 세력과의 관계는 제3자와의 관계를 배제한 관계였다. 그렇다면 이러한 방식의 외교 자세를 고려와 거란의 관계에도 확대 적용해 볼 수 있다. 고려는 1차 전쟁 이후 거란으로부터 책봉을 받는 피책봉국이었다. 현종대 두 차례에 걸친 전쟁을 겪은 뒤에도 양국 관계는 고려가 거란에 대해 稱藩하는 관계가 복원되었다. 그 이후 고려는 책봉-피책봉국이라는 거란과의 관계를 꾸준히 유지하며 그에 알맞게 때에 맞추어 사신을 보내고 거란에 공물을 바쳤으며 국왕의 교체를 알리고 新王은 거란으로부터 책봉을 받으며 거란의 연호를 사용했다. 이렇듯 고려는 거란과의 관계에서는 피책봉국으로서의 지위에 충실하였다. 그러나 거란과의 관계에서 발생한 고려의 피책봉국으로서의 위치는 고려-거란의 관계에서만 결정적이며 유효한 것이었을 뿐, 송이나 여진 등 제 3자와의 관계에서까지 거란의 우위가 우선적으로 인정된 것은 아니었다. 목종대에 거란과의 조공 책봉 관계를 유지하면서도 송에 유학생을 보내는 등 교류를 유지하였던 점도 같은 맥락의 행보였다고 볼 수 있다. 즉 고려는 송과의 관계에서는 송을, 여진 제 세력과의 관계에서는 그들을 최우선적 교섭 상대로 보고 그들과의 관계에서 고려가 얻을 수 있는 이득을 최대한 얻어내고자 하였다. 물론 각각의 개별 관계에서 제3자를 위시한 국제 정세의 흐름이 고려되지 않은 것은 아니었다. 1058년(문종 12)에 문종이 송과의 통교를 시

한편 문종대 거란으로부터 받은 태자에 대한 책봉은 다음과 같다.

『高麗史』 卷7 世家7 文宗 9年(1055) 5月 癸亥 遣利州刺史蕭祿來 册王太子.

『高麗史』 卷7 世家7 文宗 11年(1057) 3月 (乙酉) 契丹又遣蕭素柴德滋來 册王太子.

『高麗史』 卷8 世家8 文宗 19年(1065) 4月 庚子 (契丹)又遣耶律迪麻晏如 册王太子.

도하다가 거란의 동향을 고려하여 중단한 것이 좋은 예이다. 그러나 이때에도 고려는 송과의 통교 시도를 잠시 중단했을 뿐이었다. 문종은 계속해서 송과의 관계 재개를 위해 꾸준히 방법을 모색하였고[100] 그러면서도 거란과의 관계 및 여진과의 관계를 원활히 유지해 나갔다. 이러한 점이 고려가 대외 관계를 꾸려가는 기본적인 자세였다고 생각된다.

계속해서, 문종대 사용된 기년호를 통해 여요 외교 질서가 고려 내부에 어느 정도로 수용되었는지 살펴 보자. 1046년 5월에 정종의 명으로 즉위한 문종은 같은 해 11월에 다음과 같은 制를 내려 현종대 對거란 전쟁 영웅들의 공을 기렸다.

V-카. (文宗 卽位年 11月) 제하였다. "**대중상부 3년**(1010, 현종 1)에 거란병이 들어와 도적질하였을 때에 서북면도순검사 양규와 부지휘 김숙흥 등은 떨쳐 일어나 공격하여 연이은 전투에서 적을 물리치다가 화살에 맞은 것이 고슴도치의 털처럼 많아 모두 전사하였다. 또한 **대중상부 11년**(1018, 현종 9)에 거란병이 난입하였을 때에는 병부상서·지중추원사 강민첨이 원수가 되어 북소리를 울리며 공격하여 반령 들판에서 적들을 크게 패배시키니 거란 군사들이 북으로 달아나며 창과 갑옷을 버려 길이 막힐 정도였다. 민첨이 사로잡고 목을 벤 것이 만 급이었다. 그 공을 추념

---

100) 문종대 고려가 거란에 대해 조공관계를 구축하고 운용하는 가운데 송과 외교관계를 재개한 것을 複數的 朝貢關係의 성립으로 보는 견해도 있다. 이에 따르면 고려의 臣服은 형식적이며 상대적인 것이었다고 한다(閔賢九, 1998, 「高麗前期의 對外關係와 國防政策 ─ 文宗代를 중심으로」, 『亞細亞研究』 41 ; 2004, 『高麗政治史論』, 고려대학교출판부, 121쪽).
문종대 여송관계를 조공관계로 볼 수 있는가 하는 문제가 있고 또 고려의 자신감과 자존감에서 중복된 조공관계가 비롯되었다는 시각은 좀 더 검토가 필요하다고 생각되지만, 어쨌든 고려의 중첩적인 외교관계의 특성을 잘 짚어낸 견해라 생각된다.

하여 마땅히 포장을 행하고 그들의 초상을 공신각에 그려 후세
를 권장할 것이다.”[101]

위에 제시된 문종의 制에서 특이한 점은 1010년과 1018년을 송의 연
호인 大中祥符로 표시하였다는 점이다. 앞서 IV장 2절 2)항에서 현종대
전반에 걸쳐 조성된 것으로 보이는 정도사 5층석탑 형지기 및 다른 금
석문 자료의 내용을 검토하여, 현종 초년에는 거란의 연호가 관습적으
로 사용되다가 1016년부터 1022년까지는 상황이 악화되면서 송의 연
호를 사용하였고 1022년에 양국 간에 외교 관계가 회복된 이후로는 거
란의 연호가 사용되었음을 보았고, 후대에 기록되더라도 기년호는 사
건 당시에 사용하던 것을 그대로 사용하는 관습이 있음을 확인하였다.
그런데 위 사료에서 대중상부 3년은 1010년(현종 1), 11년은 1018년(현
종 9)에 해당한다. 앞서의 추론에 따른다면 1010년은 마땅히 거란의 연
호로 표시되거나, 혹은 현종이 강감찬에게 내린 고신 뒤에 써준 글에
서처럼 간지를 사용하여 庚戌年으로 표시되었어야 한다. 위 사료처럼
1010년이 송의 연호를 통해 표시된 사례는 별도로 확인되지 않는다.

1018년을 표현한 대중상부 11년이라는 문구는 더욱 예외적인 사례
이다. 앞서 1016년에서 1022년 사이에는 송의 연호가 사용되었다고 정
리하였으므로, 1018년을 송의 연호로 표시하는 것은 합당한 일이다. 그

---

101) 『高麗史節要』卷4 靖宗 12年(1046) 11月 制曰 大中祥符三年 丹兵入寇 西
北面都巡檢使楊規 副指揮金叔興等 挺身奮擊 連戰破敵 矢集如蝟毛 俱沒
陣下 又於大中祥符十一年 丹兵闌入 兵部尙書 知中樞院事姜民瞻爲元帥
鼓譟奮擊 大敗於盤嶺之野 丹兵奔北 投戈委甲 行路隘塞 民瞻乃俘斬萬級
追念其功 合行襃獎 可圖形功臣閣 以勸後來.
『高麗史』卷94 列傳7 楊規와 『高麗史』卷94 列傳7 姜民瞻에도 같은 내용의
制가 부분적으로 전한다.

러나 대중상부 연호는 1016년까지만 사용되었다. 송 眞宗이 1017년 정월에 대중상부를 天禧로 改元하였기 때문이다. 앞서 살펴본 정도사 석탑 형지기에서도 天禧 연호가 사용되었으며, 1022년 작성된 것으로 보이는 玄化寺碑에서는 1017년을 天禧 元年으로[102] 기록하였다. 따라서 원래대로라면 문종 즉위년 11월에 내린 제에서는 1010년의 경우이건 1018년의 경우이건 간에 대중상부 연호가 사용될 이유가 없었다.

그렇다면 문종이 즉위년에 내린 제서에서 대중상부 연호가 사용된 것은 단순한 착오가 아니라 분명한 의도가 있었을 것임을 짐작할 수 있다. 앞서 현종이 양규의 부인 홍씨에게 내린 글과 강감찬의 고신 뒤에 써 주었던 글을 검토하였는데, 이때와 마찬가지 방법으로 문종 즉위년 제서의 내용과 목적을 고려해 보아야 할 것이다. 양규와 강감찬의 공을 높이 기리기 위해서는 그들이 맞서 싸운 거란의 잘못이 될 수 있는 한 강조되어야 한다. 이러한 맥락의 글에서 성토의 대상인 거란의 연호를 사용하여 기년하는 것은 글의 목적에 부합하지 않기 때문에 현종은 1010년을 가리킬 때 통화 연호를 사용하지 않고 간지만으로 기년하였다. 1047년에 문종 역시 양규와 김숙흥, 강민첨 등의 모습을 공신각에 새겨 후세를 권장하고자 하였다. 거란에 끝까지 맞서 싸운 양규 등의 공을 현창하는데 있어 거란의 연호를 언급하기 어려운 점이 있었을 것이므로 간지를 사용할 수도 있었을 것이다. 그러나 문종은 굳이 당시에 사용되던 기년법인 간지나 거란 연호 대신 송의 연호를 사용하였다. 그런데 그 송의 연호라는 것은 당시에 통용되던 기년호가

---

102) 有宋高麗國靈鷲山新創大慈恩玄化寺碑銘　幷序(周佇撰)…以天禧元年(1017, 현종 8)丁巳四月葬于乾陵 http://gsm.nricp.go.kr/_third/user/frame.jsp?View= search &No=4&ksmno=3131 한국금석문 종합영상정보시스템
許興植, 1984,『韓國金石全文』中世 上, 亞細亞文化社, 441~447쪽.

아니었다. 강민첨이 활약한 1018년은 원래대로라면 그 당시에 사용되던 천희 2년으로 표시되었어야 하지만, 이미 死去된 대중상부로 추산되어 기록되었다. 이 부분에서 문종 즉위년의 제서에 사용된 기년호에 특별한 의도가 반영되었음을 분명히 알 수 있으며, 이는 문종으로 대표되는 고려 조정의 대외관을 엿볼 수 있는 단서가 된다.

문종은 앞서 자신의 아버지인 현종이 즉위 이후 거란으로부터 인정을 받지 못하고 여러 차례 전쟁을 겪었던 사실을 잘 알고 있었을 것이다. 현종은 즉위 과정에서 자신이 경험했던 거란과의 갈등을 방지하기 위해 미리 자신의 큰 아들인 덕종의 왕세자로서의 지위를 거란 성종으로부터 공식적으로 인정받게 해두었다. 덕종의 뒤를 이어 정종이 즉위하였을 때는 정종의 지위가 덕종이 왕세자였을 때만큼 공고하지는 않았다. 그러나 덕종이 거란 흥종과의 관계를 잠정적으로 중단했던 상태였으므로, 정종은 흥종의 重熙 연호를 사용하고 거란과의 관계를 재개함으로써 상대적으로 쉽게 고려국왕으로서 책봉받을 수 있었다.

이러한 사정을 직접 목격해왔을 문종은 정종의 遺詔에 따라 합법적인 절차에 의해 즉위하였지만, 고려 국왕으로서의 자신의 지위가 거란에게 쉽게 인정받을 수 있을지 확신할 수 없었을 것이다. 갓 즉위한 문종의 입장에서는 국왕으로서 자신의 지위를 강화하는 것이 급선무였을 것이다. 외세와의 전쟁에서 나라를 구하는데 공을 세운 양규와 김숙흥·강민첨 등의 공을 현창하는 조서를 반포한 것 역시 그들이 구한 고려 왕조를 다스리는 새 군왕으로서의 면모를 부각하는 효과가 있다. 따라서 그간 고려 내부에서 통용되어 왔던 기년호 관습에도 어긋나며 이미 다른 연호로 개원되어 기년호로써의 기능을 상실한 대중상부 연호를 굳이 채택한 것도 新王으로서 자신의 위상을 강화하기 위한 수단으로 활용하려던 문종의 의도에서 비롯되었다고 생각된다. 앞서 보았 듯이 고려는 외부 왕조로부터 책봉을 받는 것과 거의 동시에 그 왕조 의 연호를 기년호로 사용하여 왔다. 이제 즉위한지 6개월 쯤 지난 문종 은 책봉을 받기 전부터 미리 거란의 연호를 사용하는 저자세를 보이기 보다는 자신이 거란과의 관계에만 전적으로 의지하고 있지 않음을 보 이기 위해 송의 연호를 잠시 사용하였고, 이를 통해 거란으로부터 책 봉을 유도해 내고자 했다고 생각된다. 앞서 정종대에 거란 흥종이 고 려의 표문에서 자신의 연호가 사용되고 있음을 보았을 때 매우 기뻐하 며 내렸던 조서에서 보았듯이, 책봉을 받은 이후 대중상부 연호를 거 란의 연호로 교체하여 사용하게 되면 거란과의 관계를 공고히 하는데 보다 극적인 효과를 보여주는 부수적인 성과도 기대할 수 있었을 것이 다. 이러한 문종의 전략이 1046년(문종 즉위) 11월의 制에도 반영되었 던 것이라 추정된다.

또 한가지 주목할 점은 송의 연호가 이미 천희로 개원된 시점 이후 의 사건을 기록하면서 대중상부 연호를 사용하였기 때문에 거란이 문 제를 제기한다고 해도 고려는 여러 가지로 해명을 제시할 수 있는 여 지가 충분했다는 점이다.

이상의 추론을 정리하자면, 문종은 즉위년 制書에서 더 이상 유효하 지 않은 대중상부 연호를 사용함으로써 거란의 연호를 사용하지 않으 면서도 혹시 모를 그들의 문제 제기를 적절히 피할 수 있는 방안을 마 련해 두었으며, 또한 고려의 새로운 국왕으로서 위상을 대내외적으로 확고히 하고자 하였던 의도를 복합적으로 드러내었다고 할 수 있을 것 이다.

문종이 대외정책 상 거란을 버리고 송을 택하기 위해 이러한 조치를 취했을 가능성은 매우 적었다. 당시 고려 조정은 이미 거란과의 조공·책봉 관계를 유지한 지 20년이 지난 때였으며, 문종 역시 즉위한 지 약 20여 일 만에 거란에 조속히 告哀하였던 만큼 거란과의 외교 관계는 고려와 문종 모두에게 대외관계의 기본이었다. 또한 문종 즉위년 7월의 제서에서는 이미 거란의 중희 연호가 사용되기도 하였다.103)

6년 뒤인 1052년에 문종은 다시 한 번 거란과의 전쟁 때 공을 세운 사람들을 기리는 制를 내렸다.

> V-타-1. (文宗 6年 5月) 제하였다. "지난번 **통화 연간**에 거란병이 들어와 도적질하여 나의 선친이신 현종께서 남쪽지역으로 난을 피하셨을 때 상서우복야 朴暹이 짐을 지고 호종하여 그 노고가 매우 분명하다. 이어 경성을 수복할 때까지 충절을 한결같이 하여 사직을 편안하게 하였으니 그의 초상을 閣에 그려두고 뒷 사람들에게 보여줄 것이다."104)
>
> V-타-2. (文宗 6年 5月) 제하였다. "… 좌사낭중 河拱辰이 **통화 28년** (1010)에 거란병사가 침입하였을 때 적을 대하여 자신을 잊고 세 치 혀에 의존하여 대병을 물리쳤으니 그 초상을 각에 그려둘 만하다."105)

---

103) 문종이 대외정책 상 거란을 버리고 송을 택하기 위해 이러한 조치를 취했을 가능성은 매우 적다고 생각된다. 당시 고려 조정은 이미 거란과의 조공(단, 기년호 사용에서 절요와 세가의 기록이 좀 다르다).

『高麗史』卷7 世家7 文宗 卽位年(1046) 7月 戊戌 制 往者 東賊圍靜邊鎭 別將鄭匡順 力戰却敵 沒於陣下 其功甚大 可贈金吾衛郞將.

『高麗史節要』卷4 靖宗 12年(1046) 7月 制 重熙十三年(1044) 東賊圍靜邊鎭 別將鄭匡順 力戰却敵 沒於陣下 其功甚大 可贈金吾衛郞將.

104) 『高麗史節要』卷4 文宗 6年(1052) 5月 制曰 頃在統和間 丹兵入寇 我皇考 顯宗避難于山南 尙書右僕射朴暹 負洩扈從 克著勤勞 比及收復京城 終始 一節 以安社稷 可圖形閣上 以示來者.

105) 『高麗史節要』卷4 文宗 6年(1052) 5月 制曰 … 左司郞中河拱辰在統和二十

홍미로운 점은 앞서 인용한 1046년의 制와 위의 1052년의 制의 내용과 맥락이 거의 일치함에도 불구하고 1052년의 경우에는 일관되게 거란의 統和 연호를 사용하고 있는 사실이다. 다만 포상 대상자들은 거란과 직접 맞서 싸운 것이 아니라 현종을 수종하거나 거란과의 협상을 이끌어내는 등의 공로를 세웠다는 점에서는 차이가 있다. 아울러 두 제서가 반포되는 사이에 있었던 변화 중 기년호를 바꿀만한 영향을 준 사건은 역시 1047년에 있었던 거란으로부터의 책봉과 2년 뒤의 加册이라고 생각된다.[106] 1046년에 문종은 아직 거란으로부터 인정을 받지 못한 왕이었지만 1052년에는 거란으로부터 이미 두 번이나 책봉을 받은 뒤였으므로 종주국인 거란의 연호가 기본 기년호로 사용되었고, 그것이 위의 제서에서도 확인되는 것이라 볼 수 있다.

1051년 8월에 작성된 柳邦憲 묘지에 사용된 기년 사례 역시 이러한 추정을 뒷받침한다.[107] 유방헌은 1009년(현종 즉위)에 사망하였지만 1051년에 묘를 개장하면서 묘지명이 작성되었다. 그의 묘지에서는 거란과 통교하기 이전인 972년과 987년을 각각 송의 연호로 기록하였고[108] 995년의 사건부터는 거란의 統和 연호와 간지를 사용하였다.[109]

八年(1010) 契丹兵入侵 臨敵忘身 掉三寸舌 能却大兵 可圖形閣上. 超授其子 則忠 五品職 尋又錄其功 贈尙書工部侍郎 ;『高麗史』卷94 列傳7 河拱辰.

106) 『高麗史』卷7 世家7 文宗 元年(1047) 9月 壬午 契丹遣福州管內觀察使宋璘 來册王.
  『高麗史』卷7 世家7 文宗 3年(1049) 正月 乙巳 契丹遣蕭惟德王守道 來册王.

107) 墓誌 원문은 국립중앙박물관에 소장되어 있고(소장기호 미상), 원문은 다음을 참조하였다.
  金龍善, 2006, 『高麗墓誌銘集成』(제4판), 翰林大學校出版部.
  http://www.krpia.co.kr/pContent/?svcid=KR&proid=73&arid=506&ContentNumber=6&pageNumber=5 ㈜누리미디어 고려묘지명집성

108) 972년은 "乾元十年壬申", 987년은 "雍熙四年丁亥"로 되어 있다. 옹희는 송 太宗의 연호이고 건원은 송 太祖의 乾德과 통용되는 연호이다. 그런데 이 건

이후에도 문종대에 고려가 계속해서 거란의 연호를 기본 기년호로
사용하였음을 여러 고문헌과 금석문을 통해 확인할 수 있다. 앞서 955
년(광종 6)에서 1031년(현종 22)에 걸친 내용을 전하는 淨兜寺 5층석탑
조성형지기를 통해 국제 정세의 변화가 고려 내부의 기년호 사용례에
어떤 영향을 주었는지 살펴보았다. 최근에 조선후기 추정 고탁본이 발
견되면서 그 사료적 가치가 다시 한 번 부각되었던 七長寺 慧炤國師碑銘
도[110) 내용상 972년(광종 23)에서 1060년(문종 14)에 이르는 긴 시기를
담고 있다. 여기에 사용된 기년호를 보면 淨兜寺 석탑 형지기에서처럼
사건 발생 당시의 외교 질서가 기년호 선택에 영향을 주고 있음이 재

원[건덕] 연호는 963년 11월에 開寶로 改元되었다. 뒤에서 살펴 볼 칠장사 혜
소국사비에서 972년을 가리키며 開寶 연호가 사용되었으므로 송의 개원 사실
이 고려에 전달되었다고 추정된다. 유방헌 묘지에서 개보가 아닌 건원[건덕] 연
호가 계속해서 사용된 이유는 다른 기회에 궁구해 보도록 하겠다.

109) 기년 사례 면에서는 고려의 책봉 관계에 따라 책봉국의 연호를 사용하는 방식
이 잘 지켜지고 있다고 하겠다. 그런데 묘지의 題額은 "太宋高麗國"으로 시작
된다. 현재 웹 상에서 서비스되고 있는 원문이미지는 묘지 원문이 아니라 탁본
인데, '宋'에 해당하는 부분은 판독이 잘 되지 않는다. 宋으로 보기에 획수가
다소 많은 것으로도 보여 遼로 볼 가능성이 없지는 않으나, 현존하는 고려시대
묘지명 중 제액이 大遼高麗國의 형태로 된 것은 확인되지 않는 문제가 있다.
유방헌 묘지의 원문이미지는 다음을 참조.
http://gsm.nricp.go.kr/_third/user/viewer/viewer01.jsp?ksmno=3145 한국금석문 종
합영상정보시스템
http://www.krpia.co.kr/pContent/Content_preview.asp?arid=505&proid=73&pageNu
mber=5&ViewType=cimage&imgname=PHOTO%2F004%2EJPG ㈜누리미디어 고
려묘지명집성
아울러 題額에 송과의 관계가 강조된 금석문으로는 개성 현화사비[靈鷲山大
慈恩玄化寺之碑](1021)와 靈巖寺 寂然國師慈光塔碑(1023) 등이 있다.

110) 남동신, 2010, 「七長寺慧炤國師碑銘을 통해 본 鼎賢의 生涯와 思想」 『한국중
세사연구』 30.
혜소국사 비명의 原文은 남동신의 교감본을 참조하였다.
남동신, 2010, 「安城 七長寺慧炤國師碑銘」 『한국중세사연구』 30.

차 확인된다.

혜소국사비에서는 972년(광종 23)을 송의 開寶 연호로 기록하였지만 거란과의 외교 관계가 공식적으로 성립된 994년 이후의 사실을 언급할 때에는 송의 연호가 배제되어 996년(성종 15)은 統和 14년, 1044년(정종 10)은 重熙 甲申으로 기록되었다. 999년(목종 2)과 1054년(문종 8)은 각각 己亥歲와 甲午年으로 표기하는 등 간지가 사용되기도 하였는데, 앞서 언급하였듯이 간지와 타국의 연호는 동시에 사용되기도 하고 그 중 하나만으로도 시기를 표시하는 기능을 충분히 수행했다. 비명 작성 연대인 1060년은 거란의 淸寧 6禩로 기록하였다. 1060년 당시 고려는 피책봉국으로서 오랫동안 거란과 안정적인 외교 관계를 유지해 오던 때이지만, 거란과의 외교 관계가 수립되지 않았던 972년의 일은 당시 고려 군주인 光宗을 책봉한 송 太祖의 開寶 연호로 기록하는 것이 자연스러운 일이었다. 즉, 고려는 특정 사건을 기록할 때 사건 발생 당시 구축되어 있던 외교 질서에 충실하게 기년호를 선택 사용하였으며, 후대에 기록을 재정리하게 되더라도 정리 당시의 외교 질서가 소급 적용되는 것은 아니었다는 점이 다시 한 번 확인된다.

1075년 가을에 거란은 東京을 통해 咸雍을 太康으로 改元한 사실을 알려왔다.[111] 국립중앙박물관에 소장된 청동 연꽃가지형 향로에는 1077년(문종 31)을 가리키는 "大康三年"이라는 명문이 새겨져 있어[112] 거란의 연호가 고려 내부에서 광범위하게 사용되었음을 알 수 있다.

---

111) 『高麗史』 卷9 世家9 文宗 29年(1075) 7月 乙丑 遼東京兵馬都部署 牒告改咸雍十一年爲大康元年.

112) 靑銅 蓮枝形 柄香爐(국립중앙박물관 소장, 유물번호 덕수(德壽)-005751-00). http://www.museum.go.kr/program/relic/relicDetail.jsp?menuID=001005002001&relicID=1440&relic DetailID=5757 국립중앙박물관 소장유물검색

　그런데 1077년에 만들어진 李頲의 묘지에서는 송 神宗의 熙寧 연호가 등장한다.[113] 이정의 사망을 기록하면서는 "是歲太宋熙寧十年(1077)龍集丁巳也"라고 하였는데, 또 묘지 말미에 묘지명의 작성 연대를 기록하면서는 "時大康三年(1077)丁巳"라고 하여 거란의 연호가 사용되었다. 양국 연호는 이렇게 단 한번 씩만 나타나는 반면, 이정의 생애와 업적을 정리하면서 주로 사용된 기년호는 피장자의 나이였으므로 기년호 선택 관습과 관련하여 딱히 성격을 규정하기 어렵다.

　이정의 묘지와 함께 순종 즉위년에 반포되었을 것으로 추정되는 문종의 애책문도[114] 기년호 선택 관습 상 예외 사례에 해당한다. 순종은 이미 태자 시절에 거란으로부터 세 번이나 책봉을 받았었던 인물이기 때문에[115] 문종의 애책에 송의 연호를 사용한 사실이 쉽게 이해되지는

---

113) 墓誌 원문은 국립중앙박물관에 소장되어 있다(新5861). 원문은 다음을 참조
　　http://www.krpia.co.kr/pContent/?svcid=KR&proid=73&arid=506&ContentNumber
　　=11&pageNumber=10 ㈜누리미디어 고려묘지명집성
114) 『東文選』卷28 册 文王哀册(朴寅亮).
　　『동문선』에 전하는 고려의 책문 중 기년호가 드러난 것은 총 5편인데, 이를 표로 정리하면 다음과 같다.

연번	제목(작자)	추정 작성연대	사용된 기년호(서기, 연호 반포국)
1	靖王哀册(李靈幹)	1046(文宗 卽位)	重熙十四年(1045, 거란)歲次丙戌
2	王太子册文(崔惟善)	1054(文宗 8)	重熙二十二年(1053, 거란)歲次甲午
3	文王哀册(朴寅亮)	1083(順宗 卽位)	元豊五年(1082, 송)歲次癸亥
4	王太后王册文(李 顗)	1108(睿宗 3)	乾統八年(1108, 거란)歲次戊子
5	睿王謚册文(朴昇中)	1122(仁宗 卽位)	大宋宣和四年(1122, 송)歲在壬寅

　　문종애책문 외에 예종시책문에서도 송의 연호가 사용되었지만 1116년에 고려는 이미 거란 연호를 사용하지 않기로 결정하였던 때이므로 예종시책문의 송 연호는 크게 문제되지 않는다고 생각된다.
115) 『高麗史』卷7 世家7 文宗 9年(1055) 5月 癸亥 遣利州刺史蕭祿來 册王太子.
　　『高麗史』卷7 世家7 文宗 11年(1057) 3月 (乙酉) 契丹又遣蕭素柴德滋來 册王太子.

않는다. 이는 아무래도 옥책이 글의 성격상 故人의 생애와 밀접한 관련이 있는 내용을 담게 마련이라는 점에서 이해해야 할 듯 하다. 주지하다시피 문종은 중단되었던 송과의 통교를 재개하고 송으로부터 많은 문물과 제도를 받아들인 왕이었다. 문종 옥책에서도 이러한 점을 문종의 주요한 업적으로 기록하며 그의 치세에 고려가 小中華로 일컬어졌다는 점이 언급되어 있다.

이렇게 볼 때 문종대에는 기년 관습에 차츰 작은 변화들이 나타났다고 정리할 수 있다. 즉 금석문이나 문서를 작성한 주체의 의도에 따라, 혹은 기록의 내용에 맞게 임의적인 기년호 선택이 허락되기 시작하여 피장자의 나이가 주요 기년호로 사용되거나 혹은 책봉국이 아닌 송의 연호가 사용되기도 한 것이다. 그러나 이 시기에 사용된 주요 기년호는 역시 고려의 책봉국인 거란의 연호였다는 점은 앞서 검토한 자료에서 확인한 바와 같고, 본고에서 미처 거론하지 못한 이 시기 다른 금석문 자료에서도 거란의 연호가 주요 기년호로 사용되고 있음은 분명한 사실이다.

지금까지 문종대에 사용된 거란 지칭 표현 및 기년 사례를 통해 거란과의 외교 관계가 고려 내부에 수용된 상황을 살펴 보았다. 문종의 긴 재위기간 만큼 지칭 표현과 기년 사례가 매우 풍부하게 남아 있어 당시 고려와 거란의 관계는 물론 고려의 對外 자세를 이해하는 데에도 큰 도움이 되었다. 문종대 고려는 거란을 직접 상대하는 외교 상황에서는 책봉국인 거란을 섬기는 피책봉국의 자세에 적합한 지칭 표현들을 사용하였으며, 거란을 上國으로 인정하는 자세는 거란에 대한 의전

『高麗史』卷8 世家8 文宗 19年(1065) 4月 庚子 (契丹)又遣耶律迪痳晏如 册
王太子.

을 논의하는 자리에서도 드러났다. 그러나 압록강 동안의 거란 거점 문제를 논의하는 자리에서는 거란을 彼 혹은 彼朝로 지칭하며 상대적으로 중립적인 태도를 보였다.

고려에 內附하였다가 배반한 여진 세력을 치죄하는 과정 및 거란에 투화한 여진과 고려에 투화한 여진을 구분하는 모습에서는 고려가 거란과의 관계와 별도의 對여진 관계를 구축·운영하고 있음을 확인하였다. 각각의 개별적 대외 관계에서 전체적인 국제 정세의 흐름이나 강대국의 영향이 고려되지 않은 것은 아니지만, 고려의 외교 자세는 기본적으로 주변 각국과 개별적 1 대 1 관계를 유지하는 것이었다고 추정해 보았다.

문종대의 기년 방식에도 거란과의 외교 질서가 반영되어 있었다. 문종 즉위년에 對거란 전쟁 영웅을 현창하면서 死去된 송의 연호가 전략적으로 사용되기도 했지만, 문종이 거란의 책봉을 받아 국왕으로서의 대외적 인신을 받은 이후로는 거란의 연호가 고려의 기본 기년호로 사용되었음을 여러 사례에서 확인하였다. 1060년에 제작된 혜소국사비의 기년 방식을 검토한 결과, 현종대 정도사 석탑 조성형지기에서 보았던 것과 동일한 고려의 기년 관습이 문종대에도 적용되었음을 확인하였다. 즉 특정 사건을 기록할 때 사건 발생 당시에 사용되던 기년호를 후대 기준에 의해 수정하지 않고 그대로 기록하였으며, 간지와 외국의 연호는 병기되기도 했지만 어느 하나만으로도 기년호의 역할을 충분히 수행하였다.

다만 문종대에 들어 기년 관습 상의 변화들이 나타났다. 기록을 남기는 주체의 의도에 따라 기본 기년호 외의 다른 기년호들이 사용되는 사례가 李頲 墓誌와 문종애책 등에서 나타난다. 거란과의 관계를 포함한 고려의 대외 관계가 오랜 기간 동안 화평한 상태를 유지하면서 기년호 선택의 폭 역시 풍부해졌기 때문이라 생각된다. 그러나 여전히 고려가 거란에 대해 조공 책봉 관계를 유지하였듯이 고려의 기본 기년호는 거란의 연호였다.

3. 선종대 權場 설치 문제와 해결

1083년, 문종이 승하하고 그의 아들 순종이 즉위하였다. 순종은 이미 1055년 5월에 거란으로부터 三韓國公으로 책봉을 받아[116] 양국 관계에서 고려 왕위계승자로서의 지위를 인정받았고, 태자이면서도 1057년 3월과 1065년 4월 등 두 차례나 더 加册을 받았다.[117] 그러나 순종은 즉위한지 3개월만인 문종의 상중에 사망하고 그를 이어 문종의 둘째 아들 선종이 즉위하였다.

문종 사후 순종이 갑작스럽게 병사하면서 4개월 여 만에 고려의 왕이 두 번이나 바뀌자 거란은 선종의 즉위에 의문을 제기하였다. 그러나 당시 告哀使였던 李資仁이 사정을 설명하자 거란은 문종-순종-선종의 왕위 교체에 더 이상 문제를 제기하지 않았다.[118] 이자인은 고애사

---

116) 『高麗史』卷7 世家7 文宗 9年(1055) 5月 癸亥 遣利州刺史蕭祿來 册王太子 官告曰 … 可特封三韓國公 太子迎命于閤門庭.

117) 『高麗史』卷8 世家8 文宗 11年(1057) 3月 乙酉 契丹又遣蕭素柴德滋來 册王太子.

  『高麗史』卷8 世家8 文宗 19年(1065) 4月 庚子 又遣耶律迪·麻晏如 册王太子.

118) 『高麗史節要』卷5 文宗 37年 (1083) 11月 遣侍御史李資仁 如遼告喪 資仁 至遼 帝勑不許入京館 詰問 二君連逝 必有他故 合奏實情 資仁奏 國公夙有 疾恙 加以哀毀 遂至大漸 實無他故 願留臣等 特遣使到本國究問 臣若誣罔 當服重罪 語甚切直 帝出御城外氈殿 引見慰諭 ; 『高麗史』卷95 列傳8 李子

로써 국왕의 사망 사실을 알리는 목적을 띠고 파견되었지만 단순히 사
실의 고지에 그치지 않고 거란이 제기한 의문을 적극적으로 해명하여
그것이 외교 갈등으로 비화되는 것을 막았다. 현종대에 거란이 전쟁을
선포한 이후에도 고려는 포기하지 않고 여러 차례 사신을 보내어 갈등
을 조정하고 전쟁이 일어나는 것을 막으려 했으며, 덕종·정종·문종대
에도 양국 관계에 문제가 생겼을 경우 고려가 우선적으로 사신을 파견
하여 갈등 해소방안을 모색하며 사안이 확대되는 것을 막고자 했음은
앞서 계속적으로 확인해 왔다. 선종의 즉위에 대한 거란 황제의 의심
을 푼 이자인의 성과 역시 순전히 이자인 개인의 외교적 능력과 대처
력만으로 이루어진 것이라기보다는, 그동안 축적되어 온 對거란 외교
경험에 기반하여 고려 조정이 미리 대비하게 했을 가능성이 크다.

　이후 거란은 1084년 4월에 칙제사와 위문사를 보내 문종과 순종을
제사지냈고[119] 1085년 11월에 낙기복사를 보낸 뒤 곧이어 선종을 책봉
하였다.[120] 책봉에 앞서 1085년 2월에는 改元 사실을 알려 오기도 했

　　淵 附 李資仁 文順相繼薨 宣宗卽位 遣資仁如遼告喪 遼主不許入京館 詰曰
　　二君連逝 必有其故 宜奏以實 資仁曰 國公夙有疾恙 加以哀毁 遂至大漸 實
　　無他故 願留臣等 遣使本國究問 臣若誣罔 當服重罪 語甚切直 遼主出城外
　　甀殿 引見慰諭.
119)『高麗史』卷10 世家10 宣宗 元年(1084) 4月 遼遣勑祭使益州管內觀察使耶
　　律信·慰問使廣州管內觀察使耶律彦等來.
120)『高麗史』卷10 世家10 宣宗 2年(1085) 11月 丙午 遼遣落起復使高州管內觀
　　察使耶律盛來.
　　고려측 기록에서는 선종의 봉작명이 특진 검교태사 겸 중서령 상주국으로만 되
　　어 있는데,『遼史』에는 선종을 고려국왕으로 책봉하였음이 명기되어 있다.
　　『高麗史』卷10 世家10 宣宗 2年(1085) 11月 癸丑 遼遣保靜軍節度使蕭璋·
　　崇祿卿溫嶠等來 册王爲特進檢校太師兼中書令上柱國 食邑一萬戶 食實封
　　一千戶 兼賜冠冕車馬圭印衣帶綵段等物.
　　『遼史』卷24 本紀24 道宗4 大安 元年(1085) 11月 丙辰 遣使 册三韓國公王

다.[121] 이와 같은 사정을 볼 때, 거란이 선종을 고려 국왕으로 책봉하는 데에 2년이 걸렸으나 이미 선종이 이끄는 고려와 거란의 관계는 그간 유지되어 온 고려-거란 관계의 연장선상에 있었다고 하겠다.

즉위와 관련한 문제 외에 선종대에는 거란의 榷場 설치 시도가 양국 관계의 가장 큰 갈등이었다. 앞서 문종대에 거란에 의해 지계 재조정이 발의되기는 했지만 결론을 내리지 못하고 중단되었다. 거란은 계속해서 압록강 유역에 대한 관심을 포기하지 않았다. 이전에 城·橋, 弓口欄子 등 주로 군사적 시설물을 설치하던 거란은 大安 연간(1085~1094)에 들어서는 榷場이라는 상업 이윤을 목적으로 한 시설을 설치하려 하였다.

기록상으로는 1086년(선종 3, 遼 道宗 大安 2) 5월에 榷場 문제가 처음으로 나타난다.

> V-파. (宣宗 3年 5月 丙子) 또 告奏使 尙書右丞 韓瑩을 보내었다. 이때에 遼가 압록강에 榷場을 세우려 하였으므로 罷할 것을 청하였다.[122]

위 사료는 각장을 파할 것을 요청하는 告奏使가 파견된 사실을 알려

動弟運爲高麗國王.

121) 『高麗史』卷10 世家10 宣宗 2年(1085) 2月 癸酉 遼報改元大安 王命有司 告于大廟六陵.
거란의 大安 연호는 같은 해 12월에 세워진 양산 통도사 국장생 석표에도 사용되었다("大安元年乙丑十二月日記").
http://gsm.nricp.go.kr/_third/user/frame.jsp?View=search&No=4&ksmno=3162 한국금석문 종합영상정보시스템

122) 『高麗史』卷10 世家10 宣宗 3年(1086) 5月 丙子 又遣告奏使尙書右丞韓瑩 時遼欲於鴨綠江 將起榷場 故請罷之.

주므로, 실질적으로 榷場 설치 문제가 대두된 것은 그 이전의 일이라 하겠다. 앞서 문종대에 거란이 압록강 유역에 여러 시설물을 설치했을 때 고려는 우선 거란에 문서를 보내어 항의하는 뜻을 전달하고[123] 그 것이 의도대로 해결되지 않자 거란 조정에 고주사를 보내어[124] 문제가 되는 사안을 상세하게 정리하여 항의하는 방식으로 대응하였음을 보 았다. 이로 미루어보면 선종 3년에 고주사가 파견된 것은 별도의 조처 가 이미 행해진 뒤였다고 생각된다.[125]

　이때부터 고려와 거란 관계에서는 각장 설치 문제가 가장 큰 현안이

---

123) 『高麗史』卷7 世家7 文宗 9年(1055) 7月 丁巳 朔 都兵馬使奏 契丹前太后·
　　皇帝詔 賜鴨江以東 爲我國封境 然或置橋梁 或置弓口欄子 漸踰舊限 是謂
　　不厭 今又創立郵亭 蠶食我疆 … 宜送國書於東京留守 陳其不可 若其不聽
　　遺使告奏 於是 致書東京留守曰 當國襲箕子之國 以鴨江爲疆 矧前太后·皇
　　帝 玉册頒恩 賜茅裂壤 亦限其江 頃者 上國入我封界 排置橋壘 梯航納款
　　益勤於朝天 霄闥抗章 乞復其舊土 至今未沐愈允 方切禱祈 又被近日 來遠
　　城軍夫 逼邇我城 移設弓口門 又欲創亭舍 材石旣峙 邊民騷駭 未知何意 伏
　　冀大王 親隣軫念 懷遠宣慈 善奏黈聰 還前賜地 其城橋弓欄亭舍 悉令毀罷.
124) 1057년과 1060년에 告奏使를 보냈다.
　　『高麗史』卷8 世家8 文宗 11年(1057) 4月 壬戌 制曰 去年遣使 請罷弓口門
　　外郵亭 時未撤毀 又於松嶺東北 漸加墾田 或置庵子 屯畜人物 是必將侵我
　　疆也 … 王曰 … 宜於仲秋 先遣使 謝册繼行奏請.
　　1060년(文宗 14, 庚子, 遼 道宗 淸寧 6)에도 告奏使 金仁存이「再乞抽毀鴨
　　江城橋弓口狀」을 전달하였다(朴漢男, 1999,「외교문서에 나타난 민족문화의
　　전개 — 崔瀣의 『東人之文四六』을 중심으로—」, <한국사의 국제 환경과 민족
　　문화> 한국사연구회 학술세미나 발표문 : 2003,『韓國史의 國際環境과 民族
　　文化』, 경인문화사, 65쪽).
　　告奏使는 국가적으로 현안이 발생하였을 때 일의 情況을 알리는 등 양국 간의
　　원활한 교섭을 담당했던 것이라 생각되며 密進使는 고주사 보다는 더욱 시급
　　한 현안을 알리는 사명을 띠었다(李美智, 2002,「高麗 宣宗代 榷場의 설치 문
　　제와 對遼 관계」, 고려대학교 석사학위 논문, 28쪽).
125) 이상, 李美智, 2002,「高麗 宣宗代 榷場의 설치 문제와 對遼 관계」, 고려대학
　　교 석사학위 논문, 28쪽 참조.

되었다. 고려는 1087년(선종 4) 정월, 遼에 秘書監 林昌槩를 告奏使로 파견하였고[126] 15일 만에 또 다시 閣門引進使 金漢忠을 密進使로 파견하였다.[127] 같은 해 10월에는 禮賓少卿 柳伸이 告奏使로 파견되었다.[128] 1087년 한 해 동안 고주사와 밀진사가 여러 차례 파견되었던 사실은 榷場 설치를 둘러싼 양국 관계가 매우 급박해졌음을 보여주는 것이라 생각된다.[129] 1088년 2월에는 中樞院副使 李顔을 藏經燒香使로 칭탁하여 邊事를 대비하게 하였다.[130]

---

126) 『高麗史』 卷10 世家10 宣宗 4年(1087) 正月 乙丑 遣告奏使秘書監林昌槩如遼.
127) 『高麗史』 卷10 世家10 宣宗 4年(1087) 正月 庚辰 遣密進使閣門引進使金漢忠如遼.
128) 『高麗史』 卷10 世家10 宣宗 4年(1087) 10月 壬辰 遣告奏使禮賓少卿柳伸如遼.
129) 김영미에 따르면, 선종 4년 密進使의 파견은 義天이 송에 갔다가 선종 3년 5월 귀국한 사실과 관계가 있다고 한다. 즉 의천이 가져온 宋에 대한 정보 등을 遼에 보고하여, 왕의 동생인 의천의 入宋과 송에서의 환대로 야기되었을 여요 양국의 긴장 및 각장 개설로 인한 마찰을 해결하려 했던 것으로 여겨진다는 것이다(김영미, 2002, 「11세기 후반~12세기 초 고려·요 외교관계와 불경 교류」 『역사와 현실』 43).
    이에 대해 李美智는 고려가 遼와의 갈등을 해결하기 위해 宋에 대한 정보를 누설하였을 가능성은 충분하지만, 당시 파견된 告奏使와 密進使의 역할이 다르지는 않았다고 보았다. 1086년(선종 3) 5월에 榷場 문제가 기록된 이후 양국 간에 다른 현안은 눈에 띄지 않으므로, 당시 麗遼 관계의 현안은 榷場 문제였으며 선종 초년의 異例的인 사행은 모두 榷場 문제와 관련되었을 것이라는 주장이다(李美智, 2002, 「高麗 宣宗代 榷場의 설치 문제와 對遼 관계」, 고려대학교 석사학위 논문, 28~29쪽).
130) 『高麗史』 卷10 世家10 宣宗 5年(1088) 2月 甲午 以遼議置榷場於鴨江岸 遣中樞院副使李顔 托爲藏經燒香使 往龜州密備邊事.
    藏經燒香使는 『高麗史』 전체를 통해 단 1회 등장하는 명칭이다. 당시 宋에서 귀국한 義天이 진행하던 장경간행사업과 일정한 관련이 있을 것으로 생각되지만 확언할 수는 없다. 邊事에 대비하기 위해 본래 임무를 숨긴 사례는 睿宗代에서도 찾을 수 있다.
    『高麗史』 卷12 世家12 睿宗 11年(1116) 閏正月 庚戌 遣祕書校書郎鄭良稷 稱爲安北都護府衙前 持牒如遼東京 詗知節日使尹彦純·進奉使徐昉·賀正

1088년 9월에 결국 고려는 表文을 통해 본격적으로 榷場 철훼를 요구하였다. 이 문서는 고려의 對거란 교섭 문서의 결정판이라 할 수 있을만큼 치밀한 구조와 상세한 내용이 담겨 있다. 표문의 주 내용을 요약하여 제시하면 다음과 같다.

> V-하. (宣宗 5年 9月) 太僕少卿 金先錫을 요에 보내어 榷場을 罷할 것을 청하였다. 표에 이르기를 " … ① 承天皇太后께서 조정에 임하여 稱制하실 때 경계를 내리시어 봉토를 획정하여 주셨으니 … 天皇鶴柱의 城으로부터 서쪽으로 저쪽 언덕을 수복하고 日子鼈橋의 水를 한계로 하여 동쪽은 우리 나라 강토로 분할하여 주셨습니다 … 그때 陪臣 徐熙가 경계를 맡아 관리하고 留守 遜寧이 宣旨를 받들어 상의하여 각각 양쪽 경계를 담당하여 여러 성을 나누어 쌓았습니다. 이런 까닭에 河拱辰을 鴈門에 보내어 鴨綠勾當使를 삼았고 … ② ⓐ甲寅年에는 강에 다리를 놓고 배를 만들어 길을 통하였고 ⓑ乙卯歲에는 州城 경내에 들어와 軍을 두었으며 ⓒ乙未에는 弓口를 설치하더니 亭을 세우고 ⓓ丙申에는 앞서의 요구만을 윤허하여 屋舍를 철훼하고 조하여 말하기를, '나머지 소소한 일들은 항규를 지키도록 하겠다.'라고 하셨고, ⓔ또 壬寅年에는 買賣院을 義宣軍 남쪽에 설치하고자 하여, 논하여 아뢰었더니 설치하는 것을 그만두었으며 ⓕ甲寅歲에는 처음으로 探守庵을 定戎城의 북쪽에 배설하고 회보하여 말하기를 '일으킨 지여러 해가 되었다'고 하였습니다. ③ 當國은 대대로 충근하였고 해마다 삼가 조공하였습니다. 몇 차례나 사행을 보내어 아뢰었으나 庵守·城·橋를 제거하지 않으시고 더욱이 이번에는 新市를 경영하려 하시니 … 榷酤의 장옥을 금하여 새로 이룩함이 없도록 해 주십시오. 다행이 驚騷함을 면하게 하여 주시면 길이 은혜

使李德允等稽留事.
이상은 李美智, 2002,「高麗 宣宗代 榷場의 설치 문제와 對遼 관계」, 고려대학교 석사학위 논문, 29쪽 참조.

갚기를 도모하겠습니다.”라고 하였다.[131]

이 표문은 크게 세 부분으로 구성되었다. 각장 설치의 부당성을 지적하는 가장 근원적 전제인 994년의 地界劃定이 언급되었고(①), 顯宗代부터 文宗代에 이르는 동안 있었던 遼의 영토 침입 사실이 열거되었으며(②-ⓐ~ⓕ), 끝으로 이러한 문제들의 연장선 상에서 각장 문제가 제시되어 있다(③). 고려는 거란 聖宗代의 지계획정 사실을 먼저 언급함으로써 양국 관계의 연원을 상기시키고 양국 관계의 출발점은 바로 현황제의 先代인 聖宗과 그의 모후 승천황태후가 승인한 것이었음을 확인시킴으로써 이후 고려가 전달하고자 하는 문제제기에 거란이 느낄수 있는 거부감을 최소화하였다. 계속해서 고려가 표문에서 언급한 거란의 영역 침범 사항들을 살펴보도록 하자.

우선 표문에 언급된 甲寅年(②-ⓐ)은 1014년(현종 5, 거란 聖宗 開泰 3)으로, 거란이 압록강에 배를 띄워 통로로 삼았다고 하였다.[132] 『高麗

---

131) 『高麗史』 卷10 世家10 宣宗 5年(1088) 9月 遣太僕少卿金先錫如遼 乞罷榷場 表曰 … ① 承天皇太后臨朝稱制 賜履劃封 … 自天皇鶴柱之城 西收彼岸 限日子鼈橋之水 東割我疆 … 于時 陪臣徐熙 掌界而管臨 留守遜寧 奉宣而商議 各當兩境 分築諸城 是故遣河拱辰於鴈門 爲勾當使於鴨綠 … ② ⓐ甲寅年 河梁造舟而通路 ⓑ乙卯歲 州城入境以置軍 ⓒ乙未 設弓口而創亭 ⓓ丙申 允需頭而毀舍 詔曰 自餘瑣事 俾守恒規 ⓔ又壬寅年 欲設買賣院 於義宣軍南 論申則葺修設罷 ⓕ甲寅歲 始排探守庵於定戎城北 回報曰 起盖年深 ③ 當國代代忠勤 年年貢覲 幾遣乎軺車章奏 未躪乎庵守城橋 矧及玆辰 欲營新市 … 禁榷酤之場屋 無使新成 儻免驚騷 永圖報效.

132) 『遼史』에는 다음과 같이 기록되어 있다.
『遼史』 卷15 本紀15 聖宗6 開泰 3年(1014) 是夏 詔國舅祥穩蕭敵烈 東京留守耶律團石等討高麗 造浮梁于鴨綠江 城保·宣·義·定·遠等州.
二國外記에는 같은 내용이 5월로 기록되어 있다.
참고로 “造浮梁于鴨綠江”라는 표현은 『東人之文四六』이나 『東文選』에 수록된 「入遼乞罷榷場狀」(「入遼乞罷榷場表」)의 표현과 일치한다.

史』나 『高麗史節要』에서 1014년에 이러한 일이 있었다는 기록을 찾아
볼 수는 없지만, 다음의 기사를 보면 거란이 압록강 以東의 지형을 잘
알고 있는 女眞을 이용하는 등, 고려를 공격하려 했음을 알 수 있다.

> V-거-1. (顯宗 4年 5月) 壬寅. 여진이 거란병을 이끌고 압록강을 건너려
> 하였다. 大將軍 金承渭등이 물리쳤다.[133]
> V-거-2. (聖宗 開泰 2年 10月) 丙寅. 詳穩 張馬留가 여진인으로 고려일을
> 아는 자를 바쳤다. 上이 물으니 말하기를, "저는 3년 전 고려에
> 포로가 되어 郎官이 되었던 까닭에 압니다. … "라 하니, 上이
> 받아들였다.[134]

당시 고려와 거란은 세 번째 전쟁을 겪고 있었다. 顯宗 초년에 있었
던 거란 聖宗이 일으킨 2차 전쟁은 고려 측에서 화친을 요청함으로써
종결되었지만, 화친 조건인 顯宗의 親朝는 실현되기 어려운 것이었다.
고려 조정은 1012년(현종 3) 6월 兵部侍郎 田拱之를 파견하여 친조 할
수 없음을 알렸고, 이에 거란 聖宗은 강동 6주를 공격할 것임을 천명하
였다.[135] 1014년 10월에는 본격적인 전쟁이 시작되었다.[136]

---

133) 『高麗史』 卷4 世家4 顯宗 4年(1013) 5月 壬寅 女眞引契丹兵 將渡鴨綠江 大
將軍金承渭等 擊却之.
134) 『遼史』 卷15 本紀15 聖宗6 開泰 2年(1013) 10月 丙寅 詳穩張馬留 獻女直人
知高麗事者 上問之 曰 臣三年前爲高麗所虜 爲郎官 故知之 … 上納之.
135) 『高麗史』 卷4 世家4 顯宗 3年(1012) 6月 甲子 遣刑部侍郎田拱之 如契丹夏
季問候 且告王病不能親朝 丹主怒 詔取興化·通州·龍州·鐵州·郭州·龜州等
六城.
『遼史』 卷15 本紀15 聖宗6 開泰 元年(1012) 8月 己未 高麗王詢 遣田拱之奉
表 稱病不能朝 詔復取六州地.
『遼史』 二國外記에도 같은 내용이 기록되어 있다.
136) 『高麗史』 卷4 世家4 顯宗 5年(1014) 10月 己未 契丹遣國舅詳穩蕭敵烈來
侵通州興化鎭 將軍鄭神勇·別將周演擊敗之 斬七百餘級 溺江死者甚衆.

그러나 이와 같은 전쟁 사실과는 별도로, 1088년 9월에 거란에 전달한 표문에서 언급한 갑인년의 일은 3차 전쟁 중에서도 특히 거란이 압록강을 건널 수 있는 통로를 만들어 압록강 서쪽에서 동쪽으로 이동할 수 있는 길을 확보했던 사실을 지적한 것이다.

乙卯年은 1015년(현종 6, 거란 聖宗 開泰 4)인데 이 해에는 거란이 (고려) 州城의 경내에 들어와 置軍하였다고 하였다. 1088년 9월의 표문은 「入遼乞罷榷場狀」이라는 이름으로 『東人之文四六』과 『東文選』에도 수록되어 있는데, 여기서는 거란이 국경을 넘어 와[越境] 성을 쌓고 置軍 하였음을 보다 분명히 언급하였다.[137]

을묘년 역시 거란과의 3차 전쟁이 진행되던 때이므로 거란의 越境 사실을 나타내는 기사를 찾기는 어렵지 않다.[138] 그럼에도 불구하고 각장 철훼를 요청하는 표문에서 특별히 '入境[越境]築城' 사실을 지적한 것은 거란이 압록강 동쪽에 보다 지속적인 거점을 마련했다는 점에 비판의 초점이 맞추어져 있었던 것이라 생각된다.

乙未年(②-ⓒ)은 1055년(文宗 9, 거란 興宗 淸寧 1)이며, 역시 관련 사실이 쉽게 확인된다.

> V-너. (文宗 8年 7月) 이 달에 거란이 처음으로 弓口門欄을 抱州城 동쪽 들에 설치하였다.[139]

---

137) 『東人之文四六』 卷3 事大表狀 入遼乞罷榷場表(朴寅亮) 乙卯年 城越境以 置軍 ; 『東文選』 卷48 入遼乞罷榷場狀.

138) 다음의 기사가 표문에 언급된 을묘년의 일을 정리한 내용이라 생각된다.
『高麗史』 卷4 世家4 顯宗 6年(1015) 正月 契丹作橋於鴨綠江 夾橋築東西城 遣將攻破不克 … 是歲 契丹取宣化·定遠二鎭城之.

139) 『高麗史』 卷7 世家7 文宗 8年(1054) (7月) 是月 契丹始設弓口門欄于抱州城 東野.

  1054년(문종 8) 7월에 거란은 그들이 차지하고 있던 抱州[保州]城의
동쪽 들판에 시설물을 설치하였다. 1088년(선종 5)의 표문에서는 弓口
門欄을 설치하고 郵亭을 둔 것이 모두 1055년의 일처럼 나타나는데, 이
는 궁구문란을 설치하고 우정을 둔 사실을 각각 별개의 사건으로 파악
하지 않고 일관성을 갖는 일련의 조처로 보았기 때문에 을미년의 일로
기록한 것이라 생각된다. 앞서 살펴보았듯이, 고려는 거란이 포주성을
벗어나 그 동쪽에 시설물을 설치한 것이 압록강 동쪽에서 그들의 영향
력을 구체적으로 확대하려는 시도로 보았다. 1088년 9월의 표문에서도
이러한 취지에서 을미년의 일이 거론되었다고 생각된다.

  丙申年(1056)에 내린 조서(②-ⓓ)는 인용된 내용만 확인되지만, 거란
조정 역시 고려가 제기한 항의 내용의 타당성을 어느 정도 인정하여
屋舍 혹은 小亭[郵亭]을 철훼함으로써 고려의 요구가 수용되었음을 확
인해 준다(사료 마-1·2 참조).

  壬寅年(②-ⓔ)은 1062년(문종 16, 거란 道宗 淸寧 8)으로, 고려가 거란
의 매매원 설치 시도에 반대한 사실은 연대기 기록에서 확인되지 않는
다. 한편 甲寅歲(②-ⓕ)는 1074년(문종 28, 遼 道宗 咸雍 10)으로, 探守庵
을 정융성 북쪽에 배설하였다고 했다. 연대기에서는 1076년(문종 30)의
기록에서 定戎鎭 關外에 庵子를 설치하였다는 내용을 확인 할 수 있는
데,[140] 地名과 시설물이 일치하므로 같은 내용이라 볼 수 있다. 表文에
서 언급한 갑인년 즉 1074년에 이러한 시설물이 설치되었으며, 다만
고려 조정에서 사신을 파견하기로 결정한 시기가 2년 뒤인 1076년이었
다.[141]

---

140) 『高麗史』卷9 世家9 文宗 30年(1076) 8月 庚戌 有司奏 北朝於定戎鎭關外
     設置庵子 請遣使告奏毁撤 從之.
141) 探守庵 설치 시기 문제와 관련하여, 김주연은 『高麗史』의 기록을 따라 1076년

買賣院은 매매를 염두에 둔 시설이므로 이것이 설치되고 나면 매매를 위한 인구 이동이 예상되며, 이를 관리한다는 명분으로 해당 지역에서 거란의 행정력 집행이 더욱 빈번해 질 것임을 예측할 수 있다. 탐수암의 경우에는 매매원 정도의 인구 이동을 유발하지는 않을 것이나 거란이 현재 점유하고 있는 정융성의 관외에 설치되는 것이었으므로 역시 고려의 관할권과 충돌을 유발하는 시설이었다.

宣宗代 각장 문제(③)는 지금까지 살펴 본 영토 침입 사건들과 함께 언급되었다. 각장 문제에 대해서는 遼가 新市를 경영하고자 한다고 표현되어 있고, 그간 納貢도 차질없이 진행되어 藩國으로서의 충성을 다하였으므로 각장을 파해야 한다고 역설하였다. 이제 1088년(선종 5) 表文의 전체적인 구성을 상기해 보자. 이 표문은 榷場 설치의 부당성을 지적하기 위해 994년의 지계획정을 언급하고 그 이후 발생한 거란의 영토 침입 행위들을 지적하였다.

여기에서 한 가지 의문이 제기된다. 이 표문에서 언급한 여러 사건들이 어떠한 성격을 띠고 있는가 하는 점이다. 이 사건들을 단순한 영토 침범 문제로 볼 수도 있지만 거란이 고려 영역을 침범한 사실을 성토하고자 했다면, 지계획정 이후의 영토 침입 행위들을 모두 언급했어야 할 것이다. 그러나 1088년(선종 5)의 表文에서는 거란이 2차 전쟁을 일으킨 것에 해당하는 내용이 없고 3차 전쟁과 관련해서는 甲寅年(1014, 顯宗 5, 거란 聖宗 開泰 3)과 乙卯年(1015, 顯宗 6, 거란 聖宗 開泰 4)에 각각 일어난 별개의 사건으로 나누어 인식하고 있다. 아울러 군사

(문종 30)에 탐수암이 설치되었을 것이라고 보고 있다(金周姸, 2002, 『高麗 文宗代 宋·遼關係에 대한 硏究』, 誠信女子大學 碩士學位論文, 25쪽.)
이상, 李美智, 2002, 「高麗 宣宗代 榷場의 설치 문제와 對遼 관계」, 고려대학교 석사학위 논문, 22~27쪽.

적 충돌은 일어나지 않았던 문종대의 일들도 연이어 언급되어 있다.

이러한 점은 1088년(선종 5)의 표문에서 언급된 사건들이 단순한 영역 침범 사건들의 합이 아니라, 당시 고려 조정이 일정한 기준에 따라 선별한 사건들일 것이라는 가설을 세우게 한다.

표문에서 언급된 문제들이 공통적으로 어떠한 성격을 지니고 있는지 알아보기 위해 이를 다시 정리해 보자. 甲寅年(1014)에는 浮梁을 만들어 압록강을 건너는 통로로 삼았고, 乙卯歲(1015)에는 고려 경내에 들어와 城을 쌓았으며, 그 곳에 각장을 설치하였다. 乙未年(1055)에는 弓口를 설치하고 創亭하였으며, 壬寅年(1062)에는 買賣院을 설치하려 하였다. 甲寅歲(1074)에는 探守庵을 설치하였고 宣宗代에는 새로운 시장[新市][142] 즉 榷場을 운영하고자 하였다. 이들은 모두 단순한 영역 침범이나 일회적 越境 행위가 아니라, 거란이 고려 경내에 특정한 시설물을 설치함으로써 압록강 동쪽 지역에서의 고려의 관할권을 지속적으로 침해하는 요인이 발생할 수 있다는 공통점을 갖고 있다.[143] 고려 조정은 거란의 각장 설치 시도에서도 압록강 동쪽 지역에서 거란의 관할권을 확대하고자 하는 의도를 읽어 내고, 위에서 살펴 본 일련의 사건들과 함께 묶어 항의하였던 것이다.

표문 속에서도 인용되었듯이, 거란은 그간의 고려의 항의를 어느 정도 수용하여 시설물을 허물거나 그렇지 않으면 자신들의 행위를 합리화하는 변명을 해왔다. 거란의 이와 같은 태도는 그들 역시 압록강 동쪽 지역에서의 거점 확대가 양국 관계의 대전제인 994년의 지계획정에

---

142) 노계현은 "新市"를 "새로운 마을"로 보았다(盧啓鉉, 1993, 『高麗領土史』, 갑인출판사, 119쪽).
143) 이러한 점에 대해서는 李美智, 2002, 「高麗 宣宗代 榷場의 설치 문제와 對遼 관계」, 고려대학교 석사학위 논문에서 지적된 바 있다.

위반되는 것임을 잘 알고 있었으리라는 것을 짐작하게 한다. 따라서 각장 설치 시도를 항의하는 표문에서 이와 유사한 성격의 사안들을 먼저 언급하였던 것은 거란이 고려의 항의를 수용하게 하는 구조적 장치였다고 하겠다.

1088년(선종 5) 9월에 각장을 철훼할 것을 청하는 표문을 가지고 遼에 갔던 太僕少卿 金先錫이 11월에 回詔를 가지고 돌아왔다. 총 4차에 걸친 告奏使와 密進使의 파견에 이렇다 할 회답을 주지 않던 遼는 表文을 통한 공식적인 항의에도 매우 미온적인 반응을 나타내었다. "여러 번 封章을 올려 權場을 그만둘 것을 청하고 있는데 진실로 사소한 일이 어늘 어찌 번다한 말을 빌리겠는가. 근일 중에 편의에 따라 의논하여 처리할 것이다. 하물며 아직 설치할 것을 기약한 바도 아니니 힘써 마음을 편안히 하여 정성을 다해 받들고, 깊은 의심을 풀고 나의 지극한 뜻을 체득하라"는 내용이었다.[144] 선종 당대에 각장 철훼에 대한 확답을 얻어내지는 못하였지만, 결국은 고려가 요청한 대로 각장 설치 시도가 중단되었음을 다음 사료에서 확인 할 수 있다.

> V-더. (肅宗 6年 8月 乙巳) 도병마사가 아뢰기를, "지금 遼 東京兵馬都部署에서 이첩하여 靜州 관내 군영을 파할 것을 청하였습니다. 지난번 大安 연간에 遼가 압록강에 정자와 각장을 설치하려고 했는데 우리 조정에서 사신을 보내어 그만둘 것을 청하였더니 요 황제가 들어주었습니다. 이번에도 마땅히 그들의 청대로 좇아야 할 것입니다."라고 하니 制하여 옳다고 하였다.[145]

---

144) 『高麗史』 卷10 世家10 宣宗 5年(1088) 11月 壬申 金先錫還自遼 回詔曰 屢抗封章 請停権易 諒惟細故 詎假繁辭 邇然議於便宜 況未期於創置 務從安帖 以盡傾輸 釋乃深疑 體予至意.

145) 『高麗史』 卷11 世家11 肅宗 6年(1101) 8月 (乙巳) 都兵馬使奏 今遼東京兵

　선종대 요가 고려의 요구를 들어주었으니 이번에는 고려가 거란의
요구를 수용하여야 한다는 도병마사의 지적을 통해, 당시 여요 양국간
의 분위기를 짐작할 수 있다. 양국은 자국의 안전과 이익을 지키기 위
해 일종의 雙務的 관계 속에서 현안을 해결했던 것 같다. 어떻든 선종
대 각장 문제는 고려가 원하는 방향으로 해결되었다. 이는 단순히 각
장이라는 시설물의 설치를 저지한 것이 아니라, 압록강 동쪽 지역에서
영향력을 확대하려 했던 거란의 의도를 막아낸 것이라 볼 수 있다. 더
구나 이러한 성과는 부수적인 피해를 불러오는 거란과의 힘의 대결을
통해서가 아니라, 수차례에 걸친 사절 파견 및 전제와 논리구조가 정
연하게 제시된 表狀를 통해 외교적으로 성취되었다는 점에서 더 큰 의
미를 찾을 수 있다.

　여기서 잠시 문종대에서 선종대까지 압록강 유역 거란 거점 문제로
고려가 항의한 내용을 종합해 보자. 거란은 기존 포주성 및 다리 외에
弓口門欄[궁구난자]·小亭[郵亭]·복수의 庵子·買賣院·権場을 설치했고, 그
중 郵亭과 매매원·각장에 대해서는 고려의 요청을 받아들여 철훼했고
나머지 시설은 유지했다. 고려는 압록강 동쪽에 거란이 마련한 시설에
대해 일관적으로 항의했는데 비해, 거란은 이들을 선별적으로 철훼하
였다. 어떤 차이가 있는지 궁금해지는 부분이다. 앞서 궁구문란[궁구난
자]이 弓口가 있는 관문이 아닐까 추정해 보았다. 이 궁구문란은 철훼
되지 않았지만 매매원과 각장 등 변경민들이 왕래할 수 있는 상업 시
설은 철훼되었다. 이를 단서로 하면, 아마도 거란은 압록강 동쪽의 거
점을 유지하는데 필수적인 시설, 즉 군사 시설은 설치 후 고려의 항의

　馬都部署移文 請罷靜州關內軍營 頃在大安中 遼欲於鴨江 置亭子及権場
我朝遣使請罷 遼帝聽之 今亦宜從其請 制可.

에도 철훼하지 않았고 그 이외의 상업·민간 시설은 고려의 요구를 수
용하여 철훼했던 것이 아닌가 짐작된다. 즉 비록 최소한의 군비라 하
더라도 압록강 동쪽에서 거점을 유지하는 일이 거란에게 있어 상당히
중요한 일이었다고 생각된다.

선종대 각장 설치 문제가 해결된 후, 양국 간에 압록강 유역을 둘러
싼 다른 분쟁은 확인되지 않는다. 선종대 기록에 나타나는 거란 지칭
표현에서도 거란을 폄하하거나 하는 사례가 확인되지 않을 정도로 고
려는 거란을 우위로 하는 양국 외교 관계에 잘 적응해 있었다고 생각
된다. 아울러 선종대 기년호 사용과 관련하여서는 다음과 같이 매우
흥미로운 기록이 있다.

> V-러-1. (宣宗 9年 8月) 乙丑. 李子威를 상서우복야·권지문하성사 겸 서
> 경유수사로 삼았다. 이보다 앞서 이자위가 재상으로서 송에
> 보내는 表奏를 監校하였는데 잘못하여 遼의 연호를 썼기 때문
> 에 송이 그 표문을 받지 않았다. 이로 인해 책임지고 파직되었
> 다가 몇 개월 되지 않아 內嬖에게 청탁하여 이 관직에 제수될
> 수 있었으므로 당시 사람들이 기롱하였다.[146]
> V-러-2. (李)軌는 宣宗時에 少府注簿가 되어 칙명을 받아 송에 보내는
> 표문을 교열하였는데 잘못해서 요나라 大安 연호를 썼다. 송
> 이 그 표문을 돌려보내니 이로인해 免官되었다.[147]

위의 두 사료는 이자위와 이궤가 송에 보내는 표문에 요의 大安 연

---

146) 『高麗史』 卷10 世家10 宣宗 9年(1092) 8月 乙丑 以李子威爲尙書右僕射·權
　　知門下省事兼西京留守使 初子威以宰相 監校入宋表奏 誤書遼年號 宋朝却
　　其表 由是責罷 不數月 干謁內嬖 得拜是職 時人譏之.
147) 『高麗史』 卷97 列傳10 李軌 軌 宣宗時爲少府注簿 承勅校入宋表 誤書遼大
　　安年號 宋還其表 坐免官.

호를 사용한 것이 문제가 되어 면관되었다는 기록이다. 이자위가 상서
우복야 등으로 제수된 것이 1092년 8월이므로, 이들의 면관을 야기한
연호 誤書 사건은 이보다 최소한 몇 개월 전에 일어난 일로 추정된다.
외국에 보내는 표문 교열관과 재상이 혼동을 일으킬 정도로 고려 내부
에서는 거란의 연호가 주요 기년호로써 확고하게 자리잡고 있었음을
단적으로 보여주는 사례라고 생각되며, 선종대 고려-거란 관계가 그만
큼 내부적으로도 안정적으로 수용되었음을 보여준다고 하겠다.

　지금까지 선종대에 제기된 요의 각장 설치 문제를 해결하기 위한 고
려 조정의 대응을 중심으로 선종대 여요 관계를 살펴보았다. 선종의
즉위는 예상치 못한 것이었지만 요의 책봉을 받는 문제는 원만히 해결
되었다. 이는 앞서 현종이 즉위 시에 겪었던 거란과의 갈등을 근거로
하여 그들의 반응을 미리 예측하고 대비했던 덕분이라고 정리하였다.

　한편 당시 선종대 요는 압록강 유역에 고려와의 무역을 염두에 둔
각장을 설치하고자 했다. 고려는 각장 설치가 前代부터 계속되어 온,
압록강 동쪽에서 영향력을 확대하려는 遼의 계획의 연장이라 보고 각
장 철훼를 공식적으로 요청하였다. 이때 보낸 고려의 표문은 994년의
지계 획정을 전제로 하여, 그 후에 있었던 요의 영역 침범 및 시설물
설치 사례를 하나하나 거론하며 이것이 遼 조정의 잘못임을 거듭 확인
하였다. 이와 같은 고려의 항의에 요는 즉답하지 않았지만 결국 고려
의 요청대로 각장 설치가 무산되었음을 숙종대의 기록을 통해 알 수
있다. 통시적으로 볼 때 요는 郵亭[屋舍]·매매원·각장 등의 시설에 대해
서는 고려의 요청을 받아들였으나 압록강 유역의 성과 다리 및 궁구문
등은 끝내 유지하였다. 이는 궁구문 등의 시설이 압록강 유역에서 요
의 거점을 유지하는 데 없어서는 안 될 기반 시설이었기 때문일 것으

로 추정해 보았다. 어떻든 선종대 각장 문제는 고려가 요와의 갈등을 외교 수단을 통해 평화롭게 해결했다는 점에서 의미가 크다. 이는 그동안 요와의 관계가 지속되어 오면서 축적되어 온 갈등 조정 전략과 요를 대하는 방식에 대한 경험 지식을 활용한 고려 조정의 외교적 승리라고 하겠다.

이와 같은 외교적 승리는 그러나, 어디까지나 고려가 요와의 조공 책봉 질서를 유지한 속에서 가능한 일이었다. 對遼 관계는 고려가 외부와 교섭할 때 가장 먼저 고려되는 관계였다는 사실은 1092년 송에 보낸 표문에 遼 연호를 잘못 썼던 사례에서도 확인된다. 이렇듯 선종대 고려와 요 간의 조공 책봉 질서는 매우 안정적이면서도 평화롭게 유지되었으며, 고려는 이를 잘 활용하여 요의 각장 설치 시도를 저지할 수 있었다.

VI
거란 쇠퇴기 고려와 거란의 외교 관계

1. 숙종의 책봉 문제와 "北交南事"

　　1094년 5월에 선종에 이어 왕위에 오른 獻宗은 곧바로 요에 告哀하였다.[1] 요 역시 12월에 勅祭使와 慰問使를 보내어 조문하고[2] 起復使를 통해 官告를 전달하여 헌종의 왕위 승계를 인정하였다.[3] 헌종의 경우는 조문사절의 방문과 동시에 국왕으로 책봉되어, 요로부터 고려 국왕의 지위를 인정 받는 과정이 상당히 신속하게 이루어졌다. 그러나 1095년 7월에 李資義의 謀亂 사건이 발생하고[4] 헌종의 삼촌인 숙종이 조정을 장악하면서 결국 헌종은 같은 해 10월에 숙종에게 양위하게 되었다.[5]

---

1) 『遼史』卷25 本紀25 道宗5 大安10年(1094) 是夏 高麗國王運薨 子昱遣使來告　卽遣使賻贈.
　　『遼史』卷115 列傳45 二國外記 高麗 (大安) 10年(1094) 運薨 子昱遣使來告 卽賻贈.
2) 『高麗史』卷10 世家10 獻宗 卽位年(1094) 12月 遼勅祭使蕭遵烈·副使梁祖述 慰問使蕭禠 起復使郭人文等來.
　　『高麗史』卷10 世家10 獻宗 卽位年(1094) 12月 乙酉 勅祭使詣返魂堂 祭宣宗 王迎詔 助祭 … 祭訖 王還宮 慰問使傳詔於乾德殿.
3) 『高麗史』卷10 世家10 獻宗 卽位年(1094) 12月 丙戌 起復使傳詔於乾德殿 詔曰 … 今差崇祿卿郭人文往彼 賜卿起復·告勑各一道 官告曰 … 可起復 驃騎大將軍·檢校太尉兼中書令·上柱國·高麗國王·食邑七千戶·食實封七百戶 仍令所司擇日備禮 冊命主者施行.
4) 『高麗史』卷10 世家10 獻宗 元年(1095) 7月 庚申 李資義謀亂伏誅.
　　『高麗史節要』卷6 獻宗 元年(1095) 7月.
5) 『高麗史』卷10 世家10 獻宗 元年(1095) 10月 己巳 制曰 朕承先考遺業 謬卽大位 年當幼冲 體亦病羸 不能撫邦國之權 塞士民之望 陰謀橫議 交起於權門 逆賊亂臣 屢干于內寢 斯皆凉德所致 常念爲君之難 竊見大叔雞林公 曆數在躬 神人假手 쭘爾有衆 奉篡丕圖 朕當退居後宮 獲全殘命 乃命近臣金德鈞等

선위라는 일반적이지 않은 방법으로 국왕이 된 숙종은 정국을 안정 시키기 위해 대외적인 인정을 받을 필요가 있었고,[6] 이에 따라 요로부 터 고려국왕으로 책봉받기 위해 많은 노력을 기울였다. 숙종의 즉위를 알리는 첫 번째 사행은 선양 받은 지 2일 만에 파견되었다.[7] 숙종이 이렇게 신속하게 조처한 것은, 멀리로는 목종—현종 교체기에 있었던 거란의 문제제기 및 그로 인한 전쟁 경험과 가까이로는 선종 즉위 시 갑작스러운 순종의 死去를 의심하였던 요와의 외교적 경험을 토대로 한 일종의 전략이었다고 하겠다. 그러나 숙종의 노력에도 불구하고 11

迎雞林公熙于宗邸 禪位.

6) 沈載錫, 2002, 『高麗國王 册封 研究』, 혜안, 128쪽.

Michael C. ROGERS, 1959, "SUKCHŎNG OF KORYŎ: HIS ACCESSION AND HIS RELATIONS WITH LIAO" in *T'oung Pao* 47, BRILL, p.33.

숙종의 즉위과정과 즉위 후 왕권강화에 대해서는 다음의 연구가 참조된다.

李丙燾, 1980, 「肅宗과 南京再建」 『高麗時代의 研究 —특히 圖讖思想의 發展 을 중심으로』, 亞細亞文化社.

南仁國, 1983, 「고려 숙종의 즉위과정과 왕권강화」 『歷史敎育論集』 5 : 1999, 「새로운 政治勢力의 登場과 新統治秩序의 確立」 『高麗中期 政治勢力研究』, 신서원.

金光植, 1989, 「高麗 肅宗代의 王權과 寺院勢力 —鑄錢政策의 背景을 中心 으로」 『白山學報』 36.

7) 헌종의 선양은 10월 기사일(7)에 이루어졌고 尹瓘 등의 파견은 같은 달 신미일 (9)이었다. 윤관 등의 사행 내용은 다음 사료를 참조.

『高麗史節要』 卷6 獻宗 元年(1095) 10月 遣左司郎中尹瓘·刑部侍郎任懿如遼 告卽位.

『高麗史』 卷11 世家11 肅宗 卽位年(1095) 10月 辛未 遣左司郎中尹瓘·刑部 侍郎任懿 如遼 前王表曰 伏以爲君之道 有事必陳 敢具封章 仰干負扆 伏念 臣記齡幼弱 植性戇愚 不違乃父之遺言 謬承家業 … 乃於今月八日 以臣父先 臣之弟熙 令權守藩務 特馳陪隸 聊達宸庭 王表曰 … 昨國王臣昱 早嬰微瘵 近至沈痾 雖經服餌 多方未見 痊瘳一效 於今月八日 令臣權守藩務 臣顧玆付 托 擬欲升聞 奈恨邈於闕庭 未卽申於懇款 輒將孱劣 假守宗祊 爰啓處以 不 遑積戰 兢而尤甚 尋馳封奏 上告宸嚴.

월에 헌종의 생일을 축하하는 사신이 도착하자8) 숙종은 헌종을 대신
하여 칙문을 받고, 돌아가는 遼使 편에 다시 한 번 헌종의 선양과 자신
의 즉위를 알리는 표문을 전달하였다.9) 10월에 파견되었던 임의 등이
12월에 돌아와 전한 요 황제의 조서에는 숙종이 바라는 책봉이 아니라
말 그대로 임시로 고려 국왕의 일을 맡는 것을 허락하였을 뿐이었
다.10) 아울러 숙종이 선위 받은 사실을 거듭하여 아뢴 내용이 언급되
어 있는데, 이를 통해서도 숙종이 국왕으로서의 지위를 속히 대외적으
로 인정받고 싶어했다는 점을 짐작할 수 있다. 다음 해 2월에도 숙종은
헌종 명의의 표문과 자신의 표문을 다시 한 번 요에 보내 왕위 계승을
인정받고자 하였다.11) 또한 절일사와 하정사 외에 동경에 持禮使를 보

---

8) 『高麗史』卷11 世家11 肅宗 卽位年(1095) 11月 己未 遼遣劉直來 賀前王生辰
　　王代迎於乾德殿 其勑曰 卿襲封日域 述職天朝 適當授鉞之初 載屬玄弧之旦
　　宜申慶錫 用示眷懷 今差泰州管內觀察使劉直往彼 賜卿衣對匹段鞍馬弓箭諸
　　物等 具如別錄 至可領也.
9) 『高麗史』卷11 世家11 肅宗 卽位年(1095) 12月 己巳 劉直還 附表以送 前王
　　表曰 眷出嚴宸 恩流殘喘 寵靈越分 喜懼交幷 臣素以尫姿 謬叨重寄 因非福
　　之所速 致厥疾之漸深 視聽惟難 擧動不逮 推骨親而權守藩務 馳家隷而仰告
　　天聰 豈意今者 猥借睿慈 特紆使指 芝綸之旨 慰誨曲敦 寶幣之資 匪頒益厚
　　奈羸虛而未起 俾代受以彌兢 誓至百生 少酬大賚 王表曰 國王臣昱 久處沈痾
　　無由視立 屬遽需於寵澤 奈莫逮於躬迎 臣權守維藩 代承丕錫 其所受詔錄諸
　　物 並已傳付.
10) 『高麗史』卷11 世家11 肅宗 卽位年(1095) 12月 庚寅 任懿還自遼 回詔曰 眷
　　言靑社 祗奉紫宸 世竭忠圖 時修貢品 嚮者昱已附陳於章表 謂染沈痾 卿復申
　　奏於闕庭 權知重務 勉思勤順 姑用允從.
11) 『高麗史』卷11 世家11 肅宗 元年(1096) 2月 甲子 遣謝恩兼告奏使禹元齡 如
　　遼 表云 去年十一月 泰州管內觀察使劉直至 奉傳詔書·別錄 各一道 以前王
　　生日 特賜衣對銀器匹段弓箭鞍馬等 因前王有疾 令臣代受者 眷出中宸 澤需
　　遐域 承傳之次 兢懼幷增 伏惟皇帝陛下 道正執中化包無外 記藩臣之生日 遣
　　使華以頒恩 寵命旣臨 理固當於拜受 病身彌弱 終莫逮於親迎 臣權守一方 代
　　承大賚 所受詔書別錄 已曾傳付 前王表云 浩蒼之道 罔阻聽卑 窘迫之誠 必

내거나[12] 進奉使를 보냈지만[13] 이 해 12월에도 요는 헌종[前王]의 생일을 축하하는 사신을 보냈고[14] 1097년 정월에 보낸 횡선사가 물품을 전달한 대상 역시 헌종이었다.[15]

이렇게 속히 공식 책봉을 받고자 하는 숙종의 뜻과 달리 요가 헌종의 생일을 축하하는 등 계속해서 헌종을 고려국왕으로 인정하였던 것은 그가 여전히 생존해 있었기 때문이라고 생각된다.[16] 요의 입장에서는 헌종은 이미 자신들에게 고려왕으로 인정을 받은 인물이었고, 병을 핑계로 선위를 했다 하더라도 아직 살아있기 때문에 임시로 고려의 국사를 맡았다고 주장하는 숙종의 책봉 요청을 쉽게 받아들일 수 없었다고 생각된다.

1097년 윤2월에 헌종이 죽자 숙종은 요 동경병마도부서에 이첩하여 헌종의 죽음을 알렸고[17] 10월과 11월에는 횡선과 전왕의 생일을 축하

須訴上 爰憑削牘 輒叩嚴閭 臣早染瘵痾 難圖療愈 蕃宣劇任 固不可以暫虛 貢獻常程 或不可以致闕 敢推延於叔父 乃附屬於國權 抛棄世緣 退居別第 尫 羸之質 自長臥於漳濱 怳惚之魂 但仔遊於岱嶽 已深危殆 何計痊瘳 近者聞公 牒之俄臨 認帝言之垂下 落起復之特禮 行封冊之盛儀 並悉蠲除 致諧願望 且 生日之命 橫賜之恩 欲有頒流 預先諭示 揣殘喘而殊無片効 迄玆辰而曷受厚 私 伏乞曲借仁憐 俯詳懇告 旋紆兪旨 寢遣降於使華 遂俾病臣 永免居於重寄.

12) 『高麗史』 卷11 世家11 肅宗 元年(1096) 3月 己酉 遣持禮使高民翼 如遼東京.

13) 『高麗史』 卷11 世家11 肅宗 元年(1096) 11月 丁未 遣蘇忠 如遼進奉.

14) 『高麗史』 卷11 世家11 肅宗 元年(1096) 12月 丁巳 遼遣李惟信來 賀前王生辰.

15) 『高麗史』 卷11 世家11 肅宗 2年(1097) 正月 壬寅 遼遣橫宣使海州防禦使耶 律括來 賜前王勅曰 卿夙撫藩封 恭修職貢 屬嬰疾恙 請遂調頤 有司爰考於典 彝 聞世用頒於恩賚 示優存念 當體眷懷 今賜卿衣對匹段鞍馬弓箭等物 具如 別錄 至可領也.

16) 심재석은 숙종의 즉위 배경이 문제가 되어 요의 책봉이 지연되었다고 추정하였다(沈載錫, 2002, 『高麗國王 冊封 研究』, 혜안, 131쪽).

17) 『高麗史』 卷11 世家11 肅宗 2年(1097) 3月 庚申 葬前王于隱陵 移牒遼東京兵 馬都部署 前王自退居別邸以來 病勢日增 於閏月十九日 薨逝今已葬訖 前王 遺命云 昨乞解機務 幸蒙詔允 退養殘骸 近來疾劇 決無生理 節終諸事 宜從

한 것에 감사하는 사신 등을 요에 보냈다.[18] 이 謝使의 파견은 요의 사
신 방문으로부터 약 10개월 이상 뒤에 이루어져 다소 뒤늦은 감이 있
지만, 어떠한 이유를 만들어서든 요에 사신을 보내어 속히 국왕으로서
의 지위를 인정받고자 하는 노력에서 비롯된 것이라 생각된다. 드디어
1097년 12월에 요는 숙종을 고려국왕으로 책봉하였다.[19]

傯約 不須告奏 煩瀆大朝 肆遵前王遺命 不敢遣使告哀.

위 기록에 따르면 헌종은 요에 자신의 죽음을 알리지 않도록 지시했다고 하며,
이를 토대로 Michael ROGERS는 요 조정이 숙종 재위기간 동안 헌종의 죽음을
알지 못했다고 보았다(Michael C. ROGERS, 1959, "SUKCHŎNG OF KORYŎ:
HIS ACCESSION AND HIS RELATIONS WITH LIAO" in T'oung Pao 47,
BRILL, p.32·38). 그러나 위 기사에 명기되어 있듯이 숙종은 요 조정에 공식 告
哀使를 파견하지 않았을 뿐, 요 동경 도부서에 이첩하여 고애사를 보내지 않는
이유의 전말을 상세히 설명하였다. 따라서 헌종의 사망은 요 동경을 통해 요의
중앙 조정에까지 전달되었을 것이 분명하다.

18) 『高麗史』 卷11 世家11 肅宗 2年(1097) 10月 丁未 遣柳澤 謝橫宣.
    『高麗史』 卷11 世家11 肅宗 2年(1097) 11月 己未 遣庾惟祐如遼 謝賀前王生
    辰 戊辰 遣畢公贊 進方物 又遣林有文 賀正.

19) 『高麗史』 卷11 世家11 肅宗 2年(1097) 12月 癸巳 遼遣耶律思齊·李湘來 賜玉
    册圭印冠冕車輅章服鞍馬匹段等物 册曰 … 是用遣使臨海軍節度使檢校太傅
    兼御史中丞耶律思齊 使副大僕卿昭文館直學士李湘 持節備禮 册命爾特進·
    檢校太尉兼中書令·上柱國·高麗國王 食邑一千戶 食實封七百戶 於戲 肇我
    太祖 嗣及沖人 積功累德 剖符錫壤 于蕃于宣 家世有遺法 曰朝曰會 歲時有
    常制 永表東夏 與遼無極 其惟敬哉 王受册于南郊.

    같은 내용을 전하는 『고려사절요』에는 숙종의 봉작호가 '고려왕'으로 되어 있다.
    『高麗史節要』 卷6 肅宗 2年(1097) 12月 遼遣臨海軍節度使耶律思齊·太僕卿
    李湘來 册王爲特進·檢校太尉 兼中書令·上柱國·高麗王 食邑一千戶 食實封
    七百戶 賜玉册·圭印·冠冕·車輅·章服·鞍馬·匹段等物 王受册于南郊.

    『요사』에는 숙종의 책봉시기와 봉작호가 『고려사』와는 다르게 기록되었다.
    『遼史』 卷115 列傳45 二國外記 高麗 (道宗) 壽隆 6年(1100) 封顒爲三韓國公.
    ROGERS는 『요사』 기록을 근거로 『고려사』의 내용이 사실과 다르며, 숙종은 요
    로부터 고려국왕으로서가 아니라 三韓國公으로 책봉되었고 더 나아가 헌종 사
    후 고려의 왕은 요 조정에게 국왕으로 인정받지 못했다고 보았다(Michael C.

 흥미로운 부분은 숙종이 송에 자신의 즉위를 알린 시점이다. 1095년
에 숙종이 즉위하자마자 이 사실을 알리기 위해 요에 파견되었던 윤관
은 1098년 7월에도 같은 使命을 띠고 송에 파견되었다. 앞서 보아왔듯
이 숙종은 긴 시간 동안 요의 책봉을 고대해왔다. 그는 왕위에 있으면
서 2년이 넘는 기간을 요의 책봉을 기다리며 보냈는데, 그 사이에도 송
에 자신의 사위를 알릴 기회가 얼마든지 있었을 것이다.[20] 그럼에도
불구하고 숙종의 즉위를 알리기 위해 윤관이 송에 파견된 것은 숙종이
요의 책봉을 받아 고려 국왕으로서의 지위가 대외적으로 인정된 이후
였다. 이 점은 요로부터의 책봉이 고려 왕조가 구축한 대외관계에서
가장 기본이 되는 사항이었다는 점을 추측하게 해 준다.

 그런데 후대인 예종대의 기록을 보면 송이 숙종을 책봉하는 문제가

ROGERS, 1959, "SUKCHŎNG OF KORYŎ: HIS ACCESSION AND HIS
RELATIONS WITH LIAO" in T'oung Pao 47, BRILL). 그러나 『고려사』에 따르
면 1100년에 삼한국공으로 책봉된 것은 숙종이 아니라 그의 태자(후의 睿宗)였
다. 아울러 『요사』 기록이 杜撰으로 지적받아온 점을 고려하면 『요사』 기록만을
토대로 한 ROGERS의 주장은 재고의 여지가 있다.
20) 1071년에 고려가 송과의 통교를 재개하는데 宋商이 매우 중요한 역할을 했다는
점은 이미 널리 알려져 있는 사실이며, 송상의 외교적 활동에 대해서도 연구 성
과가 꾸준히 제출되고 있다.
山内晋次, 1996, 「東アジア海域における海商と國家 ―10~13世紀を中心と
する覺書―」『歷史學研究』 681 : 2003, 『奈良平安期日本とアジア』, 吉川弘
文館.
李鎭漢, 2009, 「高麗時代における宋商の往來と麗宋外交」『年報 朝鮮學』
12, 九州大學朝鮮學研究會 : 2011, 「高麗·宋의 外交와 宋商往來」『高麗時代
宋商往來 研究』, 景仁文化社.
아울러 숙종 즉위 후 1097년까지 송상의 왕래 횟수는 5회에 달하는데, 송상 왕
래 자료는 실제의 일부분에 불과하다는 견해도 제시되고 있으므로(李鎭漢,
2009, 「宋商往來의 類型과 <宋商往來表>」『高麗時代 宋商往來 研究』, 경인
문화사) 송에 숙종의 즉위를 전달할 방법과 시간은 충분했다고 생각된다.

송과 고려 조정 사이에서 논의되었음이 확인된다. 1110년(睿宗 5) 송 황제에게 보내는 예종의 答書를 보자.

> Ⅵ-가. (睿宗 5年 7月) 戊戌. 또 (예종이 송 황제의) 密諭에 답하였다. "… 崇寧 연간에 국신사 劉侍郞과 吳給事가 성지를 받들어 책봉 례를 행하는 일에 대해 말했을 때 先考[숙종]께서는 '저희나라 의 땅이 大遼에 접해 있어 오랫동안 이미 (遼의) 작명을 받고 정삭을 행해왔습니다. 이 때문에 감히 上命을 받들어 따르지 못 하겠습니다.'라고 하였습니다."[21]

예종이 말한 崇寧 연간은 宋 徽宗의 연호로 1102년에서 1106까지 사 용되었고, 국신사 劉侍郞 등은 1103년(肅宗 8) 6월에 고려를 방문한 戶部 侍郞 劉逵와 給事中 吳拭을 가리키며 이들이 전달한 조서의 내용도 확인 되지만 숙종의 책봉과 관련된 언급은 확인되지 않는다.[22] 송사가 돌아 갈 때 숙종이 附表했다는 기록도 있지만 역시 책봉을 거절했는지에 대 해서는 확인되지 않으므로[23] 숙종대 송의 책봉 제의에 대해서는 위에 인용한 예종의 답서가 유일한 근거이다.

---

21) 『高麗史』卷13 世家13 睿宗 5年(1110) 7月 戊戌 又答密諭曰 … 崇寧中 國信 使劉侍郞·吳給事 奉聖旨 咨聞行冊禮事 先考以當國地接大遼 久已稟行爵命 正朔 所以未敢遵承上命.

22) 『高麗史』卷12 世家12 肅宗 8年(1103) 6月 壬子 宋遣國信使戶部侍郞劉逵· 給事中吳拭 來賜王衣帶匹段金玉器弓矢鞍馬等物.
『高麗史』卷12 世家12 肅宗 8年(1103) 6月 甲寅 王迎詔于會慶殿 詔曰 卿世 紹王封 地分日域 奏函屢達 常懷存闕之心 貢篚荐豐 遠效旅庭之實 載嘉亮節 特致隆恩 輒侍從之 近臣將匪 頒之異數 事雖用舊 禮是倍常 宜承眷遇之私 益懋忠勤之報 幷遣醫官牟介·呂昞·陳爾猷·范之才等四人來 從表請也.

23) 『高麗史』卷12 世家12 肅宗 8年(1103) 7月 辛卯 宋國信使劉逵等還 王附表以 謝 兼告改名.

예종의 답서에서 확인되는 내용은 1103년에 고려를 방문한 宋使가
숙종에게 책봉례를 행하는 일, 즉 송의 책봉을 받을 것인지 여부를 물
었고[24] 이에 대해 숙종이 요와의 관계를 직접 거론하며 송의 책봉을
받는 일을 거절하였다는 사실이다. 숙종이 송과의 책봉관계보다는 요
와의 책봉관계를 선택한 셈인데, 이를 통해 당시 고려 군주에게 있어
요와의 책봉관계가 송과의 그것보다 훨씬 비중있는 것이었음을 알려
주는 기록이라 하겠다. 아울러 송나라 사신에게 공공연히 요와의 책봉
관계를 언급할 만큼 고려와 요의 외교 관계는 송에게도 자연스러운 일
이었다는 점도 유추할 수 있다.

요의 책봉이 있은 다음 달인 1098년 정월에 숙종은 책봉을 받은 일
을 기념하기 위해 다음과 같이 은사를 베풀었다.

> VI-나. (肅宗 3年) 正月 丙寅. 조하였다. "과인이 祖業을 이어 왕위에 올
> 랐는데 大遼에서 사신을 보내어 특별히 책봉하고 존중함을 보
> 이니 마땅히 慶賜를 반포하여 위로 (천자의) 아름다운 명에 보
> 답할 것이다. 책명을 받던 날에 接詔 이하로 단에 올라 執禮한

---

24) 이러한 송의 책봉 제의는 遼 및 西夏와의 관계를 고려한 전략이었을 가능성이
있다.
  당시 송은 遼와 일종의 외교적 위상 겨루기를 하고 있었던 듯하다. 주지하다시
피 西夏가 건국된(1032) 이래 송은 서하와의 관계를 평온하게 유지하기 위해 많
은 노력을 기울여 왔다. 1093년에 송 哲宗이 親政하면서 新法黨이 재집권하였
다. 이에 따라 서하에 대한 대대적인 공격이 진행되었는데, 서하는 遼를 끌어들
여 송과의 和議를 유도하였다. 遼는 송과 서하 간의 元符和議 성립을 중재하며
당시 동북아시아 국제 사회의 '盟主' 역할을 수행하였다(이상 毛利英介, 2008,
「1099年における宋夏元符和議と遼宋事前交渉」『東方學報』 82 참조).
  이러한 정세의 흐름을 고려할 때 송은 요-서하의 관계에 대응하는 방법의 하나
로 숙종에게 책봉을 제안하며 고려와의 관계를 보다 밀접히 유지하고자 했을 가
능성이 있다.

내외 모든 관서의 員僚 및 객사섭반관에게 삭 1급을 내리고 법을 어겨 벌을 받을 자는 면해주며 지휘 군인에게는 물품을 차등있게 내리도록 하라."[25]

위의 조서에서 볼 수 있듯이 숙종은 책봉을 기념하는 은사의 명령을 내리면서 책봉 주체인 요를 분명히 드러내었을 뿐 아니라, 大遼라고 특별히 명시하였다. 이 명령은 선대인 성종의 책봉 기념 은사와 비교할 때 그 대상의 폭이 다소 좁아졌지만 국왕의 조서인 만큼 국정에 참여하는 관료층 대다수가 이 조서의 내용을 전해 들었을 것은 분명하다.

『고려사』 기록에서 大遼라는 표현이 사용된 것은 거란이 국호를 大遼로 재차 변경하였을 때 최초로 확인되며,[26] 그 다음에 나타나는 기록이 바로 위의 1098년 숙종의 조서이다. 숙종의 조서에 사용된 大遼가 국호를 그대로 사용한 것이라 볼 가능성도 없지는 않지만, 1066년 이후 기록에서 국호를 遼로 표현해왔는데 예외적으로 1098년의 사례에서만 국호를 大遼로 썼다고 보기는 어렵다. 따라서 1098년 숙종의 조서에 사용된 대요는 국호 그대로가 아니라 '大朝[혹은 大國]인 遼'의 의미로 사용되었다고 생각한다. 遼를 한층 높인 大遼라는 표현이 자연스럽게 사용될 만큼 고려 조정 내에서 요의 위상이 확고했음을 보여주는 사례라고 하겠다.

한편, 숙종이 단순히 국왕 책봉을 받으려는 목적 달성을 위해서 요와의 관계에 공을 들였던 것이 아니라는 점은 다음의 피휘 사례에서도 확인된다.

---

25)『高麗史』卷11 世家11 肅宗 3年(1098) 春正月 丙寅 詔曰 寡人纂承祖構 方宅조圖 大遼遣使 特示封崇 宜頒慶賚 上答休命 其受册日 接詔以下 升壇執禮 內外諸色員僚 及客使接伴官 賜爵一級 有違犯當坐者免之 指揮軍人 賜物有差.
26)『高麗史』卷8 世家8 文宗 20年(1066) 3月 契丹復國號曰大遼.

VI-다-1. (肅宗 6年 3月) 己卯. 왕이 요 황제의 嫌名을 기피하여 이름을
       顒으로 고치고 태묘와 8陵에 고하니 군신이 표를 올려 하례하
       였다.27)

VI-다-2. (肅宗 6年 4月) 甲辰. 한림원에서 아뢰기를, "御名과 韻이 같은
       글자는 秘書省으로 하여금 판에 새겨 알리도록 하여 사람들이
       피휘할 바를 알게 하십시오."라고 하니 制하여 옳다고 하고
       雍化殿을 고쳐 祥和殿이라 하였다.28)

위 첫 번째 사료에서는 본래 이름이 熙였던 숙종이 당시 요 황제의
이름을 피휘하여 개명한 사실을 알려주며, 두 번째 사료는 숙종의 改名
이 개명만으로 완성된 조치가 아니라, 그에 따라 궁성 전각의 이름도
바꾸어야 했을 만큼 중대하고도 확정적인 조처였음을 보여준다.

그런데 당시 숙종이 피휘하고자 했던 요 황제가 누구인지는 분명하
게 기록되어 있지 않다. 숙종의 개명이 기록된 기사는 1101년(肅宗 6)
3月 기묘일(18)인데 다음날인 3月 경진일(19)에 요의 사신이 와서 道宗
이 죽고 天祚帝가 嗣位하였음을 알렸다.29) 기사의 순서에 따라 이해한
다면 숙종이 피휘한 것은 도종의 휘인 洪基일 가능성이 있다. 그러나
고려는 외국 사신이 방문했을 때 도착하자마자 맞는 것이 아니라 좋은
날을 택하여 영접해 왔었다.30) 이러한 점을 고려하면 숙종은 이미 천

---

27) 『高麗史』卷11 世家11 肅宗 6年(1101) 3月 己卯 王避遼帝嫌名 改名顒 告于
   大廟八陵 群臣表賀.

28) 『高麗史』卷11 世家11 肅宗 6年(1101) 4月 甲辰 翰林院奏 御名同韻字 請令
   祕書省 彫板頒示 使人知所避諱 制可 改雍和殿 爲祥和殿.

29) 『高麗史』卷11 世家11 肅宗 6年(1101) 3月 庚辰 遼遣檢校右散騎常侍耶律穀
   來 告道宗崩 皇太孫燕國公延禧嗣位.

30) 『高麗史』卷65 志19 禮7 賓禮 成宗 9年(990) 6月 宋遣光祿卿柴成務·太常少
   卿趙化成等來冊王 國俗 拘忌陰陽 每朝廷使至 必擇月日受詔 成務在館踰月
   詰責之 翌日 王乃出拜命 自是 止擇日迎之.

조제의 嗣位를 알고31) 그의 이름인 延禧를 피휘하여 자신의 이름인 熙를 개명했다고 보는 편이 개연성이 더 크다.

숙종의 개명이 그를 책봉했던 도종 때문이 아니라 이제 막 즉위한 황제의 이름을 피휘한 것이고, 그로 인해 고려 궁성의 전각 명칭도 변경되었다는 사실은 거란과의 외교적 맥락에서 뿐 아니라 고려 조정 내에서도 책봉국인 요의 위상이 상당히 확고하게 정립되어 있었다는 점을 잘 보여준다.

그런데 고려 조정의 이러한 동향과는 방향을 조금 달리하는 기록이 있다. 요 황제의 이름을 피하여 개명한 뒤 5개월 쯤 지나 숙종은 불필요한 역역을 파하도록 지시를 내리면서 자신 치하의 대외 관계를 다음과 같이 정리하였다.

> Ⅵ-라. (肅宗 6年 8月) 乙巳. 조하였다. "짐은 보위에 오른 이후로 언제나 조심하며 북으로는 大遼와 교류하고[北交大遼] 남으로는 大宋을 섬겨왔는데[南事大宋] 또 여진이 동쪽에서 강성해지고 있다. 군국의 일은 백성을 편안하게 하는 것을 급선무로 하니 마땅히 급하지 않은 역역은 파하여 백성들을 편안하게 하라."32)

숙종은 그간 이루어왔던 자신의 대외 정책에 대해 간결하게 정리하면서 백성들에게 가해진 급하지 않은 부역 의무를 감하는 조서를 내렸다. 고려의 최고 집정자가 고려-거란의 관계 및 고려-송의 관계를 한단

---

31) 천조제는 이미 1101년 정월에 嗣位하였다.
　　『遼史』卷26 本紀26 道宗6 壽隆 7年(1101) 正月 甲戌 上崩於行宮 年七十 遺詔 延國王延禧嗣位.
32)『高麗史』卷11 世家11 肅宗 6年(1101) 8月 乙巳 詔曰 朕自御神器 居常小心 **北交大遼 南事大宋** 又有女眞 倔强于東 軍國之務 安民爲急 宜罷不急之役 以安斯民.

어로 각각 交와 事로 정리하였다는 점이 주목된다.

전근대 왕조의 대외 관계를 이해할 때 交와 事가 함의하는 바는 비교적 단순하다. 交는 종종 交涉·交隣·交聘 등의 어구로 활용되고 事는 자연스럽게 事大 관계를 연상하게 하며, 더 나아가 독자들은 이 두 글자를 통해 事大交隣으로 정리되는 조선시대의 대외 관계를 떠올리고 1101년 고려의 숙종이 묘사한 고려와 거란의 관계, 고려와 송의 관계를 사대교린 체제라는 일종의 선입관을 통해 바라보게 된다. 그런데 숙종 즉위 후 1101년까지의 고려 조정이 진행한 對宋·對遼 활동을 검토해 보면 우리가 익숙히 알고 있는 사대교린의 틀에 합당하지 않은 점들이 많다. 앞서 확인하였듯이 숙종은 즉위 직후 여러 차례 표문을 보내 요의 책봉을 요청하며 절일사를 보내거나 진봉·賀正하는 것은 물론, 때로 헌종을 대신하여 거란 황제의 횡선에 감사하는 사신을 보냈다. 책봉을 받은 이후로는 다시 태자의 책봉을 요구하고 道宗의 장례에 會葬使를 파견하였으며 갓 즉위한 황제의 이름을 피휘하여 개명도 단행하였다. 이에 비해 같은 기간 동안 고려가 송에 보낸 사절에 대한 기록은 상대적으로 적은데, 숙종은 송에 嗣位를 알리고 방물을 진헌하며 『太平御覽』·『神醫普救方』 등의 서적을 요청하고 송 황제의 상에 弔慰使를 보냈으며 새 황제의 즉위를 하례하는 사신을 파견하였다.[33] 심지어 송의 책봉 제의를 거절하기도 했다.[34] 이러한 고려의 대외 활동을 분

---

[33] 1095년에서 1101년까지 고려의 對宋, 對遼 외교 활동은 『高麗史』와 『高麗史節要』의 기사를 통해서도 확인되며, 다음의 자료들에는 각각 표로 정리되어 있어 한 눈에 비교·정리할 수 있다.
  金渭顯, 1985, 『遼金史研究』, 裕豊出版社, 118~121쪽.
  楊渭生, 1997, 「宋與高麗關係年表(962-1279)」 『宋麗關係史研究』, 杭州大學出版社, 82~84쪽.
[34] 이는 앞서 검토하였듯이 예종이 송사가 전달한 송 황제의 密諭에 답하는 내용

석하는 데에는 보다 깊은 천착이 필요하겠지만, 간략히 정리해 보자면 고려는 거란으로부터 책봉을 받고 피책봉국으로서의 임무에 해당하는 절일사 파견과 조공을 수행하였다. 반면 전통적인 한족 왕조인 송에 대해서는 책봉을 요구한 적이 없고, 대신 왕이 교체되는 등 양 왕조에 큰 일이 있는 경우에는 사신을 보내 합당한 의례를 행하거나 필요한 물품의 구입을 의뢰하였다. 뿐만 아니라 고려는 1022년 이래로 거란과의 조공·책봉 관계를 안정적으로 지속하여 왔다.

그렇다면 왜 숙종은 조공·책봉 관계를 이행해 온 요와의 관계를 交라 표현하였으며, 반대로 商船의 왕래를 통한 비공식적 교류가 주로 진행되어 온 송과의 관계를 事라 지칭하였을까. 이와 관련하여, 사대와 교린을 구분한 다른 사례를 잠깐 살펴 보겠다. 숙종의 발언이 있기 120년 전인 982년(성종 1)에 최승로는 다음과 같이 事大와 交隣을 구분하였다.

> Ⅵ-마. (成宗 元年 6月) (태조께서는) 통일을 이룩한 이래 부지런히 정사 돌보시기를 8년 동안 하셨으니 禮로써 事大하시고 道로써 交隣하셨습니다.[35]

위는 최승로의 시무책 중 태조의 政績評에 해당하는 내용이다. 당시의 대외관계를 보면 태조는 933년에는 後唐으로부터,[36] 939년 이후에

중에서 확인된다.

『高麗史』卷13 世家13 睿宗 5年(1110) 7月 戊戌 又答密諭曰 當國介在東表 祖先已來 樂慕風化 有時入貢 優荷寵恩 崇寧中 國信使劉侍郎·吳給事 奉聖 旨 咨聞行册禮事 先考以當國地 接大遼久已 稟行爵命正朔 所以未敢遵承上 命 以實懇辭 擧國惶恐 未之暫安.

35) 『高麗史節要』卷2 成宗 元年(982) 6月 自成一統以來 勤政八年 事大以禮 交 隣以道.

는 後晉에게서 책봉을 받았으므로[37] 이들 중원의 왕조가 바로 최승로
가 언급한 사대의 대상이 될 것이다. 이후에도 五代의 여러 나라들과
송은 고려왕을 책봉하였고, 이에 따라 고려는 그들의 연호를 채택하여
같은 시간 속의 세계를 공유하였음은 II장에서 확인한 바와 같다. 책봉
을 통해 他 왕조와의 외교 관계에서 상하의 위계가 뚜렷이 설정된 경
우, 국초 고려는 이러한 관계를 사대 관계로 표현했다고 생각된다. 그
렇다면 그 이외의 관계가 모두 交隣에 해당될 것이다. 거란의 경우에는
만부교 사건 이전에는 거란과 사신을 교환한 정황이 나타나지만[38] 태
조대에 그들과의 교류가 중단되었다. 만부교 사건 당시 태조는 거란과
의 관계를 이웃[爲隣]으로 표현하였다.[39] 최승로 역시 거란은 고려와
경역이 잇닿아 있다[連境]거나 이웃하고 있다[隣(於)]고 하였다.[40] 거란
뿐 아니라 여진이나 발해도 고려의 隣國으로 표현된 적이 있었던 것으
로[41] 미루어 보아, 隣은 어의 그대로[42] 고려와 경역이 이어지는 지리

---

36)『高麗史』卷2 世家2 太祖 16年(933) 3月 辛巳 唐遣王瓊·楊昭業來 册王.

37)『高麗史』卷2 世家2 太祖 22年(939) 是歲 晉遣國子博士謝攀來 册王爲開府
   儀同三司檢校太師 餘如故.

38) 김소영, 2001,「고려 태조대 대거란 정책의 전개와 그 성격」『白山學報』58, 7
   8·86~87쪽.

39)『高麗史』卷2 世家2 太祖 25年(942) 10月 王以契丹 嘗與渤海連和 忽生疑貳
   背盟殄滅 此甚無道 不足遠結爲隣 遂絶交聘.
   『高麗史』卷2 世家2 太祖 26年(943) 4月 御內殿 召大匡朴述希 親授訓要曰
   … 其九曰 … 又以强惡之國爲隣 安不可忘危.

40)『高麗史節要』卷2 成宗 元年 6月(982) 若契丹者 與我連境 宜先修好 而彼又
   遣使求和 我乃絶其交聘者 以彼國嘗與渤海連和 忽生疑貳 不顧舊盟 一朝殄
   滅 故太祖以爲無道之甚 不足與交. ; 一 我國家 統三以來 四十七年 士卒未
   得安枕 糧餉未免糜費者 以西北隣於戎狄 而防戍之所多也.

41)『宋史』卷487 列傳246 高麗 治聞之憂懼 及國華至 令人言於國華曰 前歲冬
   末 女眞馳木契來告 稱契丹興兵入其封境 恐當道未知 宜豫爲之備 當道與女
   眞雖爲隣國 而路途迂遠 彼之情僞 素知之矣 貪而多詐 未之信也.

적 관계에 중점을 둔 표현이라 생각된다. 따라서 거란과 공식적인 국교가 성립하지 않았던 최승로의 시무책이 전달된 당시까지 거란은 고려의 隣으로써, 交의 대상이었다고 하겠다.43)

당시 중원의 왕조들에 비해 거란과 고려는 일정한 질서나 외교 관계의 형식에 대해 합의한 적이 없는 상태에서 곧 교류가 중단된 뒤 태조에 의해 그들의 야만성이 선언되었음은 II장 1절에서 살펴보았다. 이렇

『高麗史』卷1 世家1 太祖 8年(925) 9月 庚子 渤海本粟末靺鞨也 唐武后時高勾麗人大祚榮 走保遼東 睿宗封爲渤海郡王 因自稱渤海國 幷有扶餘肅愼等十餘國 有文字禮樂官府制度五京十五府六十二州 地方五千餘里 衆數十萬 **隣于我境** 而與契丹世讎.

42) 隣은 사전적으로 서로 疆界를 접한 나라를 의미한다(諸橋轍次, 1985, 「鄰」『大漢和辭典』11, 大修館書店).

43) 이외에 고려가 交隣한 대상에는 渤海, 黑水, 耽羅國, 芋陵島 등 다른 군소 정치체도 포함될 수 있을 것이다.

한편 외교 관계로서의 교린에 대해서는 조선시대 교린체제를 다룬 손승철의 연구가 참고된다. 이에 따르면 교린은 반드시 대등한 국가관계에 쓰여지는 용어가 아니라, 힘의 강약에 관계없이 이웃한 나라간의 우호 또는 평화관계를 의미한다고 한다. 이에 따라 조선의 교린관계는 대등교린과 기미교린으로 구분이 가능하다(이에 대해서는 손승철, 1994, 『朝鮮時代 韓日關係史硏究』, 지성의 샘 : 2006, 『조선시대 한일관계사 연구』, 景仁文化社 전반에 걸쳐 자세하게 논의되어 있다).

이러한 교린의 기본적인 의미는 고려시대에도 마찬가지였을 것이다. 그런데 조선시대의 사대교린체제는 어디까지나 명과의 사대 관계에 의해 일본이나 유구 등 타국과의 관계가 교린으로 규정되었으므로, 조선시대 대외관계에서의 교린의 의미를 고려와 거란과의 관계에 그대로 소급하여 적용하지는 않겠다.

아울러 조선 왕조의 대외관계를 사대·교린으로 정리하는 것에는 민족주의적인 시각이 투영되어 있다는 비판이 제기되었는데, 이는 다음을 참조.

CHONG Da-ham, 2010, "Making Chosŏn's Own Tributaries: Dynamics between the Ming-centered World Order and a Chosŏn-centered Regional Order in the East Asian Periphery" in *International Journal of Korean History* 15.

정다함, 2011, 「'事大'와 '交隣'과 '小中華'라는 틀의 초시간적인 그리고 초공간적인 맥락」『韓國史學報』42.

게 볼 때 최승로의 발언이 있었던 982년 경 고려-거란 관계와 고려-중원 왕조 관계의 가장 큰 차이점은 책봉을 통한 외교 관계의 형성이며, 이를 최승로는 事大로 표현했고 그 외의 주변국과의 관계를 交隣으로 정리한 것이라 하겠다.

이와 같은 최승로의 기준에 의하면 숙종대 요는 분명 事의 대상이 되고, 송은 交의 대상이어야 했다. 그런데 최승로의 발언 시점으로부터 숙종의 발언 시점에 이르는 사이에 고려의 대외 관계에는 큰 변화가 있었다. 982년에는 거란과의 국교가 성립되어 있지 않았으므로 고려의 입장에서 볼 때 고려를 책봉하거나 고려가 사대할 대상이 될 만한 주변의 대국은 宋이 유일했다. 이처럼 시대적 상황 상 하나의 강한 대국이 존재하고 그에 의한 책봉이 시행되는 외교 질서에 합의하는 주변 국가들이 있는 경우에는 조공·책봉 관계와 사대 관계가 일치한다. 漢·唐代와 같은 경우가 대표적인 사례라고 하겠다. 그런데 1101년 당시에는 이미 고려가 거란과 조공·책봉 관계를 맺었고 송과의 통교는 간헐적으로 이루어지던 때였다. 정치·군사의 측면에서나 경제·문화적인 측면에서 小國의 입장인 고려는 두 강대국인 요와 송을 동시에 상대해야 했다. 고려는 정치·군사적 대국인 요와 조공·책봉 관계를 맺었지만 경제·문화적 강국인 송과의 관계 역시 포기할 수 없었다. 이 때문에 거란과의 통교 이후 고려의 입장에서는 조공·책봉 관계와 사대 관계가 반드시 일치하지는 않게 되었고, 구체적인 외교 질서로 구현되는 조공·책봉 관계와 추상적 의미가 중시되는 사대는 서서히 다른 범주의 개념으로 분리되었다고 생각된다.

본래 事大는 以小事大의 줄임말로, 춘추시대에 大小 제후 간의 우호 증진과 친목도모·결속 상화 등을 위한 목적으로 정책적으로 장려된 禮

治의 일부이다.[44] 事大를 언급한 先秦 시대의 문헌들을 보면[45] 작은 나라가 큰 나라를 섬긴다는 의미의 事大는 큰 나라가 작은 나라를 아낀다는 의미의 字小 혹은 比小와 짝을 이루어 대국과 소국 간의 외교적 도리로써 언급되어 있다. 아울러 孟子는 以小事大를 以大事小와 함께 隣國과 교류하는[交隣] 하나의 방법으로 소개하였다.[46]

이런 점에 유의하면 숙종이 조공·책봉 관계를 맺지 않은 송에 대해 事라는 표현을 사용한 것도 어느 정도 설명될 수 있다고 생각한다. 송은 고려를 책봉하는 종주국은 아니었지만 여전히 당시 동북아시아의 경제·문화 중심지였고, 송과의 교류를 통해 얻을 수 있는 직접적인 경제·문화적 이익과 함께 요를 견제할 수 있는 국제 정치상의 이점도 포기할 수 없었으므로 송과의 교류가 지속되었다는 점은 주지의 사실이다. 게다가 숙종이 비중있게 진행한 화폐정책이 송 신법의 영향을 받은 개혁 정책이었다고 볼 때[47] 고려의 입장에서 송과의 관계는 요와의 관계에 비견되는 주요한 대외관계의 하나였다고 생각된다. 이러한 상황을 폭넓게 고려하면 숙종이 송을 事의 대상으로 표현하게 된 배경을

---

44) 李春植, 1969,「左傳中에 보이는 事大의 意味」『史叢』 14 : 1997,『事大主義』, 고려대학교 출판부, 251쪽.
   이하 先秦시대 事大의 용례와 관련된 내용은 이를 참조하였다.

45) 『周禮』卷28 夏官司馬第四 職方氏 凡邦國小大相維 {大國比小國 小國事大國 各有屬相維耳}.
   『左傳』卷26 昭公7 30年(B.C.535) 傳 禮也者 小事大·大字小之謂 事大在共其時命 字小在恤其所無.

46) 『孟子』卷2 梁惠王下 齊宣王問曰 交鄰國有道乎 孟子對曰有 惟仁者爲能以大事小 是故湯事葛 文王事昆夷 惟智者爲能以小事大 故太王事獯鬻 句踐事吳 以大事小者 樂天者也 以小事大者 畏天者也 樂天者保天下 畏天者保其國 詩云 畏天之威 于時保之.

47) 鄭修芽, 1992,「高麗中期 改革政策과 그 思想的 背景 ― 北宋 '新法'의 수용에 관한 一試論 ―」『水邨 朴永錫教授華甲紀念 韓國史學論叢(上)』.

이해할 수 있을 듯하다.

다만 문제가 되는 것은 송을 事의 대상으로 지칭한 것에 비해 현실적인 종주국인 요를 交의 대상으로 표현했다는 점이다. 이에 관련해서는 고려가 그동안 거란과의 관계를 지칭할 때 사용해 온 관계지칭어 용례가 참고된다.

앞서 보았듯이 성종대 최승로 역시 태조대의 대외관계를 사대와 교린으로 나누었던 것을 보면 거란과의 외교 관계가 공식적으로 성립되기 이전부터 고려는 거란과의 관계를 중원 왕조와의 사대 관계와는 구분되는 교린 관계로 파악했다고 생각된다. 거란에 대해서는 국초부터 편견이 존재해 왔다. 발해가 거란에 멸망된 뒤 고려로 대거 유입된 발해 유민들은 거란을 폄하하였을 것이며 육로를 통해 언제든지 고려를 공격할 수 있었던 거란에 대한 두려움은 발해유민들이 전파한 부정적 인상과 상승 작용을 하여 오랑캐로서의 거란관을 형성하는데 큰 역할을 했을 것으로 생각된다. 이러한 거란에 대한 부정적인 인식은 成宗·顯宗代에 예기치 않았던 그들과의 전쟁을 겪으며 더욱 뿌리깊게 자리하였을 것이므로 고려는 거란과 조공·책봉 관계를 맺게 된 이후에도 그들과의 관계를 순전히 事大만으로 표현하지 않고 交 혹은 隣, 혹은 結好 등으로 표현해 왔다. 중원 왕조들이 거란의 관계를 結好·舊好 등으로 표현하는 사례가 있다. 이러한 사례를 통해 미루어 짐작해 보면, 결호 혹은 수호 등 우호 관계에 초점을 맞춘 관계 지칭어는 기록 주체와 대등하거나 혹은 다소 열세의 지위를 갖는 왕조와의 관계를 표현할 때 사용된 것이 아닌가 한다. 고려가 거란과의 관계를 交·隣·結好 등으로 표현한 용례는 다음과 같다.

〈고려가 거란관계를 交·隣·結好 등으로 표현한 용례〉

對거란관계 지칭 용례	연도	세부 발화 정보		전 거(要 : 『고려사절요』 그 외 : 『고려사』 세가)
		發話者	聽者	
與交	981	崔承老	成宗	要 成宗 元年 6月
修好	981	崔承老	成宗	要 成宗 元年 6月
修好	1010	地文		顯宗 元年 9月
結好	1016	宋 張師德	郭元	要 顯宗 7年 正月
通好友贊	1031	王可道	德宗	要 德宗 卽位年 10月
絶交	1031	皇甫兪義 등 33인	德宗 및 조정	要 德宗 卽位年 11月
舊好	1035	契丹來遠城의 牒	고려 조정	靖宗 元年 5月
結好	1058	內史門下省 上言	文宗	文宗 12年 8月
結好	1068 이전	崔冲 贊	·	顯宗 22年 5月
舊好	1367 이전	李齊賢 贊	·	靖宗 12年 5月
繼好	1367 이전	李齊賢 贊	·	靖宗 12年 5月

　숙종의 발언에서도 이러한 역사적 경험이 반영된 것이라고 생각된다. 그러나 앞서 누차 확인하였듯이 거란과의 관계를 交라 한 것은 수사일 뿐 거란은 실제적으로 고려의 宗主國이었고, 숙종을 포함한 고려 조정도 그 사실을 잘 알고 있었다.48) 성종 이후 고려의 군주는 거란으로부터만 책봉을 받아왔으며 고려는 거란의 피책봉국으로서 그들의 연호를 사용하였다. 이러한 질서관계는 비단 외교 관계에서뿐 아니라

---

48) 후대의 인식이기는 하지만 원간섭기의 문인인 崔瀣가 남긴 東人之文 序에는 고
　려 전기의 대외관계를 "서쪽으로는 송에 조회하고 북쪽으로는 요·금을 섬겼다
　(西朝于宋 北事遼金)"라고 정리하였다.
　『拙藁千百』卷2 東人之文序 … 以逮神聖開國 三韓廼一 衣冠典禮 寔襲新羅
　之舊 傳之十六七王 世修仁義 益慕華風 西朝于宋 北事遼金 熏陶漸漬 人才
　日盛 粲然文章 咸有可觀者焉.
　http://db.itkc.or.kr/index.jsp?bizName=MM&url=/itkcdb/text/bookListIframe.jsp?bizN
　ame=MM&seojiId=kc_mm_a012&gunchaId=&NodeId=&setid=3244437 한국고전종
　합 DB

고려 내부에서도 수용되어 있었음을 금석문에 남아있는 기년 사례를 통해서도 여러 차례 확인하였다. 아울러 숙종은 송과 거란을 모두 大國으로 언급하였고, 거란과의 관계가 송과의 관계에 우선하여 언급되었다는 점 역시 간과해서는 안 될 것이다.

이와 관련하여 숙종의 北交大遼 南事大宋 발언에 이어지는 다음의 기사가 참고된다.

> VI-바. (肅宗 6年 8月 乙巳) 도병마사가 아뢰기를, "지금 遼 東京兵馬都部署에서 이첩하여 靜州 관내 군영을 파할 것을 청하였습니다. 지난번 大安 연간에 遼가 압록강에 정자와 각장을 설치하려고 하였는데 우리 조정에서 사신을 보내어 그만둘 것을 청하였더니 요 황제가 들어주었습니다. 이번에도 마땅히 그들의 청대로 좇아야 할 것입니다."라고 하니 制하여 옳다고 하였다.[49]

위에서 볼 수 있듯이 거란은 피책봉국의 군주인 숙종에게 국경 근처의 군영을 철수해 줄 것을 요청하였다. 앞서 선종대에 고려가 제기한 각장 설치 계획 철회 요구를 거란이 수용하였음을 보았는데, 숙종대에는 그 반대로 거란이 고려 조정에 군영 철수 요구를 해 온 것이다. 숙종은 선종대의 사례를 참고하여 정주의 군영을 철수하기로 결정하였다. 고려와 거란이 상호 간의 요구를 번갈아 가며 수용하고 있다는 것은 비록 양국이 책봉국-피책봉국의 관계이기는 했지만 국경 문제와 같은 첨예한 현안에 대해서는 쌍무적으로 서로의 요구를 받아들일 만큼 양국 관계가 상당히 대등하면서도 안정적으로 진행되어 왔음을 보여준다.

---

49) 『高麗史』 卷11 世家11 肅宗 6年(1101) 8月 (乙巳) 都兵馬使奏 今遼東京兵馬都部署移文 請罷靜州關內軍營 頃在大安中 遼欲於鴨江置亭子及榷場 我朝遺使請罷 遼帝聽之 今亦宜從其請 制可.

또한 숙종대에는 송과의 관계도 원만하게 진행되고 있었다. 문종대 渡宋했던 의천이 선종대에 귀국하였고, 숙종이 즉위한 이후에도 왕성 히 활동하면서 숙종의 여러 정책을 지원하고 있었다. 송의 인사들과 활발히 교류하였던 의천이 국왕의 측근에서 활동하였다는 것은 고려 왕실과 송의 관계가 한층 가까워졌음을 짐작하게 한다. 아울러 숙종대 전반에 걸쳐 송과의 인적·물적 교류가 확인된다. 송나라 승려와 醫官이 숙종의 조정에 등장하였고,[50] 숙종이 적극적으로 추진한 화폐정책은 어느 정도 송 新法의 영향을 받은 개혁 정책이었다.[51] 이와 같은 점을 고려할 때 위에서 보았던 北交大遼 南事大宋이라는 숙종의 표현은 자신 의 치세동안 진행되어 온 두 강대국과의 안정적인 대외 관계에 대한 긍정적인 自評이라고 생각된다.

한편, 역시 1101년 11월에 숙종의 명을 받아 작성된 王煦 묘지에는 작성 기년에 "是歲大宋建中靖國元年大遼乾統元年"이라 하여 송과 요의 연 호가 병기되어 있다.[52] 묘지는 기본적으로 대대적인 공개를 목적으로 하는 글이 아니기 때문에 복잡한 대내외 정세를 고려하지 않고 찬자

---

50) 『高麗史』 卷11 世家11 肅宗 元年(1096) (9月) 丁未 御宣政殿 引見宋僧惠珍 賜食於翰林院 ; 戊申 以宋僧省聰·惠珍 各爲明悟·三重大師.
　　『高麗史』 卷12 世家12 肅宗 8年(1103) (10月) 丙辰 以宋帝天寧節 命太子設 齋于奉恩寺 醫官牟介等往觀之 賜牟介等酒幣.
51) 鄭修芽, 1992,「高麗中期 改革政策과 그 思想的 背景 -北宋 '新法'의 수용에 관한 一試論」『水邨 朴永錫敎授華甲紀念 韓國史學論叢(上)』.
　　숙종은 鑄錢 정책을 추진하면서 송의 사례를 거론하곤 하였다.
　　『高麗史』 卷79 志33 食貨2 貨幣 肅宗 7年(1102) 12月 制 富民利國 莫重錢貨 西北兩朝 行之已久 吾東方獨未之行 今始制鼓鑄之法.
52) 墓誌 원문은 국립중앙박물관에 소장되어 있고(본293), 원문은 다음을 참조하였다.
　　金龍善, 2006, 『高麗墓誌銘集成』(제4판), 翰林大學校出版部.
　　http://www.krpia.co.kr/pContent/?svcid=KR&proid=73&arid=506&ContentNumber=1 2&pageNumber=11 ㈜누리미디어 고려묘지명집성

혹은 작성 주체의 개인적인 의도가 반영될 수 있다. 왕실과 조정의 반대를 무릅쓰고 송으로 건너가 그곳의 선승들과 교류하였으며 이 경험을 자산으로 수많은 불경을 수집하여 간행하고 고려 국내에 천태종을 개창한 의천의 생애에서 송의 실체는 실로 거대한 것이라 생각된다. 단적인 예로 의천의 이름은 煦이지만 이름보다 字인 의천이 널리 사용되는 이유는 송 철종의 이름을 피했기 때문이다. 1101년에 작성된 왕후 묘지명에는 그의 송에서의 활동과 송과의 관계가 주 내용을 이루고 있다. 이러한 묘주의 개인적 연고에 연유하여 묘지 작성 기년에 송의 연호가 요의 그것과 병기되면서도 먼저 사용된 것이 아닐까 추정된다. 한편으로는 송의 연호가 단독 기년호로 채택되지 않고 여전히 요의 연호가 사용된 것을 보면, 역시 책봉국인 요의 연호가 기본 기년호였고 송의 연호는 어디까지나 부가적인 기록이었을 것이다. 송과의 통교를 재개한 이후로 송과의 밀접한 관계를 강조하는 부분들이 이렇게 연호나 국호가 병기되는 사례로 나타나는 것이라고 생각된다. 단 송의 국호나 연호가 병기되는 것이 어디까지나 예외적인 사례라는 점은 숙종대의 여러 상황을 종합하여 볼 때에도 분명하다고 하겠다.

지금까지 숙종의 책봉 문제와 "北交大遼 南事大宋"이라는 발언을 중심으로 하여 숙종대 여요 관계를 정리해 보았다. 숙종은 즉위 과정의 불안 요소를 해소하기 위해 대외적 인정을 받는 방법을 택했고, 이에 따라 조속히 책봉국인 遼로부터 고려 국왕으로 승인받기 위해 많은 노력을 기울였다. 또한, 1110년 예종이 宋에 보낸 답서를 통해 1103년 경 송이 책봉을 제안했으나 숙종이 이를 거절하였다는 점도 확인하였다. 이와 같은 숙종의 책봉을 둘러싼 여러 상황을 종합하여, 당시 숙종이 운영하고 있던 고려의 대외 관계에서 遼와의 관계가 가장 중시되는 기본적 외교 관계였음을 확인하였다. 이러한 점은 대외적인 맥락에서 뿐 아니라, 고려 내부에서도 마찬가지였다. 前代와 마찬가지로 요나라 황제의 연호가 고려의 기본 기년호로 사용되었음은 물론이고, 숙종이 반포한 恩賜 조서에서는 大朝인 遼의 위상이 분명히 드러나 있다. 아울러 숙종은 갓 즉위한 遼 天祚帝의 이름을 피하여 顒으로 改名하고 이에 따라 전각의 명칭도 바뀌었다. 그런데 1101년 숙종은 자신 치하 고려의 대외관계를 '北交南事'라 언급하였다. 실제적인 측면에서 고려가 사대하던 대상은 遼였음에도 불구하고 송과의 관계를 事大라 표현한 것이다. 이를 복수의 강대국을 동시에 상대해야 했던 고려의 입장에서 설명해 보았다. 즉 고려는 993년 이후 조공·책봉 관계와 事大를 구분하게 되었고, 실제 책봉 관계와는 큰 연관없이 국초부터 遼와의 관계를 지칭할 때 사용해 온 交라는 관계지칭어를 관습적으로 계속해서 사용한 것이다. 그러나 交와 事의 구분은 어디까지나 수사일 뿐, 외교 질서 면에서나 기년호 사용 면에서 실제 고려의 종주국은 遼였다는 것은 변치 않는 사실이다. 종합하자면, 자신의 치세에 자부심을 느낀 숙종의 발언에서도 드러나듯이 숙종대 고려는 송과 공식·비공식 교류를 유지하며 문물의 발전을 꾀하는 한편 요와의 조공·책봉 관계를 가장 기본이 되는 대외관계로 인식하며 기존에 성립된 외교 질서를 안정적으로 유지하기 위해 피책봉국의 역할을 충실히 수행했다고 정리할 수 있다.

2. 예종·인종대 국제 정세 변화와 책봉 관계

이미 숙종대에 왕태자로서 두 차례 요의 책봉을 받았던[53] 예종은 즉위하자 곧바로 遼에 숙종의 죽음을 알렸고,[54] 요 역시 弔慰使와 起復使

를 보내어[55] 예종의 왕위 승계를 인정하였다. 이후 양국 간에 왕래한
사행 기록은 다른 왕대에 비해 상대적으로 풍부하다. 매년 고려는 절
일사와 하정사 등의 정규 사행 및 때에 따라 각종 謝使 등을 파견하였
고, 요 역시 생일사·책봉사·기복사 등 뚜렷한 使命이 있는 사절과 함께
수시로 횡선사를 보내왔으며 요 동경에서도 지례사가 왕래하였다. 사
신 왕래 기록만으로 보면 예종대는 여요 외교 의례 상 가장 풍성한 내
용을 보여주고 있다.

특히 요는 1113년(睿宗 8) 예종의 모후인 明懿太后가 죽자[56] 태후를
위해서도 勅祭使와 弔慰使를 보내왔다.[57] 고려 국왕의 喪에 요가 조문
사를 보내는 것은 이미 상례화 되어 있었으나 태후의 상에 이를 파견
한 것은 처음이었다. 고려의 입장에서도 태후의 상에 외국 조문 사절

---

53) 『高麗史』卷11 世家11 肅宗 5年(1100) 10月 壬子 遼遣蕭好古·高士寧來 册王
太子.
『高麗史』卷12 世家12 肅宗 9年(1104) 4月 庚午 耶律師傅·張織來 册太子 王
與太子如南郊.
54) 『高麗史』卷12 世家12 睿宗 卽位年(1105) 10月 戊子 遣中書舍人金緣 如遼告哀.
55) 『高麗史』卷12 世家12 睿宗 元年(1106) 正月 丙午 遼遣弔慰使耶律忠·劉企
常來 又遣劉鼎臣 命王起復.
위의 병오일 기사에서는 조위사만 기록되어 있지만 계축일의 기사를 보면 조위
사가 祭奠使의 임무도 함께 띠고 왔던 것으로 보인다.
『高麗史』卷12 世家12 睿宗 元年(1106) 正月 癸丑 遼祭奠弔慰使 祭肅宗虞
宮 王服深衣助奠.
56) 『高麗史』卷13 世家13 睿宗 7年(1112) 7月 己巳 王太后柳氏薨于信朴寺 ; 『高
麗史』卷88 列傳1 后妃1 明懿太后柳氏 (睿宗) 7年 7月 病革 王馳詣 請入大
內 行至信朴寺 薨 王率百官 上諡明懿王太后.
『高麗史』卷13 世家13 睿宗 7年(1112) 8月 丁酉 遣殿中監李德羽 如遼告哀.
57) 『高麗史』卷13 世家13 睿宗 8年(1113) 正月 壬申 遼勅祭使永州管內觀察使
耶律固·大常少卿王佽 來 ; 甲戌 遼勅弔使泰州管內觀察使蕭迅 來 ; 丙子 遼
使祭太后于虞宮 王詣虞宮.

VI. 거란 쇠퇴기 고려와 거란의 외교 관계 297

이 온 것은 처음 있는 일이었기 때문에 조정은 이를 특별한 경사로 여겨 백관에게 朝賀를 올리도록 했다.[58] 이때 요를 隣國의 범주로 지칭하였다는 점이 눈길을 끌지만, 고려 태후의 상을 조문할 만큼 고려와 요의 관계가 의례적인 면에서 한층 정비되고 있는 상황이었다고 판단되므로 이때의 '인국'은 주변국이라는 의미 외에 요를 낮추어 보려는 의도는 없었다고 여겨진다.

한편 예종대에는 요와의 교류도 왕성하였지만 송과의 교류 역시 대폭 증가하였다. 예종은 송의 문물과 제도에 특히 많은 관심을 보였고, 이를 통해 국왕으로서의 위상을 확립하거나 드러내고자 하는 사례가 다수 나타난다.[59] 사행 왕래도 거의 매년 이어졌다. 이중 1110년(睿宗

---

58) 『高麗史』卷88 列傳1 后妃 (睿宗) 8年(1113) 遼遣使致祭 … 百官奏曰 本朝自祖宗以來 太后升遐 隣國未嘗遣使弔祭 今始見是禮 又前夕雨雪暴作 及車駕行禮 日色淸明 人心喜悅. 宜令百僚朝賀 王從之.
　　『高麗史節要』卷8 睿宗 8年(1113) 正月 群臣奏曰 本朝自祖宗以來 太后升遐 隣國未嘗遣使弔祭 今始見是禮 又前夕雨雪暴作 及行禮 日色淸明 禮儀克整 人心感悅 宜令百僚朝賀 從之.

59) 송의 國信物을 재신들에게 나누어 주거나, 송에 유학생을 보내고 投壺儀를 제정하게 하는 등의 사례들이 있다. 특히 송의 大晟樂을 도입하여 시연하는 기록이 다수 확인된다.
　　『高麗史』卷13 世家13 睿宗 7年(1112) 10月 庚寅 以宋國信龍鳳茶 分賜宰臣.
　　『高麗史』卷13 世家13 睿宗 9年(1114) 6月 甲辰 朔 安稷崇還自宋 帝賜王樂器 ; 丁未 遣樞密院知奏事王字之·戶部郎中文公彦 如宋 謝賜樂.
　　『高麗史』卷13 世家13 睿宗 9年(1114) (10月) 丁卯 親祫于大廟 兼用宋新樂欹.
　　『高麗史』卷13 世家13 睿宗 9年(1114) (11月) 壬申 朔 宴諸王宰樞 於含元殿 閱宋新樂.
　　『高麗史』卷14 世家14 睿宗 10年(1115) (7월) 戊子 遣吏部尙書王字之·戶部侍郎文公美 如宋謝恩 兼進奉 仍遣進士金端·甄惟底·趙奭·康就正·權適等五人 赴大學.
　　『高麗史』卷14 世家14 睿宗 11年(1116) (6월) 庚寅 御會慶殿 召宰樞侍臣 觀大晟新樂 ; (7월) 己酉 遣李資諒·李永 如宋 謝賜大晟樂 ; (8월) 制曰 文武之

5)에 고려를 방문한 송 사절과[60] 주고받은 대화는 당시 동북아시아의 국제 관계를 잘 보여준다. 예종이 즉위한 뒤 송에 공식적으로 嗣位를 알렸다는 기록은 확인되지 않으나 1110년 이전에 송에 파견된 사행이 1108년의 告奏使 파견이 유일하며[61] 1110년 조서에서도 예종의 사위를 언급하고 있으므로[62] 고려는 고주사를 통해 예종의 즉위를 알렸다고 생각된다. 우호 관계를 당부하는 짤막한 송의 조서에는 "사신을 보내어 예종을 책봉한다[爰命介使 往暨乃封]"는 문구가 포함되어 있지만 자세한 책봉 내용은 담겨 있지 않은데, 송사 王襄 등이 전달한 황제의 密諭를 통해 그 내용을 짐작할 수 있다. 王襄 편에 예종이 송에 전달한 표문 및 답서에도 그 내용이 언급되어 있으므로 함께 제시하면 다음과 같다.

VI-사-1. (睿宗 5年 6月 癸未) 송사와 부사가 왕 앞에 나와 (황제의) 密

道 不可偏廢, … 況今宋帝 特賜大晟樂文武舞 宜先薦宗廟 以及宴享 ; (12月) 壬午 御淸讌閣 … 謂寶文閣學士等曰 投壺古禮也 廢已久矣 宋帝所賜其器 極爲精備 將試之 卿等可纂定投壺儀 幷圖以進.
이외에도 예종대에 도입된 監務制와 道敎 사상의 성행도 송의 영향을 받은 것이다.
金秉仁, 1994,「高麗 睿宗代 監務의 設置 背景」『全南史學』8 : 2003,『高麗睿宗代 政治勢力 硏究』, 景仁文化社, 219쪽.
金澈雄, 1995,「高麗中期 道敎의 盛行과 그 性格」『史學志』28, 126~127쪽.
60) 『高麗史』卷13 世家13 睿宗 5年(1110) 6月 辛巳 宋遣王襄·張邦昌來 以叅知政事李瑋·殿中少監左承宣韓皦如爲館伴.
61) 『高麗史』卷12 世家12 睿宗 3年(1108) 2月 丙戌 告奏使戶部侍郎王維 如宋.
62) 『高麗史』卷13 世家13 睿宗 5年(1110) 6月 癸未 王受詔于會慶殿庭 詔曰 卿世載令聞 保釐東藩 當襲爵之云初 乃修邦而惟舊 張旆航海 陳貢旅庭 義有可嘉 禮無不報 爰命介使 往暨乃封 用伸厚意之將 示識多儀之享 其恤厥若 永孚于休 今差兵部尙書王襄·中書舍人張邦昌往彼 賜卿衣帶段匹金玉器弓箭鞍馬 王受訖上殿.

諭를 전달하였다. "황제께서는 밝게 만 리 밖을 살피시어 왕의 충성스러운 마음을 헤아리고 예우를 더하려 하셨는데 왕께서 이미 北朝의 책명을 받았다는 것을 들으셨습니다. 우리와 요[南北兩朝]는 통호한 지 백년이요 의리가 형제와 같으니 이 때문에 거듭 왕을 책봉하지 않고 다만 조를 내려 權이라는 글자를 떼게 하셨으니 바로 왕을 총애하여 眞王의 예로 대우하신 것입니다. 또 이 조서는 곧 황제께서 직접 지으신 것입니다. 北朝는 이와 같은 예우를 보인 적이 없을 것이며 文王과 肅王에게도 일찍이 이러한 은혜로운 명은 없었습니다."[63]

VI-사-2. (睿宗 5年 7月) 戊戌 朔. (송사) 王襄 등이 돌아가니 왕이 표를 전하여 사례하였다. "… 칙서를 받아보고 아울러 諭音을 받드니 곧 臣의 관함에서 바로 權이라는 글자를 없애주셨고, 册立의 명과 정삭의 반포는 이미 大遼에 아뢰어 받았으므로 별도로 上國은 행하고 싶지 않다고 하시어 절충하는 뜻을 보이셨으니, 북쪽을 돌아보는 근심을 덜어주셨습니다."[64]

VI-사-3. (睿宗 5年 7月 戊戌) 또한 (예종이 송 황제의) 密諭에 답하였다.

---

63) 『高麗史』 卷13 世家13 睿宗 5年(1110) 6月 (癸未) 使副就王前 傳密諭曰 皇帝 明見萬里 諒王忠恪之誠 欲加恩數 聞王已受北朝册命 南北兩朝 通好百年 義同兄弟 故不復册王 但令賜詔 已去權字 卽是寵王以 眞王之禮 且此詔 乃皇帝御筆親製 北朝必無如此禮數 文王肅王 亦不曾有此等恩命 襄等來 見王迎詔甚恭 他日歸奏 帝必嘉悅 恩數有加 請王益篤誠敬 以荅聖恩.
본문에 인용한 부분은 송사가 전달한 황제의 밀유에 해당한다고 판단되는 내용이며, 송사 자신의 말은 생략하였다.

64) 예종의 謝表 전문은 다음과 같다.
『高麗史』 卷13 世家13 睿宗 5年(1110) 7月 戊戌 朔 王襄等還 王附表以謝曰 記存特異 俯僂益恭 矧底績之蔑如 酒實顏之無所 伏念臣繫蹤遐僻 逢世浸昌 子須肯播於父菑 小固服懷於大國 此先臣所以貽訓而 微臣資以爲忠 藩服叨承 方謹一修之貢 家陪在返 過蒙厚往之私 徒積覬覦 未遑敍謝 豈謂皇帝陛下 仁心懷遠 例擧非常 降使輅之光華 將賞典之優渥 自祖先而拜賜 雖曰有年 繄寵數之橫加 莫如今日 況詳勑墨 兼奉諭音 酒於臣銜 直去權字 所謂册立之命 正朔之頒 已曾稟受於大遼 不欲別行於上國 以示酌中之義 致寬顧北之憂 睿眷稠重 奚克丘山之戴 丹衷戰慄 有同冰谷之臨 唯願傾輸 免孤覆露.

"… 지금 국신사 尙書舍人이 전한 密諭를 듣건대, '… 저희들
이 조정을 떠나오는 날 갖추어 들은 聖訓에, '(고려가) 大遼의
책명을 받았고 남북 양조가 통호한지 백여 년이 되어 의리가
골육을 나눈 형제와 같으니 다시 봉책을 더하고자 하지 않겠
다.'라고 하셨습니다. 이번에 (가져) 온 조서에는 이미 權이라
는 글자를 없앴으니 바로 국왕을 총애하여 眞王의 예로 대한
것입니다.'라고 하였습니다. … 하물며 들건대 '내리신 조서는
바로 어필로 직접 지으신 것이니 이로 인한 영광과 행복은 예
전에도 없었던 것입니다.'라고 하니 참으로 감격스럽습니다.
거듭 충성을 기약하여 위로 (만물을) 만들고 이루는 (황제의)
덕에 보답하고자 하오니, 바라는 것은 尙書舍人이 돌아가 복
명할 때 조용히 아뢰어 주는 것입니다."[65]

사-1 사료는 1110년 6월에 송사가 전달한 황제의 諭示이고, 사-2 사
료는 예종이 전달한 謝表이므로 황제에게 전달하는 내용이다. 사-3 사
료는 송사가 전달한 유시를 들은 것에 대한 예종의 답이다. 판단을 확
정할 근거가 분명하지는 않지만, 사-1 사료는 宋使가 구두로 전달한 것
이라 생각되고 사-3 사료는 문서로 전달된 것이 아닌가 한다. 어떻든
그 내용을 종합하면 당시 송 황제는 예종의 직함에 있는 權字를 없애주
는 것으로 책봉을 갈음하였고 정삭은 내리지 않기로 했으며 이에 예종
이 동의하였음을 알 수 있다. 예종은 물론, 거란과의 전쟁이 일어난
993년 이후로 고려 국왕이 송의 책봉을 받은 기록이 없기 때문에 송에
보낸 문서에 기록된 예종의 직함이 정확이 어떠했는지 알 수 없지만,

---

65) 『高麗史』卷13 世家13 睿宗 5年(1110) 7月 (戊戌) 又答密諭曰 … 今聞國信
尙書舍人所傳密諭 … 某等朝辭曰 備聞聖訓 以受大遼册命 南北兩朝 通好百
有餘年 義同骨肉兄弟 所以不欲更加封册 今來詔書 已去權字 卽是寵國王 以
眞王之禮 … 況聞所賜詔書 是御筆親製 此之榮幸 古未曾有 感戴殊甚 更期
忠恪 上答生成 所冀尙書舍人 復命歸朝 從容敷奏.

예종이 임시로 고려국왕의 일을 맡아보는 것[權知高麗國王事]을 고려국
왕으로 인정하겠다는 의미였음을 짐작할 수 있다.

주목되는 부분은 책봉과 정삭 반포를 생략하는 일에 양국 모두 합의
하였으며 그러한 합의의 주요 배경인 요와 고려의 관계가 송과 고려
모두에 의해 공공연히 언급되고 있다는 점이다. 송사의 발언을 통해
송도 고려와 요의 책봉 관계를 잘 알고 있다는 점이 확인되며, 송 역시
송과 요를 南·北朝로 지칭하거나 형제 관계에 비유하였다(사료 사-1·사
-3). 예종이 인용한 송사의 발언을 보면 요를 大遼로 지칭하였고, 역시
같은 내용이 반복되어 있다. 예종이 송 황제에게 보낸 謝表 역시 마찬
가지인데, 송을 上國이라 지칭하면서도 요를 大遼라 하였으며 요로부터
책봉과 정삭을 받은 일을 거리낌 없이 진술하고 있다. 이는 요라는 왕
조가 차지하는 외교적 위상이 당시 동북아시아 국제 질서 속에서 가장
먼저 고려되어야 하는 요소였으며, 이러한 외교 질서가 주변국들에게
는 이미 너무나도 당연시 되고 있었음을 단적으로 보여주는 사례인 점
은 분명하다.

고려의 입장에서도 요와의 관계가 다른 어떤 관계보다 우선시되었
다는 점 역시 누차 확인되는 사항인데, 그럼에도 불구하고 고려와 송
이 국교를 유지할 수 있었다는 점도 당시의 동북아시아 국제 사회를
이해하는데 상당한 의미를 갖는다고 생각된다. 즉 요가 고려를 책봉하
여 양국이 조공·책봉 관계를 정상적으로 수행하는 것과는 별개로, 고
려가 요 이외에 다른 上國인 송을 상대하며 공식적인 외교를 수행할 수
있었다는 점은 당시의 조공·책봉 관계가 피책봉국의 외교 관계를 필연
적으로 제한하지는 않았고,66) 조공·책봉 관계와 다른 형태의 외교 관

---

66) 거란과 고려의 조공·책봉 관계가 고려의 대외 관계를 제한하지는 않았으나 麗宋

계가 공존하였음을 보여준다. 고려가 요의 책봉을 받고 요의 정삭을
사용하면서도 송 조정과 통교하거나 여진의 來朝를 받고, 혹은 그들을
編籍하거나 일본 대마도의 진헌을 받기도 했던 것은 당시의 국제 사회
가 다양한 형태의 개별적 관계들로 구성되어 있었음을 드러내어 주는
사례라고 생각된다.

예종대에 있었던 여진과의 관계 역시 같은 맥락에서 이해해 볼 수
있다. 주지하듯이 예종대에는 여진 세력을 통합한 金이 건국되었는
데,67) 여진 문제가 고려와 요 간의 주요 논제가 되기도 했다. 먼저『東
文選』에 전하는「告伐東女眞表」가 있다. 동여진을 정벌한 사실을 요에
알린 내용인데, 전달 시기를 확인할 만한 기록은 없지만 내용 중에 이
미 여진 토벌을 완료하고 새로 개척한 땅에 城池를 수축한 사실이 언급
되어 있고68) 1109년 5월에 간의대부 金緣의 주장 중에서도 고려가 9성

간의 사행 왕래가 중단된 시기는 분명히 있었다. 1036년(靖宗 2)에 고려가 송에
사신을 보낸 기록을 끝으로 1071년(文宗 25)에 통교가 재개되기까지 양국 간에
사행 왕래 기록은 없다. 그러나 이 시기의 사행 왕래 중단이 거란의 직·간접적
간섭으로 인한 것으로 볼 근거는 확인되지 않는다. 아울러 송은 이미 992년 이후
부터 고려에 사행을 파견하지 않았으며, 經歷 연간(1041~1048)에는 西夏와의 전
쟁 및 거란과의 교섭 등으로 인해 고려와의 관계에 소홀해졌을 가능성이 있다.
송의 상황이 이러했지만, 그럼에도 불구하고 고려와 송 간에 꾸준히 이루어진 인
적·물적 교류는 여러 차례 확인해 온 바와 같다.

經歷 연간 이후 송의 西北 문제와 관련하여서는 다음을 참조.

金成奎, 2000,『宋代の西北問題と異民族政策』, 汲古書院.

毛利英介, 2008,「1099年における宋夏元符和議と遼宋事前交渉」『東方學報』82.

67)『高麗史』卷14 世家14 睿宗 10年(1115) 正月 是月 生女眞完顔阿骨打 稱皇帝
更名旻 國號金.

68)『東文選』卷39 表箋「告伐東女眞表」(朴昇中) 臣聞歸美報上 詩歌臣子之忠
有功警夷 史載帝王之略 敢緣典故 輒冒宸嚴 云云 竊以當國 恭事大朝 積有
多歲 奕世荷藩維之任 以時修航棧之勤 聲敎熏陶 率歸於一俗 仁風浹洽 度
越於諸蕃 視此蒼生 愛均赤子 惟女眞之群小 有天性之頑凶 介居東隅 屬籍

을 쌓은 뒤에 거란에 표를 보내어 여진 지역이 본래 고려의 땅이었음을 주장했다는 언급을 볼 때,[69]「告伐東女眞表」는 고려가 여진 지역에 축성을 시작한 1107년 12월[70] 이후에 전달되었을 것으로 생각된다. 여진 정벌 및 축성 사실을 요에 알린 것은 피책봉국인 고려의 입장에서 외교 의례 상 합당한 일이었으며, 또한 변경 지역에 대규모 축성을 둘러싸고 발생할 수 있는 불필요한 긴장을 사전에 방지하고자 한 의도가 있었다고 생각된다.[71]

여진의 거센 저항 및 9성 환부 요구, 그리고 9성 시설 관리 문제 등

邊戶 自乃祖先之故 悉蒙獸畜之憐 比及近年 反招自孽 昧制禦之寬而不顧 恃妖狂之衆而多驕 繹騷疆陲 傷奪士卒 狗偸鼠竊 漸至難逃之姦 羊狠狼貪 猶有不厭之惡 臣以職居糾逖 權在撫綏 原情難可以容誅 整旅亦從而問罪 <u>按兵方戰 屈醜自降 潰奔而巢穴皆空 開拓而城池乃設 千金不費 僅成拙速之能</u> 百矢專征 免辱不休之賜 玆賴陛下靈威之被 得雪斯民冤憤之深 然念出奇者 誠在豫言 攻敵者勢當欲疾 又因殘賊 尙備不虞 愼終故稽厥奏公 謀始則靡遑 請命 歡頌雖切 凌兢亦多 仰祈神聖之慈 俯亮悃誠之直 獻非齊捷 倘加告慶 之儀 順若鄭辭 小副啓心之誘.

69)『高麗史節要』卷7 睿宗 4年(1109) 5月 集群臣於宣政殿 問以還女眞九城可否 … 諫議大夫金緣曰 … 今不與 必與契丹生釁 王曰 何也 緣曰 國家初築九城 使告契丹 表稱女眞弓漢里乃我舊地 其居民亦我編氓 近來寇邊不已 故收復 而築其城.

70) 고려가 여진 지역에 새롭게 축성하는 것은 1107년 12월 병신일 기사에서 확인된다. 『高麗史節要』卷7 睿宗 2年(1107) 12月 丙申 瓘又分遣諸將 畫定地界 又遣 日官崔資顥 相地於蒙羅骨嶺下 築城郭九百五十間 號英州 火串山下 築九百 九十二間 號雄州 吳林金村 築七百七十四間 號福州 弓漢伊村 築六百七十間 號吉州 又創護國仁王·鎭東普濟二寺於英州城中.

71) 9성 환부를 논의할 때에도 9성을 유지함으로써 遼과 적대관계가 될 가능성이 지적될 만큼 고려 조정은 여진과의 관계로 인한 遼와의 관계 악화를 우려하였다고 생각된다. 『高麗史節要』卷7 睿宗 4年(1109) (5月) 集群臣於宣政殿 問以還女眞九城可 否 … 諫議大夫金緣曰 <u>今不與 必與契丹生釁</u> … 我若東備女眞 北備契丹 則 臣恐九城, 非三韓之福也 王然之.

으로 인해 1109년 6월 고려는 9성을 돌려주는 문제를 논의하게 되었
다. 이 자리에서 김연은 고려가 축성한 지역의 추장들이 거란의 관직
을 받은 자가 많다는 점을 지적하며 9성 축성으로 요와의 관계가 악화
될 것을 염려하였다.[72] 결국 고려는 동여진 지역에 수축하였던 성을
환부하기로 결정하고 이를 요에 알렸다.[73] 그런데 1110년 정월에 도착
한 요의 생신사가 전달한 조서에서는 고려가 여진 지역에 성을 쌓고
이를 통보한 사실을 긍정적으로 평한 내용이 담겨 있다.[74] 앞서 전달
된「告伐東女眞表」에 대한 요의 입장이 이제야 도착한 것이라 생각되는
데, 김연의 염려와 달리 요는 고려의 여진 정벌에 대해 크게 문제 삼지
않았다.[75]

---

72) 『高麗史』卷13 世家13 睿宗 4年(1109) (5月) 丙寅 命宰樞及文武常叅官 議奏
東邊事宜.
  『高麗史節要』卷7 睿宗 4年(1109) 5月 集群臣於宣政殿 問以還女眞九城可否
  … 諫議大夫金緣曰 … 今不與 必與契丹生釁 王曰 何也 緣曰 國家初築九
  城 使告契丹 表稱女眞弓漢里乃我舊地 其居民亦我編氓 近來寇邊不已 故
  收復而築其城 表辭如是 而弓漢里酋長 多受契丹官職者 故契丹以我爲妄言
  必加責讓 我若東備女眞 北備契丹則 臣恐九城 非三韓之福也 王然之.
73) 『高麗史』卷13 世家13 睿宗 4年(1109) 是歲 遣都官郎中李國瓊如遼 奏還女
眞九城.
74) 『高麗史』卷13 世家13 睿宗 5年(1110) 正月 壬寅 遼遣衛尉卿李逢辰 來賀生
辰 仍詔曰 卿蕃衛皇家 鎭撫海表 專征守職 盪寇有勞 因乘勝以納降 遂開疆
而置壘 載惟施設 允愜便宜 嚮遣使人 遠馳捷奏 永言歸美 良用慰懷.
75) 고려의 여진 정벌과 관련하여 요 조정이 어떠한 입장에 있었는지 추정할만한 사
료는 확인되지 않는다. 다만 天祚帝의 가족사와 관련하여 요 조정 내의 분란을
짐작할 수는 있다. 道宗의 宣懿皇后와 그 아들·며느리인 황태자 부부는 무고에
연루되어 참혹하게 처형되었는데 천조제는 바로 그 황태자의 아들이었다. 천조
제 즉위 직후 선의황후를 무고한 자들에 대한 처결이 진행되었다(金在滿, 1975,
「宣懿皇后의 被誣와 그 前後事情」『契丹民族 發達史의 硏究』, 讀書新聞社).
이러한 사건을 비롯하여 천조제 시기 요나라 조정의 내부 상황에 대해서는 좀
더 면밀한 분석이 필요하다.

이로부터 7일 뒤에는 9성 환부 조처에 대한 요의 반응이 전달되었다.[76] 요는 조서를 통해 고려의 결정과 이를 통보한 사실을 칭찬하였는데, 이러한 요의 반응을 볼 때 요가 고려와 여진 간에 발생하는 문제를 하나하나 간섭하려는 의지는 없었다고 생각된다. 그럼에도 불구하고 고려가 여진과의 관계에 대해 요에 보고한 것은 앞서 지적한 바와 마찬가지로 여진과의 마찰 외에 요와의 관계에서 불필요한 오해를 막기 위함이었다. 이에 더하여 누차 계속된 여진 정벌로 인한 고려 국내의 불만 역시 요와 화평 관계를 유지하게 된 요인이 되었을 것이다. 당시 고려는 전쟁을 위해 전 국가적으로 철을 비롯한 군수 물자를 징발하였으며 전쟁에서 희생된 인적 자원 역시 적지 않았다. 이로 인해 예종대 고려는 대량의 流民이 발생하는 상황에까지 이르게 되었다.[77]

그러나 정세가 급변하여 1114년 10월에 여진의 阿骨打가 거병하자 요는 동경병마도부서를 통해 고려에 협공을 요청하였고[78] 고려가 이에 동의하는 뜻을 보이자[79] 1115년 4월에 다시 조서를 보내 후일을 기

---

76) 『高麗史』卷13 世家13 睿宗 5年(1110) 正月 己酉 李國瓊還自遼 詔曰 卿嚮討
    邊夷 權置城堡 因其防寇 且務於脩營 旣乃請和 遂從於毁撤 旣愜宜便 復具
    奏陳 載念忠虔 良增嘆尙.
77) 이상 金秉仁, 1994,「高麗 睿宗代 監務의 設置 背景」『全南史學』8 : 2003,
    『高麗 睿宗代 政治勢力 硏究』, 景仁文化社, 220~222쪽.
78) 『高麗史』卷13 世家13 睿宗 9年(1114) (10月) 是月 生女眞完顔阿骨打擧兵叛
    遼東京兵馬都部署司牒曰 近有生女眞作過 止差官領兵討伐 仰指揮 高麗國
    亦行 就便於女眞邊界道路 深入攻討 應據人口財産房舍 收虜蕩除 仍緊切防
    備 勿令走入彼界 險要處所 依據閃避.
79) 1115년 4월에 전달된 요의 조서 내용을 보면 1114년 10월의 요의 협공 요청에
    고려가 동의하였음을 짐작할 수 있다.
    『高麗史』卷14 世家14 睿宗 10年(1115) 4月 壬寅 李壽等還自遼 回詔曰 近以
    邊臣弛備 小寇擾民 方行有罪之誅 是議偏師之擧 以卿地隣賊境 職守侯藩 特
    諭整戎 庶令逐暴 卿遣馳使价 來奉謝章 諒玆從命之臣 盡爾爲忠之節 適當春

약하는 한편 협공을 독려하였다.[80] 같은 해 8월, 요는 본격적으로 병사
를 요청하였지만 고려가 결정을 미루며 출병하지 않자[81] 11월에 다시
한 번 利州管內觀察使 耶律義와 大理少卿 孫良謀 등을 보내 發兵을 독촉하
였다.[82]

　『동문선』에는 「回宣諭助伐女眞表」와[83] 「又(回宣諭助伐女眞表)」가 전하
는데, 이들은 각각 助伐女眞宣諭에 대한 회신과 재차 선유한 내용에 대

事 有慮農妨 姑務練修 別期進取.

80) 『高麗史』 卷14 世家14 睿宗 10年(1115) 4月 壬寅.

81) 『高麗史』 卷14 世家14 睿宗 10年(1115) 8月 庚子 遼將伐女眞 遣使來請兵 ;
乙巳 召宰樞·侍臣·都兵馬判官·諸衛大將軍以上 問至再三 卒無定議.

82) 『高麗史』 卷14 世家14 睿宗 10年(1115) 11月 甲申 遼遣利州管內觀察使耶律
義·大理少卿孫良謀來 督發兵 詔云 昨以女眞不恭 王師問罪 自去冬而降 詔
俾分路以進攻 雖曰整兵 未能殄寇 今則諸軍並會 叩境前行 況爾兵戎 早經點
閱 便可卽時而先出 毋或相應以後時 仍飭使人 就觀進發 勉圖忠效 惟在敬從
仍賜段匹諸物.

83) 『東文選』 卷39 表箋 回宣諭助伐女眞表(韓皦如) 今月五日 永州管內觀察使
耶律資春等至 奉傳詔書一道 粅臣近以生女眞小寇犯邊 雖量差兵馬 分路捕
捉 剪除去訖 更慮事逼 竄往彼界 割據陰隘處 所避罪藏閃 別致本國人戶驚
騷爲患 兼卿自來 亦曾告奏被女眞時有侵擾 今遇我朝擧兵 假此威勢 卿亦宜
速整戎士 取便揀取要路 迎迓相助 除減其賊 必難走透 俱爲利便 宜從朕命
無至稽延 差去使人回日 遠具分白事意奏聞者 王人遠至 詔旨惟嚴 循省異常
凌兢失次 {中謝} 恭惟皇帝 勇由天錫 聖與日躋 盛德巍功 冠映百王之表 深
仁利澤 涵濡萬國之中 能令有識謳歸含 生鼓動而無敢有抗衡背義干紀亂常
者 惟彼女眞 性實頑愚 號爲桀驁 在昔固當以力制 于今亦難以智懷 肆縱禽
心 開興蠆毒 豈足煩乎威怒 第未免其驅除而已 然謂苗民不恭 雖虞舜猶憂猾
夏蚩尤爲虐 自黃帝未能去兵 爰整偏軍 方行薄伐 比如擧大山以壓累卵 揭炎
火以燎飛蓬 靈旗一揮 狡冗皆潰者必矣 而以慮因事迫 竄人臣封 作害黎元
以貽禍患 先示遣華之寵 激其敵愾之 忠捧讀訓辭 益認庇存之厚 感銘肝膈
罔知論報之方 顧惟弊藩 介在賊壞 時被攘奪 相與戰爭 士馬所以疲勤 糧饋
所以耗竭 況此姦兇之類 據其深險之閒 水宿草居 風來電往 苟非天討 曷報
邦讎 待擧熊虎之師 大破犬羊之衆 助張聲勢 獲見蕩平 庶遵重耳奉揚之誠
免負周王糾逖之命.

한 회신이므로 그 사이에 요로부터 여진 공벌을 도우라는 선유가 두 차례 있었음을 짐작할 수 있다. 『동문선』에 전하는 두 回表에는 모두 助戰을 요청하는 요의 조서가 인용되어 있는데, 두 번째 表[又表]를 살펴보면 요의 조서를 전달한 사람이 橫宣使 某官 耶律義로 되어 있다.[84] 1115년 11월에 고려에 와서 발병을 독촉한 遼使 중 한 명이 利州管內觀察使 耶律義라는 점을 토대로 又表가 1115년 11월의 독촉에 대한 답서라 추측할 때,[85] 「回宣諭助伐女眞表」는 그 3개월 전인 8월의 請兵에 대한 답신이었다고 생각된다.

1116년 2월에는 요 東京人이 내투하는 등[86] 이후 요의 지배체제는 급속도로 이완되었다. 그 다음 달에는 내원성의 식량이 고갈되었고[87] 동경의 발해인 高永昌이 반란을 일으켰다.[88] 4월에 고려는 처음으로 금

---

84) 『東文選』 卷39 表箋 又(韓皦如) 今月日 橫宣使某官耶律義等至 奉傳詔書粬臣 昨以女眞不恭 王師問罪 自去冬而降詔 俾分路以進攻 雖曰整兵 未及殄寇 今則諸軍並會 扣境前行 況尒兵戎 早經點閱 便可□時而先出 無或相應以後期 仍飭使人 就觀進發 勉圖忠効 惟在敬從者 使价棘來 訓辭嚴切 祗受以往 莫知所圖 {中謝} 臣介居海邦 叨守藩職 荷帝仁之丕冒 陶王化以久安 屬當去歲之冬 遽被自天之詔 認玆女眞 猥我皇朝 憑一擧之靈旗 欲奉揚於天討 爰整軍旅 俾驅塞邊 迺道路之阻脩 又冰凌之開拆 退於農作 姑此練脩 不圖皇者之華 繼降諄然之命 仰惟款密 更勵精衷 迺緣地埒以民貧 實愧兵疲而力弱 雖未能於應接 庶小助於蕩除 然不待王 人之就觀 預令將卒以分發 東郵勾集 禦寇賊以 遮屯北鄙防閑 俟姦兇之閃入 量公分之所及 期薄効之可伸 區區之誠 萬萬於是.

85) 이 추정에 무리가 없다면, 요에서 보낸 橫宣使의 성격을 究明하는 데에도 도움을 받을 수 있다. 즉 『고려사』 세가에는 耶律義의 특정한 사행 목적이나 사행명이 기록되지 않고 단순히 직함만 기록되어 있는데, 1차사료에 보다 가까운 『동문선』에 수록된 표문에는 횡선사로 기록되어 있으므로 당시 고려인들이 사행 목적이 분명하지 않은 遼使들을 橫宣使로 기록했을 가능성도 있다고 생각된다.

86) 『高麗史』 卷14 世家14 睿宗 11年(1116) 2月 癸酉 遼東京人高譜 來投.

87) 『高麗史』 卷14 世家14 睿宗 11年(1116) 3月 乙未 朔 王聞遼來遠・把州二城 爲女眞所攻 城中食盡 遣都兵馬錄事邵億 送米一千石 來遠統軍 辭不受.

나라 사신의 내방을 받았고[89] 급변하는 국제정세를 감지한 고려 조정
은 요의 천경 연호 사용을 중단하기로 결정하였다.[90] 오랜 기간 동안
고려의 고심거리였던 내원성과 보주 역시 여진의 공격을 받아 유민들
이 고려에 투항하는 등[91] 거의 함락되는 상황에 이르자 고려는 금에
사신을 보내 보주 지역이 본래 고려의 영역임을 주장하였다.[92] 1117년
3월에는 금의 공격을 받아 퇴각하던 요군이 보주지역을 고려에 이양하
였다.[93] 고려와 거란간의 압록강 영역을 둘러싼 긴장 요소가 완전히

---

88) 『高麗史』卷14 世家14 睿宗 11年(1116) 3月 壬寅 鄭良稷自遼東京還 時東京
渤海人作亂 殺留守蕭保先 立供奉官高永昌 僭稱皇帝 國號大元 乾元隆基.

89) 『高麗史』卷14 世家14 睿宗 11年(1116) 4月 庚午 金主阿骨打 遣阿只來.

90) 『高麗史』卷14 世家14 睿宗 11年(1116) 4月 辛未 中書門下奏 遼爲女眞所侵
有危亡之勢 所禀正朔 不可行 自今公私文字 宜除去天慶年號 但用甲子 從之.

91) 『高麗史』卷14 世家14 睿宗 11年(1116) 4月 戊寅 遼來遠·抱州二城流民 驅羊
馬數百 來投 ; 己卯 遼流民男女二十餘人來投 獻羊二百餘口.

92) 『高麗史』卷14 世家14 睿宗 11年(1116) 8月 庚辰 金將撒喝 攻遼來遠·抱州二
城 幾陷 其統軍耶律寧 欲帥衆而逃 王遣樞密院知奏事韓皦如招諭 寧以無王
旨辭 皦如馳奏 王欲令樞密院 具箚子送之 宰臣諫官奏曰 彼求王旨 其意難測
請止之 王乃遣使如金 請曰 抱州本吾舊地 願以見還 金主謂使者曰 爾其自取之.

93) 『高麗史』卷14 世家14 睿宗 12年(1117) 3月 辛卯 遼來遠城牒曰 昨爲生女眞
及東京渤海背亂 致不廣收得田禾 官司雖有見在穀粟 所有正軍外平閑民戶
闕少粮儲 權時挼借米貨五萬石 瞻濟民戶 比候來秋 却具元借米貨碩斗還充
必不闕少 王命兩府臺省侍臣知制誥文武三品都兵判官以上 會議中書省 令
判兵馬事金緣等 傳諭統軍 若歸我兩城人物則 不須挼借米貨 再三往復 統軍
不肯從 及金兵攻取遼開州 遂襲來遠城 及大夫·乞打·柳白三營 盡燒戰艦 擄
守船人 統軍尙書左僕射開國伯耶律寧 與來遠城刺史檢校尙書右僕射常孝孫
等 率其官民 載船一百四十艘 出泊江頭 移牒寧德城曰 女眞背亂 幷東京渤
海續有背叛 道路不通 統軍部內 田禾未收 米穀踊貴 致有貧寒人等 爲高麗國
隣近住坐 已曾借糧推進 不行挼借 爲此部內人民 赴裏面州城 趂逐米來去 此
至 回來爲相和 事在此 州幷地 分交付去訖 仰行交受已後 准宣命施行 以來
遠·抱州二城歸于我 遂泛海而遁 我兵入其城 收兵仗及錢貨財物甚多 金緣具
狀馳奏 王大悅 改抱州爲義州防禦使 以鴨江爲界 置關防.

사라지게 된 것이다.

　이 시기 고려와 요 조정 간에는 사행 왕래 기록이 없다. 1119년 8월에 요에서 보내온 사행의 전언을 보면94) 고려와 사행이 잠시 중단되었음을 알 수 있다. 1120년 7월에 요는 고려에 조서를 보내 고려 태자 책봉 문제를 거론하며95) 책봉국으로서의 지위를 끝까지 유지하려 하였지만 태자 책봉 논의는 더 이상 진행되지 않은 채 예종이 승하하고 인종이 즉위하였다.96)

　先代와 달리 인종대에는 즉위 후 요에 告哀하였다는 기록이 확인되지 않는다. 그러나 송과는 끊임없이 사행이 왕래하였고, 1123년(仁宗 1) 6월에는 송의 國信使 路允迪 등이 와서 예종에게 제사를 지내고 인종을 조위하였다.97) 숙종·예종대에도 그러했듯이 인종대 송과의 외교는 황제의 조서 내용보다는 사신의 구두 전언을 통해 더 세부적인 정보와 논의가 이루어졌는데, 노윤적 역시 요의 명이 다했다는 점을 지적하며

---

94) 『高麗史』 卷14 世家14 睿宗 14年(1119) 8月 (癸卯) 契丹遣蕭公聽·耶律遵慶來 東路兵馬使都部署牒云 准樞密院·奉聖旨箚字 高麗近因道途阻礙 難通貢賀 頒賜恩禮 亦且累年曠隔 仰差小使 因便傳詔幷致 所賜衣著.

95) 『高麗史』 卷14 世家14 睿宗 15年(1120) 7月 甲辰 遼遣樂院副使蕭遵禮來 詔曰 省所上表具悉 卿東陲立社 北闕稱藩 自二豎之戎生 致一方之路阻 嚮祈立嗣 未始行封 近稔勤王 又嘗敵愾 每念至此 已多憮然 更待乘宜 輒圖蕩寇 頃頒密詔 俾諭玆懷 道會多艱 人難偕往 或旋泝楫 莫達封函 賜幣微通 僅能將意 謝章遽拜 盆驗輸誠 而又言出由衷 心期報上 既增慷慨 須事澄淸 固在同仇 是爲大順 佇觀實效 續俟來音 更示頒宣 第思遵領.

96) 『高麗史』 卷15 世家15 仁宗 卽位年(1122) (睿宗)十七年四月 丙申 睿宗薨 諸弟以王幼 頗有覬覦心 平章事李資謙奉王卽位于重光殿.

97) 『高麗史』 卷15 世家15 仁宗 元年(1123) 6月 甲午 宋國信使禮部侍郎路允迪·中書舍人傅墨卿來 ; 庚子 迎詔于會慶殿 詔曰 逖聞嗣國 甫謹修方 諒惟善繼之初 克懋統承之望 遽經變故 深極傷摧 肆遣命使之華 往諭象賢之寵 載蕃賚予 幷示哀榮 宜祗服於王靈 用永遵於侯度 今賜卿禮物具如別錄 ; 癸卯 王詣魂堂 受祭奠·弔慰詔 … 祭睿宗.

인종에게 송의 책봉을 받을 것을 권하였다.98) 송은 이미 1117년 경부
터 요의 쇠락을 파악하고 여진[金]과 연결하여 요를 공격하고 있었
다.99) 인종은 喪中이라는 구실로 일단 결정을 유보하였는데100) 요가 금
의 공격을 받아 쇠락하고는 있었지만 그동안 이어진 요와의 외교 질서
를 쉽게 깨뜨릴 수 없었고 요와 금 중 어느 쪽이 끝까지 살아남아 패권
을 장악할 지에 대해서도 분명한 판단을 내릴 수 없었기 때문에 좀 더
상황을 지켜보기로 한 것이 아닌가 생각된다. 송사가 돌아간 후 고려
가 요에 사신을 보냈다는 점도,101) 위와 같은 추측을 뒷받침한다. 그러
나 이 사신은 결국 사명을 완수하지 못하고 돌아오게 되고, 이것이 고
려가 파견한 마지막 對遼 사행이 되었으며 1125년에 요는 金에 멸망되
었다.102)

---

98) 『高麗史』 卷15 世家15 仁宗 元年(1123) 6月 癸卯 路允迪等告王曰 帝聞先
國王薨逝 嗣王傳業 故遣使致奠弔慰 詔書祭文 皆御製親扎 在元豐開祭弔
止是常例 今恩禮甚異 大觀年間 所降詔書 內特去權字以示眞王之禮 今此
御扎 亦示殊恩 但先王爲已受遼册命 故避諱耳 今遼命已絶 可以請命朝廷.

99) 陶晉生, 1984, 「對於北宋聯金滅遼政策的一個評估」 『宋遼關系史研究』, 聯
經出版事業公司, 203~204쪽.

100) 『高麗史』 卷15 世家15 仁宗 元年(1123) 6月 癸卯 王答曰 弊邦自祖宗以來
樂慕華風 況我先考 以禮事大 以忠述職 雖在海外 心常在於王室 故天子灼
見 屢加寵澤 今又親製祭文 特示異恩 於臣職銜 又去權字 雖先考嘗蒙此禮
小子何足以當之 所謂册命 天子所以襃賞諸侯之大典也 今憂制未終而 遽求
大典 於義未安 實增惶愧 冀於明年 遣使謝恩 幷達微誠 惟公等 善爲敷奏.
7월에 노윤적이 귀국하는 편에 인종이 附表하였다는 기록이 있는데, 아마도 위
의 내용을 표로 작성하여 전달하였을 것이다.
『高麗史』 卷15 世家15 仁宗 元年(1123) 7月 辛酉 宋使路允迪等還 王附表以謝.

101) 『高麗史』 卷15 世家15 仁宗 元年(1123) 8月 遣河則寶如遼 自龍州泛海 不
達而還.

102) 『高麗史』 卷15 世家15 仁宗 3年(1125) 12月 是歲 金滅遼.
『遼史』 卷30 本紀30 天祚皇帝4 保大 5年(1125) 2月 至應州新城東六十里 爲
金人完顔婁室等所獲 ; 8月 癸卯 至金 丙午 降封海濱王 以疾終 年五十有四

이렇듯 예종·인종대의 여요 관계는 국제 정세의 큰 변화 속에서 진행되었다. 이 시기 고려와 요는 상대국에 대해 상당히 정비된 외교 의전을 수행하였다. 양국 간에는 정규 사행 왕래 기록도 풍부하며, 비정규 사행의 왕래도 활발했다. 遼는 고려 태후의 喪에도 조문하여 고려 조정을 기쁘게 하기도 했다. 이렇듯 안정적이며 평화로운 양국 관계로 인해 예종대 고려는 숙종대와 마찬가지로 遼와의 관계를 가장 중요한 대외관계로 보고, 송의 책봉과 정삭을 받지 않았다. 숙종대와 달라진 점은 송 역시 고려와 요의 관계를 고려하여 책봉과 정삭 반포를 하지 않을 것임을 미리 언급했다는 점이다. 즉 당시 동북아시아 국제 질서 속에서 고려는 물론 송도 고려와 요의 관계를 가장 먼저 고려했던 것이다. 아울러 고려-요 간의 조공·책봉 관계는 고려-송의 관계, 고려-여진의 관계와 공존이 가능했다는 점도 확인되었다. 그러나 고려와 요의 관계에 여진이라는 변수가 공통적으로 등장하면서 양국은 상호간의 관계보다는 여진과의 관계 및 그로 인한 내정의 변화에 좀 더 집중하게 되었다. 金이 건국된 후 요는 급속히 약화되었고 금의 공격을 받은 보주 내원성이 함락되면서 고려에 귀속되었다. 이로써 백 여 년 동안 고려를 고심하게 만든 압록강 유역의 거란 거점이 사라지게 되었고, 따라서 양국 간 갈등의 주요 요인 역시 소멸되었다.

在位二十四年.

금의 공격을 받아 요가 멸망하는 과정에서 興宗의 4대손인 耶律淳이 이끄는 北遼가 잠시 서기도 하였으나 곧 천조제에 의해 진압되었고, 太祖의 8대손인 耶律大石이 이끄는 西遼는 중앙아시아에서 한동안 세력을 유지하였다. 이상 『遼史』 卷30 本紀30 天祚皇帝4 耶律淳·耶律大石 참조.

3. 예종·인종대 기년 방식의 변화

앞서 예종대에서 인종 초년에 걸친 고려의 對遼 외교 관계의 전개상
을 살펴보았다. 이 시기에 고려가 사용한 遼 지칭 표현이나 對遼關係 지
칭 표현 용례 상에서는 별다른 특이사항이 나타나지 않는다. 이미 요
를 우위로 한 외교 질서에 적응한 지 오래였고, 요에 대한 적대의식이
나 폄하를 불러 일으킬만한 갈등이나 충돌도 발생하지 않았기 때문이
라고 생각된다. 다만 예종대와 인종대에 제작된 묘지명 중 현존하는
사례에서는 기년호의 측면에서 검토할 부분이 있다.

우선 1110년에 작성된 다음의 故太君 金氏의 묘지를 보자.

VI-아. (1) 故太君金氏墓誌銘(題額)

　　　 (2) 故追封靈光郡太君金氏墓誌銘

　　　 (3) 太君姓金氏故相國匡文公諱行瓊之第二

　　　 (4) 女也適追封檢校軍器監滎陽鄭公諱僅

　　　 (5) 鄭公先於二十三年太安四年戊辰七月二十九日

　　　 (6) 卒太君年甫七十二於丁亥十一月二十二日以疾

　　　 (7) 卒屬纊不亂殯于京北山地藏寺後三年

　　　 (8) **太宋大觀四年　本朝乾統十年庚寅**二月

　　　 (9) 壬寅葬于京東朝陽山南岳之南麓東蓮

　　　 (10) 寺之東原男西京留守判官禮部員外郎

　　　 (11) 克恭粗誌其略銘曰

　　　 (12) 惟是先妣之室旣固旣安庶幾無窮以

　　　 (13) 利其嗣人[103]

---

103) 墓誌 원문은 국립중앙박물관에 소장되어 있으며(新5807), 1110년(睿宗 5)에 작
　　 성되었다. 원문은 다음을 참조하였다.
　　 金龍善, 2006, 『高麗墓誌銘集成』(제4판), 翰林大學校出版部.
　　 http://www.krpia.co.kr/pContent/?svcid=KR&proid=73&arid=506&ContentNumber=

묘지의 주인공인 金氏는 鄭僅의 부인이자 鄭克恭의 어머니로, 묘지명 역시 정극공이 작성하였음을 11행의 내용을 통해 알 수 있다. 묘지에 사용된 기년호를 보면 먼저 5행에서 鄭僅의 사망 연도를 요 道宗의 연호인 太安[大安]과 간지로 표기하였고 6행에서는 太君의 사망연도를 간지만으로 기록하였다. 그런데 8행에서는 특이하게도 송을 太宋으로 지칭하며 徽宗의 大觀 연호를 사용하였다. 더욱 흥미로운 부분은 송의 연호에 뒤이어 요 천조제의 두 번째 연호인 乾統과 간지가 병기되었으며, 이를 "本朝紀年"이라 표현하였다는 점이다. 이때의 本朝는 고려를 가리킨다고 생각되며, 따라서 8행 전체의 의미를 새겨 보자면 '송 대관 4년은 우리나라의 기년으로는 건통 10년 경인(1110)이다'로 풀이된다. 즉 어떠한 이유에서인지 송의 연호를 썼지만 이를 다시 본조, 즉 고려식 기년 방식으로 환산하여 기본 기년호인 요의 연호와 간지를 병기한 것이라 생각된다. 아울러 전체적으로 볼 때 요의 연호가 이 묘지의 주요 기년호로 사용되었다는 점은 분명하다. 또 간지가 병기되거나 단독 기년호로 사용되고 있다는 점은 현종대 정도사 5층 석탑 조성형지기의 분석결과에서도 확인된 바이므로 故太君 金氏의 묘지에서는 송의 연호가 사용되었다는 점을 제외하고는 고려 내부의 기년호 사용 규칙과 관련하여 큰 변화는 없었다고 할 수 있다.

故太君 金氏의 묘지가 만들어지고 6년이 지난 1116년 4월에는 고려 조정에서 요의 天慶 연호 사용을 중지하는 결정이 내려졌다.[104] 같은 해 10월에 지어진 崔思諏의 묘지명에서는 송 徽宗의 政和 연호를 사용하여 묘지 제작 시기를 "大宋政和六年(1116)歲在丙申"으로 기록하였고

15&pageNumber=14 ㈜누리미디어 고려묘지명집성

104) 『高麗史』 卷14 世家14 睿宗 11年(1116) 4月 辛未 中書門下奏 遼爲女眞所侵 有危亡之勢 所禀正朔 不可行 自今公私文字 宜除去天慶年號 但用甲子 從之.

최사추의 사망 시기인 1115년은 "大宋政和五年(1115)歲在乙未"라 하였
다.[105] 최사추의 사망은 요나라 연호 사용 중단을 결정하기 이전의 일
이므로, 천경 연호로 기록되거나 혹은 간지로만 기록되는 것이 그간
확인해 온 고려의 기년호 사용 관습에 부합하는 방식이다. 그러나 최
사추 묘지에서 그의 사망 시기는 송의 연호로 기록되었다. 사건 당시
의 기년호를 그대로 사용하며 후대 기년 방식에 맞추어 변개하지 않았
던 관습에도 변화가 생기고 있었음을 짐작하게 하는 사례라고 하겠다.
이외에 모든 기년은 간지가 사용되었다. 따라서 최사추 묘지에서는 고
려 조정이 요의 연호 사용을 중지하고 간지를 사용하기로 한 결정이
상당히 충실히 준수되었음을 알 수 있다.

현존하는 묘지 중 1117년에 제작되었던 것으로 추정되는 묘지로는
崔繼芳과 任懿·河源郡君 柳氏 등의 묘지가 있다. 최계방 묘지 말미에는
이를 쓰고 새긴 날짜가 "大宋政和七年(1117)歲次丁酉"로 기록되어 있
다.[106] 최사추 묘지와 마찬가지로 요나라 연호를 사용하지 않기로 한
조정의 결정을 충실히 반영한 것이라 볼 수도 있지만, 그러나 본문 중
에서 최계방의 생애를 정리하면서는 重熙·太康·壽昌 등 요의 연호가 사
용되었고 1113년과 1114년은 天慶 연호로 기록되어 있다. 다만 최계방
이 사망한 1116년은 간지로 기록되었다.

---

105) 墓誌 원문은 서울대학교 박물관에 소장되어 있다. 원문은 다음을 참조하였다.
    金龍善, 2006, 『高麗墓誌銘集成』 (제4판), 翰林大學校出版部.
    http://www.krpia.co.kr/pContent/?svcid=KR&proid=73&arid=506&ContentNumber=
    16&pageNumber=15 ㈜누리미디어 고려묘지명집성
106) 墓誌 원문은 국립중앙박물관에 소장되어 있다(本8035). 원문은 다음을 참조.
    金龍善, 2006, 『高麗墓誌銘集成』 (제4판), 翰林大學校出版部.
    http://www.krpia.co.kr/pContent/?svcid=KR&proid=73&arid=506&ContentNumber=
    17&pageNumber=16 ㈜누리미디어 고려묘지명집성

그런데 1117년 5월에 사망하여 8월에 葬地에 묻힌 任懿의 묘지에서
는 咸雍·太康·太[大]安·壽昌·乾統·天慶 등의 요나라 연호를 사용하여 피
장자의 생애를 정리하였다.107) 다음으로 河源郡君 柳氏는 尹彦榮의 부인
인데, 묘지 내용에 따르면 1117년 7월에 사망하고 그해 겨울에 장지에 묻
혔지만108) 사망 시기와 피장 시기가 모두 천경 7년으로 기록되어 있다.

이상 1116년에 있었던 요나라 천경 연호 사용 중지 결정 직후에 제
작된 묘지 몇 편에 사용된 기년호들을 검토해 보았다. 최사추 묘지는
1116년 이전 사건을 송 연호를 사용하여 기록했다는 점에서 이전의 기
년호 선택 관습과 어긋나지만, 조정의 결정을 충실히 따르고 있다는
점은 유의할 만하다. 특히 천경 연호 중지 조처가 반포된 지 6개월 만
인 10월에 제작된 묘지에서 천경 연호가 배제되었다는 점은 고려 조정
의 정책이 실생활에 수용되는 기간을 이해하는 데에도 매우 유용한 단
서를 제공한다고 생각된다. 그러나 최계방과 임의·하원군군 유씨 묘지
는 조정의 결정과 달리 천경 연호가 여전히 사용되었다. 이 시기의 기
년 사례에 이렇게 다양한 변용이 확인되는 것은 아무래도 1116년 조정
의 결정이 당시의 관습과는 현저히 동떨어진 조처였기 때문이라고 이
해하여야 할 듯하다. 한동안은 조정의 결정을 준수하려는 경향과 익숙
한 기존의 기년호를 그대로 사용하는 입장이 공존했으리라 생각된다.

---

107) 墓誌 원문은 국립중앙박물관에 소장되어 있다(本13812). 원문은 다음을 참조.
金龍善, 2006, 『高麗墓誌銘集成』(제4판), 翰林大學校出版部.
http://www.krpia.co.kr/pContent/?svcid=KR&proid=73&arid=506&ContentNumber=
18&pageNumber=17 ㈜누리미디어 고려묘지명집성
108) 墓誌 원문의 소재는 미상이며 원문은 다음을 참조.
金龍善, 2006, 『高麗墓誌銘集成』(제4판), 翰林大學校出版部.
http://www.krpia.co.kr/pContent/?svcid=KR&proid=73&arid=506&ContentNumber=
19&pageNumber=18 ㈜누리미디어 고려묘지명집성

　1125년(仁宗 3)에 만들어진 靈通寺 大覺國師碑에서는 주로 간지와 고려 왕력으로 기년하였지만, 遼와의 조공·책봉 관계가 수행되고 있었던 1086년(宣宗 3)과 1087년을 송 元祐 연호를 사용하여 기록하기도 했다.[109] 1132년(仁宗 10)에 제작된 僊鳳寺 大覺國師碑에서는 고갑자와 간지가 사용되었고 요가 멸망한 이후인 1129년은 송의 建炎 연호와 금의 天會 연호 및 간지로 기년하였다.[110] 그런데 1101년은 요의 乾統 원년으로 기록하여[111] 이전의 기년 방식이 여전히 준수되는 모습도 확인된다. 같은 해에 만들어진 徐鈞의 묘지명은[112] 992년(成宗 11)에서 1132년에 이르는 기간에 걸친 내용을 전하는데, 거란과 통교하기 전 시기를 언급하는 부분에서는 송의 淳化 연호가 사용되었고, 제작 연도는 제작 당시의 외교 질서를 따라[113] 금의 天會 연호로 기년하였다. 요가 멸망

---

109) 영통사 대각국사비의 비문은 한국금석문 종합영상정보시스템 참조.
　　http://gsm.nricp.go.kr/_third/user/viewer/viewer01.jsp?ksmno=3192
110) 원문은 "大宋建炎元年大金天會七年己酉"인데, 건염 원년은 1127년이고 천회 7년은 1129년이다. 병기된 간지 기유년이 1129년이므로 건염 기년에 오류가 있었던 것이 아닌가 추측된다.
111) 선봉사 대각국사비의 비문은 한국금석문 종합영상정보시스템 참조.
　　http://gsm.nricp.go.kr/_third/user/viewer/viewer01.jsp?ksmno=3196
112) 墓誌는 국립중앙박물관에 소장되어 있다(新5813). 원문은 다음을 참조하였다.
　　金龍善, 2006, 『高麗墓誌銘集成』(제4판), 翰林大學校出版部.
　　http://www.krpia.co.kr/pContent/?svcid=KR&proid=73&arid=506&ContentNumber=26&pageNumber=25 ㈜누리미디어 고려묘지명집성
113) 고려는 1126년에 3월 백관의 회의를 거처 금에 事大를 결정하고 4월에 금에 사신을 보내 稱臣할 것을 전하였다.
　　『高麗史』卷15 世家15 仁宗 4年(1126) 3月 辛卯 召百官 議事金可否 皆言不可 獨李資謙·拓俊京曰 金昔爲小國事遼及我 今旣暴興滅遼與宋 政修兵强日以强大 又與我境壤相接 勢不得不事 且以小事大 先王之道 宜先遣使聘問從之 ; 4月 丁未 遣鄭應文·李侯如金 稱臣上表 … 金回詔.
　　인종 4년 3월의 백관회의와 당시 고려와 금 간의 현안과 관련해서는 朴漢男, 1993, 『高麗의 對金外交政策 硏究』, 성균관대학교 박사학위 논문의 2·3장 참조

하고 20여 년이 지난 1144년(仁宗 22)에 만들어진 許載의 묘지명에서는 간지가 단독 기년호로 사용되었는데, 내용 중에 송과 요를 언급하면서 "大遼"라는 지칭 표현을 사용하였다.[114]

 이처럼 요 天慶 연호 사용 중지를 결정한 1116년 이후에 제작된 금석문에서는 주로 간지를 단독 기년호로 채택하는 경향이 주를 이루지만, 요와의 조공·책봉 관계가 이행되었던 시기를 기록할 때에는 여전히 요의 연호가 주요 기년호로 사용되었다. 이는 요와의 외교 질서가 유지되는 동안에는 요나라 연호가 기본 기년호로 사용되었다는 점을 검증해 준다. 동시에, 후대에 사건을 기록하더라도 사건 발생 당시의 기년호를 그대로 사용하고 기록 시점의 외교 관계에 따라 기년호를 변개하지 않는 기년호 사용 관습이 계속해서 유지되고 있었다는 점을 거듭 확인해 준다. 다만 1071년에 송과의 통교가 재개된 이후에는 문서의 내용 혹은 기록 주체의 의지에 다라 기본 기년호인 요나라 연호 외에 송의 연호가 사용되는 사례가 있어 왔는데, 송 연호 사용 경향은 遼의 쇠퇴와 맞물려 좀 더 확대되는 양상을 보였다고 하겠다.

---

114) 墓誌는 국립중앙박물관에 소장되어 있다(新5877). 원문은 다음을 참조.
    金龍善, 2006, 『高麗墓誌銘集成』(제4판), 翰林大學校出版部.
    http://www.krpia.co.kr/pContent/?svcid=KR&proid=73&arid=506&ContentNumber=41&pageNumber=40 ㈜누리미디어 고려묘지명집성

VII
결론 : 고려의 對거란 외교의 특징

지금까지 고려 태조대에서 인종대에 이르는 거란과의 외교 관계를 고려의 갈등 조정 전략 및 조공 책봉 질서의 내부적 수용에 초점을 맞추어 살펴보았다. 본론에서는 10세기부터 12세기까지, 3세기에 걸친 양국의 외교 관계가 국제 정세와 고려 내부의 상황 등을 종합적으로 고려하면서 다소 장황하게 검토된 면이 있으므로 이 장에서는 본론의 내용을 간략히 요약하면서 고려가 수행한 對거란 외교의 특징을 정리해 보도록 하겠다.

건국 초기에 고려는 거란과 몇차례 사행을 교환하다가 내정 안정을 위해 거란으로부터의 화친 제의를 의도적으로 거절하고 그들을 멀리하는 정책을 택하였다. 고려가 천명한 거란과의 단교 이유는 그들이 '無道하다'는 것이었는데, 태조의 이 발언은 訓要 4조의 '禽獸之國' 및 9조의 '强惡之國'이라는 표현과 함께 고려 내부에서 거란에 대한 부정적 인식이 형성·고착되는 주요한 계기가 되었다. 국초 고려는 거란과의 교류가 극히 적었고 내부적으로 그들에 대한 일정한 像을 발전시킬 만한 교섭 경험도 매우 적었다. 다만 발해 유민들로부터 유입된 亡國의 간접 경험으로 거란에 대한 두려움이 이식되고, 이것이 거란에 대한 반감으로 전환되었을 가능성은 있다. 고려에 확산된 거란에 대한 막연한 두려움은 내정을 안정시키고자 했던 고려 조정의 의도 하에 선택되어진 거란에 대한 부정적인 표현 및 단교 선언으로 인해 부정적 거란 인식으로 고착되었다.

태조의 對거란 정책이 이후에도 계승되었음은 고려와 5대 혹은 고려와 송의 교섭을 통해 확인되며, 아울러 고려가 사용한 기년호가 주로 5대 및 송의 연호였다는 점도 국초 고려의 주요 대외 교섭 대상은 중원 왕조였음을 잘 보여준다.

이와 같은 태조대의 대외 정책이 한동안 유지되다가 성종대에 거란이 통교를 요구하며 전쟁을 일으켰다. 고려는 종전 협상을 통해 거란의 책봉을 받고 臣屬하는 형태의 외교 질서를 수용하였다. 이 과정에서 고려는 의도하지는 않았지만 압록강 동쪽 영역에 대한 통할권을 거란으로부터 승인 받았다[地界劃定]. 이후 고려 조정은 새롭게 수립된 거란과의 외교 관계에 맞는 의전을 찾기 위해 고심하였으며, 이전과는 다른 지칭 표현으로 거란 및 거란과의 교섭을 기록하였다. 예를 들어 이전에는 거란이 고려에게 請和하거나 물품을 獻하였다고 기록하였지만 거란과 화의가 성립된 이후에는 고려가 거란에 朝覲하고 방물을 進獻하는 관계로 표현되었다.

거란의 책봉을 최초로 받은 성종이 죽고 목종이 뒤를 이은 후에도 양국은 책봉국·피책봉국의 관계를 유지하였으나, 거란의 책봉을 받아 공식적으로 고려 군주로서 거란에게 인정받은 목종이 폐위되고 현종으로 교체되자 이 과정에 거란이 문제를 제기하면서 양국 간에 재차 전쟁이 발발하였다. 현종의 親朝 제안으로 2차 전쟁이 마무리 되었지만, 고려가 친조를 이행하지 않으면서 다시 거란과의 전쟁이 발발하였다[3차 전쟁].

이렇듯 고려와 거란이 이미 통교를 위해 한 차례의 전쟁을 겪고 조공·책봉 관계를 수립한 뒤에도 재삼 전쟁을 겪게 된 것은 양국 간에 합의되지 못한 갈등이 존재했기 때문이다. 근본적으로 거란은 1차 전쟁 때 고려에 귀속된 압록강 동쪽 지역에 대한 우선권을 차지하고 싶어 했으며 고려는 왕조의 안위를 위해 외부 세력이 압록강 동쪽으로 진출하는 것을 원치 않았다. 이러한 압록강 동쪽 지역을 둘러싼 양국의 보이지 않는 갈등은 양국 간의 위계 질서 문제와 맞물려 전쟁으로 비화되었다.

현종대의 전쟁을 통해 고려는 거란이 원하는 외교 질서와 고려의 입장 간의 괴리를 깨닫게 되었다. 거란이 고려와의 외교 관계에서 원하는 것은 994년 지계획정의 성립과 함께 수립된 양국 관계, 즉 고려의 군주가 거란 황제에게 책봉을 받고 조공을 수행하는 관계에 걸맞는 종주국으로서의 위상을 확인하는 것이었다. 거란의 책봉을 받은 목종이 고려 내부 사정으로 폐위되고 거란에 알려지지 않았던 새로운 인물인 현종이 고려의 군주가 된 사실은 목종을 책봉한 거란 황제의 위상을 가볍게 여기는 것으로 받아들여졌을 것이며, 이러한 비정상적 왕위 교체 상황이 고려가 아닌 제3자인 여진을 통해 전달된 것 역시 고려가 거란과의 조공 책봉 관계를 부정하는 것으로 비춰졌을 것이다. 거란과의 3차 전쟁이 어느 한 쪽의 절대적 우위로 전개되지 못하면서 화친 분위기가 조성되자 고려는 거란에 '예전처럼 번을 칭하고 공물을 바칠 것[稱藩納貢如故]'을 청하였고, 1022년에 현종이 거란의 책봉을 받음으로써 양국의 외교 관계는 다시 화평을 찾게 되었다. 이를 계기로 양국은 상호 간의 위계 질서에 최종적으로 합의하였고 보다 구체적인 외교 절차가 본격적으로 마련되었다. 이후 양국의 외교 관계는 책봉국-피책봉국의 질서가 꾸준히 적용되었다.

이렇게 고려와 거란 간의 외교 관계는 회복되었다. 그러나 어느 쪽도 전쟁을 통해 다른 한 쪽을 완전히 제압하지는 못했던 상황이어다. 게다가 양국이 압록강 동쪽 지역 문제에 대해 뚜렷한 합의점을 찾지 못했으므로 여전히 갈등 요소가 남아 있었다. 이미 1차 전쟁 이후 거란은 압록강 동쪽에 거점을 유지하였고 이를 확장하려는 그들의 지속적인 시도는 고려에게는 큰 문제가 되었다. 거란 興宗의 즉위로 시작된 황실의 내분과 阻卜과의 전투 등으로 거란이 외부에 집중할 겨를이 없는 틈을 타 현종 말년에는 압록강 동쪽에 있는 거란의 거점을 직접 공격하기도 했지만 실패하기도 하였다. 고려가 거란과의 갈등에 점차 익숙해지면서 외교적으로 대처하게 된 것은 덕종대에 들어서부터이다.

덕종대 고려는 거란에 압록강 동쪽의 거점을 없애줄 것을 외교 통로를 통해 공식적으로 요청하였다. 거란이 이를 거절하자 덕종은 이에 대해 항의하기로 결정하지만 불만을 표시하기 위해 前代처럼 양국의 외교 관계를 끊어버리거나 혹은 군사 행동을 지시하지는 않았다. 대신 先帝, 즉 聖宗의 연호를 사용할 것을 천명하고 정규 사행 중 하나인 賀正使 파견 역시 중단함으로써 새로 즉위한 흥종과의 책봉－피책봉 관계를 거부하였다. 새 황제인 흥종의 권위에는 타격을 주었지만, 큰 틀에서 거란과의 외교 관계 자체를 부정하지는 않는 교묘한 책략이었다.

잠시 경색되었던 양국의 외교 관계는 정종이 즉위하면서 급속히 회복되었다. 정종은 거란으로부터 외교 관계 단절에 대한 책임을 묻는 외교 문서가 전해지자 이에 대한 답서에서 거란의 지적을 하나하나 인용하여 반박하면서도 우호적인 관계를 회복하려는 자세를 취하였다. 그 결과 양국의 외교 관계는 원만히 회복될 수 있었다.

그러나 여전히 압록강 동안의 거란 거점은 정종대를 거쳐 문종대에도 문제가 되었다. 고려 조정은 덕종·정종대에 발생했던 압록강 유역 분쟁을 둘러싸고 외교 문서를 통해 거란과 여러 차례 대화하였는데, 이 과정에서 그들이 압록강 문제에 대처하면서 先代의 成規를 명분으로 내세웠다는 점을 파악하였다. 선대에 이루어진 일을 후대에 번복할 수 없다는 거란의 입장은 문종대 對거란 교섭에서 고려에 의해 적극 활용되면서 오히려 거란을 압박하게 되었다.

문종대에 들어 압록강 유역 분쟁을 대하는 고려 조정의 태도 중 한 가지 달라진 점은 성종대 지계획정을 압록강 지역 분쟁 해결에 활용하기 시작하였다는 점이다. 문종대에 압록강 유역 문제를 지적하며 거란에 전달된 여러 편의 외교 문서 속에서는 994년의 지계획정을 승인한 거란 승천황태후의 명령이 모든 논박의 대전제로써 제시되어 있다. 압록강 동쪽에 거점을 구축한 것은 거란 스스로 선대의 遺詔를 거역하는 것이라는 점을 강조하면서 압록강 동쪽의 요새를 철거할 것을 거란에 요구하는 논리 구조가 적용되고 있는 것이다. 거란은 이와 같은 고려의 지적에 대해 정면으로 반박할 근거를 찾지 못하고 궁색한 이유들을 제시하며 상황을 모면하려 하였다. 고려의 논리에 설득당한 거란은 郵亭이나 賣買院 등의 시설을 철훼하기도 했지만, 결국에는 고려의 항의를 근원적으로 차단하기 위해 지계를 재조정할 것을 제안하기도 하였다. 그러나 지계 조정을 위해 파견되었던 거란 사신은 별다른 소득없이 돌아간 것으로 확인된다.

선종대에도 거란이 압록강 유역에 榷場이라는 새로운 시설물을 설치하려는 움직임이 파악되었다. 거란의 지계 조정 제안이 무산되었으므로 고려는 각장 설치 시도에 대해서도 994년의 지계획정에 근거하여 거란에 항의하였다. 이때 전달된 고려의 표문은 압록강 동쪽 거란의 거점 문제를 고려의 시각에서 정리하여 연대기에서 확인되지 않는 사건들도 언급되어 있으며 거란의 잘못을 지적하는 논리가 정연하게 서술되어 있어, 고려가 이 문제를 대하는 외교적 자세를 종합적으로 고찰할 수 있는 훌륭한 자료이다. 거란은 즉답을 피했지만, 결국 거란이 고려의 요구를 수용하여 각장 설치 계획을 철회하였음은 후대의 기록을 통해 확인된다. 이렇듯 덕종대 이후 고려는 거란과의 갈등을 외교적인 통로를 통해 조정하고 해결하였으며, 그 구체적인 방법은 후대로 갈수록 전대의 교섭 경험을 바탕삼아 더욱 정교해졌다.

이와 같은 과정으로 전개되어온 고려와 거란의 외교 관계를 검토하면서, 고려가 수행한 對거란 외교의 실무적 측면에서도 다음과 같은 특징들이 확인되었다. 고려가 거란에 정규 사행을 보낼 때 파견되는 正使들은 주로 5~6품에 해당하는 관원들이었으나 전쟁이나 책봉의 지연 등 양국 관계에 있어 중요한 사안이 발생하고, 고려의 입장이 상대적으로 어려운 상황일 때에는 주로 宰樞가 파견되어 거란 조정에서의 직접 교섭을 담당하였다.

다음으로 고려가 거란에 보낸 정규 사행의 파견 시기를 보면 왕대별로 조금씩 다르기는 하지만 사행의 목적과 파견 날짜와는 크게 연관이 없었다는 점을 볼 수 있었다. 이와 관련하여 주목되는 것은 1022년에 거란이 현종을 책봉한 뒤 고려에 전달한 사신 파견 규정이다. 여기에서 거란은 고려의 정규 사행을 연2회로 제한하고, 皇帝節日使와 正旦使, 皇太后節日使를 파견하도록 지정하였다. 이후의 사례들을 통해 고려가 이 규정을 꾸준히 준수하였으며, 특히 정단사와 황제절일사를 파견하는 자체에 중점을 두었고 실제 정단과 황제 절일의 때를 맞추는 것은 크게 중시하지 않았다는 점을 확인하였다.

세 번째로 눈에 띄는 실무상의 특이점은 994년 거란과 조공 책봉 관계가 성립한 이후에는 전쟁이 예상되는 등 심각한 외교적 갈등이 발생했을 경우 이를 방치하지 않고 우선 거란에 사신을 보내어 직접 교섭을 통해 갈등을 해소해 보려했다는 점이다. 목종-현종의 교체와 관련하여 거란이 문제를 제기하였을 때에는 두 달여에 걸쳐 고려 사신이 거란을 세 차례 방문하였으며 거란이 제3차 전쟁을 선언하였을 때에도 약 2년 넘게 많은 사행이 거란을 방문하여 갈등을 조정하고 전쟁을 방지하려 하였다.

또한 전쟁이 일어난 이후에는 거란이 내세운 전쟁의 명분을 파악한 뒤 이 명분의 달성 및 해소 여부에 초점을 맞추어 적절한 협상안을 마련하고, 이를 통해 전쟁의 종결을 이끌어내었다는 점도 고려가 거란과의 관계에서 갈등을 조정하는 특징적인 방법이었다. 압록강 동쪽 지역의 거란 거점 문제와 관련한 갈등은 주로 외교적 통로를 통해 해결하고자 하였는데, 고려는 994년의 지계획정을 거란과의 영토 분쟁에서 적극적으로 활용하였다.

이상과 같이 진행된 고려와 거란의 외교 관계는 단순히 외교상으로만 의미를 가지는 것이 아니라 실제 고려 내부적으로도 상당한 영향력을 가지고 있었다. 이는 고려가 사용한 거란 지칭 표현을 통해 일차적으로 확인되었다. 국초에 단교를 선언할 때 혹은 거란의 공격이 심할 때의 기록에서 고려는 거란을 '오랑캐[禽獸·戎狄·寇賊·左衽 등]'로 지칭하였다. 그러나 전쟁이 종료되고 양국 관계가 안정적으로 진행되는 시기에는 거란과의 외교적 위계에 맞게 그들을 '上國·大朝·皇朝' 등으로 지칭하였으며 별다른 비하나 폄하하는 인식이 반영된 지칭 표현을 찾아보기 어렵다.

한편, 고려는 군주가 외부로부터 책봉을 받게 되면 책봉을 행한 황제의 연호를 사용하였다. 이는 거란과의 관계에서도 마찬가지였고, 거란 연호의 시행은 단순히 외교 문서 혹은 거란 사신과의 대화 등 외교적인 맥락에서만 적용된 것이 아니라 고려 내부에도 적용되었다. 예를 들어 고려왕이 고려 경내에 내린 사면령이나 감세령에서도 거란 연호가 사용되었음을 확인할 수 있고, 고려의 지방 유력자들이 발원한 佛事에서도 자연스럽게 거란의 연호가 사용되었던 점을 확인할 수 있었다.

여러 고문서와 금석문 자료에서 확인되는 고려의 기년 관습은 다음과 같이 정리된다. 고려는 책봉 관계를 기반으로 한 외교 관계가 성립된 이후 책봉국의 연호를 기본 기년호로 사용하였다. 거란 연호는 현종대 전쟁 중에 잠시 정책적으로 중단되었을 뿐, 거란과의 조공 책봉 관계가 성립된 이래로 계속해서 고려의 주요 기년호로 기능하였다. 그런데 거란과의 외교 관계를 충실히 이행하던 기간에도 간혹 거란이 아닌 타국의 연호가 사용된 경우가 있었다. 이에 대해서는 기년호 선택에 기록 주체의 의지가 허용되는 변용이 발생한 것으로 이해해 보았다.

아울러 淨兜寺 5층 석탑 조성형지기와 柳邦憲 묘지·七長寺 慧炤國師碑銘·徐鈞 묘지 등을 포함한 여러 금석문과 고문서의 기년 사례를 분석한 결과, 고려인들은 특정 사건을 후대에 기록할 때 그 사건이 일어났던 당시의 기년호를 그대로 사용하였음을 확인하였다. 사건 발생 당시와 사건 기록 시점 사이에 책봉 관계 등 외교 질서에 변화가 생겼다 하더라도 기록 시점의 기년 방식이 소급 적용되지 않았다는 점을 확인한 것은 부가적인 소출이라 하겠다.

다음으로, 숙종·예종대 송과의 대화를 통해 거란과의 관계가 고려의 대외 관계 중 가장 기본이 되는 외교 관계였음을 확인하였다. 이러한 외교 자세는 성종대 통교 이후부터 자리 잡았겠지만, 현종대 전쟁기와 문종·선종대 외교 갈등을 겪는 동안에는 그리 뚜렷하게 드러나지 않았던 부분이다. 또한 정치·문화 대국이었던 송 역시 당시의 최강대국이었던 거란의 외교 관계를 자국의 그것보다 우선적으로 고려하고 있었음도 확인하였다.

아울러 고려의 對거란 관계 속에서 고려의 주변국과의 관계는 어떠한 성격을 띠었는지에 대해서도 논의를 진행하였다. 고려는 거란과의 외교 관계에 충실하면서도 한편으로는 송과 공식·비공식 통로를 통해 끊임없이 교류하였고, 거란에 投化한 여진을 초유하거나 반대로 고려를 버리고 거란에 투화한 여진을 치죄하기도 했다. 이런 조처들은 거란 우위의 외교 질서에 모순되는 것처럼 보이기도 하지만 그것이 바로 고려 왕조가 수행한 외교의 특징이었다고 설명해 보았다. 고려의 대외 관계는 주변국들과의 개별적인 1 대 1 관계를 토대로 구성되었고, 조공 책봉 질서에 기반한 거란과의 외교 관계는 고려가 유지·운영한 다양한 형태의 대외 관계의 한 부분을 구성하였다. 그러나 병렬적으로 유지되었던 고려의 여러 외교 관계 중에서도 고려에게 있어 가장 중요한 것은 역시 거란과의 외교 관계였으며, 이 점은 송을 비롯한 주변 세력들도 잘 알고 있던 바이다.

이렇듯 고려와 거란의 외교 관계는 전쟁과 갈등을 겪으면서도 지속적으로 유지되었으며, 갈등이 제기된 경우에도 외교 교섭을 통해 이를 조정하면서 양국 관계는 더욱 안정적으로 유지되었다. 994년 지계획정에 합의하기 이전까지 양국 간에는 특정한 외교 관계가 수립되지 않았으나, 成宗이 聖宗으로부터 책봉을 받은 이래 고려에게 있어 거란은 형식과 내용 양 측면에서 실질적인 책봉국이었다. 고려는 거란과의 책봉 관계가 성립하기 이전에는 그에 합당하게 거란과의 관계를 운영하였고, 책봉관계가 성립한 이후에는 피책봉국으로서의 역할을 충실하게 수행하였다. 고려가 거란과의 전쟁을 재삼 겪으면서도 왕조 체제를 유지하고 압록강 유역 분쟁에서도 자신들의 입장을 끝까지 요구할 수 있었던 가장 큰 이유는 양국 간에 이미 합의된 거란과의 외교 관계, 즉 거란과의 조공·책봉 관계를 기본적으로 인정한 위에서 그들과 협상에 임했기 때문이다. 이러한 점이 바로 고려가 對거란 관계에서, 더 나아가 변동이 많았던 당시 동북아시아 국제 사회에서 살아남아 왕조를 유지할 수 있었던 가장 주요한 요인이라 하겠다.

이상과 같은 고려의 對거란 외교 경험은 거란이 당시 국제 사회의 최강대국이었다는 점에서, 그리고 고려가 조우한 최초의 유목 왕조였다는 점에서 일종의 외교적 전통으로 자리 잡았다. 이는 거란을 멸망시킨 金이 1126년에 宣諭使를 통해 전달한 다음과 같은 지침에서도 확인된다.

> VII-가. 고려가 무릇 사신을 보내어 왕래하는 것은 모두 遼의 舊制를 따라야 한다.[1]

위 사료에서 볼 수 있듯이, 고려를 父母의 나라로 일컫던 여진이 세운 금은 고려와 관계를 맺으며 고려-거란 간 외교 관계에서 거란이 차지했던 위상을 답습하고자 하였다.

금에 대한 事大를 결정한 이후 고려는 保州 문제를 둘러싸고 금과 외

---

[1] 기록에 따르면 이 내용은 고려에 직접 전달된 명령이 아니라, 금 황제가 고려에 파견된 선유사 일행에게 내린 勅書였다. 기사 전문을 소개하면 다음과 같다.
『高麗史』 卷15 世家15 仁宗 4年(1126) 9月 辛未 金宣諭使同僉書樞密院事高伯淑·鴻臚卿烏至忠等來 金主勅伯淑等曰 高麗凡遣使往來 當盡循遼舊 仍取保州路及邊地人口在彼界者 須盡數發還 若一一聽從卽 以保州地賜之.
박한남 역시 이 기사를 토대로 고려와 거란의 외교 의전이 麗金 간 외교 의례의 기준이 되었다고 보았다(박한남, 1993, 『高麗의 對金外交政策 硏究』, 성균관대학교 박사학위 논문, 96쪽).

교적 갈등을 겪게 되었다. 고려가 금과의 외교 관계를 설정하고 운영해 가는 모습과 보주 문제를 해결해 가는 과정은 고려와 거란 간에 외교 관계가 수립되어 전개되었던 것과 많은 공통 요소를 갖는다. 아울러 13세기에 고려 왕조는 전혀 새로운 覇者로 동북아시아 사회에 등장한 몽고와 조우하게 되었다. 이때에도 일종의 典範으로써 거란과의 외교 경험이 활용되었으리라 생각된다.

금과의 외교 관계 및 몽고와의 관계 형성 과정에서 거란과의 외교 경험이 어떻게 활용되었는지에 대해서 검토하는 것을 앞으로의 과제로 삼고자 한다. 이를 통해 본고에서 논지를 전개하며 충분히 설명되지 못하거나 미처 검토하지 못한 부분도 보완되리라 예상하며, 이를 바탕으로 고려 사람들이 바라본 당시의 세계가 보다 구체적으로 이해될 수 있기를 기대한다.

보론 : 고려 숙종 책봉 문제와 여요 관계[1]

1) 이 글은 2017년 『한국중세사연구』 51에 게재된 논문이다. 너그러이 재수록을 허락해 주신 한국중세사학회 임원진께 감사드린다.

1. 머리말

　1095년 10월, 헌종의 양위를 받아 계림공 희가 고려 국왕으로 즉위하였다. 고려는 국왕 즉위 바로 다음날 신왕의 즉위를 알리는 사절을 요에 파견하였다. 국왕 교체를 통보 받으면 이를 그대로 수용하던 관례와 달리 요는 새로 왕이 된 숙종을 인정하지 않고 고려와의 교섭에서 지속적으로 헌종을 고려측 대표자로 특정하며 헌종의 생일을 축하하는 사신을 보내거나 前王 앞으로 횡선사를 보내왔다.

　이는 993년 이후 지속된 양국 관계의 흐름 속에서 살펴볼 때 매우 특이한 행보였다. 책봉국인 요가 고려 왕위 교체에 문제를 제기한 적은 있었지만, 새로 즉위한 국왕 대신 前王과의 교섭을 지속해 갔던 경우는 처음이다. 특히 황제의 비정규 특별 사절인 횡선사를 이미 양위한 헌종에게 보냈다는 사실은 숙종을 인정하지 않는 요의 의도를 명확히 드러내어 준다. 숙종이 요로부터 고려의 국왕으로 인정받게 되는 것은 헌종이 사망한 이후에야 가능하여, 즉위 뒤 2년 2개월여가 지난 1097년 12월에 요의 책봉을 받게 되었다. 이렇듯 숙종 초년에 있었던 요의 태도는 헌종-숙종의 교체를 바라보는 요와 고려의 시각 차이를 잘 보여준다.

　고려의 대외관계의 한 축에 요가 있다면 다른 한 축에는 언제나 송이 있었다. 국왕이 된 숙종은 송에도 즉위를 알리는 사신을 파견하였는데, 이 기록은 1098년 7월에 확인된다. 즉위 다음날 즉시 통보했던 요의 경우와 달리 송에는 즉위 후 무려 3년이 가까운 시점에, 그것도 요의 책봉이 완료된 이후에야 사위를 알렸다. 이러한 사실은 당시 고려 대외정책의 주안점이 어디에 있었는지를 이해하는데 적지 않은 시사점을 준다.

숙종 즉위 후 3년여 간 고려가 보인 외교적 행보는 고려가 요와 합의한 외교 질서가 고려의 대외정책에 매우 큰 영향력을 미치고 있었음을 잘 보여주는 사례라 생각된다. 양국은 11세기 초반 전쟁을 끝낸 이후 평화로운 관계를 유지하였다. 그런데 이러한 평화관계는 강화에 합의한 것만으로 유지되는 당위가 아니라 당사국, 특히 피책봉국인 고려의 치열한 노력을 토대로 성립된다. 표면적으로 나타나는 평화로운 외교관계는 고려가 엄정한 현실 인식에 기반하여 요를 책봉국으로 하는 외교 질서를 수용하였기 때문에 가능하였던 것이다. 즉, 고려와 거란의 관계는 전쟁이 종료되면서 완료된 '사건'이 아니라 지속적으로 구속력을 갖는 현실이었다.

이와 같은 인식을 바탕으로, 본고는 여요 간 성립되었던 외교 질서의 현실적 영향력을 숙종 책봉 문제라는 구체적 사건을 통해 확인해 보고자 한다. 2장에서는 먼저 숙종 책봉 문제의 추이를 정리하여 보고, 3장에서는 숙종 책봉의 지연을 해결하기 위한 고려의 대응 전략을 사례 속에서 추출해 보도록 하겠다. 4장에서는 고려 조정이 헌종-숙종의 교체로 야기될 대요 관계에서의 갈등을 예측할 수 있었던 배경을 여요 관계의 흐름 속에서 고찰해 보도록 하겠다.

2. 숙종 책봉 문제의 추이

1095년 10월 7일(己巳), 고려국왕 헌종은 숙부인 계림공 희에게 선위하는 제서를 발표하였다.[2] 이에 따라 다음날인 8일(庚午)에 고려의 15대 왕 숙종이 중광전에서 즉위하였다.[3] 그 다음날(9일, 辛未) 고려는 양위 사실을 고하는 前王의 표문과 왕의 표문을 요에 보냈다.[4] 외교 문서의 내용을 작성하여 완성하고 이를 전달할 사신을 결정하여 파견하는 일이 행정적 결정과 동시에 완료되는 일이 아니라는 점은 주지의 사실이다. 양위와 즉위, 嗣位使 파견이 연이어 시행되었다는 사실은 당시 고려 조정이 헌종의 양위 및 숙종의 왕위 승계뿐 아니라 이를 요에 통보하는 문제에 대해서도 이미 상당한 시간을 앞서 준비해 왔음을 추측하게 한다.[5]

---

2) 『高麗史』 卷10 世家10 獻宗 元年(1095) 冬十月 己巳 制曰 朕承先考遺業 謬即大位 年當幼冲 體亦病羸 不能撫邦國之權 塞士民之望 陰謀橫議 交起於權門 逆賊亂臣 屢干于內寢 斯皆凉德所致 常念爲君之難 竊見大叔雞林公 歷數在躬 神人假手 咨爾有衆 奉纂丕圖 朕當退居後宮 獲全殘命 乃命近臣金德鈞 等 迎雞林公熙于宗邸 禪位.

3) 『高麗史』 卷10 世家10 肅宗 卽位年(1095) (10月) 庚午 卽位于重光殿.

4) 『高麗史節要』 卷6 獻宗 元年(1095) 10月 遣左司郎中尹瓘·刑部侍郎任懿如遼 告卽位; 『高麗史』 卷11 世家11 肅宗 卽位年(1095) 10月 辛未 遣左司郎中尹瓘·刑部侍郎任懿 如遼; 『遼史』 卷26 本紀26 道宗6 壽隆 元年(1095) (11月) 庚申 高麗王昱疾 命其叔顯權知國事; 『遼史』 卷115 列傳45 二國外記 壽隆 元年(1095) 十一月 王昱病 命其子顯權知國事.
  단, 『遼史』 二國外記에서 숙종(顯)을 헌종의 아들이라 표현한 것은 오류이다.

5) 이러한 사전 준비가 가능했다는 것은 숙종 즉위 시점의 정국이 상당히 안정적으로 운영되고 있음을 알려준다. 숙종은 즉위 후 사회 전반에 걸쳐 적극적으로 개혁을 추진하였는데, 이는 그만큼 고려 조정이 새로 즉위한 숙종을 지지해주고 있었다는 반증이 아닐까 한다. 이와 관련하여 남인국 또한 숙종이 즉위시에 문무양반의 지지를 받았다고 보았다(南仁國, 1983, 「高麗 肅宗의 卽位過程과 王權强化」 『歷史敎育論集』 5, 135쪽).

숙종의 즉위를 알리는 사신이 파견되고 두 달이 채 되지 않은 11월 27일(己未), 요의 사신이 고려에 도착하였다. 그런데 요 사신 劉直이 전달한 것은 前王[헌종]의 생일을 축하하는 사명이었다.[6] 고려는 10일 만에 귀국하는 遼使 편에 다시 한 번 전왕의 선양과 숙종의 즉위를 알리는 표문을 전달하였다.[7]

12월 28일(庚寅)에는 10월에 숙종의 사위를 알리기 위해 요에 파견되었던 임의가 돌아왔다. 그가 가져온 조서에서 요 황제는 숙종이 중무를 임시로 맡아 보는 것을 허락하였다.[8]

그러나 다음해인 1096년에도 요는 여전히 前王의 생일을 축하하는 사신을 보냈다.[9] 1097년 정월에는 전왕에게 횡선사를 보내어 물품을 전달하였다.[10] 주지하듯 횡선사는 정기적인 사행이 아니다. 특별한 사

---

6) 『高麗史』 卷11 世家11 肅宗 卽位年(1095) 11月 己未 遼遣劉直來 賀前王生辰
   王代迎於乾德殿 其勅曰 卿襲封日域 述職天朝 適當授鉞之初 載屬玄弧之旦
   宜申慶錫 用示眷懷 今差泰州管內觀察使劉直往彼 賜卿衣對匹段鞍馬弓箭諸
   物等 具如別錄 至可領也.
7) 이때는 前王의 표문과 (現)王의 표문이 함께 전달되었다.
   『高麗史』 卷11 世家11 肅宗 卽位年(1095) 12月 己巳(7일) 劉直還 附表以送
   前王表曰 眷出嚴宸 恩流殘喘 寵靈越分 喜懼交幷 臣素以尫姿 謬叨重寄 因
   非福之所速 致厥疾之漸深 視聽惟難 舉動不遂 推骨親而權守藩務 馳家隷而
   仰告天聰 豈意今者 猥借睿慈 特紆使指 芝綸之旨 慰誨曲敦 寶幣之資 匪頒
   益厚 奈羸虛而未起 俾代受以彌兢 誓至百生 少酬大賚 王表曰 國王臣昱 久
   處沈痾 無由視立 屬遽霑於寵澤 奈莫遂於躬迎 臣權守維藩 代承丕錫 其所受
   詔錄諸物 並已傳付.
8) 『高麗史』 卷11 世家11 肅宗 卽位年(1095) (12月) 庚寅(28일) 任懿還自遼 回詔
   曰 … 嚮者 昱已附陳於章表 謂染沈痾 卿復申奏於闕庭 權知重務 勉思勤順
   姑用允從.
9) 『高麗史』 卷11 世家11 肅宗 元年(1096) 12月 丁巳 遼遣李惟信來 賀前王生辰.
10) 『高麗史』 卷11 世家11 肅宗 2年(1097) 正月 壬寅 遼遣橫宣使海州防禦使耶
    律括來 賜前王勅曰 卿夙撫藩封 恭修職貢 屬嬰疾恙 請遂調頤 有司爰考於典
    彝 開世用頒於恩賚 示優存念 當體眷懷 今賜卿衣對匹段鞍馬弓箭等物 具如

유에 따라 한정된 대상에게 요 황제가 은혜를 베푸는 사절인데, 횡선사가 전달한 칙서에 따르면 횡선과 관련한 별다른 사유는 드러나지 않고 헌종의 건강을 염려하는 내용만 확인된다. 더구나 고려의 전왕, 즉 헌종에게 이를 보냈다는 점에서 고려와의 소통에서 숙종을 배제하고 있던 요의 의도가 확연히 드러난다.

고려의 입장에서 헌종은 왕위에서 물러난 前王이었고 이미 모든 국정 운영과 권력은 새롭게 즉위한 숙종에게 이관된 상황이었다. 고려는 여러차례 전왕 명의의 표문을 전달하며 헌종에 대한 사신 파견을 중지해 줄 것을 요청하였다. 이는 궁극적으로는 새로 즉위한 숙종을 인정해 줄 것을 요청하는 행위였다. 그러나 요 조정은 변함없이 헌종을 고려의 대표자로 지목하고 있었다.

그러나 요의 입장에서 볼 때 헌종은 왕이 된지 얼마 되지 않았지만 고려국왕위 승계에 필요한 절차를 충실히 밟고 있던 인물이었다. 헌종은 고애-칙제-기복 과정을 거치며 요로부터 고려국왕의 관고를 발급받았다.11) 최종적으로 책봉만을 남겨둔, 그야말로 정통성을 가진 전왕[선

別錄 至可領也.

11) 1094년 5월에 즉위한 헌종이 언제 고애사를 요에 보냈는지는 기록에 남지 않았으나, 12월에 요의 칙제사와 위문사, 기복사가 도착한 것을 보면 즉위한지 얼마 되지 않는 시점에 선종의 사망과 헌종의 사위를 통보하였다고 생각된다. 기복사가 전달한 관고에는 기복을 허락하는 동시에 헌종을 고려국왕으로 봉하는 내용이 담겨있다.
『高麗史』卷10 世家10 宣宗 11年(1094) 五月 壬寅 宣宗薨 (獻宗)奉遺命 卽位於重光殿 ;『遼史』卷25 本紀25 道宗5 (大安) 10年(1094) 是夏 高麗國王運薨 子昱遺使來告 卽遣使賻贈 ; 卷115 列傳45 二國外記 (道宗 大安) 10年 ;『高麗史』卷10 世家10 宣宗 11年(1094) 十二月 遼勑祭使蕭遵烈·副使梁祖述 慰問使蕭褆 起復使郭人文等來 ; (12月) 丙戌 起復使傳詔於乾德殿 詔曰 … 今差崇祿卿郭人文往彼 賜卿起復 告勑各一道 官告曰 … 可起復 驃騎大將軍 檢校太尉 兼中書令 上柱國 高麗國王 食邑七千戶 食實封七百戶 仍令所司

종]의 후계자로서 인식되고 있었다. 이에 비해 숙종은 1095년 12월 요의 조서에 언급되어 있듯이 그야말로 고려의 일을 임시로 맡은[權守] 자였을 뿐이었다.

그런데 1097년 윤2월 19일(甲辰), 홍성궁에 나가 지내던 전왕이 홍거하였다. 고려는 3월 6일(庚申)에 요 동경에 이첩하여 헌종의 부고를 알렸다. 9개월 뒤인 12월 13일(癸巳)에 요는 드디어 숙종을 고려국왕으로 책봉하였다.12)

擇日備禮 册命主者施行.

12) 『高麗史』卷11 世家11 肅宗 2年(1097) 12月 癸巳 遼遣耶律思齊·李湘來 賜玉册圭印冠冕車輅章服鞍馬匹段等物 册曰 … 是用遣使臨海軍節度使檢校太傅兼御史中丞耶律思齊 使副大僕卿昭文館直學士李湘 持節備禮 册爾特進·檢校太尉兼中書令·上柱國·高麗國王 食邑一千戶 食實封七百戶 於戲 肇我太祖 嗣及冲人 積功累德 剖符錫壤 于蕃于宣 家世有遺法 曰朝日會 歲時有常制 永表東夏 與遼無極 其惟敬哉 王受册于南郊.

같은 내용을 전하는 『고려사절요』에는 숙종의 봉작호가 '고려왕'으로 되어 있다. 『高麗史節要』卷6 肅宗 2年(1097) 12月 遼遣臨海軍節度使耶律思齊·太僕卿李湘來 册王爲特進·檢校太尉 兼中書令·上柱國·高麗王 食邑一千戶 食實封七百戶 賜玉册·圭印·冠冕·車輅·章服·鞍馬·匹段等物 王受册于南郊.

『요사』에는 숙종의 책봉시기와 봉작호가 『고려사』와는 다르게 기록되어 있으나 이는 숙종의 책봉이 아니라 그의 원자(후의 睿宗)를 책봉한 기록이라 생각된다. 1099년 10월에 고려는 원자의 책봉을 요에 요청한 적이 있다(『高麗史』卷11 世家11 肅宗 4年(1099) (10月) 辛亥).

『遼史』卷26 本紀26 道宗6 (壽隆) 6年(1100) 是歲 封高麗王顒長子俁爲三韓國公 ; 『遼史』卷115 列傳45 二國外記 高麗 (道宗) 壽隆 6年(1100) 封顒爲三韓國公.

ROGERS는 『요사』 기록을 근거로 『고려사』의 내용이 사실과 다르며, 숙종은 요로부터 고려국왕으로서가 아니라 三韓國公으로 책봉되었고 더 나아가 헌종 사후 고려의 왕은 요 조정에게 국왕으로 인정받지 못했다고 보았다(Michael C. ROGERS, 1959, "SUKCHŎNG OF KORYŎ: HIS ACCESSION AND HIS RELATIONS WITH LIAO" in T'oung Pao 47, BRILL). 그러나 1100년에 삼한국공으로 책봉된 것은 숙종이 아니라 그의 태자(후의 睿宗)였다.

　　아래의 사료는 당시 요에서 보내온 책봉문 중 숙종을 책봉하게 된
사유를 설명하는 부분이다.

　　　　"(고려는) 선왕[宣宗]이 별세하자, 적통의 계승자[獻宗]가 애통해 하면
　　　서 이미 즉시 부친상을 치르고 왕위를 계승하였다. 여러 차례 章奏를 보
　　　내 간절히 청하기를 '병으로 괴로워하고 있으니 숙부[肅宗]가 국정을 대
　　　신 맡도록 해달라'고 하였다. 마침내 간절한 부탁에 따라 권한과 지위를
　　　위임하였는데, 큰 나라를 섬기는 것에 충절을 다하고 정성을 다해 공손히
　　　상국을 대하였다. 하물며 한 나라에서의 지위를 생각해보면 이미 (숙종
　　　의) 제후의 명성[千乘之名]이 높아졌으므로 (지위와 명성을) 걸맞게 하는
　　　것이 바른 일일 것이다. 이에 典禮을 행하여 특별히 책명을 시행한다."13)

　　위 내용에는 요측에서 숙종의 지위를 어떻게 이해하고 있었는지 잘
드러나 있다. 선종의 훙거 이후 헌종이 즉위하였던 것까지는 사실과
차이가 없다. 그러나 숙종의 역할에 대해서 요는 단순히 국정의 '위임
자'로 인식하였다. 헌종의 양위와 숙종의 즉위를 왕위 교체로 인정하고
있지 않았던 것이다.14) 숙종을 책봉하는 사유에 대해 언급하면서는 숙
종의 지위가 높아진데 따른 책봉이라 설명되어 있다. 즉 책봉이 이루
어지는 시점 이전의 숙종의 지위는 국왕 책봉을 받기에 걸맞지 않았다
는 것이다. 요 조정에서 그 동안 숙종을 고려국왕으로 인정하고 있지
않았음이 분명하게 드러나는 대목이라 하겠다.

---

13)『高麗史』卷11 世家11 肅宗 2年(1097) 十二月 癸巳 … 乃者 先臣告謝 嫡嗣
　　銜哀 旣卽苫塊 俾襲茅土 疊抗章奏 懇稱疾恙 願歸諸父 庸荷崇構 尋依虔請
　　適委權苴 而能竭節事大 瀝誠恭上 矧念一方之位 旣崇千乘之名 所宜必正 爰
　　行典禮 特行冊命.
14)『요사』는 헌종의 죽음을 "是春 高麗王昱薨"이라 표현하였다(『遼史』卷26 本
　　紀26 道宗6 (壽隆) 3年(1097)). 고려 내부 기록에서 헌종이 前王으로 지칭되던
　　것과는 확연한 차이가 있다.

숙종을 고려왕으로 인정하지 않던 요의 입장이 바뀌게 된 계기는 헌종의 죽음일 것이다. 양국 간에 전쟁이 끝나고 평화적인 교섭 관계가 정착된 이후, 요는 고려가 피책봉국으로서의 역할에 충실한 이상 고려 국왕위 승게 문제를 외교적 쟁점으로 비화하지는 않았다. 그런데 숙종이 즉위하면서는 고려에 새로운 왕과 전왕이 공존하게 되는 유례없는 상황이 발생하였다. 헌종이 스스로 왕위를 숙종에게 물려주었다고는 하지만 이는 어디까지나 고려 국내의 상황일 뿐, 요의 입장에서는 자신들이 보낸 고려왕의 관고를 받은 사람은 헌종이었고 그는 여전히 생존해 있었다. 따라서 요는 계속해서 그들이 고려국왕으로 인정했던 헌종을 고려측 대표자로 지목하여 소통을 이어갔던 것이다. 숙종이 "權知重務"한 이후에도 헌종(전왕)의 생일을 축하하는 사신을 보내고, 횡선의 대상으로 헌종을 지목한 것 역시 요의 입장에서는 매우 자연스러운 일이었다. 그러나 1097년 윤2월에 헌종이 사망하면서 요의 인정을 받은 고려국왕 헌종과 권지국사 숙종이 공존하는 상황이 종료되었고 이에 따라 요는 권지국사 숙종을 고려국왕으로 책봉하였다.

종합하여보자면, 피책봉국의 내부 상황과 관계없이 책봉국인 요는 소통 창구를 단일하게 유지하였을 뿐이다. 이는 요의 입장에서 고려와의 교섭 창구가 다원화되는 혼선을 방지하는 이점으로 작용하였을 뿐 아니라 권한대행일 뿐인 숙종을 인정하지 않음으로써 책봉국인 자신들의 위상을 더욱 높이는 행위였다고 생각된다.

요의 책봉이 시행된 다음해인 1098년 7월, 고려는 송에 사신을 보내어 즉위를 알렸다.[15] 앞서 보아왔듯이 숙종은 짧지 않은 시간 동안 요

---

15) 『高麗史』卷11 世家11 肅宗 3年(1098) (7月) 己未 遣尹瓘·趙珪如宋 告嗣位 進方物.

의 책봉을 기다려 왔다. 그는 왕위에 있으면서 2년이 넘는 기간을 요의 책봉을 기다리며 보냈는데, 그 사이에도 송에 자신의 사위를 알릴 기회가 얼마든지 있었다.[16] 그럼에도 불구하고 숙종의 즉위를 알리는 사절이 송에 파견된 시점은 숙종이 요의 책봉을 받은 뒤였다. 요의 책봉이 국왕위를 대외적으로 공식화하는데 필수적인 요소였음을 추정하게 하는 부분이다. 이러한 점은 요와의 관계가 고려 왕조가 꾸려가던 대외관계에서 가장 중요하게 여겨지고 있었다는 점을 잘 보여준다.

그런데 후대인 예종대의 기록을 보면 송이 숙종을 책봉하는 문제가 송과 고려 조정 사이에서 논의되었음을 알 수 있다. 다음의 사료는 1110년(睿宗 5) 송 황제에게 보내는 예종의 答書이다.

> (睿宗 5年 7月) 戊戌. 또 (예종이 송 황제의) 密諭에 답하였다. "… 崇寧 연간에 국신사 劉侍郎과 吳給事가 성지를 받들어 책봉례를 행하는 일에 대해 말했을 때 先考[숙종]께서는 '우리나라의 땅이 大遼에 접해 있어 오랫동안 이미 (遼의) 작명을 받고 정삭을 행해왔습니다. 이 때문에 감히 上命을 받들어 따르지 못하겠습니다.'라고 하였습니다."[17]

예종이 말한 崇寧 연간은 宋 徽宗의 연호로 1102년부터 1106까지 사

---

16) 숙종 즉위 후 1097년까지 송상의 왕래 횟수는 5회에 달하는데, 송상 왕래 자료는 실제의 일부분에 불과하다는 견해도 제시되고 있으므로(李鎭漢, 2009,「宋商往來의 類型과 <宋商往來表>」『高麗時代 宋商往來 硏究』, 경인문화사) 송에 숙종의 즉위를 전달할 방법과 시간은 충분했다고 생각된다. 또한 송 자은종 승려 혜진도 1095년 2월부터 1096년 9월까지 고려에 체류하고 있었다(『高麗史』卷.10 世家10 獻宗 元年(1095) 2月 辛卯 ; 肅宗 元年(1096) 9月 丁未·戊申). 따라서 숙종 즉위 초에 송에 사위를 알릴 시간과 방법은 충분하였다고 생각된다.

17)『高麗史』卷13 世家13 睿宗 5年(1110) 7月 戊戌 又答密諭曰 … 崇寧中 國信使劉侍郎·吳給事 奉聖旨 咨聞行冊禮事 先考以當國地接大遼 久已稟行爵命正朔 所以未敢遵承上命.

용되었고, 국신사 劉侍郎 등은 1103년(肅宗 8) 6월에 고려를 방문한 戶部
侍郎 劉逵와 給事中 吳拭이다.[18] 이들이 전달한 조서의 내용을 확인할
수는 있지만 숙종의 책봉과 관련된 언급은 없다.[19] 송사가 돌아갈 때
숙종이 附表했다는 기록도 있지만 역시 책봉을 거절했는지에 대해서는
확인되지 않으므로[20] 숙종대 송의 책봉 제의에 대해서는 위에 인용한
예종의 답서가 유일한 근거이다.

예종의 답서에서 확인되는 내용은 1103년에 고려를 방문한 宋使가
숙종에게 송의 책봉을 받을 것인지 여부를 물었고 이에 대해 숙종이
요와의 관계를 직접 거론하며 송의 책봉을 받는 일을 거절하였다는 사
실이다. 숙종의 답변을 통해, 고려가 송의 책봉 대신 요의 책봉을 선택
했다는 점이 잘 드러난다. 당시 고려에 있어 요와의 책봉관계가 송과
의 그것보다 훨씬 비중있는 것이었음을 알려 주는 기록이라 하겠다.
아울러 송나라 사신과의 대화에서 고려가 공공연히 요와의 책봉관계
를 언급할 만큼 여요의 외교관계는 송에게도 자연스러운 일이었다는
점도 유추할 수 있다.

이상으로 숙종의 즉위 이후 요의 책봉을 받기까지의 고려와 요, 송
관계의 흐름을 살펴보았다. 숙종의 책봉이 고려의 예상보다 지연되었
을 뿐 아니라 그 과정에서 요 조정이 헌종-숙종 교체를 바라보는 시각

---

18) 『高麗史』 卷12 世家12 肅宗 8年(1103) 6月 壬子 宋遣國信使戶部侍郎劉逵·
　　給事中吳拭來 賜王衣帶·匹段·金玉器·弓矢·鞍馬等物,

19) 『高麗史』 卷12 世家12 肅宗 8年(1103) 6月 甲寅 王迎詔于會慶殿 詔曰 卿世
　　紹王封 地分日域 奏函屢達 常懷存闕之心 貢篚荐豐 遠效旅庭之實 載嘉亮節
　　特致隆恩 輜侍從之 近臣將匪 頒之異數 事雖用舊 禮是倍常 宜承眷遇之私
　　益懋忠勤之報 幷遣醫官牟介·呂昞·陳爾猷·范之才等四人來 從表請也.

20) 『高麗史』 卷12 世家12 肅宗 8年(1103) 7月 辛卯 宋國信使劉逵等還 王附表以
　　謝 兼告改名. 이 때 숙종의 개명은 후술하듯이 요 황제를 피휘하기 위해 이루어
　　진 조처이다.

이 고려와는 달랐다는 점도 확인하였다. 요는 고려에 前王과 (新)王이 병존하는 유례없는 상황에서 변함없이 고려와의 소통 창구를 단일하게 유지하고자 하였으며, 이 과정에서 자연스럽게 숙종이 아니라 자신들이 앞서 인정한 헌종이 선택되었다. 고려의 경우 사신 및 상인, 승려 등이 왕래하는 등 송과의 인적 교류가 활발한 가운데에서도 대외 정책적 차원에서는 송보다 요와의 관계를 최우선적으로 고려하였음을 확인하였다.

다음 장에서는 1095년 10월 숙종의 즉위 시점부터 책봉이 시행되었던 1097년 12월까지의 기간 동안 요의 책봉 지연 문제를 대하는 고려 조정의 전략에 대해 보다 세밀히 고찰해 보도록 하겠다.

3. 고려의 대응 전략

앞서 보았듯이 고려는 숙종의 즉위 다음날 윤관과 임의를 嗣位使로 삼아 요에 보냈다. 이들은 前王의 표문과 숙종의 표문을 요에 전달하였다.[21] 전왕의 표문에서는 왕위에 변동이 생기게 된 이유를 설명하고

---

21) 『高麗史』卷11 世家11 肅宗 즉위년(1095) (10月) 辛未 遣左司郎中尹瓘·刑部侍郎任懿如遼 前王表曰 伏以爲君之道 有事必陳 敢具封章 仰干負辰 伏念臣記齡幼弱 植性戇愚 不違乃父之遺言 謬承家業 庶效維藩之劇務 永竭忠勤 緣痾渴之夙嬰 歷歲時而漸極 其奈醫乏十全之妙 莫究診詳 藥虧百品之靈 猶微瞑眩 匪朝伊夕 有加無瘳 肺膽焦熬 形骸枯槁 兩膝了以緩懦 雙睛于以暗昏 行之惟艱 何以撰戴經杖履 視之不見 何以辨師冕席階 徒僵臥於衾床 阻監臨於軍國 微軀是揣 殆危尤甚 於玆辰分寄非輕 管守難虛於頃刻 乃於今月八日 以臣父先臣之弟熙 令權守藩務 特馳陪隸 聊達宸庭 王表曰 竊以皐鳴所切 天耳可通 敢陳臣子之誠 仰黷君親之鑒 伏念 臣侯藩末 胤聖域濱 臣生逢有道之時 坐樂無爲之化 昨國王臣昱 早嬰微瘵 近至沈痾 雖經服餌多方 未見痊瘳一

이에 따라 숙종이 "權守藩務"하게 되었음을 설명하였다. 헌종의 표문에서 새로운 왕에 대한 책봉을 공식적으로 요구하고 있지는 않다. 그러나 고려국왕이 사망했을 때 태자가 왕위를 임시로 맡았음을 알리면 요 조정은 위로의 사절을 보낸 뒤 새 왕을 책봉하던 것이 양국 간의 관례였다. 따라서 헌종의 표문에서 숙종이 임시로 번방[고려]의 일을 맡게 되었다는 것을 언급함으로써 책봉국인 요에 '번방'의 책임자인 숙종에 대한 공식 인정이 필요하다는 점을 간접적으로 피력했던 것이라 생각된다.

함께 전달된 숙종의 표문도 유사한 내용으로 구성되어 있다. 몸이 좋지 않은 헌종에게서 '藩務'를 임시로 넘겨 받았다는 내용을 언급하고 뒤이어 이러한 상황을 요에 즉시 보고하지 못한 것에 대한 유감을 표현하였다. 헌종의 양위 선언과 숙종의 즉위 및 嗣位使 파견이 3일 내에 연달아 이루어졌다는 사실을 고려하면 지나칠 정도의 겸손한 표현이라 하겠다.

이와 같은 고려의 신속한 사위 통보와 저자세 외교는 헌종-숙종 교체로 인해 양국 간에 발생할지도 모르는 갈등과 긴장을 방지하려는 전략이었다고 생각된다. 헌종이 즉위한 지 얼마 되지 않은 시점에서 양위가 이루어졌기 때문에 이에 대한 요의 부정적 반응을 고려 조정이 예견했을 가능성이 충분하다. 숙종의 형인 선종의 즉위 시에도 요는 연이은 왕의 훙서에 의문을 제기하며 고려에서 파견한 사신을 황제가 직접 취조하였던 일이 있다.[22] 이미 장성한 왕실의 최측근으로서 이러한 상황을 목격하였을 숙종과, 불과 10년여 전의 경험을 기억하는 고

效 於今月八日 令臣權守藩務 臣顧玆付托 擬欲升聞 奈恨邈於闕庭 未卽申於
懇款 輒將屛劣 假守宗祊 爰啓處以不遑 積戰兢而尤甚 尋馳封奏 上告宸嚴.
22)『高麗史』卷95 列傳8 李子淵 附 李資仁. 이에 대해서는 4장에서 후술하겠다.

려 조정은 숙종의 즉위에 대해 요가 얼마든지 문제를 제기할 수 있다는 점을 잘 알고 있었을 것이다. 사위사의 신속한 파견과 전왕 명의의 표문 전달 등은 이러한 외교 경험을 토대로 한 전략이라 보기에 충분하다.

이어서 11월에는 방물사와 하정사, 황제절일사를 차례로 파견하였다. 이들 사행에게는 본연의 목적 외에 다른 사명이 주어지지는 않은 듯하다. 하정사와 절일사는 이미 1022년 양국 간에 합의된 후 계속해서 이어지던 정규 사행이었다.[23] 같은 달에는 요에서 헌종의 생일을 축하하는 사신을 보내왔다. 헌종의 양위가 있은 지 한 달여 정도 지난 시점이었으므로 숙종의 생일이 아니라 헌종의 생일을 축하해 오는 것이 무리는 아니라고 판단되며, 고려 조정 역시 그렇게 받아들였을 것이다.

이에 따라 고려 조정은 헌종생일사가 돌아갈 때 다시 한 번 전왕의 표문과 숙종의 표문을 요에 전달하였다. 헌종의 표문에서는 생일을 축하해 준 것을 감사하며 몸이 좋지 않아 직접 사절을 만나지 못하여 안타깝다는 내용을 통해 양위의 명분을 다시 한 번 강조하였다. 숙종의 표문 역시 전왕의 건강 상태가 좋지 않아 대신하여 사절을 맞았고, 요 황제가 하사한 조서와 선물 역시 대신 받아 전달하였다는 내용만을 담고 있다. 전왕의 표문에서는 선물에 대한 감사와 직접 받지 못한 것에 대한 유감의 뜻을 전하고 있지만 숙종의 표문은 어디까지나 헌종의 대

---

23) 정단사와 절일사의 파견이 가장 기본적인 對遼 정규 사행으로 정리된 것은 1022년(顯宗 13) 8월에 거란 동경지례사를 통해 전달된 지침에서 그 연원을 찾을 수 있다.
『高麗史』卷4 世家4 顯宗 13年(1022) 八月 庚子 契丹東京持禮使李克方來言自今春夏季間候使 幷差一次 與賀千齡節正旦使同行 秋冬季間候使 幷差一次 與賀太后生辰使同行.

리인으로서 대리 영접·대리 수령의 역할만 수행했다는 점만 간결하게 언급되어 있다는 점이 대조된다. 숙종 표문의 내용이 요 사절 응대에만 초점이 맞추어져 있는 것은 요가 인정해주기 전까지는 숙종의 역할은 어디까지나 국왕의 대리자라는 점을 요측에 분명히 해두려는 고려의 의도가 적절히 반영된 결과라 생각된다.

전왕생신사가 돌아가고 며칠 뒤, 10월에 요에 파견되었던 임의가 요의 조서를 가지고 돌아왔다. 요가 전달한 조서는 헌종의 요청을 윤허한다는 내용이었다.24) 이 때 '윤허'의 대상이 무엇인지를 좀 더 면밀하게 분석해 볼 필요가 있다. 단순하게 받아들이자면, 요가 헌종의 요청을 윤허한다고 하였으므로 헌종의 양위와 그로 인한 숙종의 즉위를 인정하겠다는 의사 표현으로 여겨지기도 한다. 그러나 앞서 보았듯이 요의 '윤허'가 숙종의 책봉으로 연결되지는 않았다. 요는 계속적으로 헌종의 생일을 축하해 오거나 헌종에게 횡선을 베푸는 등의 행보를 보였다. 따라서 이 때 요가 윤허한 것은 숙종의 국왕으로서의 지위가 아니라, 어디까지나 가료중인 국왕의 대리자로서의 임시적인 지위였다고 하겠다.

그렇다면 이 조서를 전달받은 고려 조정은 이를 어떻게 받아들였을까. 이를 직접적인 확인해주는 기록은 찾기 힘들지만 이후 요와의 교섭 상황을 통해 거꾸로 추정해 볼 수 있겠다. 특히 요의 조서를 받은 직후 고려가 요에 보낸 사은사가 겸하였던 告奏使라는 사명이 주목된다. 고려는 요와의 관계에서 풀어야 할 현안이 발생한 경우, 정기 사행 외에 고주사를 보내 사안에 대한 고려의 입장을 설명하고 요의 적절한

---

24) 『高麗史』 卷11 世家11 獻宗 元年(1095) (12月) 庚寅 任懿還自遼 回詔曰 眷言 靑社 祗奉紫宸 世竭忠圖 時修貢品 嚮者昱已附陳於章表 謂染沈痾 卿復申奏 於闕庭 權知重務 勉思勤順 姑用允從.

행동을 촉구하곤 하였다. 숙종의 형이자 헌종의 부왕인 선종대, 숙종·
선종의 부왕인 문종대에 양국 간에 각장 등 압록강변 시설물 설치 문
제가 불거졌을 때에도 고려는 여러 차례 고주사를 파견하여 고려의 입
장을 거란에 전달하였다.

　1096년 2월, 사은사 겸 고주사로 파견된 우원령은 이전 사신들과 마
찬가지로 요에 두 통의 표문을 전달하였다.[25] 숙종의 표문은 헌종의
생일을 축하해 준 것을 감사하며 이를 자신이 대리 수령하여 헌종에게
전달하였음을 알리는 내용이다. 앞서 요의 생신사 유직이 돌아가는 길
에 전달한 표문과 기본적으로는 같은 내용이다. 그러나 표문 중의 어
휘 선택에서는 달라진 고려 조정의 태도를 감지할 수 있다. 1095년 10
월에 사위를 알리며 전달한 표문에서는 헌종을 國王으로 언급하였고,
12월에 요가 보낸 전왕생신사에게 전달토록 한 표문에서도 헌종은 국
왕으로 지칭되었다. 그러나 이번 표문에서는 헌종을 前王이라 명시하
였다. 이는 요측의 윤허를 숙종에 대한 인정으로 해석하여 양국 교섭
에서 명실상부한 고려측 대표자로서 숙종의 위상을 확고히 하려는 의

---

25)『高麗史』卷11 世家11 肅宗 元年(1096) 二月 甲子(3日) 遣謝恩兼告奏使禹元
齡如遼. 表云 去年十一月 泰州管內觀察使劉直至 奉傳詔書·別錄各一道. 以
前王生日 特賜衣對·銀器·匹段·弓箭·鞍馬等 因前王有疾 令臣代受者 眘出
中宸 澤霈遐域 承傳之次 兢懼幷增 伏惟皇帝陛下 道正執中 化包無外 記藩
臣之生日 遣使華以頒恩 寵命旣臨 理固當於拜受 病身彌弱 終莫遂於親迎 臣
權守一方 代承大賚 所受詔書·別錄 已曾傳付
前王表云 浩蒼之道 罔阻聽卑 窘迫之誠 必須訴上 爰憑削牘 輒叩嚴閽. 臣早
染瘵痾 難圖療愈 蕃宣劇任 固不可以暫虛 貢獻常程 或不可以致闕 敢推延於
叔父 乃附屬於國權 抛棄世緣 退居別第. 尫羸之質 自長臥於漳濱 怳惚之魂
但仔遊於岱嶽. 已深危殆 何計痊瘳 近者 聞公牒之俄臨 認帝言之垂下 落起
復之特禮 行封冊之盛儀 並悉蠲除 致諧願望 且生日之命 橫賜之恩 欲有頒流
預先諭示 揣殘喘而殊無片効 迄兹辰而曷受厚私 伏乞曲借仁憐 俯詳懇告 旋
紆兪旨 寢遣降於使華 遂俾病臣 永免居於重寄.

지를 보여주는 선택이었다고 생각된다. 또한 이전에 보낸 숙종 명의의 표문보다 분량도 늘었다. 숙종 즉위 이후 요에 보내진 숙종의 표문은 전왕의 표문에 부속된 문서처럼 짤막하게 작성되었지만 이제는 전왕의 표문과 비교해 보아도 비슷한 분량이 되었다.

한편, 제시 순서에도 변화가 보인다. 전왕 표문보다 숙종의 표문이 먼저 제시되어 있다는 점도 달라진 점이다. 물론 이는 『고려사』 세가의 기록이므로 실제 요 조정에 전달할 때에도 숙종의 표문이 먼저 전달되었다고 확언하기는 어렵다. 아울러 이번에도 고려 조정의 요구 사항은 전왕의 입을 빌어 전달되고 있으므로 고려가 요와의 대화에서 숙종만을 내세웠던 것은 아니었다고 하겠다. 그러나 숙종의 표문이 전왕의 표문보다 먼저 제시되었다는 것은 적어도 고려 조정 내에서는 요와의 교섭에서 숙종의 위상을 이전보다 강하게 드러내는 데에 의견이 모여졌음을 보여준다고 생각된다.

눈길을 끄는 것은 전왕 표문의 내용이다. 전왕의 표문에서도 역시 생일을 축하해 준 것을 감사하는 내용과 직접 조서 등을 수령하지 못한 데 대한 유감이 표현되어 있다. 더하여 자신에 대한 생일사, 횡선사의 파견을 중지할 것을 요청하는 내용이 포함되어 있다. 고려 조정이 헌종에 대한 사신 파견 중지를 요청한 것이다. 이는 사신 파견 대상을 숙종으로 변경해달라는 간접적인 요구인 동시에, 양국 간의 교섭에서 고려의 대표자로서 숙종의 지위를 공식화해달라는 요구이다. 1095년 12월 임의가 받아온 요의 조서에서 숙종의 임시적 지위를 인정해 준 것을 기회로 삼아 고려국왕으로서의 숙종의 지위를 확고히 하려는 시도였다고 생각된다. 그러면서도 이러한 대대적인 변화 요구를 새로 즉위한 숙종의 명의가 아니라, 요가 계속해서 대화의 대상으로 지목하고 있는 전왕, 즉 헌종의 이름으로 작성된 표문을 통해 전달한 것은 매우 적절한 외교적 전략이었다고 평가할 수 있다.

이러한 상황을 종합해 볼 때 1095년 12월 임의가 가져온 조서에 언급된 요의 '윤허'를 토대로 고려 조정은 여요 관계에서 숙종의 위상을 강화하고 국왕으로서의 지위를 공식화하려는 정책을 좀 더 본격적으로 추진하고자 했다고 생각된다. 그러나 기본 지향은 그러하되, 정책 추진에서는 신중을 기하였다. 고주사가 전달한 표문에서도 드러나듯 양국 관계에서 숙종의 위상을 이전보다는 전면에 내세웠지만, 여전히 발의자(고려의 대표자)는 헌종이었다. 숙종의 즉위를 공식화하지 않는 요의 입장을 존중하며 숙종 책봉 문제에 조심스럽게 접근하려 하던 고려의 의도가 분명히 드러나는 부분이다.

1096년 3월에는 지례사를 동경에 파견하였다.26) 이때의 지례사 파견에서도 숙종 책봉을 위한 교섭이 있었을 것이라 생각된다. 5월에는 동경지례사의 답방도 있었는데,27) 자세한 기록이 전하지 않는 것으로 보아 별다른 성과가 있었던 것 같지는 않다.

10월과 11월에는 연례적으로 파견하는 절일사와 진봉사 및 하정사가 파견되었다.28) 12월에는 요에서 또다시 헌종의 생일을 축하하는 사신을 보내왔다.29) 1097년 2월에도 횡선사를 보내어 헌종에게 칙서를

---

26)『高麗史』卷11 世家11 肅宗 元年(1096) (3月) 己酉 遣持禮使高民翼如遼東京.
  고려의 대요 사신 파견 관행을 보면 지례사는 동경과의 교섭을 위해 주로 파견되었던 것으로 보인다.
27)『高麗史』卷11 世家11 肅宗 元年(1096) (5月) 戊午 遼東京持禮使禮賓副使高良定來.
28)『高麗史』卷11 世家11 肅宗 元年(1096) (10月) 乙酉 遣吳延寵如遼 賀天安節;
  (11月) 丁未 遣蘇忠如遼 進奉 戊申 遣自可臣賀正.
29)『高麗史』卷11 世家11 肅宗 元年(1096) 十二月 丁巳 遼遣李惟信來 賀前王生辰.

내렸다. 고려 조정의 의도와는 다르게 요는 여전히 숙종의 지위를 인정하지 않고 있었으며 앞서 2월에 고주사가 전달한 전왕의 요구 역시 받아들여지지 않고 있었던 것이다.

그러나 이러한 요의 행보에 대해 고려 조정은 일관적으로 차분한 태도를 유지하였다. 전왕만을 대화 상대로 지목하는 요의 움직임에 일일이 반론을 제기하거나 숙종의 책봉을 강청하지도 않았다. 그렇다고 요와의 외교관계를 포기하고 타국과의 관계를 강화하는 대안을 모색하던 것도 아니었다. 시종일관 침착한 자세로 요와의 교섭에 임했다. 신중한 고려의 태도는 다음 해 헌종의 사망 시에 더욱 극적으로 드러났다.

1097년 윤2월 갑진일에 헌종이 사망하자 고려는 고애사를 파견하던 관례를 따르지 않았다. 대신, 헌종의 유언을 명분으로 기관 간의 이첩 형태로 헌종 사망 소식을 전하였다.[30] 이러한 조처는 대내외적으로 매우 적절한 조처였다고 생각된다. 고려 내부의 상황 상 헌종은 이미 숙종에게 양위한 상황이었으므로, 주로 고려왕의 사망을 알리기 위해 파견되던 고애사를 파견하는 것은 숙종 스스로 왕으로서의 권위에 의문을 제기하는 것으로 비춰질 수 있었다.

對遼 관계의 측면에서 볼 때, 이첩이라는 형식을 통해 헌종의 사망을 요에 알린 것은 요와의 관계 상 지위가 애매한 숙종 명의의 문서를 발송하지 않으면서도 요가 계속해서 대화 상대로 지목해 온 헌종의 부고를 전할 수 있는 매우 효과적인 방법이었다. 이를 통해 고려 조정은 요가 인정하지 않은 자가 함부로 고려의 대표자로 자임하며 요와의 교섭

---

30)『高麗史』卷11 世家11 肅宗 2年(1097) 三月 庚申 葬前王于隱陵 移牒遼東京
兵馬都部署 前王自退居別邸以來 病勢日增 於閏月十九日薨逝 今已葬訖 前
王遺命云 昨乞解機務 幸蒙詔允 退養殘骸 近來疾劇 決無生理 飾終諸事 宜
從儉約 不須告奏 煩瀆大朝 肆遵前王遺命 不敢遣使告哀.

에 나서지 않는다는 점을 분명히 보여주고자 했다고 생각된다. 이는 양국 간의 관계에서 책봉국인 요의 위상을 철저히 존중하고 있다는 점을 보여주는 데에도 매우 유효한 외교 전략이었다.

또한 고려는 헌종의 사망을 통보했을 뿐 숙종의 책봉 문제에 대해서는 언급하지 않았다. 요가 승인할 때까지 기다리겠다는 태도를 다시 한 번 분명하게 나타내어 보인 것이다. 이 해 가을에 전왕에 대한 생신사와 횡선사 파견을 사례하는 사신을 요에 보낸 것도 이러한 전략의 연장선으로 볼 수 있을 것이다. 1097년 10월과 11월에는 연례적으로 보내던 절일사, 방물사, 하정사 등의 사신을 파견하였고, 이들과 함께 사횡선사와 사전왕생일사도 파견하였다.[31] 이미 전왕은 사망한 상태였지만 책봉국의 횡선과 생일축하에 대한 답사를 파견함으로써 기존에 유지되어 왔던 양국 간의 외교적 질서에 충실한 모습을 보이고, 아울러 여전히 숙종을 고려의 대표자로 인정하지 않는 요의 입장을 존중하고 있음을 보여주고자 했던 것이라 생각된다.

당시 연례적으로 연말에 사신을 보내오던 요는 1097년 12월, 드디어 숙종을 고려국왕으로 책봉하는 사신을 파견하였다.[32] 고려는 1098년 10월에 책봉을 사례하였고 11월에는 연례적인 사행을 보냈다. 이해 12월에 책봉 후 처음으로 숙종의 생일을 축하하는 사신이 도착함으로써

---

31) 『高麗史』 卷11 世家11 肅宗 2年(1097) (10月) 甲辰 遣安仁鑑如遼 賀天安節; 丁未 遣柳澤 謝橫宣 ; 十一月 己未 遣庾惟祐如遼 謝賀前王生辰 戊辰 遣畢公贊 進方物 又遣林有文 賀正.

32) 『高麗史』 卷11 世家11 肅宗 2年(1097) 12月 癸巳 遼遣耶律思齊·李湘來 賜玉冊圭印冠冕車輅章服鞍馬匹段等物 冊曰 … 是用遣使臨海軍節度使檢校太傅兼御史中丞耶律思齊 使副大僕卿昭文館直學士李湘 持節備禮 冊命爾特進·檢校太尉兼中書令·上柱國·高麗國王 食邑一千戶 食實封七百戶 於戲 肇我太祖 嗣及沖人 積功累德 剖符錫壤 于蕃于宣 家世有遺法 曰朝日會 歲時有常制 永表東夏 與遼無極 其惟敬哉 王受冊于南郊.

헌종-숙종 교체를 둘러싼 여요 관계의 긴장 상황은 완전히 해소되었다.

이상에서 숙종의 책봉 지연 문제에 임하는 고려 조정의 대응을 분석해 보았다. 일련의 상황을 종합할 때, 숙종과 그가 이끄는 고려 조정은 이미 즉위를 계획하던 시점부터 헌종의 양위에 대한 요의 반응을 예견하였다고 생각된다. 이에 따라 고려 조정은 요의 입장을 최대한 존중하면서도 숙종의 즉위가 자연스럽게 받아들여져 책봉에 이를 수 있도록 하는 것을 목표로 삼고, 그에 따른 대응 방안을 마련하였다.

고려는 요가 계속해서 前王을 양국 교섭의 대상자로 지목하자 무리하게 숙종을 내세우는 대신 전왕인 헌종 명의로 요와 소통하였다. 그 과정에서 숙종은 권한을 위임받은 대리자의 역할에만 충실한 것으로 비춰지도록 하였다. 고려 조정의 이와 같은 적절한 대처로 헌종-숙종의 교체는 외교적 갈등으로 비화되지 않았고, 외연적으로 양국 관계는 일상적인 관계를 유지할 수 있었다.

그렇다면 숙종 초년 고려 조정은 어떻게 해서 이러한 요의 반응을 예측하고 전왕을 내세워 요와 소통하는 전략을 세우게 되었을까 하는 의문이 생긴다. 다음 장에서는 숙종의 책봉 지연 문제를 여요 관계라는 통시적인 흐름 속에서 조망함으로써 위의 의문에 대한 답을 찾아보도록 하겠다.

4. 여요 관계의 흐름 속에서 본 숙종 책봉 문제

숙종 즉위 후 요의 책봉이 시행되기까지 소요 기간을 선례와 간략히 비교해 보면 다음과 같다.

〈고려 문종~숙종대 각 왕별 책봉 소요 기간〉

고려 군주	문종	순종	선종	헌종	숙종
즉위	1046. 5.	1083. 7.	1083. 10.	1094. 5.	1095. 10.
告哀/告嗣	1046. 6.	1083. 7.	1083. 11.	1094. 여름.	1095. 10.
책봉	1047. 9.	-	1085. 11.	1094. 12.33)	1097. 12.
소요 기간	16개월	-	25개월	7개월	26개월
遼 군주	興宗	道宗			

　고려 군주의 사망 및 사위를 통보 받은 요 조정이 각종 위문 사절과 책봉사를 파견하여 그가 고려에 도착하기까지는 요 내부의 정세 및 양국 관계에 크게 영향을 받으며 작게는 사행이 왕래하는 교통로의 상황에도 영향을 받는다. 따라서 고려 군주 즉위 후 요로부터의 책봉을 받는데 소요되었던 기간의 평균값을 산정하여 절대적 기준으로 삼는 것은 그다지 의미있는 일은 아닐 것이다. 다만 대체적인 흐름으로 볼 때 선종대부터 숙종대까지는 요 내부적으로도 도종의 장기 집권이 이루어지던 안정적인 상황이며 양국 간에 별다른 충돌이나 긴장이 지속되지 않던 상황이라는 점에서 비교가 가능할 것이다.

　문종 태자의 지위로 요의 책봉도 받았던 순종은 즉위 후 3개월이 채 되지 않아 사망하였으므로 그에 대한 책봉사가 파견될 여유가 없었다. 헌종은 사위 후 7개월 만에 기복되어 고려국왕으로서의 관고를 받았다. 이에 비해 선종과 숙종의 책봉에는 만 2년 이상의 기간이 소요되었

---

33) 사실 헌종은 요의 책봉이 시행되기 전에 양위하였다. 1094년 12월은 요로부터 기복된 시점이다. 그러나 최근 연구에 따르면 기복은 책명에 상응하는 정치외교적 성격을 갖는다고 하므로(이승민, 2017, 「고려 國喪에 대한 거란·금·송의 弔問 使行 양상과 다층적 국제관계」『한국중세사연구』 487, 218쪽) 헌종이 고려의 새 국왕으로서 요의 인정을 받았다는 것을 보여주는 데에는 무리가 없다고 생각된다.

다. 선종의 경우, 순종의 뒤를 이었지만 결과적으로는 부왕인 문종의 상중에 즉위하였으므로 요가 책봉을 지연한 것이 아니라 상기가 종료된 후 정상적으로 책봉된 것이라 볼 수 있다.[34] 이에 비해 숙종의 경우는 요가 지속적으로 전왕에게 생일사와 횡선사를 보내는 등 문종이나 헌종과 비교해 볼 때 책봉이 상당히 지연되던 상황이었다.

헌종-숙종의 왕위 교체가 야기할 여요 관계의 긴장을 고려 조정이 미리 예측하였을 정황에 대해 앞장 말미에서 지적하였다. 고려의 사전 준비는 숙종의 즉위와 거의 동시에 이루어진 즉위 사실 통보에서 가장 명확히 드러난다.

한편 요와의 긴장 관계를 염두에 둔 고려 조정의 내부 단속을 위한 조처가 숙종 즉위 은사에서 확인된다. 고려 군주들은 즉위 후 즉위 교서를 반포하고 여러 은사를 내렸다. 숙종도 이러한 전통에 따라 1095년 11월 즉위 교서를 반포하였다.[35] 당시 은사가 내려진 대상은 태조대 공신, 삼한공신, 현종 공신 하공진과 송국화, 경술년 契丹遣留使行 등이다. 즉위 은사 대상에 왕조 건국에 공을 세우고 태조를 보좌한 태조대 공신과 삼한공신이 포함되는 것은 자연스러운 일이라 하겠다. 그런데 현종대의 양규, 김숙흥, 주저, 강감찬, 강민첨 등 많은 인물 중 하공진만을 특정하여 추가 포상하였으며 이전에 부각되지 않았던 송국화

---

34) 기복 해위의 대상이 되는 고려국왕들, 즉 父王 상중에 위에 오른 국왕(선종, 예종)은 3년상의 기간(27개월)이 종료된 뒤 책봉되었다고 한다. 이에 대해서는 이승민, 2017, 앞의 글, 212~218쪽 참조.

35) 『高麗史』 卷11 世家11 肅宗 卽位年(1095) 十一月 癸卯 御神鳳樓 赦斬絞以下罪 名山大川 皆加德號 民年八十以上 及篤癈疾者·義夫·節婦·孝子·順孫·鰥寡·孤獨 賜設 分物有差 諸色軍人 賜米布亦有差.
『高麗史』 卷75 志29 選擧3 銓注 肅宗卽位 詔 太祖代及三韓功臣內外孫無職者 戶許一人入仕 顯廟功臣河拱辰·將軍宋國華 及庚戌年如契丹見留使·副許其子孫一人入仕.

에게 은사를 내린 것 등은 주목되는 조처이다. 또한 경술년 거란견류
사행이 은사 대상이 된 점도 새롭게 조명해 볼 필요가 있다.

선행 연구에 따르면 숙종은 자신의 즉위 문제로 거란과의 관계에 갈
등을 예상하고 선대에 거란과의 관계에서 공적을 세운 인물들을 포상
함으로써 그들의 행위를 본받은 충성을 장려한 것이라 한다. 즉 숙종
이 자신에게 필요한 '충성스러운' 신하의 모습을 선대의 예에서 찾아
공적을 헌창함으로써 당시 요와의 긴장 상황을 타개하는데 도움을 받
고자 했다는 것이다. 하공진은 전쟁 중지와 화호를 요청하기 위해 자
원하여 거란 군영을 방문하였다가 그대로 억류되어 결국 돌아오지 못
하였다.[36] 또한 경술년 거란견류사행은 경술년(1010, 현종 원년)에 전
쟁을 예고한 거란에 화호를 청하기 위해 파견되었다가 억류되어 돌아
오지 못한 사절들이다.[37] 하공진은 현종 당대뿐 아니라 이후 여러 왕
대에 추가 포상되었다. 거란견류사행 역시 여러 차례 포상되었으므로
숙종 즉위 초에 이들을 반드시 포상해야하는 이유는 없지만, 이들을
추가 포상함으로써 숙종은 요에 파견될 사신을 결정할 때 요구되는 덕
목을 간접적으로 제시하는 동시에 억류된 사행의 공로를 잊지 않고 있
다는 점을 드러냄으로써 요 사행 파견시 예상되는 신하들의 반발을 경
감하는 효과를 기대했을 것이라 한다.[38]

---

36) 『高麗史』卷4 世家4 顯宗 元年(1010) (11月) 甲戌 遣河拱辰及戶部員外郎高
　　英起 奉表往丹營 請和 ; 2年(1011) 是月(12月) 契丹殺河拱辰.
37) 아래의 사례들이 이에 해당한다고 생각된다.
　　『高麗史』卷4 世家4 顯宗 元年(1010) 8月 丁未 朔 遣內史侍郎平章事陳頔‧
　　直中臺尙書右丞尹餘 如契丹; 9月 遣左司員外郎金延保如契丹 秋季問候左司
　　郎中王佐暹 將作丞白日昇 如契丹東京 修好; (10月) 癸丑 契丹遣給事中高正
　　閤門引進使韓杞來 告興師 叅知政事李禮均右僕射王同穎 如契丹請和.
38) 이상 李美智, 2012, 「고려시기 對거란 2차 전쟁 유공자와 그들에 대한 추가 포
　　상」 『韓國史研究』 157, 64~65쪽.

이렇듯 숙종대 고려 조정은 헌종-숙종 교체가 야기할 요와의 긴장을 예견하여 내외적으로 대비하고 있었다. 그렇다면 요로부터의 문제 제기를 예측한 고려의 통찰력은 어디에서부터 온 것일까.

주지하듯 숙종은 선종의 동생이자 문종의 아들이다. 1054년에 태어난 숙종이 30세였던 1083년에 부왕인 문종이 승하하고 맏형인 순종이 즉위하였다. 문종은 재위 기간 동안 맏아들인 순종의 후계자로서의 지위를 공고히 하기 위해 일찌감치 1054년 2월 그를 태자로 책봉하였으며[39] 1055년 5월에 요로부터 三韓國公으로 책봉을 받도록 했다.[40] 순종은 태자의 지위에 있으면서도 1057년 3월과 1065년 4월 등 두 차례나 더 加册을 받는 등,[41] 이미 고려 왕위 계승자로서의 지위를 대내외적으로 공고히 해 둔 상황이었다. 1083년 7월 18일 문종이 승하하자 예정대로 순종이 즉위하였으며 이 사실은 요에도 통보되었다.[42] 그러나 문종의 상중이던 10월 23일, 순종이 갑작스럽게 병사하면서 그를 이어 문종의 둘째 아들 선종이 즉위하게 되었다. 선종은 11월에 이자인을 요에 보내어 부고를 알렸는데, 당시 요에서는 선종의 즉위 과정을 매우 의심하여 고려 사절을 경관에 들이는 것조차 불허한 뒤 황제가 직접 두 왕의 연이은 서거에 대해 심문하였다.[43] 이자인은 고애사로서 국왕

---

39) 『高麗史』卷7 世家7 文宗 8年(1054) 二月 癸卯 册勳爲王太子.

40) 『高麗史』卷7 世家7 文宗 9年(1055) 5月 癸亥 (契丹)遣利州刺史蕭祿來 册王太子 官告曰 … 可特封三韓國公 太子迎命于閤門庭.

41) 『高麗史』卷8 世家8 文宗 11年(1057) 3月 乙酉 契丹又遣蕭素柴德滋來 册王太子 ; 19年(1065) 4月 庚子 又遣耶律迪·麻晏如 册王太子.

42) 『高麗史』卷9 世家9 文宗 37年(1083) 7月 辛酉 文宗薨 (順宗)奉遺詔 即位 遣左拾遺知制誥吳仁俊 如遼告哀.

43) 『高麗史節要』卷5 文宗 37年(1083) 11月 遣侍御史李資仁 如遼告喪 資仁至遼 帝勅不許入京館 詰問 二君連逝 必有他故 合奏實情 資仁奏 國公夙有疾恙 加以哀毀 遂至大漸 實無他故 願留臣等 特遣使到本國究問 臣若誣罔 當

의 사망을 알리는 목적을 띠고 파견되었지만 단순히 사실의 고지에만 그치지 않고 자신의 귀환을 내걸고 거란이 제기한 의문을 적극적으로 해명하여 순종-선종의 교체가 양국 간에 외교 문제로 비화되는 것을 막았다.

선종의 즉위 과정에 대한 거란 황제의 의심을 푼 것은 순전히 이자인 개인의 능력과 대처에만 힘입은 성과라 보기는 어려울 것이다. 3개월여의 짧은 기간 동안 두 왕이 서거하는 초유의 사태가 있었으므로 고려 조정 역시 갑작스러운 상황을 책봉국인 요에 설명하기 위해 가능한 최대한의 준비를 하였을 것이며, 그 과정에서 어려운 외교적 상황에 적절히 대처할 수 있는 최선의 적임자를 선발하여 파견하였으리라 생각된다. 또한 문종-순종-선종의 교체는 별다른 정치 투쟁이 개입된 결과가 아니었다. 인간이 손 쓸 수 없는 자연적인 상황이었다는 점에서 고려로서는 대처하기가 오히려 수월한 점도 있었을 것이다.

어떻든 이와 같은 고려 조정의 대처로 선종의 즉위와 관련하여 요는 더 이상 문제를 제기하지 않았다. 1084년 4월에 요의 칙제사와 조위사가 방문하여 연이어 문종과 순종에 대한 제사를 지냈고,44) 이후에도 改元 사실을 알려오거나45) 선종의 생일을 축하하는 사신을 보내왔다.46) 요가 사신을 보내 문종과 순종의 명복을 빌었다는 점에서 순종-

---

服重罪 語甚切直 帝出御城外氈殿 引見慰諭 ;『高麗史』卷95 列傳8 李子淵 附 李資仁 文順相繼薨 宣宗卽位 遣資仁如遼告喪 遼主不許入京館 詰曰 二 君連逝 必有其故 宜奏以實 資仁曰 國公夙有疾恙 加以哀毁 遂至大漸 實無 他故 願留臣等 遣使本國究問 臣若誣罔 當服重罪 語甚切直 遼主出城外氈 殿 引見慰諭.

44)『高麗史』卷10 世家10 宣宗 元年(1084) 4月 遼遣勑祭使益州管內觀察使耶律 信·慰問使廣州管內觀察使耶律彦等來 甲戌 祭文宗 …丁丑 祭順宗.

45)『高麗史』卷10 世家10 宣宗 2年(1085) 2月 癸酉 遼報改元大安 王命有司 告 于大廟六陵.

선종 교체에 대한 요의 의심은 이미 1084년 4월 이전에 해소되었다고 볼 수 있다. 그러나 같은해 8월에 현종대 공신 박성걸을 포상하여 거란 과의 전쟁에서 큰 공을 세우고 전사한 양규의 공신 녹권에 기록하게 하는 조처가 있었던 것을 보면, 선종대의 고려 조정 역시 책봉이 지연 되는 것으로 인식하고[47] 요와의 갈등이 심화되는 것에 대비하여 신하 들의 마음을 다잡고자 했다고 생각된다. 또한 1085년 4월에 의천이 渡 宋하면서 요-송-고려 관계에 또 다른 긴장 요소가 될 가능성도 있었다. 그러나 결국 1085년 11월 요가 낙기복사와 책봉사를 보내어 선종을 책 봉함으로써[48] 여요 관계는 다시 안정되었다.

---

46) 『高麗史』卷10 世家10 宣宗 2年(1085) (9月 壬子) 遼遣御史中丞李可及來 賀 生辰 不及期 人嘲之曰 使名可及何不及耶.

47) 선종의 책봉이 지연되었는가 하는 점에 대한 이승민의 견해에 따르면 선종은 부 왕의 상중에 있었으므로 3년 상이 완료된 이후에 책봉이 시행되었을 뿐, 책봉이 지연된 것은 아니라고 볼 수 있다. 이는 책봉국인 거란이 왜 1085년 11월에서야 책봉을 시행했는지를 설명하는 데에는 충분히 개연성있는 의견이다.

   그러나 이러한 설명은 예종대의 사례와 함께 고려할 때에만 납득될 수 있는 다 소 결과론적 설명이라 하겠다. 당시 선종이 이끄는 고려 조정의 입장에서는 거 란이 문종 사망으로 인한 선종의 복상 기간이 종료되기를 기다려 책봉을 시행할 것이라는 예측을 할 수 있는 선례가 없었다. 선종 사후 21개월째인 1096년 2월 에 요에 보낸 고려의 표문에 "낙기복사와 책봉사 파견을 면해주어 감사하다"라 는 내용이 포함되어 있는 것을 보면 당시 고려 조정은 거란이 헌종에 대한 책봉 을 시행하지 않은 것으로 여기고 있었다고 생각된다. 이러한 정황을 볼 때 선종 당대의 고려 조정에서는 요가 선종의 즉위 과정에 대한 의심을 풀었음에도 불구 하고 여전히 책봉을 시행하지 않는 것을 일종의 문제로 인식했을 가능성은 충분 하다고 생각된다.

48) 『高麗史』卷10 世家10 宣宗 2年(1085) 11月 丙午 遼遣落起復使高州管內觀 察使耶律盛來 ; 癸丑 遼遣保靜軍節度使蕭璋·崇祿卿溫嶠等來 册王爲特進 檢校太師兼中書令上柱國 食邑一萬戶 食實封一千戶 兼賜冠冕車馬圭印衣帶 綵段等物.

   고려측 기록에서는 선종의 봉작명이 특진 검교태사 겸 중서령 상주국으로만 되 어 있는데, 『遼史』에는 선종을 고려국왕으로 책봉하였음이 명기되어 있다(『遼

그런데 선종대 고려 조정이 연이은 군주의 서거를 설명할 적임자를
선발하여 보내는 등, 요 조정의 힐난에 미리 대비할 수 있었던 데에는
단순히 두 군주의 서거만이 원인으로 작용한 것은 아니었다. 고려 왕
조는 이전에도 갑작스러운 왕위 승계로 인하여 거란의 힐난을 받았을
뿐 아니라 이로 인해 긴 전쟁을 겪었던 경험이 있다. 바로 숙종과 선종
의 조부가 되는 현종 즉위 때의 일이다.

당시 고려와 교섭하였던 거란 조정, 특히 고려와 전쟁을 지휘했던
거란 聖宗의 입장에서 볼 때 목종은 거란이 처음으로 책봉한 성종을 합
법적으로 계승한 인물이자, 거란이 여러 차례 책봉하며[49] 인정해 온
고려의 왕이었다. 그러한 목종이 고려 내부의 정변으로 폐위된 후 결
국 시해되었으며, 새로 즉위한 현종이라는 인물은 목종의 강제 퇴위와
시해에 대해 알지 못하고 거란에 사실을 해명하지도 않았다.[50] 사건의
전말을 제3자인 여진을 통해 듣게 된 거란의 입장에서 볼 때 목종이
정변에 의해 폐위되고 새 국왕이 그러한 점에 대한 해명조차 시도하지
않은 사실은 양국 관계에서 책봉국의 군주이자 책봉 주체인 거란 성종
의 위상을 심각하게 손상하는 일이었으며, 이제 막 친정하게된 거란

史』卷24 本紀24 道宗4 大安 元年(1085) 11月 丙辰 遣使 册三韓國公王勳弟
運爲高麗國王).

한편, 이승민은 선종 책봉시 고려국왕의 명호가 언급되지 않은 것은 책봉 시행
전에 기복 등을 통해 고려국왕으로 인정받았기 때문일 것으로 추정하였다(이승
민, 2017, 앞의 글, 215쪽).

49) 『高麗史』卷3 世家3 穆宗 2年(999) (10月) 契丹遣右常侍劉績來 加册王尙書
令 ; 10年(1007) 春二月 契丹遣耶律延貴來 加册王爲守義保邦推誠奉聖功臣
開府儀同三司 守尙書令 兼政事令 上柱國 食邑七千戶 食實封七百戶.

50) 『高麗史節要』卷2 穆宗 12年(1009) 2月 己丑 (康)兆 廢王爲讓國公 … (王及
太后) 出自宣仁門 … 夜 (安)霸等弒之 以自刎聞 … 踰月 火葬縣南 陵曰恭陵
諡宣靈 廟號愍宗 臣民莫不痛憤 而新王未之知也 至契丹興師問罪 乃知被弒
改諡宣讓 廟號穆宗.

성종의 입장에서는[51] 993년에 자신의 명의로 성립된 양국간의 질서가 피책봉국인 고려에 의해 부정된 것으로 받아들여졌을 것이다. 결국 이것이 명분이 되어 양국 간에 전쟁이 일어났다.

현종의 손자이자 선종의 동생이었던 숙종은 고려 왕실의 일원이자 국왕의 최측근으로서 이러한 외교적 긴장 상황과 조정의 대응을 가장 가까이에서 익히고 경험하였을 인물이다. 숙종의 입장에서 직접 경험하지는 않았지만 조부대에 일어났던 거란과의 전쟁과, 자신의 형이었던 선종 즉위 후 제기된 긴장 상황은 얼마든지 재발하여 다시 한 번 고려 왕조를 큰 혼란에 빠트릴 수 있는 문제로 인식되었을 것이다. 따라서 고려 조정은 이 문제의 원만한 해결에 모든 외교적 역량을 집중할 수밖에 없었다. 고려는 그 해결 방법 역시 전대의 경험에서 찾았다.

현종대 전쟁은 양국 관계에서 거란을 책봉국으로 하는 외교 질서를 고려가 다시 한 번 수용하고 "稱藩納貢如故"를 제안함으로써[52] 종결되었다. 숙종 역시 자신의 책봉 문제를 풀어감에 있어 이러한 점을 기본 원칙으로 채택하였다. 고려는 자신들의 요구를 일방적으로 촉구하기보다는 고려의 목표, 즉 새 국왕인 숙종의 지위를 공식적으로 인정받는 행위인 책봉이 실시될 때까지 요의 입장을 최대한 존중하며 그들의 대화 방법에 맞추어 현종의 명의로 대화하되, 고려만의 페이스를 잃지 않았다. 즉 요와의 관계에서 일어난 갈등은 어디까지나 요와 합의한 외교 질서 속에서 풀어가고자 했던 것이다. 이러한 전략이 요와의 관

---

51) 1009년 12월에 30년 가까이 섭정하였던 거란 聖宗의 모친인 承天皇太后가 사망하였다(『遼史』 卷14 本紀14 聖宗5 統和 27年(1009) 12月 辛卯 皇太后崩于行宮).

52) 『高麗史』 卷4 世家4 顯宗 11年(1020) 是月(2月) 遣李作仁 奉表如契丹 請稱藩納貢如故.

계를 운영하는 고려 왕조의 기본 지향을 명확히 보여준다고 생각되며, 그 자세한 내용은 3장에서 살펴본 바와 같다.

숙종의 책봉이 시행됨으로써 고려 군주의 위상이 공식화되기까지 고려 조정의 대외 교섭은 요에 집중되어 있었다. 그렇다면 소기의 목적을 달성한 이후 고려의 대외 정책에는 과연 어떠한 변화가 있었을지 살펴보자.

요의 책봉이 있은 다음 달인 1098년 정월에 숙종은 책봉을 받은 일을 기념하기 위해 다음과 같이 은사를 베풀었다.

> (肅宗 3年) 正月 丙寅. 조하였다. "과인이 祖業을 이어 왕위에 올랐는데 大遼에서 사신을 보내어 특별히 책봉하고 존중함을 보이니 마땅히 慶賜를 반포하여 위로 (천자의) 아름다운 명에 보답할 것이다. 책명을 받던 날에 接詔 이하로 단에 올라 執禮한 내외 모든 관서의 員僚 및 객사접반관에게 작 1급을 내리고 법을 어겨 벌을 받을 자는 면해주며 지휘 군인에게는 물품을 차등있게 내리도록 하라."53)

위의 조서에서 볼 수 있듯이 숙종은 책봉 기념 은사를 내리면서 책봉 주체인 요를 大遼로 지칭하였다. 이 명령은 국왕의 조서인 만큼 국정에 참여하는 관료층 대다수가 이 조서의 내용을 전해 들었을 것은 분명하다. 『고려사』 기록에서 大遼라는 표현이 사용된 것은 거란이 국호를 大遼로 재차 변경하였을 때가 처음이며,54) 그 다음에 나타나는 기록이 바로 위의 1098년 숙종의 조서이다. 숙종의 조서에 사용된 大遼가

---

53)『高麗史』卷11 世家11 肅宗 3年(1098) 春正月 丙寅 詔曰 寡人纂承祖構 方宅조圖 大遼遣使 特示封崇 宜頒慶賚 上答休命 其受册日 接詔以下 升壇執禮 內外諸色員僚 及客使接伴官 賜爵一級 有違犯當坐者免之 指揮軍人 賜物有差.
54)『高麗史』卷8 世家8 文宗 20年(1066) 3月 契丹復國號曰大遼.

국호를 그대로 인용한 것이라 볼 가능성도 없지는 않지만, 1066년 이후 기록에서 遼로 표현해 오다가 예외적으로 1098년의 사례에서만 국호를 大遼로 썼다고 보기는 어렵다. 따라서 1098년 숙종의 조서에 사용된 대요는 국호 그대로가 아니라 '大朝[혹은 大國]인 遼'의 의미로 사용되었다고 생각한다. 遼를 한층 높인 大遼라는 표현이 자연스럽게 사용될 만큼 고려 조정 내에서 요의 위상이 확고했음을 보여주는 사례라고 하겠다.

1099년에는 원자에 대한 요의 冊命을 추진하여[55] 이듬해에는 원자 책봉에 이어 왕태자로의 책봉이 모두 시행되었다.[56] 이는 현종이 전쟁 종료를 위한 강화를 맺자마자 신하들의 반대를 뿌리치고 왕자를 봉작한 것을 거란에 알린 뒤 태자 책봉까지 이끌어 낸 것과[57] 같은 맥락의

---

[55] 『高麗史』卷11 世家11 肅宗 4年(1099) (10月) 辛亥 告奏兼密進使文翼如遼 請賜元子冊命;『遼史』卷26 本紀26 道宗6 壽隆 5年(1099) 冬十月 己亥朔 高麗王顒(長子俣: 校勘)遣使乞封冊.

[56] 『高麗史』卷11 世家11 肅宗 5年(1100) (5月) 壬午 遼遣張臣言來 諭冊命元子; (10月) 壬子 遼遣蕭好古高士寧來 冊王太子 勅曰 … 冊命卿長子俣 爲三韓國公 … 冊曰 … 是用遣使高州管內觀察使蕭好古 副使守衛尉卿高士寧等持節備禮冊命 爾爲順義軍節度朔武等州觀察處置等使崇祿大夫檢校太傅同中書門下平章事使持節朔州諸軍事行朔州刺史上柱國三韓國公 食邑三千戶 食實封五百戶 … 乙卯 王與太子 如南郊受冊.

[57] 『高麗史』卷4 世家4 顯宗 11年(1020) 夏四月 庚子 王臨軒 遣門下侍郎崔士威·知中樞事姜民瞻 冊子欽爲開府儀同三司 檢校太師 守司徒 兼內史令 上柱國 崇仁廣孝輔運功臣 封延慶君 ; 丁未 遣禮部尙書梁稹 刑部侍郎韓去華 如契丹 告封王子 宰臣庚方等諫止之 不納.
이와 같은 일련의 조처는 결국 거란의 태자 책봉으로 이어졌다. 선행연구에서 지적하였듯이 현종대에는 이것이 현종의왕권을 강화하는 데에도 도움이 되었다 (김선미, 2011, 「高麗前期 王位繼承과 太子 冊封 硏究」, 고려대 석사논문, 20~27쪽). 그러나 숙종 즉위 후 고려 조정은 이미 숙종을 중심으로 안정적으로 운영되고 있었다. 따라서 숙종대 태자 책봉은 숙종 자신의왕권을 강화하려는 목적보다는 사후 태자가 즉위한 뒤 혹시 모를 요의 문제제기를 방지하기 위한 대비책

조치라고 하겠다. 숙종 자신의 사례와 선대의 사례를 되밟지 않도록
원자를 여요 관계에 일찌감치 노출시켜 후계자로서의 지위를 확고히
해두려는 조처였던 것이다.

한편, 숙종이 단순히 국왕 책봉을 받으려는 목적 달성을 위해서 요
와의 관계에 일시적으로 공을 들였던 것은 아니라는 점이 다음의 피휘
사례에서도 확인된다.

> (肅宗 6年(1100) 3月) 己卯. 왕이 요 황제의 嫌名을 기피하여 이름을 顒
> 으로 고치고 태묘와 8陵에 고하니 군신이 표를 올려 하례하였다.[58]

위 사료에서는 본래 이름이 熙였던 숙종이 당시 요 황제를 피휘하여
개명한 사실을 알 수 있다. 숙종의 개명이 기록된 기사는 1101년(肅宗
6) 3월 기묘일(18)인데 다음날인 3월 경진일(19)에 요의 사신이 와서 道
宗이 죽고 天祚帝가 嗣位하였음을 알렸다.[59] 기사의 순서에 따라 순차
적으로 이해한다면 숙종이 피휘한 것은 도종의 휘인 洪基일 가능성이
있다. 그러나 고려는 외국 사신이 방문했을 때 도착하자마자 맞는 것
이 아니라 좋은 날을 택하여 영접하는 관습이 있었다.[60] 또한 천조제
는 이미 정월에 사위하였으므로[61] 이를 통보하는 사절을 맞기 전에 그

의 성격이 강했다고 생각된다.

58) 『高麗史』卷11 世家11 肅宗 6年(1101) 3月 己卯 王避遼帝嫌名 改名顒 告于
大廟八陵 群臣表賀.

59) 『高麗史』卷11 世家11 肅宗 6年(1101) 3月 庚辰 遼遣檢校右散騎常侍耶律穀
來 告道宗崩 皇太孫燕國公延禧嗣位.

60) 『高麗史』卷65 志19 禮7 賓禮 成宗 9年(990) (6月) 國俗 拘忌陰陽 每朝廷使
至 必擇月日受詔.
다만 宋使가 힐난하자 이를 멈추었다는 내용도 함께 전한다.

61) 천조제는 이미 1101년 정월에 嗣位하였다(『遼史』卷26 本紀26 道宗6 壽隆 7年

의 이름인 延禧를 피하기 위해 자신의 이름인 熙를 개명했다고 보는 편이 개연성이 더 크다.[62] 이렇듯 숙종이 이제 막 즉위한 황제의 이름을 피휘하여 발빠르게 개명하였다는 사실은 고려 내에서 책봉국인 요의 위상이 의심할 여지없이 확고하게 정립되어 있었다는 점을 잘 보여준다.

또한 같은 해 8월에는 요의 요구를 수용하여 정주 관내의 군영을 혁파하는 조처가 확인된다.[63] 이는 선종대에 고려의 요청에 따라 요가 철훼하였던 각장 문제와도 연관된 행보인데, 양국이 상호 간의 요구를 번갈아 가며 수용하고 있다는 점에서 고려와 요의 관계가 안정적으로 유지되었음을 확인할 수 있다.

이와 같은 안정적인 양국 관계는 예종대에도 지속되었다. 숙종대에 왕태자로서 두 차례 요의 책봉을 받았던 예종은[64] 곧바로 遼에 숙종의 죽음을 알렸다.[65] 요 역시 弔慰使와 起復使를 보내어 예종의 왕위 승계를 수용하였으며 2년 뒤에는 落起復使와 책봉사를 보냈다.[66] 최근의 연

(1101) 正月 甲戌 上崩於行宮 年七十 遺詔 延國王延禧嗣位).

62) 장동익 역시 이 때의 개명은 천조제 耶律延禧의 피휘한 것으로 보았다(장동익, 2009, 「補註」『高麗時代 對外關係史 綜合年表』, 동북아역사재단, 445쪽 1095년 11.28조).

63) 『高麗史』卷11 世家11 肅宗 6年(1101) (8月 乙巳) 都兵馬使奏 今遼東京兵馬都部署移文 請罷靜州關內軍營 頃在大安中 遼欲於鴨江 置亭子及権場 我朝遣使請罷 遼帝聽之 今亦宜從其請 制可.

64) 『高麗史』卷11 世家11 肅宗 5年(1100) 10月 壬子 遼遣蕭好古·高士寧來 册王太子 ; 『高麗史』卷12 世家12 肅宗 9年(1104) 4月 庚午 耶律師傅·張織來 册太子 王與太子如南郊.

65) 『高麗史』卷12 世家12 睿宗 卽位年(1105) 10月 戊子 遣中書舍人金緣 如遼告哀.

66) 『高麗史』卷12 世家12 睿宗 元年(1106) 正月 丙午 遼遣弔慰使耶律忠·劉企常來 又遣劉鼎臣 命王起復.
위의 기사에서는 조위사만 기록되어 있지만 이어지는 계축일의 기사를 보면 조위사가 祭奠使의 임무도 함께 띠고 왔던 것으로 보인다(『高麗史』卷12 世家12 睿宗 元年(1106) (正月) 癸丑 遼祭奠弔慰使 祭肅宗虞宮 王服深衣助奠).

구에 따르면 고려의 국상과 관련하여 요가 보내던 사절은 치제사, 위문사, 기복사, 낙기복사, 책봉사로 정리된다고 하는데,[67] 숙종-예종의 승계 과정에서 확인되는 요의 사행은 고려국왕의 상례와 관련하여 가장 완비된 모습이라 하겠다. 이후 양국 간에 왕래한 사행 기록 역시 다른 왕대에 비해 상대적으로 풍부하다. 고려는 매년 절일사와 하정사 등의 정규 사행을 요에 보냈고, 때에 따라 각종 謝使 등을 파견하였다. 요 역시 국왕생일사 등 뚜렷한 使命이 있는 사절과 함께 수시로 횡선사를 보내왔으며 요 동경에서도 지례사가 왕래하였다.

지금까지 살펴본 바를 정리해 보자. 앞서 보았듯이 숙종이 양위받은 직후 요는 숙종의 고려 대표자로서의 지위를 공식적으로 인정하지 않았다. 숙종이 이끄는 고려 조정은 선대의 경험을 통해 이러한 요의 반응을 예측하였으므로 적절한 대처가 가능하였다. 목종-현종의 교체, 문종-순종-선종의 교체 때 그들과의 교섭을 통해 고려가 거듭 유효성을 확인하였던 대요 관계에서의 기본 방침은 요와 합의한 외교 질서에 충실한 자세를 보이며 대화에 임하는 것이었다. 결국 고려는 평화로운 양국 관계를 안정적으로 유지하며 원하던 대로 고려국왕으로서의 숙종의 지위를 공식화 할 수 있었다.

5. 맺음말

본고는 숙종 책봉 문제가 해결되기까지, 여요 양국의 입장과 고려의

『高麗史』卷12 世家12 睿宗 3年(1108) (2月) 辛丑 遼遣崇祿卿張揆來 命王落起復 ; 丙午 遼遣蕭良李仁洽等來 册王.
67) 朴潤美, 2017, 「高麗前期 外交儀禮 硏究」, 숙명여대 박사논문, 123쪽.

대응 전략을 살펴보았다. 아울러 고려 조정의 적절한 대응이 마련될 수 있었던 배경에는 前代 요와의 교섭 경험이 중요한 토대가 되었음을 확인하였다.

고려는 10세기 말~11세기 초, 여러 차례 전쟁을 겪으면서 당시 동북 아시아의 패자였던 거란이 요구하는 외교 질서에 합의하였다. 이 외교 질서는 거란을 우위로 하는 관계였으며, 이는 거란이 고려의 책봉국이 되는 방식으로 현실화되었다. 그러나 관계 초기에 고려는 거란이 요구하는 질서 관계를 정확히 인지하지 못하였다. 목종-현종 교체와 같은 비정상적인 국왕 교체 사건이 발생하자 거란은 이에 문제를 제기하였고 고려는 적절히 대응하지 못했다. 현종대 전쟁을 겪으며 고려는 거란이 요구하는 외교 질서의 현실적 구속력을 점차 이해하게 되었고 양국이 힘의 우위에 기반한 외교 질서에 최종적으로 합의하게 되면서 평화로운 관계를 회복할 수 있었다.

이와 같은 현종대의 경험과 교훈은 이후 고려에서 국왕이 급작스럽게 교체되는 상황에서 요와의 외교 갈등을 미연에 방지하는데 활용되었다. 특히 숙종 초년에는 前王이 살아있는 상황에서 요가 새로 즉위한 고려왕의 지위를 인정하지 않는 상황이 지속되었다. 고려로서도 초유의 사태였으나, 비교적 의연하게 문제를 해결할 수 있었던 것은 선대의 외교적 경험을 바탕으로 대요 교섭에 임하는 기본 방침을 선택하였기 때문이다.

이러한 점은 10세기 말~11세기 초에 성립된 양국간의 질서가 그 후에도 100여 년 동안 이어지며 고려 왕조의 대외 정책의 주요한 기저가 되었음을 잘 보여준다. 요와의 관계를 통해 형성된 외교 질서의 영향력은 단순히 외교적 차원에서만 발휘된 것이 아니었다. 숙종의 책봉을 둘러싸고 확인되는 고려 조정의 대응과 후속 조처 등은 이를 생생하게 보여준다. 거란이 내부적으로 약화하고 있었던 사실과는 별개로, 고려가 이들과 합의한 외교 질서는 시간이 갈수록 고려 내부에서 더 공고화되고 있었다. 책봉국을 대하는 고려 조정의 기본 전략은 요의 자리를 대신한 금과의 관계에서도 일종의 전범으로 작용하였다. 무신정권기 의종-명종, 명종-신종의 교체 시에도 또 다시 전왕과 신왕이 공존하는 상황과 갑작스러운 왕위 교체를 책봉국에 알려야 하는 상황이 발생하였다. 이 때 마련되었던 고려 조정의 대응책은 숙종대의 전략과 상당히 유사하다. 숙종이 선대의 경험에서 찾아낸 對遼 관계에서의 기본 방침은 요의 舊制를 본받고자 했던 금을 상대하는 데에도 여전히 유효하였다. 이와 같은 고려 왕조만의 특징적인 외교적 전통에 대해서는 후고를 통해 보다 세밀히 분석해 보도록 하겠다.

참고문헌

1. 사료

『高麗史』
『高麗史節要』
『高麗圖經』
『東人之文四六』
『拙藁千百』
『東文選』
『補閑集』
『册府元龜』

『遼史』
『契丹國志』
『全遼文』
『宋史』
『續資治通鑑長編』
『金石萃編』
『宋代石刻文獻全編』
『宋名臣奏議』
『春秋左氏傳』
『通文館志』
『孟子』

朝鮮總督府, 1919, 『朝鮮金石總覽』上.
葛城末治, 1935, 『朝鮮金石攷』.

黃壽永 編, 1976, 『韓國金石遺文』, 一志社 : 황수영전집간행위원회, 1999, 『黃
　　壽永全集』 4 금석유문, 혜안.

許興植, 1984, 『韓國金石全文』 中世 上, 亞細亞文化社.

金龍善, 1993, 『高麗墓誌銘集成』, 翰林大學校出版部 : 1997, 『高麗墓誌銘集成』
　　(개정판), 翰林大學校아시아文化研究所 : 2001, 『高麗墓誌銘集成』
　　(제3판), 翰林大學校아시아文化研究所 : 2006, 『高麗墓誌銘集成』(제
　　4판), 翰林大學校出版部.

李基白 編, 1993, 『韓國上代古文書資料集成』, 一志社.

한국역사연구회 중세1분과 나말여초연구반 편, 1996, 『譯註羅末麗初金石文』
　　下, 혜안.

盧明鎬 외, 2000, 『韓國古代中世古文書研究』(上), 서울대학교출판부.

張東翼, 2000, 『宋代麗史資料集錄』, 서울대학교출판부.

漢語大辭典編輯委員會 外 編, 2001, 『漢語大辭典』, 漢語大詞典出版社.

張東翼, 2009, 『高麗時代 對外關係史 綜合年表』, 동북아역사재단.

김용선 편저, 2010, 『일본에 있는 한국금석문 자료』, 한림대학교 출판부.

이근명 외 엮음, 2010, 『송원시대의 고려사 사료』 1·2, 신서원.

2. 인터넷베이스 DB

국사편찬위원회 고려시대 史料 데이터베이스 http://db.history.go.kr/KOREA

국사편찬위원회 조선왕조실록 http://sillok.history.go.kr

維基文庫 https://zh.wikisource.org/wiki/wikisource:首頁

中華民國教育部 重編國語辭典修訂本 http://dict.revised.moe.edu.tw

한국금석문 종합영상정보시스템 http://gsm.nricp.go.kr

한국고전번역원 한국고전종합DB http://db.itkc.or.kr/

KoreaA2Z http://www.koreaa2z.com

Krpia http://www.krpia.co.kr

3. 연구성과(간행연도순)

1) 1970년대 이전

津田左右吉, 1913, 『朝鮮歷史地理』 2, 南滿洲鐵道株式會社.

池內宏, 1918, 「高麗成宗に於ける女眞及び契丹との關係」 『滿鮮地理歷史報告』 5 : 1937, 『滿鮮史研究』 中世第二冊, 吉川弘文館.

池內宏, 1920, 「契丹聖宗の高麗征伐」 『滿鮮地理歷史研究報告』 7, 東京帝大 文學部 : 1937, 『滿鮮史研究』 中世第二冊, 吉川弘文館.

池內宏, 1920, 「高麗太祖の經略」 『滿鮮地理歷史研究報告』 7, 東京帝大 文學部 : 1937, 『滿鮮史研究』 中世第二冊, 吉川弘文館.

池內宏, 1920, 「高麗顯宗朝に於ける契丹の侵入」 『滿鮮地理歷史研究報告』 7, 東京帝大 文學部 : 1937, 『滿鮮史研究』 中世第二冊, 吉川弘文館.

前間恭作, 1926, 「若木郡石塔記の解釋」 『東洋學報』 15-3.

稻葉岩吉, 1932, 「契丹の橫宣、橫賜の名稱」 『史學硏究』 17-1.

秋浦秀雄, 1933, 「高麗光宗朝における國際事情を檢覈す」 『靑丘學叢』 12.

鮎貝房之進, 1934, 「淨兜寺石塔造成形止記」 『雜攷』 6上.

丸龜金作, 1935, 「高麗と契丹・女眞との貿易關係」 『歷史硏究』 5-2.

Karl WITTFOGEL・馮家昇, 1946, *History of Chinese Society : Liao(907-1125)*, American Philosophical Society.

姜大良, 1948, 「高麗初期의 對契丹關係」 『史海』 1, 朝鮮史研究會.

金庠基, 1948, 『東方文化交流史論攷』, 乙酉文化社.

金錫亨, 1948, 「거란(요)의 침입과 그 격퇴」 『력사제문제』 3, 조선력사편찬위원회.

前田直典, 1948, 「東アジアに於ける古代の終末」 『歷史』 1-4 : 1957, 『中國史の時代區分』, 東京大學出版會 : 1973, 『元朝史の研究』, 東京大學出版會.

旗田巍, 1951, 「蒙古の侵略と倭寇」 『朝鮮史』, 岩波書店.

李春植, 1952, 「儒家政治思想의 理念的 帝國主義」 『人文論集』 27.

島田正郎, 1952, 「契丹における生母の地位」 『法律論叢』 25-6 : 1979, 『遼朝史の研究』, 創文社.

島田正郎, 1952, 『遼代社會史硏究』, 三和書房.

金昌洙, 1955, 「契丹에 關한 行程錄에 對하여」 『東國史學』 3.

李龍範, 1955, 「麗丹貿易考」 『東國史學』 3, 東國大 史學會 : 1989, 『韓滿交流 史 硏究』, 동화출판공사.

李鍾澤, 1957, 「徐熙와 그의 外交」 『法政論叢』 4, 중앙대 법정대학 학생회.

前田直典, 1957, 「東アジアに於ける古代の終末」 『中國史の時代區分』, 東京大學 出版會 : 1973, 『元朝史の硏究』, 東京大學出版會.

藤田亮策, 1958, 「朝鮮の年號と紀年(上)」 『東洋學報』 41-2.

藤田亮策, 1958, 「朝鮮の年號と紀年(下)」 『東洋學報』 41-3.

김상기, 1959, 「고려 시대 총설」 『국사상의 제 문제』 1, 국사편찬위원회.

김상기, 1959, 「단구와의 항쟁」 『국사상의 제 문제』 2, 국사편찬위원회.

김상기, 1959, 「여진관계의 시말과 윤관(尹瓘)의 북정」 『국사상의 제 문제』 4, 국사편찬위원회.

김상기, 1959, 「고려와 금(金)·송(宋)과의 관계」 『국사상의 제 문제』 5, 국사편 찬위원회.

김상기, 1959, 「금(金)의 시조(始祖)에 대하여」 『국사상의 제문제』 5, 국사편찬 위원회.

Michael C. ROGERS, 1959, "SUKCHŎNG OF KORYŎ: HIS ACCESSION AND HIS RELATIONS WITH LIAO" in T'oung Pao 47, BRILL.

金庠基, 1961, 『高麗時代史』, 東國文化社 : 1999, 「머리말」·「高麗時代의 總說」 『新編 高麗時代史』, 서울대학교출판부.

김재홍, 1961, 「1216~1219년 거란족의 침입과 그의 격멸」 『력사과학』 1961. 1, 사회과학원 력사연구소.

李丙燾, 1961, 『韓國史』 中世篇, 乙酉文化社.

日野開三郎, 1961, 「統和初期に於ける契丹聖宗の東方經略と9年の鴨綠江口築城」 『朝鮮學報』 21·22, 朝鮮學會 : 1990, 『日野開三郎 東洋史學論集』 16 東北アジア民族史 (下), 三一書房.

력사과학 편집부, 1962, 「강좌 ─ 서희장군의 외교활동」 『력사과학』 1962. 4, 사회과학원 력사연구소.

武田幸男, 1962,「淨兜寺五層石塔造成形止記の研究」『朝鮮學報』25.

西島定生, 1962,「六-八世紀の東アジア」『岩波講座日本歴史』2, 岩波書店.

金在滿, 1963,「契丹絲考(上) -東西 間接交易과 直接交易의 形態-」『歷史敎育』7.

堀敏一, 1963,「近代以前の東アジア世界」『歷史學研究』281.

金在滿, 1964,「契丹絲考(下) -東西 間接交易과 直接交易의 形態-」『歷史敎育』8.

金在滿, 1965,「遼—高麗交易史研究」『業績報告書』1963~1964, 東亞文化研究委員會.

金哲埈, 1965,「崔承老의 時務二十八條」『趙明基博士華甲紀念佛敎史學論叢』: 1975,『韓國古代社會研究』, 知識産業社.

李基白, 1965,「高麗 光軍考」『歷史學報』27 : 1968,『高麗兵制史研究』, 一潮閣.

김재홍, 1966,「강감찬 장군의 전략전술(1)」『력사과학』1966. 6., 사회과학원 력사연구소.

박영해, 1966,「거란 침입 이전 시기 고려의 대외 정책」『력사과학』1966-1(누계 63).

全海宗, 1966,「韓中 朝貢關係 槪觀 -韓中關係史의 鳥瞰을 위하여-」『東洋史學研究』1 : 1970,『韓中關係史研究』, 一潮閣.

김재홍, 1967,「강감찬 장군의 전략전술(2)」『력사과학』1967. 1, 사회과학원 력사연구소.

李基白, 1967,「豪族聯合政策」『韓國史新論』, 一潮閣.

全海宗, 1967,「韓中朝貢關係考 -韓中關係史의 鳥瞰을 위한 導論-」『韓中關係史研究』, 東洋史學研究 1輯.

李春植, 1969,「朝貢의 起源과 그 意味 -先秦時代를 中心으로-」『中國學報』10.

李春植, 1969,「左傳中에 보이는 事大의 意味」『史叢』14 : 1997,『事大主義』, 고려대학교 출판부.

2) 1970년대

李春植, 1970,「漢代의 羈縻政策과 事大朝貢」『史學志』4.

全海宗, 1970,『韓中關係史研究』, 一潮閣.

崔益柱, 1971,「遼의 支配勢力의 構造와 帝位繼承에 對하여 -支配勢力으로서의 皇族帳과 皇后族帳을 中心으로」『東洋史學研究』5.

Saul A. KRIPKE, 1972, Naming and Necessity, Cambridge, Massachusetts: Harvard University Press : 정대현·김영주 옮김, 1983,『이름과 필연』, 서광사.

徐炳國, 1973,「高麗 宋·遼의 三角貿易考」『白山學報』15.

全海宗, 1973,「漢代의 朝貢制度에 대한 一考察」『東洋史學研究』6.

崔益柱, 1973,「遼代의 宮戶」『歷史學報』57.

前田直典, 1973,「東アジアに於ける古代の終末」『元朝史の研究』, 東京大學出版會.

金在滿, 1974,「契丹軍勢攷」『契丹民族 發達史의 研究』, 讀書新聞社.

金在滿, 1974,「契丹部族의 勃興과 帝國建設」『契丹民族 發達史의 研究』, 讀書新聞社.

金在滿, 1974,「契丹의 强制徙民政策과 國土開發」『契丹民族 發達史의 研究』, 讀書新聞社.

金在滿, 1974,「契丹의 山北·山南 經略史」『契丹民族 發達史의 研究』, 讀書新聞社.

金在滿, 1974,「契丹의 獎農政策」『契丹民族 發達史의 研究』, 讀書新聞社.

金在滿, 1974,「宣懿皇后의 被誣와 그 前後事情」『契丹民族 發達史의 研究』, 讀書新聞社.

李基白, 1974,「高麗 貴族社會의 形成」『한국사』4, 국사편찬위원회 : 1990,『高麗貴族社會의 形成』, 一潮閣.

河炫綱, 1974,「高麗王朝의 成立과 豪族聯合政權」『한국사』4, 국사편찬위원회 : 1988,『한국중세사연구』, 一潮閣.

井上孝範, 1974,「北宋期, 河北路権場貿易の一考察 -建隆より熙寧までを中心として-」『福岡大學 大學院編集』10-2·11-1 合倂號.

Peter FARB, 1974, Word Play: what happens when people talk : 1979, Bantam

Edition, reprinted.

金在滿, 1975, 『契丹民族發達史의 研究』, 讀書新聞社.

河炫綱, 1975, 「高麗初期 崔承老의 政治思想研究」『梨大史苑』 12 : 1988, 『韓國中世史研究』, 一潮閣.

井上孝範, 1976, 「北宋期, 陝西路의 對外貿易について -榷場貿易を中心にして」『九州共立大學紀要』 10-2·11-1 合倂號.

李龍範, 1977, 「高麗와 契丹과의 關係(東洋學學術會議 講演鈔)」, 『東洋學』 7.

李龍範, 1977, 「胡僧 襪囉의 高麗往復」『歷史學報』 75·76.

李太鎭, 1977, 「金致陽 亂의 性格-高麗初 西京勢力의 政治的 推移와 관련하여」『韓國史研究』 17.

金渭顯, 1978, 「遼代 渤海 復興運動의 性格」『명대논문집』 11.

朴星來, 1978, 「高麗初의 曆과 年號」『韓國學報』 10.

崔益柱, 1978, 「遼太祖·太宗代의 漢人官僚」『大丘史學』 15·16.

島田正郎, 1978, 『遼朝官制の研究』, 創文社.

Peter FARB, 1979, *Word Play: what happens when people talk*, Bantam Edition, reprinted.

谷川道雄, 1979, 「東アジア世界形成期の史的構造」『隋唐帝國と東アジア世界』, 汲古書院.

堀敏一, 1979, 「隋代東アジアの國際關係」『隋唐帝國と東アジア世界』, 汲古書院.

島田正郎, 1979, 『遼朝史の研究』, 創文社.

奧村周司, 1979, 「高麗における八關會的秩序と國際環境」『朝鮮史の發展と國際的契機』 朝鮮史研究會論文集 16, 龍溪書舍.

3) 1980년대

金塘澤, 1980, 「高麗穆宗 12年의 政變에 대한 一考 -穆宗代의 寫經跋文과 관련하여-」『韓國學報』 18.

金翰奎, 1980, 『漢代의 中國的 世界秩序에 대한 研究』, 서강대학교 박사학위논문 : 1982, 『古代 中國的 世界秩序研究』, 一潮閣.

李丙燾, 1980, 「肅宗과 南京再建」『高麗時代의 研究 —특히 圖讖思想의 發展

을 중심으로」, 亞細亞文化社.

崔圭柱, 1980, 「遼代의 耶律姓과 蕭姓에 대한 考察」『震檀學報』49.

朴賢緒, 1981, 「北方民族과의 抗爭」『한국사』 4, 국사편찬위원회.

李基白, 1981, 「槪要」『한국사』 4 高麗貴族社會의 成立, 국사편찬위원회.

崔圭柱, 1981, 「遼初의 支配勢力의 性格」『大丘史學』 19.

金渭顯, 1982, 「高麗對宋遼金人投歸的收容策」『史學志』 16, 단국대학교.

金翰奎, 1982, 『古代 中國的 世界秩序研究』, 一潮閣.

姜性文, 1983, 「高麗初期의 北界開拓에 대한 研究」『白山學報』 27.

金渭顯, 1983, 「契丹의 衣料需給과 服飾에 대한 小考」『明知史論』 1 : 2004,
『契丹社會文化史論』, 景仁文化社.

金在滿, 1983, 「五代와 後三國·高麗初期의 關係史」『大東文化研究』 17.

南仁國, 1983, 「고려 숙종의 즉위과정과 왕권강화」『歷史教育論集』 5 : 1999,
「새로운 政治勢力의 登場과 新統治秩序의 確立」『高麗中期 政治勢
力研究』, 신서원.

M. ANG, 1983, "Sung-Liao diplomacy in eleventh- and twelfth-century China: a
study of the social and political determinants of foreign policy", Ph.D.
diss., University of Pennsylvania.

솔 크립키, 1983, 『이름과 필연』, 정대현·김영주 옮김, 서광사.

金渭顯, 1984, 「契丹의 土俗考」『明大 論文集』 15 : 2004, 『契丹社會文化史論』,
景仁文化社.

金渭顯, 1984, 「契丹後期의 對民政策」『關東史學』 2 : 2004, 『契丹社會文化史
論』, 景仁文化社.

朴菖熙, 1984, 「高麗初期 '豪族聯合政權'說에 대한 검토 ―'歸附'豪族의 政治
的 성격을 중심으로―」『韓國史의 視角』, 영언문화사.

韓圭哲, 1984, 「高麗來投·來往 契丹人 -渤海遺民과 관련하여-」『韓國史研究』
47 : 1994, 『渤海의 對外關係史 -南北國의 形成과 展開』, 新書苑.

陶晉生, 1984, 「對於北宋聯金滅遼政策的一個評估」『宋遼關系史研究』, 聯經
出版事業公司

陶晉生, 1984, 「宋、高麗與遼三角外交關係」『宋遼關係史研究』, 聯經出版事

業公司.

A. M. KHAZANOV, 1984, *Nomads and the Outside World*, Cambridge: Cambridge University Press : 하자노프, 金浩東 譯, 1990, 『遊牧社會의 構造』, 지식산업사.

金成俊, 1985, 「「十訓要」와 高麗太祖의 政治思想」 『韓國中世政治法制史研究』, 一潮閣.

金渭顯, 1985, 「遼史高麗外記考檢」 『遼金史研究』 裕豊出版社.

金渭顯, 1985, 『遼金史研究』, 裕豊出版社.

박용운, 1985, 『高麗時代史』 上, 一志社 : 2008, 「고려시대사의 성격」 『고려시대사』 (수정·증보판), 一志社.

方東仁, 1985, 「高麗前期 北進政策의 推移」 『領土問題研究』 2, 高大民族文化研究所 : 1997, 『韓國의 國境劃定研究』, 一潮閣.

李基白, 1985, 「高麗光軍考」 『歷史學報』 37, 歷史學會.

韓圭哲, 1985, 「後三國時代 高麗와 契丹關係」 『富山史叢』 1.

北村秀人, 1985, 「高麗時代の渤海系民大氏について」 『三上次男博士喜壽記念論文集-歷史編』.

金渭顯, 1986, 「契丹의 教育과 科擧制度考」 『明大論集』 17 : 2004, 『契丹社會文化史論』, 景仁文化社.

金在滿, 1986, 「契丹·高麗 國交前史」 『人文科學』, 성균관대학교 : 1999, 『契丹·高麗關係史研究』, 國學資料院.

嚴成鎔, 1986, 「高麗初期 王權과 地方 호족의 身分變化 ―豪族聯合政權說에 대한 검토―」 『高麗史의 諸問題』, 삼영사.

宋基豪, 1987, 「발해 멸망기의 대외관계 ―거란·후삼국과의 관계를 중심으로」 『韓國史論』 17, 서울대 국사학과.

李根花, 1987, 「高麗前期의 北方築城」 『湖西史學』 15.

李春植, 1987, 「中國古代 朝貢의 實體와 性格」 『古代韓中關係史의 研究』, 三知院.

黃壽永, 1987, 「高麗石塔의 研究-在銘作品을 중심으로」 『考古美術』 175·176 : 1998, 『黃壽永 全集 3 -한국의 불교공예·탑파』, 혜안.

奧村周司, 1987,「高麗の圜丘祀天禮について」『早實研究紀要』: 1997,「高麗の
　　　圜丘祀天禮と世界觀」『朝鮮社會の史的展開と東アジア』, 山川出版社.

盧啓鉉, 1988,「高麗外交史 序說 ― 高麗初期(光宗~成宗初)의 北方外交政策
　　　과 領土擴張 ―」『論文集』9, 放送通信大 : 1993,『高麗領土史』, 甲
　　　寅出版社.

崔瑇柱, 1988,「遼 景宗·聖宗代의 漢人官僚의 成長과 그 存在 形態 -高勳과
　　　韓德讓을 中心으로-」『人文研究』10-1, 嶺南大學校.

허흥식, 1988,「1031년 淨兜寺塔誌의 分析」『한국의 古文書』, 민음사.

Jing-shen TAO(陶晋生), 1988, *Two Sons of Heaven ― Studies in Sung-Liao
　　　Relations*, The University of Arizona Press.

金光植, 1989,「高麗 肅宗代의 王權과 寺院勢力 ―鑄錢政策의 背景을 中心으
　　　로」『白山學報』36.

金渭顯, 1989,「遼代漢人降俘集團의 生成과 그들이 産業에 끼친 影響」『龍巖
　　　車文燮博士華甲紀念史學論叢』: 2004,『契丹社會文化史論』, 景仁文
　　　化社.

李龍範, 1989,「麗丹貿易考」『韓滿交流史研究』, 同和出版公社.

지배선, 1989,「중화제국(中華帝國)과 유목제국(遊牧帝國)의 예(禮) 기능 -전한
　　　(前漢)과 흉노(匈奴)의 비교-」『애산학보』8.

　4) 1990년대

金甲童, 1990,「豪族聯合政權說의 檢討」『羅末麗初의 豪族과 社會變動研究』,
　　　고려대학교 민족문화연구소.

金渭顯, 1990,「契丹의 奚人에 대한 政策考」『明知史論』3 : 2004,『契丹社會
　　　文化史論』, 景仁文化社.

盧啓鉉, 1990,「高麗의 自主外交路線과 領土政策 ― 특히 第2次 麗遼戰爭을
　　　中心으로 ―」『論文集』11, 放送通信大 : 1993,『高麗領土史』, 甲寅
　　　出版社.

李基白, 1990,『高麗貴族社會의 形成』, 一潮閣.

崔瑇柱, 1990,「遼 道宗時代의 新興支配層의 成長」『人文研究』11-2, 嶺南大

學校.

Thomas J. BARFIELD, 1991, "Inner Asia and Cycles of Power in China's Imperial Dynastic History" in *RULERS FROM THE STEPPE: State Formation on the Eurasian Periphery* Volume II, ed. Gary SEAMAN and Daniel MARKS, Los Angeles: University of Southern California Press.

日野開三郎, 1990, 「統和初期に於ける契丹聖宗の東方經略と9年の鴨綠江口築城」 『日野開三郎 東洋史學論集』 16 東北アジア民族史 (下), 三一書房.

하자노프, 金浩東 譯, 1990, 『遊牧社會의 構造』, 지식산업사.

姜吉仲, 1991, 「南宋과 高麗의 政治外交와 貿易關係에 대한 考察」 『慶喜史學』 16·17 合輯.

楊若薇, 1991, 『契丹王朝政治軍事制度研究』, 中國社會科學出版社.

姜吉仲, 1992, 「宋·遼間의 榷場貿易의 組織과 그 運營」 『慶尙史學』 7·8合輯.

具山祐, 1992, 「高麗 成宗代 對外關係의 展開와 그 政治的 性格」 『韓國史研究』 78.

金渭顯, 1992, 「契丹의 州府縣學考」 『中齋張忠植博士華甲紀念論叢』 : 2004, 『契丹社會文化史論』, 景仁文化社.

金在滿, 1992, 「契丹 聖宗의 高麗侵略과 東北亞細亞 國際情勢의 變趨(上)」 『大東文化研究』 27, 成均館大 大東文化研究院 : 1999, 『契丹·高麗關係史研究』, 國學資料院.

李在成, 1992, 「「契丹部」의 成立과 '踔麗'」 『東國史學』 26.

鄭景鉉, 1992, 「高麗太祖의 王權 ─특히 그의 權威의 측면을 중심으로─」 『許善道停年紀念 韓國史學論叢』, 一潮閣.

鄭修芽, 1992, 「高麗中期 改革政策과 그 思想的 背景 ─ 北宋 '新法'의 수용에 관한 一試論 ─」 『水邨 朴永錫教授華甲紀念 韓國史學論叢(上)』.

金貴達, 1993, 「遼金元 三史와 그가 中國에 끼친 影響」 『全北史學』 16.

金浩東, 1993, 「北아시아 遊牧國家의 君主權」 『東亞史上의 王權』, 한울.

盧啓鉉, 1993, 『高麗領土史』, 갑인출판사.

申虎澈, 1993, 「後三國時代의 豪族聯合政治」 『韓國史上의 政治形態』, 一潮閣.

李基白 외, 1993,『崔承老上書文 研究』, 一潮閣.

朴漢男, 1993,『高麗의 對金外交政策 研究』, 성균관대학교 박사학위 논문.

島田正郎, 1993,「悲劇の王、倍」『契丹國 —遊牧の民キタイの王朝』, 東方書店

河上洋, 1993,「遼五京の外交的機能」『東洋史研究』52-2.

具山祐, 1994,「高麗 顯宗代 鄕村支配體制 개편의 배경과 성격」『한국중세사
　　　연구』1.

金秉仁, 1994,「高麗 睿宗代 監務의 設置 背景」『全南史學』8 : 2003,『高麗
　　　睿宗代 政治勢力 研究』, 景仁文化社.

金渭顯, 1994,「契丹狩獵習俗의 變化에 대한 一考」『中國學報』34 : 2004,『
　　　契丹社會文化史論』, 景仁文化社.

盧啓鉉, 1994,『高麗外交史』, 甲寅出版社.

朴宗基, 1994,「高麗中期 對外政策의 變化에 대하여 — 宣宗代를 중심으로
　　　—」『韓國學論叢』16, 國民大 韓國學研究所.

박종기, 1994,「고려와 송·거란의 관계」『한국사』6, 한길사.

손승철, 1994,『朝鮮時代 韓日關係史研究』, 지성의 샘 : 2006,『조선시대 한일
　　　관계사 연구』, 景仁文化社.

申虎澈, 1994,「高麗 顯宗代의「淨兜寺五層石塔造成形止記」註解」『李基白
　　　先生古稀紀念韓國史學論叢』上.

유송영, 1994,「국어 청자 대우법에서의 힘(power)과 유대(solidarity) (I) - 불특
　　　정 청자 대우를 중심으로 -」『국어학』24.

鄭求福, 1994,「高麗朝의 避諱法에 관한 연구」『李基白先生古稀紀念韓國史
　　　學論叢』(上), 一潮閣 : 1999,「高麗朝의 避諱法」『韓國中世史學史』
　　　(I), 集文堂.

한규철, 1994,『渤海의 對外關係史 -南北國의 形成과 展開』, 新書苑.

蔣武雄, 1994,「耶律休哥與遼宋戰爭」『中國歷史學會史學集刊』26.

金渭顯, 1995,「高麗와 契丹과의 關係」『한민족과 북방과의 관계사 연구』, 한
　　　국정신문화연구원.

金徹雄, 1995,「高麗中期 道敎의 盛行과 그 性格」『史學志』28.

朴龍雲, 1995·1996,「高麗·宋 交聘의 목적과 使節에 대한 考察」『韓國學報』

81·82 : 2002, 『高麗社會의 여러 歷史像』 신서원.

朴漢男, 1995, 「10~12세기 동아시아 정세」 『한국사』 15 고려 전기의 사회와 대외관계, 국사편찬위원회.

朴漢男, 1995, 「高麗 前期 横宣使 小考」 『阜村申延澈教授停年退任紀念史學論叢』.

沈載錫, 1995, 「高麗國王 册封文에 나타난 武散階」 『里門論叢』 15, 韓國外國語大學校 大學院.

鄭修芽, 1995, 「高麗中期 對宋外交의 再開와 그 意義 —北宋 改革政治의 수용을 중심으로—」 『國史館論叢』 61.

崔圭成, 1995, 「거란 및 여진과의 전쟁」 『한국사』 15 고려 전기의 사회와 대외관계, 국사편찬위원회.

金仁圭, 1996, 「高麗 太祖代의 對外政策」 『高麗 太祖의 國家經營』, 서울대학교출판부.

朴玉杰, 1996, 「고려 전기의 귀화인」 『高麗時代의 歸化人 研究』, 國學資料院.

鄭智泳, 1996, 「高麗 太祖의 豪族政策 —歸附·投降勢力의 검토를 중심으로—」 『高麗 太祖의 國家經營』, 서울대학교출판부.

山內晋次, 1996, 「東アジア海域における海商と國家 —10~13世紀を中心とする覺書—」 『歷史學研究』 681 : 2003, 『奈良平安期日本とアジア』, 吉川弘文館.

金渭顯, 1997, 「遼代渤海人的反抗鬪爭」 『宋遼金元史研究』, 中國社會科學院 : 2004, 『契丹社會文化史論』, 景仁文化社.

朴漢男, 1997, 「14세기 崔瀣의 『東人之文四六』 편찬과 그 의미」 『대동문화연구』 32.

李基東, 1997, 「羅末麗初 南中國 여러 나라와의 交涉」 『歷史學報』 155.

이정희, 1997, 「고려전기 對遼무역의 성격」 『지역과 역사』 4 : 2000, 『고려시대 세제의 연구』, 국학자료원.

이춘식, 1997, 『事大主義』, 고려대학교 출판부.

楊渭生, 1997, 「宋與高麗關係年表(962-1279)」 『宋麗關係史研究』, 杭州大學出版社.

韓圭哲, 1997, 「渤海遺民의 高麗投化 -後渤海史를 중심으로」 『釜山史學』 33.

高井康典行, 1997, 「遼朝の部族制度と奚六部の改組」『史觀』 137.

金渭顯, 1998, 「契丹·高麗間的女眞問題」『明知史論』 9.

金渭顯, 1998, 「西夏與宋遼之關係」『首屆西夏學國際學術會議論文集』.

閔賢九, 1998, 「高麗前期의 對外關係와 國防政策 – 文宗代를 중심으로」『亞細亞硏究』 41 : 2004, 『高麗政治史論』, 고려대학교출판부.

박종기, 1998, 「11세기 고려의 대외관계와 정국운영론의 추이」『역사와 현실』 30.

유송영, 1998, 「국어 호칭·지칭어와 청자 대우 어미의 독립성 - '담화 상황'과 관련된 사용을 중심으로 -」『국어학』 32.

채웅석, 1998, 「고려 문종대 관료의 사회적 위상과 정치운영」『역사와 현실』 27.

崔順權, 1998, 「高麗前期 五廟制의 運營」『歷史敎育』 66.

Peter I. YUN, 1998, "Rethinking the Tribute System : Korean States and Northeast Asian Interstate Relations, 600—1600", Ph.D. diss. University of California Los Angeles.

黎 虎, 1998, 『漢唐外交制度史』, 蘭州大學出版社.

金塘澤, 1999, 「徐熙와 成宗代의 정치적 지배세력」『徐熙와 高麗의 高句麗 繼承意識』, 학연문화사.

김석근, 1999, 「「훈요십조」와 「시무 28조」: 고려 전기(前期) 정치사상에 관한 소묘(素描)」『亞細亞硏究』 101.

金渭顯, 1999, 「徐熙의 外交」『徐熙와 高麗의 高句麗 繼承意識』, 학연문화사.

金在滿, 1999, 「契丹·高麗 國交前史」『契丹·高麗關係史硏究』, 國學資料院.

金在滿, 1999, 「總說」『契丹·高麗關係史硏究』, 國學資料院.

김한규, 1999, 「契丹의 中遼統合과 高麗·北宋·遼의 三角關係」『韓中關係史』 I, 도서출판 아르케.

南仁國, 1999, 『高麗中期 政治勢力硏究』, 신서원.

朴漢男, 1999, 「외교문서에 나타난 민족문화의 전개 — 崔瀣의 『東人之文四六』을 중심으로—」, <한국사의 국제 환경과 민족문화> 한국사연구회 학술세미나 발표문 : 2003, 『韓國史의 國際環境과 民族文化』, 경인문화사.

서성호, 1999, 「고려 태조대 대(對)거란 정책의 추이와 성격」 『역사와 현실』 34.

徐日範, 1999, 「徐熙가 築城한 城郭과 淸川江 以北 防禦體系」 『徐熙와 高麗의 高句麗 繼承意識』, 학연문화사.

安智源, 1999, 『高麗時代 國家 佛敎儀禮 硏究 —燃燈·八關會와 帝釋道場을 중심으로—』, 서울대학교 박사학위 논문 : 2011, 『고려의 국가불교 의례와 문화 —연등·팔관회와 제석도량을 중심으로—』, 서울대학교 출판문화원.

李在範, 1999, 「麗遼戰爭과 高麗의 防禦體系」 『韓國軍事史硏究』, 國防軍史硏究所.

鄭求福, 1999, 「高麗朝의 避諱法」 『韓國中世史學史』 (I), 集文堂.

柳 嵐, 1999, 「高句麗, 遼金古城比較硏究」 『高句麗硏究』 8.

Naomi STANDEN, 1999, "The Frontiers of Tenth-Century North China" in POWER and STANDEN ed., *Frontiers in Question*, London: MAC MILLAN PRESS.

5) 2000년 이후

金渭顯, 2000, 「東丹國考」 『宋遼金元史硏究』 4 : 2004, 『契丹社會文化史論』, 景仁文化社.

朴龍雲, 2000, 「高麗時代의 尙書6部에 대한 檢討」 『高麗時代 尙書省 硏究』, 景仁文化社.

신안식, 2000, 「고려전기의 축성(築城)과 개경의 황성」 『역사와 현실』 38.

沈載錫, 2000, 「功臣號를 통해 본 高麗國王 冊封」 『정신문화연구』 2000 여름 (23권2호 통권79).

沈載錫, 2000, 「遼代 高麗國王 冊封의 構造와 展開」 『外大史學』 12.

이정희, 2000, 『고려시대 세제의 연구』, 국학자료원.

金成奎, 2000, 『宋代の西北問題と異民族政策』, 汲古書院.

김소영, 2001, 「고려 태조대 대거란 정책의 전개와 그 성격」 『白山學報』 58.

김윤곤, 2001, 『한국 중세 영남불교의 이해』, 영남대학교출판부.

김동욱, 2002, <고려시대 木造建築의 대외교섭 -대외교섭 측면에서 본 고려시
　　　대 목조건축의 성격>, 전국미술사학대회 발표문 : 2004, 『高麗 美術의
　　　對外交涉』, 예경.

김영미, 2002, 「11세기 후반~12세기 초 고려·요 외교관계와 불경 교류」, 『역사
　　　와 현실』 43.

金周姸, 2002, 「高麗 文宗代 宋·遼關係에 대한 硏究」, 誠信女子大學 석사학
　　　위 논문.

朴玉杰, 2002, 「高麗의 歸化人 同化策」, 『江原史學』 17·18.

沈載錫, 2002, 『高麗國王 冊封 硏究』, 혜안.

안귀숙, 2002, <高麗時代 金屬工藝의 對中 交涉>, 전국미술사학대회 발표문 :
　　　2004, 『高麗 美術의 對外交涉』, 예경.

李美智, 2002, 「高麗 宣宗代 権場의 설치 문제와 對遼 關係」, 고려대학교 석
　　　사학위 논문.

이정신, 2002, 「고려 태조의 건국이념의 형성과 국내외 정세」, 『韓國史硏究』
　　　118 : 2004, 『고려시대의 정치변동과 대외정책』, 경인문화사.

추명엽, 2002, 「고려전기 ‘번(蕃)’ 인식과 ‘동·서번’의 형성」, 『역사와 현실』 43.

구산우, 2003, 「高麗 成宗代 정치세력의 성격과 동향」, 『한국중세사연구』 14.

金秉仁, 2003, 『高麗 睿宗代 政治勢力 硏究』, 景仁文化社.

안주섭, 2003, 『고려 거란 전쟁』, 경인문화사.

이미지, 2003, 「高麗 宣宗代 権場 문제와 對遼관계」, 『韓國史學報』 14.

李貞信, 2003, 「江東6州와 尹瓘의 9城을 통해 본 고려의 대외정책」, 『軍史』 48
　　　; 2004, 『고려시대의 정치변동과 대외정책』, 경인문화사.

山內晋次, 2003, 「東アジア·東南アジア海域における海商と國家 －10~13世紀を中
　　　心とする覺書－」, 『奈良平安期日本とアジア』, 吉川弘文館.

金成奎, 2004, 「契丹國使宋皇帝謁見儀式의 主要 特徵과 그 意義」, 『역사문화
　　　연구』 21, 韓國外國語大學校 歷史文化硏究所.

金渭顯, 2004, 『契丹社會文化史論』, 景仁文化社.

金渭顯, 2004, 「中原王朝의 朝貢事例硏究」, 『高句麗硏究』 18.

閔賢九, 2004,『高麗政治史論 -統一國家의 확립과 獨立王國의 시련』, 고려대
학교출판부.

박옥걸, 2004,「고려시대 귀화인의 역할과 영향 -기술적, 문화적 측면을 중심
으로」『白山學報』70.

박은순 외, 2004,『高麗 美術의 對外交涉』, 예경.

申安湜, 2004,「高麗前期의 北方政策과 城郭體制」『歷史敎育』89.

이정신, 2004,『고려시대의 정치변동과 대외정책』, 경인문화사.

이정신, 2004,「江東 6州와 尹瓘의 9城을 통해 본 고려의 대외정책」『고려시
대의 정치변동과 대외정책』, 경인문화사.

추명엽, 2004,「高麗前期 關·津·渡의 기능과 商稅」『國史館論叢』104.

金斗香, 2005,「고려 현종대 정치와 이계(吏系) 관료」『역사와 현실』55.

김한규, 2005,『天下國家』, 소나무.

박경안, 2005,「고려전기 다원적 국제관계와 국가·문화 귀속감」『東方學
志』129.

방향숙, 2005,「古代 동아시아 册封朝貢體制의 원형과 변용」『한중 외교관계
와 책봉』, 고구려연구재단.

宋容德, 2005,「高麗前期 國境地域의 州鎭城編制」『韓國史論』51.

신안식, 2005,「高麗前期의 兩界制와 '邊境'」『한국중세사연구』18.

신채식, 2005,「송대 세폐의 조공적 성격」『동아시아 역사 속의 중국과 한국』,
서해문집.

유채영, 2005,「고려 선종대의 대외정책 연구」『한국문화연구』9.

이석현, 2005,「高麗와 遼金의 外交관계 -朝貢册封關係를 중심으로」『한중 외
교관계와 조공책봉』, 고구려연구재단.

李鎭漢, 2005,「高麗前期 對外貿易과 그 政策」『The Annual Report』5,
Research Center for Korean Studies, 九州大學.

이홍두, 2005,「高麗 契丹戰爭과 騎兵戰術」『史學研究』80.

장재웅, 2005,「한국 한자음 거란(契丹)의 발생시기와 원인 연구」『중국언어연
구』21.

G. R. BERRIDGE, 2005, *Diplomacy: Theory and Practice*, New York: Palgrave

Macmillan.

Peter YUN, 2005, 「몽골 이전 동아시아의 다원적 국제관계」 『만주연구』 3.

김순자, 2006, 「10~11세기 高麗와 遼의 영토 정책 - 압록강선 확보 문제를 중심으로 -」 『北方史論叢』 11.

서병국, 2006, 「契丹의 支那統治」 『거란제국사연구』, 한국학술정보(주).

李孝珩, 2006, 「高麗前期의 北方認識」 『지역과 역사』 19.

조병한, 2006, 「총론: 동북아 국제질서 속의 한국사」 『전쟁과 동북아의 국제질서』, 일조각.

채웅석, 2006, 「11세기 후반~12세기 전반 동북아시아 국제정세와 고려」 『전쟁과 동북아의 국제질서』, 일조각.

최규성, 2006, 「高麗 初期의 北方領土와 九城의 위치비정」 『白山學報』 76.

崔鐘奭, 2006, 「고려전기 築城의 특징과 治所城의 형성」 『震檀學報』 102.

劉鳳翥, 2006, 「從契丹文字的解讀談遼代漢語中的雙國號 -兼論 「哈喇契丹」」 『東北史研究』 2006年 第2期.

김당택, 2007, 「高麗 顯宗·德宗代 對契丹(遼) 관계를 둘러싼 관리들 간의 갈등」 『역사학연구』 29.

김대연, 2007, 「고려 현종의 즉위와 거란의 침략원인」 『한국중세사연구』 22.

박원호, 2007, 「근대 이전 한중관계사에 대한 시각과 논점 -동아시아 국제질서의 이론을 덧붙여-」 『한국사시민강좌』 40.

윤영인, 2007, 「10-13세기 동북아시아 多元的 國際秩序에서의 册封과 盟約」 『東洋史學研究』 101.

吉本道雅, 2007, 「中國古代に於ける華夷思想の成立」 『中國東アジア外交交流史の研究』, 京都大學學術出版會.

李美智, 2008, 「고려 성종대 地界劃定의 성립과 그 외교적 의미」 『한국중세사연구』 24.

李鎭漢, 2008, 「高麗 文宗代 對宋通交와 貿易」 『歷史學報』 200.

趙永春·玄花, 2008, 「遼-金與高麗的"保州"交涉」 『中國邊疆史地研究』 2008-18.

허인욱, 2008, 「고려 성종대 거란의 1차 침입과 경계 설정」 『전북사학』 33.

허인욱, 2008, 「高麗의 歷史繼承에 대한 契丹의 認識變化와 領土問題」 『한국

중세사연구』 24.

毛利英介, 2008, 「1099年における宋夏元符和議と遼宋事前交涉」 『東方學報』 82.

愛新覺羅烏拉熙春, 2008, 「遼史新証」 『立命館言語文化研究』 19-4.

橫內裕人, 2008, 「遼·高麗と日本佛敎」 『東アジアの古代文化』 136.

김순자, 2009, 「고려전기의 거란[遼], 여진[金]에 대한 인식」 『한국중세사연구』 26.

金佑澤, 2009, 「11세기 對契丹 영역 분쟁과 高麗의 대응책」 『韓國史論』 55.

노명호, 2009, 「해동천자의 '천하'와 번(藩)」 『고려국가와 집단의식: 자위공동체·삼국유민·삼한일통·해동천자의 천하』, 서울대학교출판문화원.

朴志焄, 2009, 「북송대 王安石의 대외관과 화이론」 『東洋史學研究』 106.

李鎭漢, 2009, 「高麗時代における宋商の往來と麗宋外交」 『年報 朝鮮學』 12, 九州大學朝鮮學研究會 : 2011, 「高麗·宋의 外交와 宋商往來」 『高麗時代 宋商往來 研究』, 景仁文化社.

David M. ROBINSON, 2009, *Empire's Twilight: Northeast Asia Under the Mongols*, Harvard University Asia Center.

愛新覺羅烏拉熙春, 2009, 「遼朝國號非「哈喇契丹(遼契丹)」考」 『女眞契丹學研究』, 松香堂書店.

李美智, 2010, 「고려 초기 지칭 표현을 통해 본 對거란 관계」 『史學研究』 99, 韓國史學會.

李貞薰, 2010, 「고려 현종대 거란과의 전쟁과 지배체제 개편」 『한국중세사연구』 29.

韓政洙, 2010, 「고려 초의 국제관계와 年號紀年에 대한 재검토」 『歷史學報』 208.

허인욱, 2010, 「高麗 德宗·靖宗代 契丹과의 鴨綠江 城橋·城堡問題」 『歷史學研究』 38.

CHONG Da-ham, 2010, "Making Chosŏn's Own Tributaries: Dynamics between the Ming-centered World Order and a Chosŏn-centered Regional Order in the East Asian Periphery" in *International Journal of Korean History* 15.

Remco E. BREUKER, 2010, *Establishing a Plural Society in Medieval Korea,*

918-1170 : *History, Ideology and Identity in the Koryŏ Dynasty*, Leiden: Brill.

김만호, 2011, 「강감찬과 귀주대첩」 『한국중세사연구』 31.

안지원, 2011, 『고려의 국가불교 의례와 문화 ―연등·팔관회와 제석도량을 중심으로―』, 서울대학교 출판문화원.

李鎭漢, 2011, 『高麗時代 宋商往來 研究』, 景仁文化社.

정다함, 2011, 「'事大'와 '交隣'과 '小中華'라는 틀의 초시간적인 그리고 초공간적인 맥락」 『韓國史學報』 42.

6) 2011년 이후(이 책의 본문에서 인용하지 못한 관련 논저)

김만호, 2011, 「강감찬과 귀주대첩」 『한국중세사연구』 31.

김영제, 2011, 「『高麗史』에 나타나는 宋商과 宋都綱 - 特히 宋都綱의 性格 解明을 中心으로 -」 『전북사학』 39.

김철웅, 2011, 「고려시대의 태자 책봉과 책봉례」 『역사와 경계』 80, 부산경남사학회.육정임, 2011, 「고려·거란 '30년 전쟁'과 동아시아 국제질서」 『동북아역사논총』 34.

윤경진, 2011, 「고려 현종말~문종초 北界 州鎭 설치와 長城 축조」 『군사』 79.

이정기, 2011, 「고려 태조대 북방 개척과 鎭頭 파견」 『군사』 79.

이진한, 2011, 『高麗時代 宋商往來 研究』, 경인문화사.

김보광, 2012, 「고려 태조의 정치관과 국정 운영」 『한국인물사연구』 17, 한국인물사연구회.

김순자, 2012, 「12세기 고려와 여진·금(金)의 영토 분쟁과 대응」 『역사와 현실』 83.

김순자, 2012, 「고려중기 국제질서의 변화와 고려-여진 전쟁」 『한국중세사연구』 32.

김창현, 2012, 「고려시대 묘지명에 보이는 연대와 호칭 표기방식」 『한국사학보』 48.

南仁國, 2012, 「尹瓘의 生涯와 活動」 『한국중세사연구』 32.

박윤미, 2012, 「金에 파견된 高麗使臣의 사행로와 사행여정」 『한국중세사연구』 33.

송병우·유영옥, 2012, 「고려전기 對遼 외교문서의 핵심어 연구」 『석당논총』 53, 동아대학교 석당학술원.

宋容德, 2012, 「고려의 一字名 羈縻州 편제와 尹瓘 축성」 『한국중세사연구』 32.

신안식, 2012, 「고려전기의 麗宋교통로와 교역」 『한국중세사연구』 33.

李美智, 2012, 「고려시기 對거란 2차 전쟁 유공자와 그들에 대한 추가 포상」 『韓國史研究』 157.

李鎭漢, 2012, 「高麗 太祖代 對中國 海上航路와 外交·貿易」 『한국중세사연구』 33.

黃純艶, 2012, 「南宋과 金의 朝貢體系 속의 高麗」 『震檀學報』 114.

허인욱, 2012, 「高麗·契丹의 압록강 지역 영토분쟁 연구」, 고려대학교 박사학위 논문.

김명진, 2013, 「고려 태조 왕건의 質子政策에 대한 검토」 『한국중세사연구』 35.

박재우, 2013, 「고려전기 영토관념과 邊境」 『한국중세사연구』 35.

신수정, 2013, 「고려 문종대 女眞의 동향과 고려 영토」 『숭실사학』 30.

윤영인, 2013, 「하-송의 5년전쟁(1039-44)과 11세기 동아시아 세력균형」 『만주연구』 16.

이승민, 2013, 「10~12세기 하생신사(賀生辰使) 파견과 고려-거란 관계」 『역사와 현실』 89.

허인욱, 2013, 「고려·거란의 境界帶 변화와 그 운용에 관한 연구」 『역사학연구』 52, 호남사학회.

허인욱, 2013, 「高麗·後周 관계와 光宗의 영토 확장」 『전북사학』 43.

루징(路菁), 2013, 「遼代陶瓷 : 조형, 장식과 고려청자와의 유사성」 『미술자료』 83, 국립중앙박물관.

褚慶霞, 2013, 「人的交流를 통한 高麗와 宋 關係史의 再照明」, 韓國外國語大學校 國際地域大學院 한국학과 박사학위 논문.

고은미, 2014, 「12세기의 麗日交流와 宋商」 『사림』 49, 수선사학회.

김강식, 2014,「麗·宋 시기의 海上航路의 형성과 활용」『해항도시문화교섭학』 11, 한국해양대학교 국제해양문제연구소.

김보광, 2014,「고려 성종·현종대 太祖配享功臣의 선정 과정과 의미」『사학연구』 113.

김성규, 2014,「고려 외교에서 의례(儀禮)와 국왕의 자세」『역사와 현실』 94.

김철규, 2014,「高麗의 對북방민족 戰略 硏究 : 거란, 몽골과의 전쟁을 중심으로」, 대전대학교 박사학위 논문.

金晧東, 2014,「고려시대 중앙-지방간 명령의 전달과 소통」『한국중세사연구』 39.

김회윤, 2014,「고려 현종대 羅城 축조 과정에 관한 연구」『韓國史學報』 55.

유빛나, 2014,「초기 거란의 성장과 국제적 위상 - 태조·태종시기(907~947)를 중심으로 -」『만주연구』 17.

윤영인, 2014,「고려전기 대거란관계와 북방문화의 영향」『동양문화연구』 19, 영산대학교 동양문화연구원.

이창섭, 2014,「對宋 외교 활동에 참여한 고려 수군 -『破閑集』과『高麗圖經』에 나타나는 사례를 중심으로 -」『사총』 83.

저경하, 2014,「高麗 義天과 宋 蘇軾의 교류에 관한 一考察」『中央史論』 39.

전경숙, 2014,「고려 성종대 거란의 침략과 군사제도 개편」『군사』 91.

한기문, 2014,「高麗와 遼 文化交流의 樣相과 性格」『대구사학』 115.

허인욱, 2014,「고려 초 남중국 국가와의 교류」『국학연구』 24.

구산우, 2015,「고려시기 제도와 정책의 수용과 배제 - 成宗代 華風과 土風의 공존과 갈등을 중심으로」『한국중세사연구』 42.

金圭錄, 2015,「고려중기의 宋 使節 迎送과 伴使의 운용」『歷史敎育』 134, 歷史敎育硏究會.

김낙진, 2016,「高麗 光宗의 개혁정치와 淸州 龍頭寺 鐵幢竿의 긴립」『사학연구』 121.

김유나, 2015,「고려 전기 북계민(北界民)의 형성과 그 집단의식」『역사와 현실』 96.

김철웅, 2015,「고려시대 국왕의 즉위의례」『정신문화연구』 139, 한국학중앙

연구원.

김현우, 2015, 「고려 문종의 의사파견 요청과 여일관계」『日本歷史硏究』41, 日本史學會.

김호준, 2015, 「남한지역 高麗時代 城郭 築城과 年號銘 기와의 關聯性」『軍史』97.

민태혜, 2015, 「고려시대 중국사신영접의례와 전통연희」『남도민속연구』31, 남도민속학회.

박경안, 2015, 「고려전기 外來人의 문화적 특성과 정착과정 - 왕조의 인식과 대응을 중심으로」『한국중세사연구』42.

박순우, 2015, 「고려시대 발해인의 정체성과 고려인의 시각」『한국중세사연구』43.

박윤미, 2015, 「고려 전기 외교의례에서 국왕 '서면(西面)'의 의미」『역사와 현실』98.

박윤미, 2015, 「金代 賓禮를 통해 본 宋·高麗·夏의 국제 지위」『동북아역사논총』49.

박재우, 2015, 「고려전기 姜邯贊의 관료진출과 정치활동의 성격」『歷史學報』228.

서금석, 2015, 「궁예의 국도 선정과 국호·연호 제정의 성격」『한국중세사연구』42.

윤영인, 2015, 「10~12세기 동아시아 국제관계사 조공체제론의 극복을 위한 대안적 이론 모색」『동양문화연구』21, 영산대학교 동양문화연구원.

李美智, 2015, 「고려 전기 軍功者 포상의 절차와 내용」『사학연구』119.

李美智, 2015, 「고려 전기 異國人入境의 유형과 실상 - 來獻·來朝·來投·來附를 중심으로」『한국중세사연구』43.

이바른, 2015, 「거란의 '고려사신의례(高麗使臣儀禮)' 구성과 의미 -『요사(遼史)』 예지(禮志) 분석을 중심으로 -」『역사와 현실』98.

李貞薰, 2015, 「고려시대 금과의 대외관계와 同文院」『사학연구』119.

이중효, 2015, 「고려시대 八關會를 통한 국제교류」『南道文化硏究』29, 순천대학교 남도문화연구소.

李鎭漢, 2015,「高麗時代 外國人의 居留와 投化」『한국중세사연구』42.

張東翼, 2015,「高麗時代에 이루어졌던 對外政策의 諸類型」『한국중세사연구』42.

정동훈, 2015,「고려시대 사신 영접 의례의 변동과 국가 위상」『역사와 현실』98.

한정수, 2015,「고려 전기 '迎契丹使臣儀'의 내용과 의미」『사학연구』118.

한정수, 2015,「고려 太祖代 대외 교섭과 外交儀禮」『韓國史研究』170.

김보광, 2016,「12세기 초 송의 책봉 제의와 고려의 대응」『東國史學』60, 동국역사문화연구소.

김영제, 2016,「宋代 中國과 高麗 사이의 海上 交易品 : 東南아시아 地域과의 比較를 통한 檢討」『역사문화연구』60, 한국외국어대학교 역사문화연구소.

이승민, 2016,「고려시대 國喪 절차와 삼년상」『사학연구』122.

장지연, 2016,「고려 초 卽位儀禮와 喪禮를 통해 본 권위의 성격」『한국중세사연구』47.

정성권, 2016,「태조 왕건 친제(親製) 원주 홍법사지 진공대사 탑비의 조성배경」『국학연구』31.

최봉준, 2016,「고려 태조~현종대 다원적 사상지형과 왕권 중심의 사상정책」『한국중세사연구』45.

최종석, 2016,「현종대 고려-거란 관계와 외교 의례」『東國史學』60, 동국역사문화연구소.

홍대한, 2016,「高麗式石塔樣式의 完成과 地方社會統合 - 顯宗代銘文石塔의 건립목적과 新樣式성립과정을 중심으로」『한국중세사연구』45.

郭 威, 2016,「論進入高麗的渤海遺民及其社會地位」『學問』2016-05, 吉林省社會科學院.

구산우, 2017,「고려시기 성곽에서 발견된 기와 명문의 종합적 검토 - 최근 소개된 面 명문 등을 대상으로 -」『한국중세사연구』50.

나영남, 2017,「고려와 동·서여진의 관계」『歷史學研究』67, 湖南史學會.

나영남, 2017,『요·금시대 이민족 지배와 발해인』, 신서원.

박윤미, 2017, 「고려의 保州 수복과 고려·금 간 외교교섭」『한국중세사연구』 51.

박윤미, 2017, 「高麗前期 外交儀禮 硏究」, 숙명여자대학교 박사학위 논문.

서금석, 2017, 「고려 인종대 '年號' 제정을 둘러싼 갈등」『韓國史學報』 68.

신성재, 2017, 「고려 현종대 강민첨의 생애와 군사활동」『白山學報』 109.

신성재, 2017, 「왕건의 서남해 도서지방 경략과 해양사적 의미」『한국중세사연구』 51.

신성재, 2017, 「후삼국 통일전쟁과 왕건의 해군력 운용 - 현대의 해군력 운용 개념을 적용하여 -」『이순신연구논총』 28, 순천향대학교 이순신연구소.

신안식, 2017, 「고려전기의 북방 영토의식과 이민족 인식」『한국중세사연구』 50.

신안식, 2017, 「고려초기의 영토의식과 국경 분쟁」『軍史』 105.

윤경진, 2017, 「고려초기 三韓一統意識과 '高麗三京' - 東京 연혁의 역사적 함의」『한국중세사연구』 51.

李美智, 2017, 「고려 숙종 책봉 문제와 여요 관계」『한국중세사연구』 51.

이승민, 2017, 「10세기 국제정세와 고려의 외교 자세」『한국중세사연구』 51.

이승민, 2017, 「고려 國喪에 대한 거란·금·송의 弔問使行 양상과 다층적 국제관계」『한국중세사연구』 48.

이정란, 2017, 「고려 왕가의 특권 향유와 신성가문 의식」『사림』 62, 수선사학회.

장동익, 2017, 「『新編高麗史全文』의 편찬을 위한 방안」『歷史敎育論集』 65, 歷史敎育學會.

鄭墡謨, 2017, 「北宋後期 高麗使節團의 北宋使行 路程考 - 成尋의『參天台五臺山記』를 바탕으로」『大東文化硏究』 99.

최봉준, 2017, 「고려전기 역사계승의식과 이중적 자아인식」『한국중세사연구』 50.

최종석, 2017, 「고려후기 '자신을 夷로 간주하는 화이의식'의 탄생과 내향화 - 조선적 자기 정체성의 모태를 찾아서 -」『민족문화연구』 74, 고려대학교 민족문화연구원.

한정수, 2017, 「고려전기 異邦人·歸化人의 입국과 해동천하」『한국중세사연구』50.

홍영의, 2017, 「고려시대 금속제 기물 및 기와의 '연호'명 검토 - 대중국 '연호' 의 시행과 고려의 다원적 국제관계」 『한국중세사연구』 50.

姜維公·黃爲放, 2017, 「遼与高麗邊界視域下的渤海移民」 『社會科學戰線』 2017-12, 吉林省社會科學院.

李智裕, 2017, 「遼金時期遼東地區渤海遺民群体之間通婚初探 - 以張氏家族爲 主線」 『遼金歷史与考古』 2017-2, 遼金契丹女眞史硏究會·遼宁省博物館.

張儒婷, 2017, 「《高麗史》所見女眞諸部朝貢高麗情況硏究」 『遼金歷史与考古』 2017-2, 遼金契丹女眞史硏究會·遼宁省博物館

鄭　毅, 2017, 「遼對渤海的統治及東京遼陽的興亡」 『黑龍江民族叢刊』 2017-1, 黑龍江省民族硏究所.

豊島悠果, 2017, 『高麗王朝の儀礼と中國』, 汲古書院.

김선아, 2018, 「고려의 보주(保州) 확보와 그 의미」 『軍史』 106.

김형수, 2018, 「태조 왕건과 고려 초기 대구의 역사적 위상」 『한국중세사연구』 52.

서금석, 2018, 「고려 초 '光州'지명의 출현 시기와 정치적 배경」 『歷史學硏究』 69, 湖南史學會.

유영옥, 2018, 「高麗 肅宗의 즉위과정에 대한 朝鮮 史家의 인식」 『역사와 경계』 107, 부산경남사학회.

이승민, 2018, 「고려시대 國喪 儀禮와 弔問 使行 연구」, 가톨릭대학교 박사학위 논문.

정동훈, 2018, 「고려-거란 관계에서 세 층위의 소통 구조」 『역사와 현실』 107.

찾아보기